权威·前沿·原创

皮书系列为
"十二五""十三五""十四五"时期国家重点出版物出版专项规划项目

BLUE BOOK

智 库 成 果 出 版 与 传 播 平 台

中国社会科学院创新工程学术出版资助项目

社会蓝皮书

BLUE BOOK OF CHINA'S SOCIETY

2024 年中国社会形势
分析与预测

SOCIETY OF CHINA ANALYSIS AND

FORECAST (2024)

主 编 / 李培林　陈光金　王春光

副主编 / 李 炜　邹宇春　朱 迪

社会科学文献出版社

SOCIAL SCIENCES ACADEMIC PRESS (CHINA)

图书在版编目(CIP)数据

2024年中国社会形势分析与预测 / 李培林,陈光金,
王春光主编;李炜,邹宇春,朱迪副主编. -- 北京:
社会科学文献出版社,2023.12
(社会蓝皮书)
ISBN 978-7-5228-3029-2

Ⅰ.①2… Ⅱ.①李… ②陈… ③王… ④李… ⑤邹…
⑥朱… Ⅲ.①社会分析-中国-2024②社会预测-中国
-2024 Ⅳ.①D668

中国国家版本馆CIP数据核字(2023)第242834号

社会蓝皮书
2024年中国社会形势分析与预测

主　　编 / 李培林　陈光金　王春光
副 主 编 / 李　炜　邹宇春　朱　迪

出 版 人 / 冀祥德
组稿编辑 / 邓泳红
责任编辑 / 桂　芳　张　媛
责任印制 / 王京美

出　　　版 / 社会科学文献出版社·皮书出版分社 (010) 59367127
　　　　　　地址:北京市北三环中路甲29号院华龙大厦　邮编:100029
　　　　　　网址:www.ssap.com.cn
发　　　行 / 社会科学文献出版社 (010) 59367028
印　　　装 / 三河市东方印刷有限公司

规　　　格 / 开　本:787mm×1092mm　1/16
　　　　　　印　张:26　字　数:389千字
版　　　次 / 2023年12月第1版　2023年12月第1次印刷
书　　　号 / ISBN 978-7-5228-3029-2
定　　　价 / 128.00元

读者服务电话:4008918866

主要编撰者简介

李培林　博士，研究员，十三届全国人民代表大会社会建设委员会副主任委员，中国社会科学院原副院长、学部委员，俄罗斯科学院外籍院士。主要研究领域：发展社会学、组织社会学、工业社会学。主要研究成果：《村落的终结》（专著）、《社会结构转型——中国经济体制改革的社会学分析》（专著）、《和谐社会十讲》（专著）、《另一只看不见的手——社会结构转型》（专著）、《转型中的中国企业：国有企业组织创新论》（合著）、《新社会结构的生长点》（合著）、《社会冲突与阶级意识——当代中国社会矛盾问题研究》（合著）、《国有企业社会成本分析》（合著）、《中国社会发展报告》（主编）、《中国新时期阶级阶层报告》（主编）等。

陈光金　博士，研究员，中国社会科学院社会学研究所所长，《社会学研究》主编。主要研究领域：农村社会学、社会分层与流动、私营企业主阶层。主要研究成果：《中国乡村现代化的回顾与前瞻》（专著）、《新经济学领域的拓疆者——贝克尔评传》（专著）、《当代中国社会阶层研究报告》（合著）、《当代英国瑞典社会保障》（合著）、《内发的村庄》（合著）、《中国小康社会》（合著）、《当代中国社会流动》（合著）、《多维视角下的农民问题》（合著）、《当代中国社会结构》（合著）等。

王春光　博士，研究员，中国社会科学院社会学研究所副所长，中国农村社会学专业委员会理事长。主要研究领域：农村社会学、社会政策、移民和流动人口、社会流动和贫困问题等。主要研究成果：《社会流动和社会重构——京城

"浙江村"研究》(专著)、《中国农村社会变迁》(专著)、《中国城市化之路》(著作/合著)、《巴黎的温州人:一个移民群体的跨社会建构行动》(专著)、《超越城乡:资源、机会一体化配置》(专著)、《移民空间的建构》(专著)。

李 炜 博士,研究员,中国社会科学院国情调查与大数据研究中心主任。主要研究领域:发展社会学、社会分层、社会研究方法。主要研究成果:《社会福利建设研究的民意视角》(专著)、《提升社会质量的社会政策建设》(著作/合著)、《农民工在中国社会转型中的经济地位和社会态度》(论文/合著)、《与时俱进:社会学恢复重建以来社会调查研究的发展》(论文)、《社会公平感:结构与变动趋势(2006—2017年)》(论文)。

邹宇春 博士,副研究员,中国社会科学院社会学研究所发展社会学研究室主任。主要研究领域:社会发展与社会治理、社会资本与信任、志愿服务研究、社会调查方法、反贫困研究。主要研究成果:《中国城镇居民的社会资本与信任》(专著)、《当代中国社会质量报告》(著作/合著)、《中国城市居民的信任格局及社会资本的影响》(论文/合著)、《自雇者与受雇者的社会资本差异研究》(论文/合著)、《城镇居民普遍信任的区域间及区域内差异分析——基于"资源因素论"视角》(论文/合著)、《大学生社会资本:内涵,测量及其对就业的差异化影响》(论文)、《中国志愿者现状调查报告》(论文/合著)。

朱 迪 博士,研究员,中国社会科学院社会学研究所消费与文化社会学研究室副主任(主持工作)。主要研究领域:消费社会学、青年与青少年、社会分层、新业态与新经济以及互联网与社会。主要研究成果:《"宏观结构"的隐身与重塑:一个消费分析框架》(论文)、《市场竞争、集体消费与环境质量——城镇居民生活满意度及其影响因素分析》(论文)、《混合研究方法的方法论、研究策略及应用——以消费模式研究为例》(论文)、《新中产与新消费——互联网发展背景下的阶层结构转型与生活方式变迁》(专著)、《骑手的世界:对新职业群体的社会调查》(合著)、《品味与物质欲望:当代中产阶层的消费模式》(专著)。

序　社会治理要重视稳就业、稳收入、稳消费

改革开放以来的几十年，中国在实现经济持续增长的同时，也实现了社会的基本稳定。经济增长和社会稳定是相辅相成的，经济增长是社会稳定的物质基础，而社会稳定是经济持续增长的社会环境保障。从我国几十年来维护社会稳定的经验来看，影响社会稳定的因素涉及很多方面，但就业是一个非常基础和重要的因素。每当就业形势受到严峻挑战，社会稳定的形势也会出现一些波动。

我国 2023 年的就业情况怎样呢？可以说是总体稳定、挑战严峻。前三季度，全国城镇调查失业率平均值为 5.3%。这一方面说明，城镇调查失业率在可控或者说可接受的范围内，相对于经济增长的情况以及目前发展阶段经济增长的就业弹性来说，是符合规律的；另一方面也说明，城镇调查失业率仍然在一个相对的高位区间波动，特别是青年人的失业情况还没有得到缓解。

从某些就业指标来看，似乎 2023 年就业形势变化并不明显，比如全国前三季度城镇新增就业 1022 万人。近十几年来，我国每年新增就业岗位都有 1200 万~1300 万个。但"城镇新增就业岗位"这个概念，是指一个城镇地区在一定时间内新增的工作岗位数量，它并不是指"净增"，也就是并没有扣除新减少的就业岗位。所以这个指标在反映就业形势方面有一定的局限性，在新增就业人数增加的情况下，也会出现失业率的攀升。

实际上，我国的总就业人数在 2014 年就达到了峰值 76349 万人，到 2022 年减少到 73351 万人，8 年间减少了近 3000 万人，而且减少的人数是

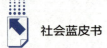

逐年增加的，2022年一年就减少了1000多万人。在此期间，城镇的总就业人数因劳动力转移等因素还是增加的，但2022年也成为一个转折点，60年来首次出现减少。2022年城镇总就业人数45931万人，比2021年的46773万人一下子减少了842万人，这是需要给予高度关注的，因为这不是一个短期的波动，而是一个长期趋势变化的开始。

当然这种变化最主要的影响因素，还是人口结构的深刻变化，我国的劳动年龄人口（15~59岁的口径）早在2011年就达到了峰值9.4亿人，到2022年下降到8.75亿人，年均减少近600万人。这一方面意味着就业供给侧总体压力的减弱，另一方面也意味着在就业机会紧缺的情况下，就业需求侧方面的就业总人数以及城镇就业人数会持续减少。

城镇调查失业率在高位波动，最根本的当然还是受经济形势的影响，但在新的发展阶段也出现一些新的影响因素。一是经过几年疫情的冲击，一部分城镇从业者的就业意愿下降，加之适合的就业机会减少，出现了城镇本地户籍劳动力调查失业率高于外来户籍劳动力调查失业率的情况；二是农村剩余劳动力外出务工的意愿也在减弱，因为城镇就业在收入和成本上的比较优势与过去相比在减弱，外出务工农民工的增长速度已经大大放缓，所以在"就业难"的情况下，还出现一些制造业的"招工难"问题；三是市场就业供给和需求不匹配的情况更加凸显，现在每年1000多万大学毕业生是劳动力供给的主力军，但他们的就业意愿与社会可能提供的就业机会出现不匹配的情况，产业结构的升级滞后于高等教育的快速发展；四是传统的就业机会发展势弱，而新型就业方式发展迅猛。

在分析当前经济社会形势的时候，很多人沿用投资、出口、消费这拉动经济增长的三驾马车理论来解说，认为消费特别是居民消费成为当前拉动经济增长的最重要因素，这并没有错。但我们也必须要将清楚这其中的逻辑关系和先后顺序：有就业才有收入，有收入才有消费。要先稳住就业、稳住收入，才能稳住消费。可以说，高质量就业是高质量发展的内在要求。

经过几年疫情之后，我们面对着就业形势的复杂局面。要按照实行更加积极的就业政策总要求，下大力气稳住吸纳就业较多的中小型企业，对各种灵活就业、非正规就业采取更加宽容的办法，促进符合青年人就业意愿的新型就业方式成长，对农民工的非农就业给予更多的支持。我国在现阶段，初级从业人员的数量还是众多的，往往稳住一个人的就业就稳住了一个家庭。我国关于劳动就业方面的法律法规，也应根据就业市场的快速变化适时进行修订、调整或相关的适用解释。城市社会治理也应把促进就业作为重要的业绩指标。

李培林

2023 年 11 月 15 日

前　言

中国社会科学院"社会形势分析与预测"课题组自1992年成立以来，已持续开展研究30多年，本书是第32本分析和预测社会形势的年度社会蓝皮书。

2023年是落实国民经济和社会发展第十四个五年规划承上启下的关键之年。2023年，我国经济发展稳步恢复，城乡居民收入同步提升，生活消费继续改善，民生事业发展扎实推进，生态文明制度不断完善。这标志着中国式现代化建设进入关键时期。

2023年，对中国来说，通过各方努力，克服了许多困难，在经济发展、就业形态、居民收入增长和消费水平提高、教育均等化、社会保障、文化建设、生态文明建设等方面取得了有效进展。国民经济逐渐回暖，产业结构有所优化。

2023年前三季度，中国国内生产总值913027亿元，按不变价格计算，同比增长5.2%。一季度同比增长4.5%，二季度增长6.3%，三季度增长4.9%。分产业看，第三产业增加值同比增长6.0%，第二产业同比增长4.4%，第一产业同比增长4.0%。在继续保持第三产业较快发展趋势的同时，工业生产的逐步恢复同样可喜，装备制造业增速最快。面对复杂多变的国际环境，全国货物进出口贸易总体平稳，其中民营企业进出口增长6.1%，占进出口总额的比重为53.1%，对中国进出口起了重要支撑作用。全国粮食生产形势稳定，夏季粮食再获丰收。社会消费恢复增长，前三季度社会消费品零售总额同比实际增长6.8%。旅游消费增长迅猛，中秋节、国庆节假期

国内旅游出游 8.26 亿人次，与 2022 年同期相比增长 71.3%。新业态成为当前就业的新亮点，就业总人数和占比增长较快。2023 年前三季度，全国城镇新增就业 1022 万人，脱贫人口务工规模 3297 万人，失业人员再就业 396 万人、困难人员就业 129 万人。有调查结果显示，目前全国新业态就业劳动者为 8400 万人，占全国职工总数的 20.9%，成为职工队伍的重要组成部分。城镇调查失业率在波动中下降，前三季度城镇调查失业率均值为 5.3%。城乡居民收入和消费结构继续改善，城乡收入差距进一步缩小。前三季度，全国居民人均可支配收入 29398 元，比上年同期名义增长 6.3%，扣除价格因素，实际增长 5.9%。城镇居民人均可支配收入 39428 元，同比名义增长 5.2%，实际增长 4.7%；农村居民人均可支配收入 15705 元，同比名义增长 7.6%，实际增长 7.3%。前三季度，城镇居民人均可支配收入与农村居民人均可支配收入之比为 2.51∶1，比 2022 年同期的 2.57∶1 收缩了 2.4%。农村居民人均收入增速继续快于城镇居民收入增速，城乡居民收入差距进一步缩小，转移净收入比重上升，有助于推进全体人民共同富裕。多元主体的社会治理能力进一步整合，打击网络犯罪取得重大进展。网络诈骗治理取得显著成果。2021 年以来，公安机关抓获境外"回流"犯罪嫌疑人 5.6 万余人，抓获境内关联违法犯罪人员 11.2 万余人。此外，针对缅北涉华电信网络诈骗犯罪的严峻形势，公安部协同缅甸地方执法部门开展了多轮打击行动，已有 2317 名缅北涉华电信网络诈骗犯罪嫌疑人被成功抓获并移交我国，其中幕后"金主"、组织头目和骨干 23 名，网上在逃人员 94 名。生态文明制度不断完善，绿色环保经济初具规模。2023 年，中国不断完善生态文明制度建设。一是推进生态环境分区管控，二是全面实施排污许可制，三是优化环评管理，四是规范污染行政处罚。中国生态环境总体质量进一步改善。全国环境空气质量保持平稳，地表水环境质量持续向好，近岸海域海水水质总体保持改善趋势。绿色环保经济初步形成。截至 2023 年 9 月 22 日，全国碳排放配额累计成交量为 2.82 亿吨，累计成交额为 137.22 亿元，碳交易规模居世界首位。

2023 年，中国进入中国式现代化发展的关键时期。一方面，世界格局正处于全球化和去全球化的十字路口；另一方面，国内社会经济与人口结构经历深刻变化。在国际与国内环境的双重变化中，中国社会发展面临着诸多挑战。就业形势面临较大压力，新兴技术加速劳动替代。区域收入差距有待缩小，分配差距依然较大。社会保险投资收益降低，民众医疗卫生费用负担有所加重。少子化与老龄化趋势交叠，人口发展战略亟须调整完善。社会安全风险依然存在，特大事故与极端个案有所增多。2024年及未来一个时期，中国社会经济将继续保持稳步发展的势头，同时也将面临许多不确定性和风险，统筹发展与安全成为中国式现代化建设的头等大事。

本年度"社会蓝皮书"的作者来自专业的研究和调查机构、大学以及政府有关研究部门，除总报告外，各位作者的观点，只属于作者本人，既不代表总课题组，也不代表作者所属的单位。

本年度"社会蓝皮书"涉及的大量统计和调查数据，由于来源不同、口径不同、调查时点不同，所以可能存在不尽一致的情况，请在引用时认真进行核对。

本课题的研究受到中国社会科学院的重点资助，本课题研究活动的组织、协调以及总报告的撰写，均由中国社会科学院社会学研究所负责。

本年度"社会蓝皮书"由陈光金、王春光、李炜、邹宇春、朱迪、任丽颖、崔岩负责统稿，李培林撰写了序言并审定了总报告。傅学军负责课题的事务协调和资料工作。社会科学文献出版社皮书分社社长邓泳红，编辑桂芳、张媛，为本书的出版做了大量工作，在此表示诚挚谢意。

编　者

2023 年 12 月 12 日

摘　要

本报告是中国社会科学院"社会形势分析与预测"课题组的 2024 年度分析报告（社会蓝皮书），由中国社会科学院社会学研究所组织研究机构专家、高校学者以及政府机构研究人员撰写。

本报告认为，2023 年是落实国民经济和社会发展第十四个五年规划承上启下的关键之年。在过去的几年中，面对世界百年未有之大变局、艰巨繁重的改革发展稳定任务，我们取得了脱贫攻坚战的胜利，化解了新冠疫情的重大风险挑战，在建设中国特色社会主义强国征途上获得了阶段性胜利。2023 年成了开启中国式现代化新征程的关键之年。一年来，中国加大力度落实稳经济、稳就业、保民生各项举措，国民经济总体上延续了恢复态势，经济社会发展大局保持稳定，民生福祉稳定增进。

本报告指出，2023 年，在党中央坚强集中统一领导下，全国经济社会形势恢复向好，在经济发展、促进就业、居民收入增长和消费水平提高、教育均等化、社会保障、文化建设、生态文明建设等方面取得了有效进展。国民经济逐渐回暖，产业结构有所优化；新业态成为当前就业的新亮点，新业态就业总人数和占比增长较快；城乡居民收入和消费结构继续改善，城乡收入差距进一步缩小；民生事业发展质量提升，公共服务均等化稳步推进；多元主体的社会治理能力进一步整合，打击网络犯罪取得重大进展；生态文明制度不断完善，绿色环保经济初具规模。

本报告也强调，2023 年，中国进入中国式现代化发展的关键时期。一方面，世界格局正处于全球化和去全球化的十字路口。另一方面，国内社会经济

与人口结构经历深刻变化。后疫情时代，中国经济仍然处于逐步恢复趋势，就业还面临许多不确定因素。此外，中国人口进入负增长区间，人口红利优势逐步消失。在国际与国内环境的双重变化中，中国社会发展面临着诸多挑战。

2024 年及未来一个时期，中国社会经济将继续保持稳步发展的势头，同时也将面临许多不确定性和风险，统筹发展与安全成为中国式现代化建设的头等大事。2024 年，要全面贯彻落实党的二十大精神，按照中国式现代化的本质要求，扎实增进民生福祉，不断改善人民生活品质。要实施更加积极的就业政策，增加就业机会、确保就业稳定；要下大力气改善居民收入分配结构，扎实推进全体人民共同富裕；加强社会保障和民生事业建设，完善兜底社会安全网；要不断优化生育和养老社会政策，促进人口长期均衡发展；要以基层社会治理为重点，深入开展社会治理现代化建设；要促进县域城乡融合发展，推进乡村振兴。

本报告以翔实的统计数据和实地调查资料为依据，分四大板块，用 1 篇总报告和 17 篇分报告，分析讨论 2023 年中国经济社会运行发展的总体状况和未来形势。总报告分析了 2023 年中国经济社会发展的主要成就和问题以及 2024 年和今后一个时期的经济社会发展趋势和需要，提出了应对挑战和难题的若干对策建议。第二板块为发展篇，由 6 篇报告组成，比较全面地分析了 2023 年我国劳动就业、居民收入和消费、教育事业、社会保障事业、公共卫生事业以及社会治安等领域的形势和问题。第三板块为调查篇，包括 6 篇调查报告，这些报告基于翔实的调查数据，比较全面地分析了当前中国社会现代化的进程以及人民群众的感受，分析了活跃志愿者、新就业形态劳动者、大学生等重要社会群体的现状与需求，分析了我国当前居民低碳消费状况以及消费维权状况。第四板块为专题篇，由 5 篇专题报告组成，分别考察了 2023 年中国互联网舆论场动态、中国新型工业化进程中的劳动者状况、食品药品安全形势、养老产业发展状况以及乡村振兴推进形势。在所有这些问题上，各篇分报告都提出了具有针对性的对策建议。

目 录 ⧄

Ⅰ 总报告

Ⅱ 发展篇

皮书数据库阅读**使用指南**

总报告

B.1
中国式现代化建设进入关键时期
——2023~2024 年中国社会形势分析与预测

中国社会科学院"社会形势分析与预测"课题组

王春光　黄种滨　执笔＊

摘　要： 2023 年是落实国民经济和社会发展第十四个五年规划承上启下的关键之年。2023 年，我国经济发展稳步恢复，城乡居民收入同步提升，生活消费继续改善，民生事业发展扎实推进，生态文明制度不断完善。我国经济处于疫情后恢复关键期，劳动力市场面临较大就业压力，地区之间收入差距仍然较大，人口发展呈现"少子老龄化"趋势，基层治理行政负担过重，社会安全风险依然存在。2024 年，要按照中国式现代化的本质要求，紧紧围绕推动经济高质量发展，加强民生领域建设，增进人民生活福祉，维护社会安全稳定。

＊ 王春光，中国社会科学院社会政策研究中心主任；中国社会科学院社会学研究所副所长、研究员；黄种滨，中国社会科学院社会学研究所助理研究员，社会政策研究中心助理研究员。

关键词： 中国式现代化　高质量发展　社会变迁　民生福祉

2023 年是落实国民经济和社会发展第十四个五年规划承上启下的关键之年。在过去的几年中，面对世界百年未有之大变局、艰巨繁重的改革发展稳定任务，我们取得了脱贫攻坚战的胜利，化解了新冠疫情的重大风险挑战，在建设社会主义强国上获得了阶段性胜利。党的二十大报告指出中国式现代化的五大特征，即"中国式现代化是人口规模巨大的现代化，是全体人民共同富裕的现代化，是物质文明和精神文明相协调的现代化，是人与自然和谐共生的现代化，是走和平发展道路的现代化"。由此可见，相较于全面建设小康社会，实现中国式现代化的目标要求更高、任务更加繁重。中国式现代化的关键核心，就是如何在错综复杂的国际与国内环境中实现高质量发展。2023 年成了开启中国式现代化新征程的关键之年。

一　2023 年中国经济社会发展总体形势

2023 年，对中国来说，通过各方努力，克服了许多困难，在经济发展、就业形态、居民收入增长和消费水平提高、教育均等化、社会保障、文化建设、生态文明建设等方面取得了有效进展。

（一）国民经济逐渐回暖，产业结构有所优化

2023 年前三季度，中国国内生产总值 913027 亿元。一季度同比增长 4.5%，二季度增长 6.3%，三季度增长 4.9%。分产业看，第三产业增加值同比增长 6.0%，第二产业同比增长 4.4%，第一产业同比增长 4.0%。[1]在继续保持第三产业较快发展趋势的同时，工业生产的逐步恢复同样可喜，装备制造业

---

[1]　国家统计局：《前三季度国民经济持续恢复向好　高质量发展稳步推进》，http://www.stats.gov.cn/xxgk/sjfb/zxfb2020/202310/t20231018_1943678.html。

增速最快。前三季度，全国规模以上工业增加值同比增长 3.1%；高技术制造业和高技术服务业投资分别增长 11.3%、11.8%。2023 年全国固定资产投资持续增长。前三季度，全国固定资产投资（不含农户投资）375035 亿元，同比增长 3.1%。面对复杂多变的国际环境，2023 年全国货物进出口贸易总体平稳。前三季度，全国货物进出口总值 308021 亿元，同比下降 0.2%；其中，出口 176025 亿元，增长 0.6%；进口 131996 亿元，下降 1.2%；民营企业进出口增长 6.1%，占进出口总额的比重为 53.1%，对中国进出口起到重要支撑作用。[①] 2023 年 7 月，中共中央、国务院出台《关于促进民营经济发展壮大的意见》，从六个方面着重鼓励支持民营经济发展壮大。全国粮食生产形势稳定，夏季粮食再获丰收。前三季度，农业（种植业）增加值同比增长 3.6%。夏粮生产再获丰收，全国夏粮总产量 14613 万吨，产量居历史第二高位。社会消费恢复增长，2023 年前三季度，社会消费品零售总额 342107 亿元，同比增长 6.8%。旅游消费增长迅猛，中秋节、国庆节假期国内旅游出游 8.26 亿人次，与 2022 年同期相比增长 71.3%，与 2019 年同期相比增长 4.1%；实现国内旅游收入 7534.3 亿元，按可比口径比 2022 年同期增长 129.5%，比 2019 年同期增长 1.5%。[②]

国民经济的产业结构有所优化，数字产业对经济社会发展的引领支撑作用日益明显。2012~2022 年，中国数字经济规模从 11 万亿元增长到 50.2 万亿元，数字经济占国内生产总值的比重由 21.6% 提升至 41.5%，中国已是世界第二大数字经济体。2022 年我国电子信息制造业营业收入达 15.4 万亿元，按可比价计算比 2021 年增长 5.5%；软件业务收入达 10.81 万亿元，按可比价计算比 2021 年增长 11.2%。截至 2022 年底，中国累计建成开通 5G 基站 231.2 万个，5G 用户达 5.61 亿户，全国数据中心机架总规模超过 650 万标准机架，

---

① 海关总署：《2023 年 1 至 9 月进出口商品贸易方式总值表（美元）》，http://gdfs.customs. gov.cn/customs/302249/zfxxgk/2799825/302274/302275/5427588/index.html；海关总署：《2023 年 9 月全国进出口总值表（人民币值）》，http://gdfs.customs.gov.cn/customs/302249/zfxx gk/2799825/302274/302275/5427567/index.html。

② 《2023 年中秋节、国庆节假期国内旅游出游 8.26 亿人次 同比增长 71.3%》，中国政府网，https://www.gov.cn/lianbo/bumen/202310/content_6907586.htm。

在用数据中心算力总规模位居世界第二。在新一代数字科技的支撑与带动下，上下游产业链经过全要素的数字化升级、转型与再造过程，到 2022 年，全国工业企业关键工序数控化率达到 58.6%，数字化研发设计工具普及率达到 77%；工业互联网已覆盖 45 个国民经济大类，工业互联网核心产业规模超 1.2 万亿元，按可比价计算比 2021 年增长 15.5%；农业数字化加快向全产业链延伸，农业生产信息化率超过 25%。[①]

（二）新业态成为当前就业的新亮点，就业总人数和占比增长较快

2023 年，我国经济总体回升向好，但外部环境仍然复杂多变，劳动力就业市场受到一定影响。国家大力优化调整一系列稳就业政策措施，全国就业总形势有所改善。2023 年前三季度，全国城镇新增就业 1022 万人，全国城镇调查失业率平均值为 5.3%。值得注意的是，到 9 月外来农业户籍劳动力调查失业率下降为 4.7%。为促进就业，国家继续实施一次性扩岗补助政策，激励企业积极吸纳就业，1~9 月，全国就业补助资金支出 809 亿元，阶段性降低失业保险和工伤保险费率，为企业减少成本超过 1419 亿元。实施高校毕业生等青年就业创业推进计划、就业创业政策宣传周活动、百万见习岗位募集计划等，截至 9 月，由中央财政拨款支持的 2023 年度"三支一扶"计划共计招募4.2 万名高校毕业生；截至 9 月底，脱贫人口务工规模 3297 万人。另外，1~9月，失业人员再就业 396 万人、困难人员就业 129 万人。[②]继续实施就业培训促进政策和技能提升补贴政策，到 9 月累计发放职业培训券 899 万张，劳动者接受补贴性职业技能培训累计 1300 多万人次。

伴随数字技术与数字经济的蓬勃发展，与互联网平台、新零工经济紧密结合的新型职业继续较快发展。以电商平台和共享经济为典型代表的新业态的发展，推动了产业链上下游的劳动力就业需求。新业态就业岗位具有进出门槛低、灵活性和兼职性强的主要特点，在传统行业发展持续低迷的背景下，

[①] 《做强做优做大我国数字经济》，《经济日报》2023 年 10 月 3 日。
[②] 《人社部：今年 1-9 月全国城镇新增就业 1022 万人》，中国新闻网，https://www.chinanews.com/gn/2023/10-26/10100917.shtml。

成为吸纳就业的重要渠道。新业态就业群体人数众多、类别复杂多样，占总体就业人口比重仍在上升。第九次全国职工队伍状况调查结果显示，目前全国新业态就业劳动者为 8400 万人，占全国职工总数的 20.9%，成为职工队伍的重要组成部分。[①]新业态就业劳动者主要是货车司机、网约车司机、快递员、外卖配送员等群体，以男性青壮年为主，农业户籍人员比例较高，70.7% 的货车司机学历在初中及以下，38.0% 的网约车司机学历为大专及以上，快递员、外卖配送员学历集中在高中及以下。现在一个新趋势是有越来越多的女性加入这个行业。

（三）城乡居民收入和消费结构继续改善，城乡居民收入差距进一步缩小

2023 年，中国城乡居民收入仍然保持继续增长态势，城乡之间收入差距有所改善。前三季度，全国居民人均可支配收入 29398 元，比上年同期名义增长 6.3%，扣除价格因素实际增长 5.9%。城镇居民人均可支配收入 39428 元，名义同比增长 5.2%，实际同比增长 4.7%；农村居民人均可支配收入 15705 元，名义同比增长 7.6%，实际同比增长 7.3%。前三季度，城镇居民人均可支配收入与农村居民人均可支配收入之比为 2.51∶1，比 2022 年同期的 2.57∶1 收缩了 2.4%。从收入来源上看，前三季度全国居民人均工资性收入 16747 元，扣除价格因素同比增长 6.8%，占可支配收入的比重为 57.0%；人均经营净收入 4643 元，扣除价格因素同比增长 6.7%，占可支配收入的比重为 15.8%；人均财产净收入 2554 元，扣除价格因素同比增长 3.7%，占可支配收入的比重为 8.7%；人均转移净收入 5454 元，扣除价格因素同比增长 5.8%，占可支配收入的比重为 18.6%。[②]农村居民收入增速继续快于城镇居民收入增速，城乡居民收入差距进一步缩小，转移净收入比重上升，有助于推进全体人民共同富裕。

---

① 《第九次全国职工队伍状况调查综述》，《工人日报》2023 年 3 月 1 日。
② 国家统计局：《2023 年前三季度居民收入和消费支出情况》，http://www.stats.gov.cn/sj/zxfb/202310/t20231018_1943659.html。

2023 年，城乡居民消费结构持续优化，人民生活有所改善。前三季度，全国居民人均消费支出 19530 元，比上年同期名义增长 9.2%，扣除价格因素实际增长 8.8%。其中，城镇居民人均消费支出 24315 元，同比增长 8.6%，扣除价格因素实际增长 8.1%；农村居民人均消费支出 12998 元，增长 9.3%，扣除价格因素实际增长 9.0%。从生活消费支出结构来看，人均食品烟酒消费支出 5794 元，同比实际增长 6.7%；人均衣着消费支出 1055 元，同比实际增长 6.5%；人均居住消费支出 4514 元，同比实际增长 6.4%；人均生活用品及服务消费支出 1120 元，同比实际增长 7.4%；人均教育文化娱乐消费支出 2084 元，同比实际增长 16.4%；人均其他用品及服务消费支出 522 元，同比实际增长 17.4%。总体来看，城乡居民消费结构继续向着发展型消费模式演进。①

（四）民生事业发展质量提升，公共服务均等化稳步推进

教育事业稳步发展，教育均等化取得进展。2022 年，普惠性幼儿园和普通高中数量明显增加，幼儿园、初中、高中毛入学率进一步提升。2022 年，我国共有普惠性幼儿园 24.57 万所和普通高中 1.50 万所，比上年增加 1033 所和 441 所，分别增长 0.42% 和 3.03%；学前毛入园率、高中阶段毛入学率分别为 89.7% 和 91.6%，比上年提高 1.6 个百分点和 0.2 个百分点。此外，幼儿园、小学和初中校园硬件配套设施条件逐步提升。2022 年，全国共有 14.91 万所普通小学和 5.25 万所初中，相比上年减少了 5162 所和 391 所，同比下降 3.35% 和 0.74%；但是小学和初中建筑面积分别达到 88961.80 万平方米和 78648.35 万平方米，比 2021 年增加了 1832.82 万平方米和 3054.65 万平方米，分别增长 2.1% 和 4.0%。②

社会保障事业进一步发展。社会保障体系覆盖更广，数字化平台助力公共服务获取便捷化。截至 2023 年 9 月底，全国基本养老、失业、工伤保险参

---

① 国家统计局：《2023 年前三季度居民收入和消费支出情况》，http://www.stats.gov.cn/sj/zxfb/202310/t20231018_1943659.html。

② 教育部：《2022 年全国教育事业发展统计公报》，http://www.moe.gov.cn/jyb_sjzl/sjzl_fztjgb/202307/t20230705_1067278.html。

保人数分别为 10.6 亿人、2.4 亿人、3 亿人；全国社保卡持卡人数达 13.77 亿人，覆盖 97.4% 的人口，其中 8.51 亿人在手机中领用了电子社保卡。① 此外，已经建成的全国社保卡服务平台和"一卡通"服务专区，2022 年共提供电子社保卡服务 112.85 亿次。

残疾人和老龄事业不断推进。近年来，我国通过对老旧小区和互联网 App 进行无障碍改造，极大便利了残疾人和老年人的居家出行与数字生活。2023 年 9 月《无障碍环境建设法》正式生效，该部法律保障了残疾人与老年人平等、公平地享受公共服务和参与社会生活。2019~2022 年，全国累计新开工改造城镇老旧小区 16.7 万个，加装电梯 7 万部，增设养老托育等各类社区服务设施超 4 万个，极大便利了老年人和残疾人的生活出行。此外，针对残疾人和老年人使用智能设备不便的问题，工信部等先后印发《关于推进信息无障碍的指导意见》《互联网应用适老化及无障碍改造专项行动方案》等文件，指导超过 1700 家（个）常用网站和 App 完成适老化和无障碍改造。②

（五）多元主体的社会治理能力进一步整合，打击网络犯罪取得重大进展

党和国家的机构设置与职能配置不断优化和调整，国家治理体系和治理能力现代化水平得到提升。2023 年 3 月，中共中央、国务院印发《党和国家机构改革方案》，组建中央社会工作部。根据方案，中央社会工作部作为党中央职能部门，"负责统筹指导人民信访工作，指导人民建议征集工作，统筹推进党建引领基层治理和基层政权建设，统一领导全国性行业协会商会党的工作，协调推动行业协会商会深化改革和转型发展，指导混合所有制企业、非公有制企业和新经济组织、新社会组织、新就业群体党建工作，指导社会工

---

① 《全国基本养老保险参保人数达 10.6 亿人》，中国政府网，https://www.gov.cn/govweb/lianbo/bumen/202310/content_6912809.htm。
② 《今年 9 月 1 日，无障碍环境建设法正式施行 让生活出行更加"无障有爱"》，中国政府网，https://www.gov.cn/yaowen/liebiao/202309/content_6903399.htm。

作人才队伍建设等"。① 社会治理关系民生福祉与社会发展，社会治理需充分调动基层社会治理力量，通过激发和推动包括社区、社会组织、社会工作者、社区志愿者、社会慈善资源在内的社会治理力量"五社联动"，提升国家基层治理现代化水平。中央社会工作部的成立，理顺部门职能归属、汇聚民情民意民智、凝聚多元治理力量，有助于强化国家社会治理现代化能力。

网络诈骗治理取得显著成果。电信网络诈骗成为当前主要犯罪方式，国家加大了打击力度。2019~2021 年，全国公安机关共受理诈骗案件 54.8 万、74.1 万和 65.7 万起。电信网络诈骗具有非接触式、隐蔽性强、远程化作案的特点，加之许多犯罪团伙隐匿在东南亚国家，导致此类案件的侦破难度远高于其他传统犯罪。2021 年以来，公安机关抓获境外"回流"犯罪嫌疑人（指在境外实施诈骗犯罪之后自行回国人员）5.6 万余人（其中"金主"150 余人、"蛇头"1000 余人），抓获境内关联违法犯罪人员 11.2 万余人。② 此外，针对缅北涉华电信网络诈骗犯罪的严峻形势，公安部协同缅甸地方执法部门开展了多轮打击行动，已有 2317 名缅北涉华电信网络诈骗犯罪嫌疑人被成功抓获并移交我国，其中幕后"金主"、组织头目和骨干 23 名，网上在逃人员 94 名。跨境协同治理机制建立后，电信网络诈骗案发数量明显降低。③

（六）生态文明制度不断完善，绿色环保经济初具规模

人与自然和谐共生是中国式现代化的重要内涵。2023 年，中国不断完善生态文明制度建设。一是推进生态环境分区管控。生态环境部印发实施《2023 年生态环境分区管控成果动态更新工作方案》，初步建成国家—省级层面信息平台，进一步深化生态环境分区管控。二是全面实施排污许可制。生态环境部发布与排污许可制度实施相关的 161 个技术规范，构建了科学完善

---

① 《中共中央　国务院印发〈党和国家机构改革方案〉》，中国政府网，https://www.gov.cn/zhengce/2023-03/16/content_5747072.htm?dzb=true。
② 《5.6 万境外"回流"电诈嫌疑人落网 电信诈骗呈现这些新特点》，《北京晚报》2023 年 9 月 13 日。
③ 《再添新战果 706 名缅北电诈犯罪嫌疑人移交我方》，新华网，http://www.news.cn/legal/2023-10/09/c_1129906423.htm。

的技术体系，已将352.5万个固定污染源纳入排污许可管控范围，管控水污染物排放口25.7万个、大气污染物排放口107.3万个。三是优化环评管理。生态环境部印发实施《关于进一步优化环境影响评价工作的意见》，用好"三本台账"（国家、地方、利用外资三个层面重大项目台账）和绿色通道机制，强化环评质量监管。2023年1~8月，全国共完成环评审批8.09万个，同比增长13.0%，涉及总投资14.7万亿元，同比增长9.4%。四是规范污染行政处罚。2023年5月，生态环境部修订出台《生态环境行政处罚办法》，规范行政处罚的实施。上半年，各地采取"双随机、一公开"检查企业22.6万家次，下达环境行政处罚决定书2.7万份，罚款21.1亿元。

中国生态环境总体质量进一步改善。全国环境空气质量保持平稳。2023年1~9月，全国339个地级及以上城市平均空气质量优良天数比例为84.2%，同比下降1.5个百分点，较2019年同期上升2.7个百分点；PM2.5平均浓度为28微克/米³，同比上升3.7%，较2019年同期下降17.6%。[1] 全国地表水环境质量持续向好。2022年，Ⅰ~Ⅲ类水质断面比例为87.9%，比2021年上升3.0个百分点。全国近岸海域海水水质总体保持改善趋势，优良（一、二类）水质面积比例为81.9%，比2021年上升0.6个百分点。绿色环保经济初步形成。[2] 截至2023年9月22日，全国碳排放配额累计成交量为2.82亿吨，累计成交额为137.22亿元，碳交易规模居世界首位。[3]

二 中国当前社会发展面临的难题与挑战

2023年，中国进入中国式现代化发展的关键时期。一方面，世界格局正处于全球化和去全球化的十字路口。近年来，国际形势持续动荡，俄乌冲突和巴以冲突爆发，加剧了贸易保护主义势头，部分国家通过提高关税的方式

---

① 生态环境部：《生态环境部通报9月和1~9月全国环境空气质量状况》，https://www.mee.gov.cn/ywdt/xwfb/202310/t20231016_1043272.shtml。

② 生态环境部：《2022年中国生态环境状况公报》，https://www.mee.gov.cn/hjzl/sthjzk/zghjzkgb/202305/P020230529570623593284.pdf。

③ 《"双碳"目标提出三周年 碳交易规模位居世界首位》，《每日经济新闻》2023年9月25日。

保护国内产业，中国对外出口加工贸易明显受到影响。另一方面，国内社会经济与人口结构经历深刻变化。疫情防控平稳转段，中国经济仍然处于逐步恢复趋势，就业还面临许多不确定因素。此外，人口红利优势逐步消失。在国际与国内环境的双重变化中，中国社会发展面临着诸多挑战。

（一）就业形势面临较大压力，新兴技术加速劳动替代

2023年，中国劳动力市场面临就业压力，前三季度的调查失业率高于5%的预期水平。此外，大学生就业形势相比上一年度愈加严峻。

新兴数字技术发展对于劳动力市场兼具创造和挤出效应。一方面，新兴数字技术创造出更多新型职业。根据智联招聘《数字技术新职业趋势洞察报告》，数字孪生技术员、数字化解决方案设计师、数据库运行管理员、大数据工程技术人员等岗位需求持续上涨。另一方面，以生成式人工智能（AIGC）和自动驾驶为代表的数字技术应用发展，逐步取代部分事务性和重复性劳动力岗位。目前AIGC技术可生成的内容已经拓展到文字、图像、视频、语音、代码、机器人动作等多种形式，这对于从事财务会计、行政事务、律师、新媒体运营、市场营销、代码编程、小说作家等职业人群影响最大。此外，近年来各大互联网公司加大对自动驾驶技术的研究投入和应用实践力度。该项技术发展与推广落地，将直接影响千万名专职网约车司机就业。概而言之，新兴技术发展创造出技能要求更高的技术型岗位。新增的岗位需求与减少的岗位职业所面对的群体有高度差异，前者需要掌握复杂前沿技术的高学历人才，而后者大多是掌握相对简易技能的普通职业人员，这也导致了企业用工荒和劳动力失业同时存在的问题。

（二）区域收入差距有待缩小，分配差距依然较大

一是居民收入差距保持较高水平。2021年我国居民人均可支配收入基尼系数为0.466，相比2020年下降了0.002，居民人均可支配收入差距有所缩小，但是仍然超过国际警戒线0.4。2022年，从全国居民五等份收入分组数据来看，高收入组家庭人均可支配收入90116元，中间偏上收入组家庭人均可支配收

入 47397 元，中间收入组家庭人均可支配收入 30598 元，中间偏下收入组家庭人均可支配收入 19303 元，低收入组家庭人均可支配收入 8601 元，高收入组家庭人均可支配收入与低收入组家庭人均可支配收入比值为 10.5∶1，相比 2021 年的 10.3∶1 和 2020 年的 10.2∶1 有所扩大。

二是城乡收入差距仍然偏大。2023 年前三季度，城镇居民人均可支配收入为 39428 元，农村居民人均可支配收入为 15705 元，城镇居民人均可支配收入是农村居民人均可支配收入的 2.51 倍，城乡居民收入差距仍然处于较高水平。城镇与农村内部的收入差距也不可小觑。2022 年，城镇居民高收入组家庭人均可支配收入为 107224 元，是城镇居民低收入组家庭人均可支配收入 16974 元的 6.32 倍；农村居民高收入组家庭人均可支配收入为 46075 元，是农村居民低收入组家庭人均可支配收入 5025 元的 9.17 倍。

三是地区收入分配差异仍保持高位。2022 年，东南沿海省份的人均可支配收入远超西部省份。上海市、北京市、浙江省、江苏省、天津市和广东省等地区的人均可支配收入位居全国前列，分别为 79610 元、77415 元、60302 元、49862 元、48976 元和 47065 元。甘肃省、贵州省、西藏自治区、云南省和青海省等地区的人均可支配收入水平显著较低，分别仅为 23273 元、25508 元、26675 元、26937 元和 27000 元。最发达省份人均可支配收入是欠发达省份的 3.42 倍。区域经济发展不均衡，影响了中国社会经济的高质量发展。

（三）社会保险投资收益降低，民众医疗卫生费用负担有所加重

受到国内经济波动影响，国家社会保险基金投资收益率出现负值。社保基金自成立以来的年均投资收益率为 7.66%，累计投资收益额达 16575.54 亿元。2022 年，社保基金投资收益额为 -1380.90 亿元，投资收益率为 -5.07%。[1]个人养老保险账户的收益率也出现负值。由于经济环境不稳定和就业形势压

---

[1] 全国社会保障基金理事会：《全国社会保障基金理事会社保基金年度报告（2022 年度）》，http://www.ssf.gov.cn/portal/xxgk/fdzdgknr/cwbg/sbjjndbg/webinfo/2 023/09/1697471208931405.htm。

力较大，部分失业民众难以负担家庭社会保险费用支出，选择退出社会保险或断缴保险费用，降低了家庭抗风险能力。2023 年，城乡居民基本医保个人缴费标准为 380 元，对农村家庭来说负担仍然过重，这也是部分农民工在失去稳定的工作收入来源后选择退出医疗保险的重要原因。

全国总体医疗费用支出上升，民众医疗卫生负担有所增加。2022 年全国卫生总费用 84846.7 亿元，相比 2021 年增加了 8001.7 亿元，名义增长 10.41%；卫生总费用占 GDP 比重为 7.0%，相比 2021 年增加了 0.3 个百分点。个人卫生支出占总支出的比重确有下降，但个人卫生支出费用继续呈现上涨趋势。2022 年人均卫生总费用为 6010 元，比 2021 年增加了 570 元，同比名义增长 10.48%，既高于同期全国卫生总费用名义增长率，更是同期全国居民人均可支配收入名义增长率（5.0%）的 2.1 倍。[①]

（四）少子化与老龄化趋势叠加，人口发展战略亟须调整完善

2022 年，中国常住人口的自然增长率为 -0.60‰，全年全国新出生人口 956 万人，其中二孩占比仅为 38.9%；全国总人口数量 141175 万人，比上年末减少 85 万人，这背后蕴含着两个人口结构变化趋势：少子化与老龄化。前者意味着人口出生率下降，后者意味着人口结构中的老年人比重继续上升。两个趋势的交织导致人口抚养比上升。根据国家统计局数据，中国少儿抚养比从 2020 年的 26.2% 下降至 2022 年的 24.8%；与之相对应，老年抚养比从 2020 年的 19.7% 上升至 2022 年的 21.8%；总抚养比从 2020 年的 45.9% 上升至 2022 年的 46.6%。总抚养比过高已经显著影响了社会生育意愿，以及社会经济健康发展。

少子化与结婚率持续下降紧密关联。2000~2022 年，中国结婚率经历了倒 V 形曲线变化，从 2000 年的 6.7‰ 缓慢上升至 2013 年的 9.9‰，此后连续

---

① 国家卫生健康委员会：《2022 年我国卫生健康事业发展统计公报》，http://www.nhc.gov.cn/guihuaxxs/s3585u/202309/6707c48f2a2b420fbfb739c393fcca92/files/9b3fddc4703d4c9d9ad399bcca089f03.pdf。

9 年下降，到 2022 年结婚率仅为 4.8‰，不足 2013 年结婚率的一半。① 此外，中国家庭规模逐步缩小，2000 年平均家庭规模为 3.44 人，到 2022 年仅有 2.62 人。少子化趋势或结婚率下降至少有三个原因。一是性别比失衡。2020 年全国总人口中，男性比女性多 3490 万人，20~40 岁适婚年龄男性比女性多 1752 万人。人口性别结构决定着少子化趋势仍会加剧。二是生活成本、结婚成本和育儿成本过高，导致青年人对进入婚姻殿堂与生儿育女产生顾虑。三是随着社会福利体系的建立健全，青年一代逐渐不再接受传统的养儿防老观念，他们对于事业成功的追求或是生活品质的要求，超过正常结婚生子的意愿。

老龄化相关社会政策仍不够健全与完善，积极老龄化社会有待进一步营造。一是部分地区老年人领取的退休金仅能维持最基本生活，缺乏子女照顾的老人处于较大的社会风险中。二是数字鸿沟成为老年人获取基本公共服务的重要障碍。诸如医院挂号、博物馆预约等公共服务获取，在多数情况下需通过手机 App 进行操作，这对于多数老人而言较为困难。三是养老机构闲置资源有待盘活。各地政府近年来兴建了大量养老机构，但由于政府财政紧张，布局不尽合理，不少新建养老机构分布在偏远郊区，导致老年人入住意愿低与养老机构床位空置率较高等问题。

（五）基层治理面临挑战，"五社联动"还需更有效的政策支持

社会组织是国家社会治理能力现代化的重要支撑，但近年来社会组织的发展陷入停滞状态。2021 年底，我国各类社会团体、民办非企业单位和基金会的数量约为 90.2 万个。2022~2023 年，社会组织经过清理与整顿数量开始下降。2022 年四个季度的社会组织数量分别为 90.0 万、89.7 万、89.3 万和 89.1 万个；2023 年第二季度，社会组织数量继续减少，为 89.0 万个。这种减少主要发生在民办非企业单位中，其数量从 2022 年第四季度的 51.2 万个减少到 2023 年第二季度的 50.9 万个；而社会团体和基金会数量则有所增加，前者从 2022 年第四季度的 37.0 万个增加到 2023 年第二季度的 37.2 万个，后者同

---

① 梁建章、任泽平等：《中国婚姻家庭报告 2023 版》，https://baijiahao.baidu.com/s?id=17731077 0414838 7326&wfr=spider&for=pc。

期从 9321 个增加到 9440 个。

"五社联动"仍需更加有效的政策支持。一是基层社会治理的行政压力较大，社会自治资源尚未得到充分调动。在现行制度安排下，多数工作都需要基层政府参与具体执行，导致"上面千根线，下面一根针"，基层政府和村居自治组织所承担的工作任务明显过载。在实际工作中，基层沿用行政命令方式调动社区、社会组织、社会工作者、社区志愿者、社会慈善资源，"五社"资源成为基层政府的层级延伸，"五社"组织的自治能力和自我服务能力有所弱化，反过来造成基层政府治理任务加重。二是职业教育培训实用性不足，社会组织专业能力不够。目前的职业教育培训内容与现实需求有明显脱节，多数社会组织工作人员缺乏专业性，社会工作类毕业生就业匹配度较低，社工机构开展的活动与居民的实际需求的契合度不够，难以深入参与社区自治和自我服务。三是社会工作发展前景不明，优秀人才引进力度欠缺，专业人才流失明显。我国当前的社会工作人才培养路径仍不明晰，从事基层社会工作的人员晋升空间有限，加之基层社会工作面临压力较大，薪资待遇处于当地中下游水平，导致较少青年人愿意从事该职业。此外，不少社会工作从业人员一旦成长为表现优异的社团骨干，往往会被长期接触和配合工作的相关街道办或乡镇政府吸纳，这也加剧了社会工作优秀人才流失，制约了相关社会组织专业能力的培育成长。

（六）社会安全风险依然存在，特大事故与极端个案有所增多

社会安全风险在不同领域依然存在，特大事故与极端案件数量有所反弹。2023 年前三季度，各类自然灾害共造成 8911.8 万人次不同程度受灾，因灾死亡失踪 499 人，紧急转移安置 275.1 万人次；倒塌房屋 11.8 万间，严重损坏 42.2 万间，一般损坏 103.5 万间；农作物受灾面积 9714.8 千公顷；直接经济损失 3082.9 亿元。[①]生产安全事故总量有所下降，但部分地区和行业重大事故、特大事故数量有所增加。根据国家有关部门的应急管理通报，截至 2023 年 7

---

① 应急管理部：《应急管理部发布 2023 年前三季度全国自然灾害情况》，http://mem.gov.cn/xw/yjglbgzdt/202310/t20231008_465002.shtml。

月，全国共发生各类生产安全事故 12070 起、死亡 10527 人。

各类治安案件、刑事案件仍处于高发多发状态。据统计，2023 年 6 月 25 日至 9 月 30 日，全国共破获侵犯弱势群体权益案件 2.5 万起、网络赌博案件 6861 起、酒驾醉驾案件 71.9 万起；抓获电诈犯罪嫌疑人 1.7 万人；化解矛盾纠纷 284.6 万起，消除治安隐患 86.5 万处。重大治安事件和极端刑事犯罪案件仍然多发，2023 年 6 月 25 日至 9 月 30 日，全国共破获命案现案 1446 起，共打掉涉黑组织 38 个、恶势力集团 430 个、恶势力团伙 286 个，抓获犯罪嫌疑人 8146 名，抓获目标逃犯 348 名；打掉街面寻衅滋事等恶势力团伙 238 个，抓获犯罪嫌疑人 1808 名。[①]

三　2024 年及未来社会经济发展形势与对策

2024 年及未来，我国社会经济将继续保持着稳步发展的势头，同时也将面临许多不确定性和风险，统筹发展与安全成为中国式现代化建设的头等大事。

（一）实施更加积极的就业政策，增加就业机会、确保就业稳定

2023 年，国家出台了多项政策以稳定和扩大就业并取得一定成效。要继续坚持就业是最基本、最重要和最首要的民生，坚持以就业优先为导向，创造更多的就业机会，实现充分就业和稳定就业。

一是鼓励企业扩大用工需求，降低市场实际用人成本。国家应继续针对拓展市场与致力于创新的企业提供部分税收减免、定向金融贷款等实质性支持以鼓励产业发展与用人招录。此外，有条件的省市可以延续为吸纳重点就业人群的中小微企业提供社保补贴的就业政策，通过降低当地企业实际用人成本，鼓励用人单位招聘录用高校应届毕业生、就业困难人员等重点群体。

[①] 《公安部"夏季行动"重拳打击犯罪 破获刑事案件 56.6 万起》，中国政府网，https://www.gov.cn/lianbo/bumen/202310/content_6908020.htm。

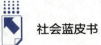

二是推动学校企业建立长期合作关系，定向培育企业急需高素质人才。疫情期间，多数高校学生主要通过线上渠道参与课堂互动，缺少参加课外实践与校外实习的机会，加之部分大中专院校的课程设置与现实存在一定脱节，导致不少应届学生在校学习的知识和技能与用人单位的岗位实际需求存在错位的问题。政府应当推动学校与企业建立合作关系，共同制定学生培养课程大纲，根据所需岗位技能设置所教课程内容，引导学生积极参与课外实践和企业实习，培育企业或工厂所需的技能型高素质人才。此外，大中专院校、成人继续教育与再就业培训领域应及时关注产业革命与技术变迁趋势，开设前沿技术通识课程与技术应用实操课程，引导在校学生、在岗职工和待业居民了解认识新兴技术和初步掌握技术应用，帮助其提升工作能力与拓展就业出路。

三是倡导青年树立积极就业观念，帮助青年群体实现多业态发展。当前中国就业岗位需求总量有所减少，加之2023年应届毕业生数量达到历史最高（1158万人），使得青年人在择业与就业中面临一些困难。其中，部分获得本科和硕士学位的高校毕业生，由于就业市场需求不足但毕业人数屡创新高，未能获得专业对口或岗位心仪的就业机会，从而选择延迟就业或成为"全职儿女"。针对前者，政府和社会应当继续提供相关就业机会帮助其就业，同时给予相应政策支持其从事新媒体、电商销售或自主创业等工作；针对后者，应充分说明当前就业形势，帮助其树立"先就业，再择业"的积极就业观念。

（二）下大力气改善居民收入分配结构，扎实推进全体人民共同富裕

中国式现代化是全体人民共同富裕的现代化。推动实现共同富裕，国家还需采取更多举措以提升居民总体收入水平。要发挥公有制经济带动共同富裕的作用。引导国有企业在欠发达地区加大投资力度，带动闲置劳动力就业，改善当地基础设施建设，推动区域均衡发展。发挥集体经济在乡村产业振兴中的抓手作用，不断发展农村合作社等集体经济产业，逐步提高当地村民收

入水平。要持续优化营商环境，促进非公有制经济健康发展，通过提升政府服务质量、营造公平竞争的市场环境、降低企业制度性交易成本，鼓励民营企业健康发展，扩大企业用工规模，增加城乡居民总体收入。

在提升居民收入的基础上，还需扎实推进共同富裕建设。中国社会的贫富差距依然较大，应充分发挥初次分配、再分配和三次分配的收入调节作用，逐步缩小人群之间、城乡之间、地域之间的收入差距。首先，不断优化调整税收制度，发挥初次分配的更大作用。提升劳动报酬在初次分配中的比例，适度提高税收的起征点，减少中低收入人群税收负担，扩大中等收入群体规模。加快推动财产税制改革，削弱贫富差距的代际传递机制。其次，建立完善覆盖全民、统筹城乡、公平统一、可持续的社会保障体系，强化再分配机制促进社会公平的重要作用。应致力于缩小不同群体的社会保障待遇差异，解决城乡居民养老金过低问题；提升社保基金统筹层次，缩小地域之间社保待遇差距；不断完善社会救助制度，探索从就业、收入、医疗等多维度标准划定救助对象。最后，引导和支持社会慈善事业蓬勃发展，鼓励倡导企业和个人，自愿捐助生活困难、患有严重疾病以及遭遇困难的家庭或个体，提高三次分配占国民收入比重，有效发挥慈善作为"黏合剂"的社会团结功能。

（三）加强社会保障和民生事业建设，完善兜底社会安全网

我国在社会保障领域仍有进一步改善空间。2023 年 3 月印发的《中共中央办公厅 国务院办公厅关于进一步完善医疗卫生服务体系的意见》，指明了持续深化医疗保障领域改革的方向，强调优化城乡医疗资源配置、加强医联体分级诊疗体系整合、提高服务质量和优化服务体验、加强医院科学管理与深化体制机制改革等方向，在一定程度上缓解了就医难、就医贵、就医体验差等现实问题。今后要进一步平衡医疗成本费用管控与实际诊疗药品需求，深化和落实医疗卫生服务改革举措，全面提升医院诊疗服务水平，逐步减轻城乡居民医疗卫生费用支出负担。

关注困难脆弱群体，防止因病返贫致困。要充分利用好各类政策工具箱，

通过推动企业扩大用人规模和开放公益性岗位，发挥公有制经济的兜底保障功能，筑牢困难群体的社会救助保障网，降低失业、就业不稳定和疾病等因素导致特殊困难人群陷入生活困难或脱贫人群返贫的风险。

（四）促进人口长期均衡发展，不断优化生育和养老社会政策

中国人口发展呈现"少子化"和"老龄化"双重趋势，如何解决"一老一小"困局成为当下亟须回应的社会问题。

一是加快公租房建设与供给，减轻青年人住房压力。受到传统观念影响，住房仍然是多数青年人结婚生育的重要前提，过高的房价和高昂的房租推迟了青年人结婚时间和降低了其生育意愿。2021年7月国务院办公厅印发《关于加快发展保障性租赁住房的意见》，提出建设公租房、保障性租赁住房和共有产权住房保障体系，以实质性解决新市民、青年人等群体住房困难问题。该意见出台后，各大城市开始大规模推动保障性住房建设，对缓解新市民的住房压力起到一定作用。然而，目前保障性住房的总体供应量仍然较少，普通青年居民获取租赁资格难度仍然较大，且部分房源分布在远离核心区域的城市郊区，长时间通勤将明显降低青年人的获得感与幸福感。应选取与城市核心地区距离合适地块建设保障性住房，加大保障性住房供应总量，切实满足青年住房的刚性需求。

二是落实生育津贴和育儿假期，降低家庭生育成本。为提高人口生育率，各省区市相继修订了《人口与计划生育条例》，修订了婚假、生育假、配偶陪产假的具体时长，增设了家庭夫妻双方用于陪护幼儿的育儿假期，让父母有足够时间精力照顾新生儿。要加大力度推动上述政策落实到位、取得预期成效。当前，部分工厂和企业仍未严格落实社会保障的相关制度规定，仍有相当规模的灵活就业群体游离在社会保障体系之外，使得上述政策的社会覆盖面仍有空白。此外，地区之间财政能力差异较大，欠发达地区缺乏足够能力为民众提供生育津贴，这在一定程度上加剧了区域之间的不平等。要进一步建立健全中央统筹资金机制，均衡地区生育津贴负担，扩大生育政策的社会覆盖面和惠及面，加大家庭生产和育儿保障力度。

三是加强普惠型养老制度建设，积极推动老龄产业发展。当前国家政策考核过度强调养老机构床位数量，导致地方政府为完成上级指派任务，将诸多养老机构选址在农村偏远地区。在选址偏远、价格昂贵和文化观念等诸多因素影响下，部分地区养老机构床位空置率居高不下。要适当弱化床位数考核，鼓励将更多财政经费下沉至社区养老与居家养老，让老年人更多且更加切实地享受到养老服务。要积极发展"银发经济"，充分挖掘老龄消费潜在市场，鼓励养老服务相关企业发展，为老年人提供多层次、高品质健康养老服务，满足老年群体日益增长的美好生活需求。

（五）以基层社会治理为重点，深入开展社会治理现代化建设

基层治理是国家治理的基石，提升基层社会治理现代化水平是实现中国式现代化的重要基础。要大力解决基层自治行政负担过重、"五社联动"机制不健全、社会组织发展受限、基层治理专业人才匮乏与流失等现实问题。加强党建引领"五社联动"，调动基层社会治理主动性。要进一步健全基层社会党的领导体制，明晰政府权力责任清单，推动基层政府非必要服务职能有效地向社会治理各主体转移，切实减轻基层政府过载压力，鼓励和培育民办非企业单位或社会团体等社会组织，激活社会协同治理力量，完善社区与社会组织、社会工作者、社区志愿者、社会慈善资源的联动机制，充分发挥和调动基层社会治理主体的自治力量与积极意愿。

要进一步规范职业教育，完善社会工作从业人员发展路径和机制，解决好社会治理专业性不足与优秀人才流失的问题。一方面，要不断增强职业教育实用性，以基层社会治理实际面临问题为落脚点，完善现行人才教育培训体系，鼓励参加社会实践与实习工作，提升社工服务专业水平，提高基层社区和民众对社会工作相关机构服务和从业人员专业能力的信任度与信心，提高基层社区社会治理水平。另一方面，要进一步完善和优化社工职业发展路径和机制，出台相应政策，加大基层社会工作岗位的人才吸引和人才留用力度，鼓励和支持优秀社会工作人才留在基层，充实基层社会治理和服务的力量。

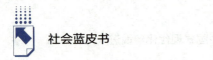

（六）促进县域城乡融合发展，推进乡村振兴

全面推动乡村振兴、缩小城乡发展差距，是实现中国式现代化的关键前提。县城是我国城镇体系的重要组成部分，是城乡融合发展的关键支撑，对实现共同富裕有着重大意义。要加大力度推进以县域为基本单位的城乡融合发展，发挥县城连接城市和乡村的桥梁作用，增强县城对于农村地区的辐射带动作用。要逐步推进县城供水、供气、供电等各类基础设施向乡村地区延伸，拓展已有产业链、物流链、电商平台至边远地区，推动农产品深加工，带动农产品和工业品的生产与销售，鼓励体现一二三产业融合的农村"第六产业"发展，加大乡村吸引人才力度，助力乡村地区的产业振兴和结构升级。要推动县级医院与乡村卫生院共建医疗合作共同体，鼓励县域内部校长教师轮岗交流，健全县、镇、乡三级养老服务制度，逐步实现城乡地区公共服务均等化。

参考文献

董克用、王振振、张栋：《中国人口老龄化与养老体系建设》，《经济社会体制比较》2020 年第 1 期。

李培林：《面对未来：我国城镇化的特征、挑战和趋势》，《中国社会科学院大学学报》2022 年第 8 期。

李培林、李友梅、袁志刚、李强、蔡禾、刘志彪、何晓斌、沈永东：《要点、重点与堵点：从脱贫攻坚到共同富裕》，《探索与争鸣》2021 年第 11 期。

毛振华、孙晓霞、闫衍主编《中国地方政府债券发展报告（2023）》，社会科学文献出版社，2023。

王春光：《无条件全民基本收入与共同富裕建设进路探索》，《中共中央党校（国家行政学院）学报》2022 年第 3 期。

商务部：《2023 年 1~8 月 全国吸收外资 8471.7 亿元人民币》，http://www.mofcom.gov.cn/article/tj/tjsj/202309/20230903442321.shtml。

发 展 篇

B.2
2023 年中国城乡居民收入和消费报告

摘　要： 2023 年，在以习近平同志为核心的党中央坚强领导下，中国经济社会运行呈现持续恢复向好态势。城乡居民收入持续稳步增长，农村居民收入增长率持续高于城镇居民，但居民收入内部差距仍然显著。新型消费快速发展，城乡居民消费意愿有所提升。同时居民服务性消费稳步增加，特别是居民餐饮和旅游需求等集中释放，汽车消费需求持续旺盛。要进一步增加居民收入、稳步提高居民消费水平，就要进一步完善国民收入分配格局、持续提高住户部门在国民收入分配中的比重，着力保护和提高劳动报酬，提高劳动报酬在初次分配中的比重。

关键词： 城乡居民收入　新型消费　服务性消费　国民收入分配

---

* 崔岩，中国社会科学院社会学研究所副研究员，中国社会科学院国情调查与大数据研究中心特约研究员，主要研究方向为发展社会学。

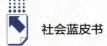

2023 年是全面贯彻落实党的二十大精神的开局之年。随着中国经济社会全面恢复常态化运行，宏观政策显效发力，国民经济恢复向好，高质量发展稳步推进。特别是 2023 年以来，在一系列扩大内需、提振信心、防范风险的政策举措作用下，中国经济持续恢复，总体回升向好，高质量发展稳步推进。面对复杂严峻的国内外环境，各项政策持续发力，有效扩大内需，全力推进稳增长、稳就业、防风险工作，交出了一份彰显韧性的高质量发展答卷。在推进共同富裕的过程中，持续完善收入分配制度被置于优先地位。城乡居民收入水平持续提升，生活质量不断提高，消费支出稳步增长，消费结构更趋合理。

一　城乡居民收入的增长趋势与结构变化

（一）城乡居民收入实现持续稳步增长，城乡差距进一步缩小

"十三五"期间，中国人均 GDP 突破 1 万美元大关，城乡居民收入持续增长，全国居民人均可支配收入由 23821 元增加到 32189 元，按可比价格计算，累计增长 31.2%，年均增长 5.6%。"十四五"以来，面对百年未有之大变局，在准确把握新发展阶段、深入贯彻新发展理念、加快构建新发展格局的背景下，中国经济稳中向好，高质量发展取得新成效。较之 2020 年，2022 年全国居民人均可支配收入名义增速为 14.6%，两年平均名义增长 7.1%，扣除价格因素，两年平均实际增长 5.5%。

2023 年前三季度，全国居民人均可支配收入 29398 元，比上年同期名义增长 6.3%，扣除价格因素，实际增长 5.9%。全国居民人均可支配收入中位数 24528 元，扣除价格因素，比上年实际增长 5.4%；较之 2019 年第三季度的 19882 元，名义增长 23.4%。从分城乡数据来看，2023 年前三季度城镇居民人均可支配收入 39428 元，名义增长 5.2%，扣除价格因素，实际增长 4.7%；农村居民人均可支配收入 15705 元，名义增长 7.6%，扣除价格因素，实际增长 7.3%，增速显著高于城镇居民（见表 1）。

时 间	全国居民		城镇居民		农村居民	
	可支配收入	比上年增长	可支配收入	比上年增长	可支配收入	比上年增长
2016 年	23821	6.3	33616	5.6	12363	6.2
2017 年	25974	7.3	36396	6.5	13432	7.3
2018 年	28228	6.5	39251	5.6	14617	6.6
2019 年	30733	5.8	42359	5.0	16021	6.2
2020 年	32189	2.1	43834	1.2	17131	3.8
2021 年	35128	8.1	47412	7.1	18931	9.7
2022 年	36883	2.9	49283	1.9	20133	4.2
2019 年前三季度	22882	—	31939	—	11622	—
2020 年前三季度	23781	—	32821	—	12297	—
2021 年前三季度	26265	—	35946	—	13726	—
2022 年前三季度	27650	—	37482	—	14600	—
2023 年前三季度	29398	—	39428	—	15705	—

表 1   2016 年至 2023 年前三季度居民人均可支配收入及增长情况

单位：元，%

资料来源：《中国统计年鉴》。

与此同时，从经济增速和城乡居民收入增长率的关系来看，2022 年全年国内生产总值（GDP）为 1210207 亿元，按不变价格计算，比上年增长 3%。与之相对应，2022 年城镇居民人均可支配收入比上年增长 1.9%，农村居民人均可支配收入比上年增长 4.2%（见图 1）。纵观 2010 年以来，中国居民的收入总体上保持了与国内生产总值同步增长的趋势。特别是农村居民收入增长率持续高于城镇居民收入增长率，并且大部分年份显著高于国内生产总值增长率，城乡收入差距持续缩小，城乡居民收入比连续下降，从 2021 年的 2.50进一步下降到 2022 年的 2.45（见图 2）。按最新发布的 2023 年前三季度数据计算，城乡居民收入比为 2.51，较上一年同期的 2.57 下降了 0.06。

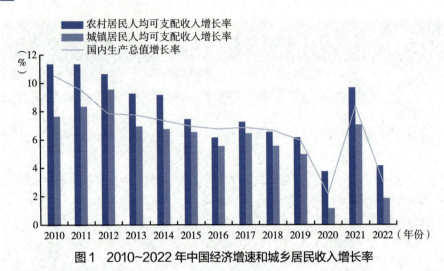

图1　2010~2022年中国经济增速和城乡居民收入增长率

资料来源：历年《中国统计年鉴》。

图2　2000~2022年城乡居民人均可支配收入比

资料来源：由历年《中国统计年鉴》数据计算获得。

　　党的十九届五中全会通过的《中共中央关于制定国民经济和社会发展第十四个五年规划和二〇三五年远景目标的建议》和第十三届全国人民代表大会第四次会议通过的《中华人民共和国国民经济和社会发展第十四个五年规划和2035年远景目标纲要》，将"满足人民日益增长的美好生活需要"作为"十四五"时期经济社会发展的根本目的，将"人的全面发展、全体人民共同富裕取得更为明显的实质性进展"列入 2035 年基本实现社会主义现代化的远景目标，进一步明确了共同富裕这一社会主义的本质要求。从统计数据可以看出，面对国内外多重超预期不确定因素，中国居民人均可支配收入持续增长，且基本实现与经济增长同步，反映出中国经济韧性强、潜力大、活力足的特点没有改变，长期向好的基本面没有改变，支撑高质量发展的要素条件没有改变，为扎实推进共同富裕奠定了坚实的基础。

（二）城乡居民收入结构不断优化

2022 年全国居民人均可支配工资性收入为 20590 元，同比增长 4.9%，占可支配收入的 55.8%，拉动可支配收入增长 2.7 个百分点，对可支配收入的贡献率为 54.8%。其中，城镇居民人均可支配工资性收入为 29578 元，同比增长 3.9%，占可支配收入的 60.0%；农村居民人均可支配工资性收入为 8449 元，同比增长 6.2%，占可支配收入的 42.0%。同时，2023 年前三季度工资性收入实现较快增长。前三季度全国居民人均工资性收入 16747 元，比上年同期名义增长 6.8%，显著高于全国居民人均可支配收入增长率。从城乡数据来看，城镇居民和农村居民人均工资性收入比上年同期分别增长 5.6% 和 8.3%。工资性收入是拉动城乡居民收入可持续增长的主要动力。当前中国经济恢复向好，稳就业政策持续显效，就业形势逐步改善。2023 年 9 月，全国城镇调查失业率为 5.0%，比 2022 年同期下降 0.5 个百分点，且 2023 年以来整体呈现回落态势。在就业形势逐渐向好的背景下，居民工资性收入也得到了较快增长。同时，随着接触型服务业逐步恢复，农村居民外出务工增加，为农村居民工资性收入增长打下坚实基础，统计数据也显示农村居民工资性收入增幅高于城镇居民。

从经营净收入来看，2022 年全国居民人均可支配经营净收入为 6175 元，同比增长 4.8%，占可支配收入的 16.7%，拉动可支配收入增长 0.8 个百分点，对可支配收入的贡献率为 16.1%。其中，城镇居民人均经营净收入 5584 元，同比增长 3.8%，占可支配收入的 11.3%；农村居民人均经营净收入 6972 元，同比增长 6.2%，占可支配收入的 34.6%。同时，2023 年前三季度全国城乡居民经营净收入持续增长。受住宿餐饮、批发零售等行业经营形势稳步恢复带动，城乡居民人均经营净收入 4643 元，比上年同期增长 6.7%，实现较快增长。分城乡情况看，城镇居民和农村居民人均经营净收入比上年同期分别增长 7.3% 和 5.8%。值得注意的是，受农家乐和乡村旅游持续升温等因素带动，农村居民第三产业经营净收入比上年同期增长 16.0%。[①]

从财产净收入来看，2022 年全国居民人均可支配财产净收入为 3227 元，同比增长 4.9%，占可支配收入的 8.7%，拉动可支配收入增长 0.4 个百分点，对可支配收入的贡献率为 8.6%。其中，城镇居民人均财产净收入 5238 元，同比增长 3.7%，占可支配收入的 10.6%；农村居民人均财产净收入 509 元，同比增长 8.4%，占可支配收入的 2.5%。

从转移净收入来看，2022 年全国居民人均可支配转移净收入为 6892 元，同比增长 5.5%，占可支配收入的 18.7%，拉动可支配收入增长 1.0 个百分点，对可支配收入的贡献率为 20.6%。其中，城镇居民人均转移净收入 8882 元，同比增长 4.5%，占可支配收入的 18.0%；农村居民人均转移净收入 4203 元，同比增长 6.8%，占可支配收入的 20.9%。

同时，从国家统计局数据可以发现，党的十八大以来，中国城乡居民收入结构不断优化，收入来源日趋丰富。2013~2022 年，城镇居民转移净收入占可支配收入的比例从 16.3% 上升到 18.0%。对于农村脱贫人口、低收入人口而言，转移净收入更是其收入的重要组成部分。近年来，随着国家强农惠农富农政策力度不断加大，农村社会保障水平不断提升，转移净收入对拉动农村居民增收发挥了重要作用。除此以外，2013~2022 年，全国城乡居民财产净收入占可支配收入的比例从 7.8% 上升到 8.7%（见图 3）。特别是近年来随着投资方式的多元化，居民财产收入来源日益多样化。一方面，城镇地区租房市场稳步回暖，农村地区转让承包土地经营权租金净收入显著增加，有力带动城乡居民租金收益同步增长。另一方面，城乡居民投资渠道逐渐拓宽，拉动城乡居民财产净收入快速增长。

---

① 《肖宁：前三季度居民收入平稳增长 消费支出加快恢复》，国家统计局网站，2023 年 10 月 19 日，http://www.stats.gov.cn/sj/ sjjd/202310/t20231019_1943747.html。

图 3　全国城乡居民人均可支配收入来源结构（2013~2022 年）

资料来源:《中国统计年鉴》。

（三）居民收入内部差距仍然显著

通过对统计数据进行分析发现，在城乡居民收入差距逐步缩小的同时，城乡居民内部收入差距仍然显著。就 2022 年全国居民五等份收入分组情况来说，高收入组家庭人均可支配收入为 90116 元，低收入组家庭人均可支配收入仅为 8601 元，比值为 10.48（见图 4）。就城镇居民五等份收入分组情况而言，高收入组可支配收入为 107224 元，低收入组可支配收入为 16971 元，两者比值为 6.32。在农村居民中，高收入组可支配收入为 46075 元，低收入组可支配收入为 5025 元，两者比值高达 9.17。特别值得注意的是，农村居民内部收入差距近年来有所扩大，2020 年高收入组和低收入组比值为 8.23，到 2021 年该比值上升到 8.87，2022 年该比值更进一步上升为 9.17。与之相比较，城镇居民内部高收入组和低收入组的比值则基本维持在 6.0 左右，增长较为温和（见图 5）。

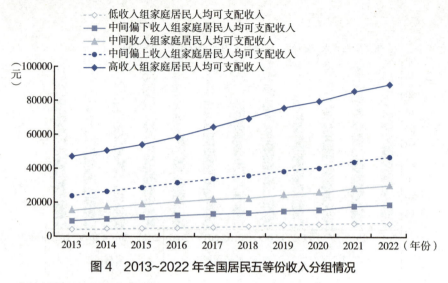

图4　2013~2022年全国居民五等份收入分组情况

资料来源：历年《中国统计年鉴》。

图5　2013~2022年全国和城乡居民五等份收入组高收入组和低收入组比值

资料来源：历年《中国统计年鉴》。

从不同收入组可支配收入增长率来看，低收入组家庭居民人均可支配收入增长率近年来持续降低。以全国居民可支配收入增长率来看，低收入组收入增长率从2020年开始持续降低，从6.63%降低到3.22%，低于其他各收入组的增长率（见图6）。分城乡分析可以发现，对于城镇居民，低收入组收入增长率在 2022 年显著低于其他收入组的增长率，仅为 1.34%，较 2019 年同期增速低 6.7 个百分点（见图 7）。在农村居民中，低收入组增长率更是持续降低；即使是 2021 年，其他收入组可支配收入增长率显著上升时，低收入组的收入增长率仍大幅下降（见图 8）。

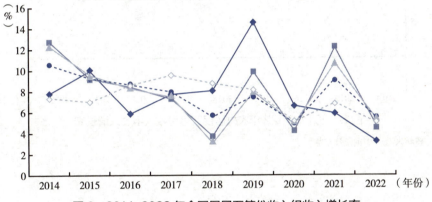

图 6　2014~2022 年全国居民五等份收入组收入增长率

资料来源：历年《中国统计年鉴》。

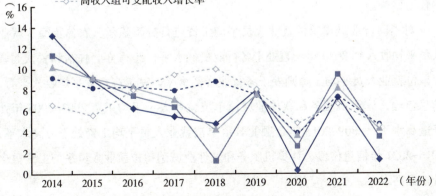

图 7　2014~2022 年城镇居民五等份收入组收入增长率

资料来源：历年《中国统计年鉴》。

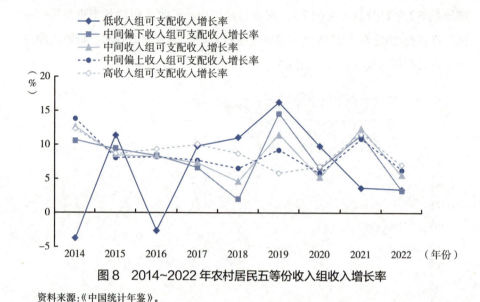

图8　2014~2022年农村居民五等份收入组收入增长率

资料来源：《中国统计年鉴》。

（四）不同行业收入差距总体有所缩小

当前，随着城乡差距、区域差距进一步缩小，行业间的收入分配差异逐渐成为影响加快实现共同富裕的主要因素。从国家统计局数据可以看出，当前中国不同行业间的收入差距，以及私营单位和非私营单位之间的收入差距仍较为显著。

对不同行业城镇单位就业人员平均工资进行分析显示，农林牧渔业就业人员平均收入到2020年一直处于各行业最低水平；2021年，住宿和餐饮业城镇单位就业人员平均工资则处于各行业最低水平。就最高行业平均收入来看，信息传输、计算机服务和软件业城镇单位就业人员平均工资2003~2008年处于最高水平，2009~2015年金融业城镇单位就业人员平均工资处于最高水平，2016~2021年信息传输、计算机服务和软件业城镇单位就业人员平均工资再次处于最高水平。

从最高行业平均收入和最低行业平均收入的比值来看，该比值从2005年的 4.73 逐渐降低至 2015 年的 3.59，2018 年和 2019 年小幅回升至 4.05 和 4.10，2020 年和 2021 年则再次回落至 3.66、3.76（见图 9）。

图 9　2003~2021 年最高行业平均收入和最低行业平均收入及其比值

资料来源：由历年《中国统计年鉴》数据计算获得。

同时，同一行业国有单位和城镇私营单位的平均工资差异较为显著。以批发和零售业为例，2021 年国有单位就业人员平均工资为 137785 元，在城镇私营单位中其就业人员的平均工资仅为 58071 元，两者比值为 2.37。除此以外，在电力、燃气及水的生产和供应业，文化、体育和娱乐业，教育等行业，国有单位和城镇私营单位就业人员平均工资的比值均超过 2.0（见图 10）。

总的来看，2005 年以来，中国最高行业与最低行业平均收入的相对差距整体呈现缩小的趋势，但不同行业之间、私营单位和非私营单位之间的工资差异所带来的收入分配问题仍较为明显，在一定程度上阻碍了收入分配公平的实现，影响了人民群众获得感的进一步提升。一些不合理的市场因素和非市场因素共同作用导致部分行业存在超高收入、超高盈利的现象，更影响了中国经济的高质量发展。只有进一步缩小不合理的收入差距，让发展成果更多更公平惠及全体人民，才能不断增强人民群众的获得感、幸福感。

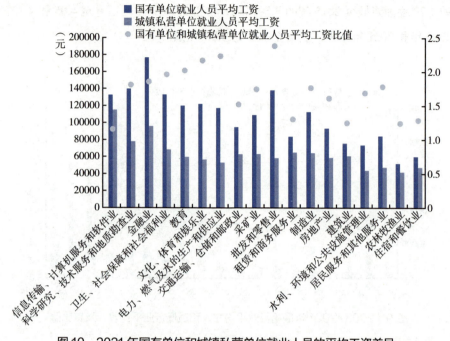

图10　2021年国有单位和城镇私营单位就业人员的平均工资差异

资料来源：由历年《中国统计年鉴》数据计算获得。

二　新型消费快速发展，城乡居民消费意愿有所提升

（一）消费整体恢复向好，城乡居民消费支出稳步增长

消费是中国经济增长的重要引擎，着力扩大内需是推动经济运行整体向好的当务之急。2022年底的中央经济工作会议提出，要增强消费能力，改善消费条件，创新消费场景，支持居民住房改善、新能源汽车、生活服务等消费。"十三五"期间，全国居民人均消费支出增加到21210元，较2015年名义增长35.0%；按可比价格计算，累计增长21.1%，年均增长3.98%。随着各项促消费政策持续发力，2022年全国居民人均消费支出为24538元，较2020年名义增长15.7%，剔除价格因素影响，按可比价格计算，累计增长12.4%，年均实际增长6.2%。

统计数据显示，2023 年前三季度城乡居民人均消费支出为 19530 元，较 2022 年前三季度的 17878 元名义增长 9.2%，扣除价格因素实际增长 8.8%。分城乡来看，2023 年前三季度城镇居民人均消费支出为 24315 元，较 2022 年前三季度的 22385 元，扣除价格因素实际增长 8.1%；农村居民人均消费支出为 12998 元，较 2022 年前三季度的 11896 元，扣除价格因素实际增长 9.0%（见表 2）。

表 2 2016 年至 2023 年前三季度城乡居民人均消费支出和增长率 单位：元，%						
时　间	消费支出			城乡消费水平对比	比上年增长		
	全体居民	农村居民	城镇居民	（农村居民 =1）	全体居民	农村居民	城镇居民
2016 年	17111	10130	23079	2.28	6.8	7.8	5.7
2017 年	18322	10955	24445	2.23	5.4	6.8	4.1
2018 年	19853	12124	26112	2.15	6.2	8.4	4.6
2019 年	21559	13328	28063	2.11	5.5	6.5	4.6
2020 年	21210	13713	27007	1.97	−4.0	−0.1	−6.0
2021 年	24100	15916	30307	1.90	12.6	15.3	11.1
2022 年	24538	16632	30391	1.83	−0.2	2.5	−1.7
2019 年前三季度	15464	9353	20379	—	—	—	—
2020 年前三季度	14923	9430	19247	—	—	—	—
2021 年前三季度	17275	11179	21981	—	—	—	—
2022 年前三季度	17878	11896	22385	—	—	—	—
2023 年前三季度	19530	12998	24315	—	—	—	—

资料来源：《中国统计年鉴》。

农村居民消费支出水平稳步提高，2022 年人均消费支出同比名义增长 4.5%，比城镇和全国居民高 4.2 个和 2.7 个百分点，城乡居民消费水平差距从 2016 年的 2.28∶1 缩小至 1.83∶1。近年来，农村居民消费支出名义增长率持

续高于城镇居民，体现出农村消费增长潜力大、消费升级趋势明显、拉动内需空间大的特点。

总的来看，随着相关政策措施的持续推出，居民消费潜力不断释放，消费空间得以有效拓展。当前中国消费整体呈现恢复向好态势。以世界银行发布的数据为例，以 2015 年不变价美元计算，中国人均居民最终消费支出 4488.9 美元，人均居民最终消费支出的年均增长率为 13.0%，显著高于美国、英国等发达国家。这体现出在当前全球经济复苏仍有较强不确定性的背景下，中国经济社会发展基本恢复至常态化水平，居民消费整体呈现升级态势，再次反映出中国经济韧性强、潜力大、长期向好的基本特点。

（二）以新业态新模式为特征的新型消费快速发展，居民服务性消费稳步增加

2023 年，随着一系列促消费政策落地见效，居民消费潜力得以不断释放。前三季度，最终消费支出拉动经济增长 4.4 个百分点[①]，特别是住宿餐饮、文化旅游等接触型服务消费明显回暖，对经济增长拉动作用较为显著。前三季度，社会消费品零售总额 342107 亿元，同比增长 6.8%，扣除价格因素，实际增长 6.6%。从两年平均增速看，三季度两年平均增长 3.9%，比二季度增加 1.1 个百分点。同时，前三季度乡村消费品零售额 45697 亿元，同比增长 7.4%，增速快于城镇 0.7 个百分点。

中国网购渗透率不断提高，持续推动了网上零售额的稳步提升。从国家统计局数据可以看出，至 2023 年 9 月网上零售额累计达到 108198.5 亿元，增长 11.6%。同时，作为数字经济的重要业态，网购消费在助力消费增长中持续发挥积极作用。前三季度，实物商品网上零售额占社会消费品零售总额的比重为 26.4%，较上年同期提升 0.7 个百分点。在实物商品网上零售额中，吃类、穿类和用类同比分别增长 10.4%、9.6% 和 8.5%。特别值得注意的是，随着国内电商进入高质量发展阶段，"网上非实物商品销售"成为拉动消费的新

---

① 《赵同录：前三季度我国经济运行持续恢复向好》，国家统计局网站，2023 年 10 月 19 日，http://www.stats.gov.cn/sj/sjjd/202310/ t20231019_1943736.html。

引擎。根据国家统计局的定义，网上零售额是指通过公共网络交易平台（包括自建网站和第三方平台）实现的商品和服务零售额之和；其中商品和服务包括实物商品和非实物商品（如虚拟商品、服务类商品等）。从国家统计局发布的数据可以看出，2023 年前 9 个月，实物商品网上零售额的增速为8.9%，低于网上零售额 11.6% 的增速。由此可见，居民在线消费构成中，"非实物商品零售"比"实物商品零售"有着更快的增速，成为拉动居民消费的新引擎。

近年来，在一系列促进消费政策的作用下，居民消费，尤其是服务消费快速反弹，居民消费能力持续恢复，形成了消费转型升级的良好态势。2022年全国居民人均服务性消费支出 10590 元，较 2020 年名义增长 17.3%。分城乡来看，2022 年城镇居民人均服务性消费支出 13723 元，较 2020 年名义增长 14.6%，占人均消费支出的 45.2%；农村居民人均服务性消费支出 6358 元，较 2020 年名义增长 21.9%，显著高于城镇居民 7.3 个百分点，占人均消费支出的 38.2%。

特别值得关注的是，从 2023 年前三季度的情况看，除了商品零售外，服务零售呈现较快的恢复态势。前三季度服务零售额增长 18.9%，显著高于社会消费品零售总额增长率。并且，2023 年国家统计局首次发布服务零售额数据，充分体现出服务消费对经济增长的支撑作用和对国内消费的拉动作用。与侧重于反映实物商品消费的社会消费品零售总额不同，服务零售额主要是指企业（产业活动单位、个体户）以交易形式直接提供给个人和其他单位非生产、非经营用的服务价值的总和，旨在反映服务提供方以货币形式销售的属于消费的服务价值，包括交通、住宿、餐饮、教育、卫生、体育、娱乐等领域服务活动的零售额。随着中国经济由高速增长转向高质量发展阶段，消费结构不断转型升级，消费形态更呈现由以商品消费为主转向商品和服务消费并重的特征。从全国居民人均消费支出的数据也可以看出，服务消费占比已经超过 40%。随着经济社会回归常态，居民的服务消费意愿显著增强，消费水平显著提升，服务消费需求较快释放。从供给端来看，以文化旅游、生活服务为代表的消费市场供给快速恢复。国家统计局数据显示，2023 年前三

季度居民人均服务性消费支出同比增长 14.2%, 占居民人均消费支出的比重
是 46.1%, 比上年同期明显提升了 2 个百分点。2023 年前三季度消费对经济
增长的贡献率达到 83.2%, 服务消费以其较快的增速, 成为经济持续增长的
重要引擎, 对经济高质量发展起到了重要支撑作用。

（三）居民餐饮需求、旅游需求等集中释放, 汽车消费需求持续旺盛

随着基于互联网的新业态健康有序发展, 餐饮服务加速数字化转型, 实
现线上线下融合, 有力提振了居民餐饮消费。同时, 随着经济社会生活恢复
常态, 各地区积极落实扩大餐饮消费举措, 效果逐步显现, 餐饮业线下消费
快速发展, 外出餐饮的市场空间被充分激活, 为提振线下消费注入了强劲动
力。国家统计局发布的 2023 年三季度 GDP 核算结果显示, 三季度住宿和餐
饮业绝对额同比增长 12.7%, 前三季度同比增长 14.4%。[①] 在按消费类型分的
社会消费品零售总额中, 至 2023 年 9 月餐饮收入累计 37105.0 亿元, 同比增
长 18.7%, 较 2019 年同期增长率实现了大幅提升。

国务院办公厅印发的《关于释放旅游消费潜力推动旅游业高质量发展
的若干措施》中明确指出, 要丰富优质旅游供给, 释放旅游消费潜力, 推动
旅游业高质量发展, 进一步满足人民群众美好生活需要, 发挥旅游业对推动
经济社会发展的重要作用。年初以来, 中国旅游消费市场快速恢复, 优质旅
游产品的供给能力不断增强, 居民国内游、出境游需求得到全面激发, 旅游
市场的爆发性增长成为消费领域的最大亮点, 成为拉动消费的强劲引擎。文
化和旅游部发布的数据显示, 2023 年前三季度, 国内旅游总人次 36.74 亿,
比上年同期增加 15.80 亿, 同比增长 75.5%。其中, 城镇居民国内旅游人次
28.46 亿, 同比增长 78.0%; 农村居民国内旅游人次 8.28 亿, 同比增长 67.6%。
分季度看, 2023 年第一季度, 国内旅游总人次 12.16 亿, 同比增长 46.5%;
2023 年第二季度, 国内旅游总人次 11.68 亿, 同比增长 86.9%; 2023 年第三
季度, 国内旅游总人次 12.90 亿, 同比增长 101.9%。2023 年前三季度, 居民

---

① 《2023 年三季度国内生产总值初步核算结果》, 国家统计局网站, 2023 年 10 月 19 日,
http://www.stats.gov.cn/ sj/zxfb/202310/t20231019_1943720.html。

国内出游总花费 3.69 万亿元，比上年增加 1.97 万亿元，增长 114.5%。其中，城镇居民出游花费同比增长 122.7%，农村居民出游花费同比增长 75.8%。[①]

近年来，汽车消费约占社会消费品零售总额的 10%。在各项稳定汽车消费、支持新能源汽车购买、规范健全二手车市场的政策支持下，汽车消费成为稳增长、促消费的重要领域，城乡居民汽车拥有量逐年稳步提升。国家统计局数据显示，2022 年城乡居民平均每百户家用汽车拥有量为 43.5 辆。分城乡进行分析，城镇居民平均每百户家用汽车拥有量为 51.4 辆，同比增长 2.6%；农村居民为 32.4 辆，同比增长约 7%，显著高于城镇居民。在中国汽车工业协会发布的 2023 年前三季度汽车产销数据中，2023 年 1~9 月，汽车产销分别完成 2107.5 万辆和 2106.9 万辆，同比分别增长 7.3% 和 8.2%。其中，汽车国内销量 1768 万辆，同比增长 1.9%；汽车出口 338.8 万辆，同比增长 60%。1~9 月，新能源汽车产销分别完成 631.3 万辆和 627.8 万辆，同比分别增长 33.7% 和 37.5%，市场占有率达到 29.8%。可以看出，在销售的全部新车中，近 1/3 是新能源汽车。[②] 据乘用车市场信息联席会发布的数据，1~9 月新能源汽车累计批发销量为 590 万辆，同比增长 36%。在技术快速升级的推动下，新能源汽车成为具有时代特征的消费电子产品，其消费需求趋向消费电子化，新车型、新技术、新功能的加速推出，极大提高了新能源汽车销量。

总的来说，随着供需体系的不断完善，内需潜力持续释放。新型消费、绿色消费、智能消费快速发展，对满足居民生活需要、拉动经济持续增长发挥了重要作用。文化旅游业、住宿餐饮业、生活服务业顺应居民消费升级需求，打造更多消费新场景，充分释放消费新活力。同时，农村居民消费潜力被充分激发，消费增速持续高于城镇居民，反映出农村消费市场有进一步拓展的巨大空间。

[①] 《2023 年前三季度国内旅游数据情况》，中国政府网，2023 年 10 月 27 日，https://www.gov.cn/lianbo/bumen/202310/ content_6912559.htm。

[②] 《中汽协：9 月汽车产销量均创历史同期新高》，中国新闻网，2023 年 10 月 12 日，https://www.chinanews.com.cn/cj/2023/10-12/10092729.shtml。

三 进一步提高居民收入，稳步提高居民消费水平

（一）进一步完善国民收入分配格局，持续提高住户部门在国民收入分配中的比重

实现全体人民共同富裕是中国式现代化的本质要求之一，国民收入分配制度对于促进共同富裕有着基础作用。在中国式现代化进程中，应当实现经济增长和居民收入增长同步，实现劳动生产率的提高和劳动报酬的提高同步。统计数据显示，现阶段中国在政府、企业与住户部门之间的收入分配格局中，住户部门占初次分配和可支配总收入比重近十余年处于稳步上升态势。2020年住户部门在初次分配和可支配总收入中的比重分别为62.0%和62.2%；2021年该比重则呈现下降态势，分别为61.0%和59.7%。一般来说，住户部门收入比重扩大，有利于促进社会投资和经济增长，住户部门收入比重过低则在一定程度上会影响消费、降低居民的获得感和幸福感。要进一步完善国民收入分配格局，推进收入分配制度改革的不断深化，应当加快构建初次分配、再分配、第三次分配协调配套的制度体系。通过优化收入分配格局，扩大中等收入群体，实现人民收入水平与经济发展基本保持同步，才能有力促进消费，实现经济可持续发展。

（二）着力保护和提高劳动报酬，提高劳动报酬在初次分配中的比重

劳动报酬提高与劳动生产率提高基本同步，提高普通劳动者报酬，实现经济发展成果由人民共享，是实现共同富裕的基本内涵。从统计数据来看，2021年国内劳动者报酬共计58.92万亿元，劳动者报酬在初次分配总收入中的比重为51.6%，较上一年低约1个百分点。劳动者报酬在初次分配中比重的小幅波动，既有劳动要素回报变化的影响，也缘于劳动力供求变化、产业结构变迁、经济周期等一系列内外部因素的共同作用。

要实现劳动报酬在初次分配中的合理占比，从根本上说要建立劳动者报酬合理可持续增长机制，同时面对规模日益扩大的灵活就业群体和新职业新

业态就业群体,要尽快建立适应灵活就业和新就业形态的劳动报酬权益保障制度。实现劳动报酬在初次分配中的合理占比,不仅能有效扩大中等收入群体比重,对于拉动内需、推动消费升级也具有重大的意义。

(三)低收入群体比重有所增加,对消费转型升级形成一定制约

面对国内国际复杂环境,中低收入群体在就业等方面受到一定冲击。特别是部分生活服务业从业人员和进城务工农民工群体,受多重因素影响,处于不充分就业或不稳定就业的状态,收入水平有所降低。

通过对中国社会科学院"中国社会状况综合调查"[①]数据进行测算,可以发现,以国家统计局提出的家庭年收入在 10 万 ~50 万元的群体为中等收入群体标准,可以大致估算出 2020 年中国有 34.50% 的家庭可以划分为中等收入群体,2022 年有 34.75% 的家庭可以划分为中等收入群体,比例变化不大。但值得注意的是,收入低于 5 万元的低收入家庭比例有所增加:32.74% 的家庭 2020 年收入低于 5 万元,2022 年该比例增加到 35.55%。与之相对应,收入在 5 万 ~10 万元的家庭从 2020 年的 30.51% 降低到 2022 年的 27.57%。

由此可见,在中低收入群体中,部分群体收入有所降低,反映出这部分群体在面对外部不确定因素时,在经济收入方面存在一定的脆弱性。因此,要更大力度实施就业优先政策,加快创造和释放高质量就业岗位,对低技能劳动者进行赋能,提高劳动者增加收入的能力。同时,切实保障灵活就业群体和农民工群体的工资支付;大力发展县域经济,进一步丰富乡村经济业态,拓展农民增收空间。

(四)居民消费倾向和投资意愿仍处于低位,储蓄意愿较高,对消费形成一定抑制

面对内外部不确定因素,居民消费倾向和投资意愿仍处于低位。根据《中国统计年鉴》提供的数据,从城乡居民消费倾向来看,2020 年城乡居民消

---

① 中国社会科学院 2021 年和 2023 年开展的"中国社会状况综合调查",覆盖了全国 31 个省区市的 1 万余个被访家庭样本。

费倾向处于低点，为65.9%。随后持续在低位徘徊，2023年前三季度全国居民消费倾向为66.4%。其中，城镇居民消费倾向显著低于农村居民，2020年为61.6%，2023年前三季度城镇居民消费倾向为61.7%。与之相比较，农村居民的消费倾向近年来呈现恢复态势，从2020年的80.0%上升至2023年前三季度的82.8%，反映出农村消费市场进一步提质扩容的巨大空间。

从中国人民银行城镇储户问卷调查的数据也可以看出，当前城镇储户消费和投资意愿仍然较低，储蓄意愿仍处于高位。2020年第一季度以来，倾向于"更多储蓄"的居民占比大部分时间在50%以上，至2023年第二季度该比例为58.0%。与之相对应，2020年第一季度倾向于"更多消费"的居民占比大幅降至22.0%。至2023年第二季度，倾向于"更多消费"的居民也仅占24.5%，而倾向于"更多投资"的居民更是从2020年第一季度的25.0%降至2023年第二季度的17.5%，在近十余年中处于较低水平。

同时，从储蓄率角度也可以发现，中国国内总储蓄占GDP比重较高，以世界银行的数据为例，该比例在2021年为46.1%；同期韩国、越南等国该比例为35%左右，美国、英国等国仅为17%左右。与此同时，当前中国居民杠杆率仍处于高位。按国家资产负债表研究中心统计口径，至2023年第一季度居民部门的杠杆率为63.3%，较2019年同期上升10.1个百分点。虽然居民部门总体债务风险基本可控，但进一步加杠杆空间有限，对消费存在一定透支效应，不利于居民消费可持续健康增长。

（五）进一步提高城乡居民收入、促进城乡居民消费的对策思考

面对国内国际环境的不确定性，应当进一步出台更有针对性和更为精准的政策，促进经济企稳回升，实现高质量发展。

1. 进一步拓宽低收入群体收入来源，提高普通劳动者收入水平

应当进一步拓宽低收入群体增收路径，缩小贫富差距，推进经济社会高质量发展。这就要加快促进制造业、服务业的转型升级，提高中低技能劳动岗位的技术含量和劳动收入。同时，应当借助新经济模式和新就业形态，实现低收入群体的可持续增收。近年来，以外卖骑手、网约车司机为代表的新

就业形态，为低收入者提供了更为灵活的就业方式和相对稳定的收入来源。同时，依托互联网科技的新职业的快速发展，为进一步扩大中等收入群体提供了现实路径。通过对"潜在中等收入群体"提供精准的政策帮扶，从健全社会保障、加强技能培训等方面入手，可以有效实现赋能、提高其收入水平。

同时，对于广大农民群体，应当大力发展现代农业，推广智慧农业技术，加强农业生产社会化、集约化、机械化，提高农业经济效益和农业劳动者收入水平，进一步优化其收入结构，提高广大农民在中等收入群体中的比例。

2. 通过"技术赋能"促进更多灵活就业群体和农民工群体进入中等收入群体

对于部分灵活就业群体和农民工群体，其虽然有工作，但是工作不稳定且劳动收入相对较低，具有一定的经济脆弱性。这一现象的本质是劳动者的人力资本不足、劳动技能匮乏，导致职业发展受限，缺乏可持续的收入增长能力，只能在低技能就业岗位中从事简单体力劳动，长期处于不稳定就业中。

因此，各级政府和社会组织应当发挥更多作用，协调各方资源，完善中青年群体职业发展规划的顶层设计，协同社会和市场力量落实职业培训相关政策，增强培训的实用性。强化企业从业人员职称和技术等级评定，帮助中低技能群体做好职业发展的长期规划。为构建知识型、技能型、创新型新一代劳动者队伍，提供有针对性的职业技能提升制度支持，通过制度创新满足不同层次的劳动者培训需求和职业可持续发展愿景，造就"新技术蓝领"队伍中的高质量从业人员。

3. 促进新型消费快速发展，鼓励居民消费升级，培育新消费增长极

当前中国经济恢复势头强劲，但面对内外部环境的不确定性，经济进一步加速发展动能略显不足，国内消费需求可持续释放仍面临一系列不利影响因素。因此，要大力促进非实物商品消费，如以虚拟商品、服务类商品等为代表的新型消费的发展。同时，鼓励居民消费向发展型消费转型升级，提高文化消费、教育消费等在居民消费中的比重。积极培育新消费增长极，加强可持续消费理念的宣传引导，促进居民消费理念向可持续消费观转变，扩大绿色环境友好型商品的有效供给。

特别是面对实物商品消费需求增长乏力的实际情况，要高度重视服务消费的进一步提质扩容升级。在增强消费对经济恢复基础性作用的同时，顺应经济社会发展的普遍规律和广大人民群众消费需求升级的新趋势，基于服务消费需求增长势头强劲、拓展空间大的特点，以服务消费为支点牵引带动实物和非实物商品消费。同时，以满足人民日益增长的美好生活需要为出发点和落脚点，以提高人民群众生活品质为导向促进消费转型升级，不断增强人民群众的获得感、幸福感、安全感。在文旅消费、文娱消费、健康服务消费等方面，完善消费相关制度，优化消费环境，激发居民消费需求，增加优质商品供给，鼓励服务消费和新业态新模式发展相结合，助力经济高质量发展和消费结构进一步升级。

参考文献

中华人民共和国国家统计局编《中国统计年鉴2022》，中国统计出版社，2022。

李培林、陈光金、王春光主编《2023年中国社会形势分析与预测》，社会科学文献出版社，2022。

2023年中国就业形势与未来展望

陈云 曹佳 楚珊珊*

摘　要： 2023年，我国就业形势面临复杂的宏观经济社会环境。诸多积极因素推动劳动力市场持续改善，也有诸多因素冲击劳动力市场稳定，劳动力市场随之发生深刻变化，表现出复杂性。党中央、国务院持续出台系列稳经济稳就业稳物价政策措施，在不确定性中保持就业局势总体稳定，劳动力市场逐步进入持续复苏期，就业主要指标运行逐步改善，失业水平短暂攀升后稳步回落，市场主体群体就业稳定。同时，劳动力市场复苏的动力仍不强劲，需求增长趋缓，部分企业稳岗压力加大，结构性失业风险仍然存在，稳定和扩大就业仍面临一些困难。面对未来机遇与挑战，需要把稳就业提高到战略高度通盘考虑，进一步强化就业优先战略，统筹协调各项政策措施，应变局、助转型、拓动能、防风险，促进高质量充分就业。

关键词： 就业形势　就业优先　劳动力市场　高质量充分就业

一　2023年就业形势分析

2023年，中国就业形势面临复杂的宏观经济社会环境。一方面，诸多积

---

* 陈云，中国劳动和社会保障科学研究院就业创业室主任、副研究员，主要研究方向为就业创业和社会政策；曹佳，中国劳动和社会保障科学研究院就业创业室副研究员，主要研究方向为就业创业、劳动力市场；楚珊珊，中国劳动和社会保障科学研究院就业创业室助理研究员，主要研究方向为就业创业和经济史。

① 国家统计局：《2023年三季度国内生产总值初步核算结果》，https://www.stats.gov.cn/sj/zxfb/202310/ t20231019_1943720.html。

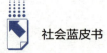

极因素推动劳动力市场持续改善。中国经济在疫情防控转段后逐步恢复常态运行，经济增长回升向好。初步核算，前三季度国内生产总值913027亿元，按不变价格计算，同比增长5.2%。分产业看，第一产业增加值同比增长4.0%，第二产业增加值增长4.4%，第三产业增加值增长6.0%。^①经济增速稳中有进，经济规模进一步扩大，经济结构进一步调整，市场空间不断拓展，为稳定就业提供坚实基础。疫情后部分行业快速恢复，生产经营得到明显改善，为市场复苏提供动力；面对新一轮科技革命和产业变革，创新驱动的新技术、新经济、新业态加速发展，新就业增长点不断涌现；新型城镇化、乡村振兴、区域发展战略持续推进，提供巨大发展潜力和就业机会；构建新发展格局、持续深化改革和扩大开放进一步拓展市场边界和容量，提供新的就业增长空间；党和政府高度重视就业问题，持续完善加强就业优先政策，全力以赴稳就业保就业，提供强有力的政策和服务支撑。另一方面，也有诸多因素冲击劳动力市场稳定。国际环境复杂多变，地缘政经关系紧张，部分国家债务和通胀风险外溢；全球化与世界贸易秩序遭遇"脱钩断链"，产业链、供应链遭受冲击；国内经济仍处恢复期，投资、消费、出口、物价等宏观经济指标偏弱；经济发展中的不确定性、不安全性增加，企业投资和用工趋于谨慎；市场结构和秩序进入疫情后新一轮"洗牌"调整期，一些行业发展遇到各种困难。

受多重因素影响，劳动力市场随之发生深刻变化，也表现出复杂性。一方面，面对复杂的经济形势，党中央、国务院持续出台系列稳经济稳就业稳物价政策措施，在不确定性中保持就业局势总体稳定，劳动力市场在年初实现短期补偿性恢复后，逐步进入稳定复苏期，就业主要指标运行逐步改善，失业水平短暂攀升后稳步回落，市场主体群体就业稳定。另一方面，劳动力市场复苏的动力仍不强劲，需求增长趋缓，部分企业稳岗压力加大，行业性、区域性、群体性结构失业风险仍然存在，稳定和扩大就业仍面临一些困难。

（一）城镇新增就业动能偏弱，但呈稳步增长态势

就业是经济发展的"晴雨表"、社会稳定的"压舱石"。就业增长指标反映经济社会发展吸纳就业能力。2023年3月《政府工作报告》确定全年实

现 1200 万城镇新增就业目标。以城镇新增就业为主的就业增长指标显示，在经济总体回升向好基础上，就业增长稳步复苏。从走势看，1 月受疫情等因素影响，新增就业人数同比减少 10.7%，2 月累计同比降幅缩小到 1.2%，3 月即由负转正，之后稳步复苏。1~10 月，全国城镇新增就业 1109 万人，同比增加 30 万人，增长 2.8%[①]，全年实际就业增长有望完成《政府工作报告》确定的目标任务。与往年比较，城镇新增就业指标的运行总体表现虽仍弱于 2019 年和 2021 年，但好于 2020 年和 2022 年疫情严重、防控较为严格的时期（见图 1）。

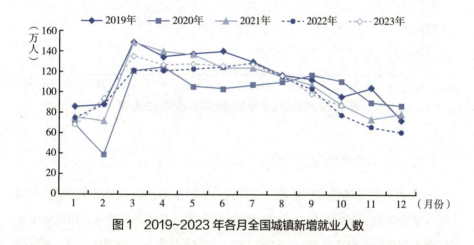

图 1　2019~2023 年各月全国城镇新增就业人数

（二）城镇调查失业率阶段性走高，但逐步回落至接近疫前水平

从城镇调查失业率情况看，2023 年全国总体失业水平在一季度出现阶段性攀高后，逐步回落，下半年逐步接近疫情前水平。全年走势基本与往年正常年份大致相似，在一、三季度出现季节性升高，二、四季度下行。1 月全国城镇调查失业率 5.5%，2 月略升至 5.6% 高位，之后逐步下行，但上半年总体上仍高于疫情前水平。在 7 月、8 月微幅上升后，再次下行，9 月、10 月下降到 5% 的年度低点，低于 2019 年同期水平[②]（见图 2）。这说明在经济运行秩

①　城镇新增就业数据根据人社部发布的统计数据整理。
②　全国城镇调查失业率数据根据国家统计局各月发布数据整理。

序逐步恢复基础上，失业状况也基本恢复常态，全年月度平均城镇调查失业率保持在 5.5% 控制目标范围内。

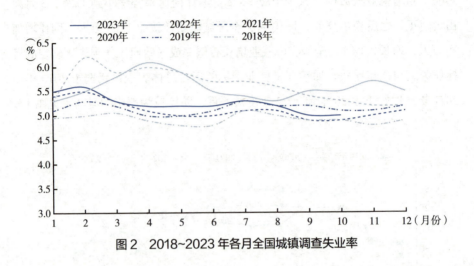

图 2　2018~2023 年各月全国城镇调查失业率

（三）劳动力市场需求偏弱，结构分化仍在持续

从人力资源市场供求数据看，公共人力资源市场招聘需求出现下降。中国人民大学中国就业研究所联合智联招聘发布的 2023 年第三季度《中国就业市场景气报告》显示，2023 年第三季度的 CIER 指数环比上升，但同比下降。智联招聘数据显示，2023 年前三季度国内企业招聘职位数持续同比下降。[①] 而中国劳动保障科学研究院与淘天集团研究中心对平台中小微企业开展的调查显示，截至2023 年三季度末，3 个月内招过工的企业占比 22.8%，与二季度相比增加 0.9 个百分点，比上年三季度增加 1.6 个百分点；超过一年没有招工的企业占比自一季度的 53.5% 逐季下降至三季度的 51.2%。从走势看，中小微企业招工情况稳步微幅改善，但仍有七成以上的企业超过 3 个月未招工，一半以上的企业超过一年未招工，总体上招聘需求仍然不旺。[②] 从市场招聘需求看，2023 年劳动力市场分化

①　参见《2023 年第三季度中国就业季度分析会成功举办》，http://slhr.ruc.edu.cn/zthd/jdzt/zgjyjd fxh/9c7962493e774d3ba297a8c85ed22d00.htm。

②　2023 年 9 月中国劳动保障科学研究院联合淘天集团研究中心开展了第三季度平台中小微企业经营与用工状况问卷调查，共获得有效问卷 8356 份。

持续，不同行业和职业的就业景气分化程度扩大。劳动力市场需求变化反映了就业增长新旧动能转换。招聘数据显示，房地产中介、装修设计、计算机软件、媒体出版、娱乐体育休闲等一些行业需求下降较明显，而旅游业、酒店民宿、美容养生等相关的新消费，以及新能源制造等相关领域的招聘需求增长较多。

（四）企业用工压力仍大，但总体趋于稳定

从统计监测数据看，企业用工较 2022 年有所改善，全年监测企业岗位增减波动幅度保持在正常区间。但企业用工仍处持续收缩状况，稳岗压力仍然较大。国家统计局发布的制造业和非制造业从业人员指数在上年末探底后，逐步恢复，2 月、3 月恢复到近 3 年来高位，并超过 50 的荣枯线跨入扩张区间，特别是非制造业从业人员指数一改疫情以来持续低于制造业从业人员指数的状况，4 月、5 月恢复到与制造业从业人员指数基本并齐状态，但之后又逐步回落。[①]从全年情况看，制造业和非制造业从业人员指数表现较 2022 年有明显改善，但多数月份仍持续低于荣枯线（见图 3），表明企业用工仍呈收缩态势，稳定就业岗位压力持续存在。

图 3　2018~2023 年各月制造业和非制造业从业人员指数

---

① 制造业从业人员指数和非制造业从业人员指数数据根据国家统计局各月发布的中国采购经理指数运行情况材料整理。

（五）主体群体就业形势稳定，青年就业压力有所加大

根据第七次全国人口普查数据分析，当前中国就业人员中 16～24 岁青年人口占比 7.1%，25～59 岁就业人口占比 84.1%，60 岁及以上就业人口占比 8.8%。[①] 2023 年作为就业主体群体的 25～59 岁人口失业水平总体上保持在 5% 以下的较低水平。同时，外出务工农村劳动力总量超过 1.8 亿人，三季度末同比增长 2.8%，就业保持稳定，调查显示城镇外来农业户籍劳动力调查失业率也保持在 5% 以下的水平，9 月为 4.6%。[②] 农村劳动力外出务工规模继续增加的同时，截至三季度末，有 3297 万脱贫人口实现务工增收，失业人员再就业 396 万人，困难人员就业 129 万人。[③] 这为防止脱贫人口和困难群体返贫致贫提供了坚实支撑。

在主体群体就业稳定的同时，青年就业问题引起社会广泛关注。虽然青年就业人口占总体就业人口比例不高，但作为新成长劳动力，其进入劳动力市场的难易程度在一定程度上反映市场吸纳就业能力。按照国家统计局原有调查口径和定义，城镇青年调查失业率在 2023 年上半年出现持续上升，显示青年就业压力加大。调查也显示，虽然青年调查失业率阶段性升高，但青年群体中大部分属于非经济活动人口，失业人员在青年人口中的占比不高。青年失业时间也相对较短，青年求职就业的心态仍保持稳定积极状态。

（六）灵活就业蓄水池作用加强，但市场出现新变化

灵活就业作为就业蓄水池，一直以来在应对经济发展波动时期劳动力市场风险、稳定总体就业局势方面发挥重要作用。但灵活就业人员工作不稳定、收入不连续，且缺乏必要的社会保障，也是劳动力市场中的脆弱群体。分析当前就业增长情况，灵活就业依然充当了重要的"蓄水池"，但也面临新的困

---

① 各年龄段就业人口比例由作者根据第七次全国人口普查数据计算。
② 就业主体群体调查失业率数据、外出农民工数据来源于国家统计局发布的相关数据。
③ 数据来源于人社部第三季度新闻发布会，http://www.china.com.cn/app/template/ amucsite/web/webLive.html#3252。

难。首先，部分行业灵活用工需求下降，当前受建筑业、制造业等行业用工需求下降影响，零工市场需求人数和工价出现"双降"。其次，吸纳大量新就业形态从业者的平台经济也遭遇发展瓶颈，就业吸纳效应有所减弱，部分互联网平台灵活就业人员面临"量增质降"的问题。从业者人均接单量下降，收入减少。据相关平台业务数据和有关部门统计数据，达达快送平台活跃骑士三季度同比增长超过 20%；[①] 美团平台上的服务零售相关业务直接关联就业人数前三季度较上年同期增长超过 30%[②]。交通运输部发布的网约车数据显示，截至 2023 年 10 月 31 日，全国共有 334 家网约车平台公司取得网约车平台经营许可，各地共发放网约车驾驶员证 633.4 万本，环比增长 2.4%，较年初增加 122.2 万本，增长 23.9%。[③] 这些为更多劳动者提供灵活就业机会，但在从业人员数量增加而消费没有显著增长的情况下，导致平台从业者人均接单量下降，服务价格降低，收入减少。

在 2023 年复杂经济环境下，中国就业局势保持基本稳定，就业增长动能持续增强，失业率平稳回落，是各方面积极因素共同作用的结果。党中央、国务院高度重视就业问题，将稳就业提高到战略高度予以通盘考虑，各部门各地方贯彻落实就业优先战略，深入实施就业优先政策。国务院及时明确了疫情期间出台的到期阶段性政策后续安排，连续推出系列有效政策举措促进经济运行持续向好，加快建立现代经济体系、推进新型工业化和制造业重点产业链高质量发展，恢复和扩大消费，促进民营经济发展壮大、扩大专精特新中小企业就业，支持中小企业吸纳更多就业，不断扩展就业增长动能，增加就业机会。据有关统计，1~9 月财政支出就业补助资金 809 亿元，通过延续实施阶段性降低失业和工伤保险费率、稳岗返还、一次性扩岗补助等政策减少企业成本 1419 亿元。围绕高校毕业生、农村转移劳动力等重点群体加强

---

① 付文超：《达达快送三季度营收 11 亿元，活跃骑士同比增长超过 20%》，https://baijiahao.baidu.com/s?id=1827048391110635972&wfr=spider&for=pc。

② 谢岚、梁傲男：《美团第三季度收入同比增长 22.1% 即时配送订单数增至 62 亿笔》，http://www.ce.cn/xwzx/gnsz/gdxw/202311/29/t20231129_38810160.shtml。

③ 交通运输部：《网约车监管信息交互系统发布 2023 年 10 月份网约车行业运行基本情况》，https://www.mot.gov.cn/fenxigongbao/yunlifenxi/202311/t20231120_3949967.html。

政策和服务支持。实施高校毕业生等青年就业服务攻坚行动，强化政策落实、服务保障、权益维护、困难帮扶，帮助毕业生尽早就业。加大高校毕业生基层就业项目支持力度，全国"三支一扶"计划共招募4.2万名高校毕业生到基层服务。开展防止返贫就业攻坚行动。持续推进大规模开展职业技能培训，延续实施技能提升补贴政策，1~9月，开展补贴性职业技能培训1300多万人次。①

二 未来就业趋势与挑战

当前和今后一个时期，中国发展仍然处于重要战略机遇期，经济复苏向好的态势逐步加强，确保就业形势稳定有诸多有利因素。但三重压力仍然存在，行业复苏冷暖有别，外部不确定性增加，各类经济风险仍然存在，稳定和扩大就业的压力增大。中国经济增长速度放缓，需求结构快速调整，外需不足、内需乏力、预期不稳，企业投资意愿不强，经济运行中长期积累的风险尚未消除，疫情影响仍在一段时间内存在，金融环境的不确定性风险较大，经济增速放缓等因素交织降低劳动力需求。从外部看，国际政经关系紧张加剧，一些国家保护主义势力抬头，世界经济贸易秩序面临新的挑战，全球经济风险加大。受这些内外因素影响，中国部分企业特别是劳动密集型加工制造业和一些外向型企业，面临经营综合成本负担较重、转型升级困难、内外需求下降、经济效益下滑等问题，稳岗压力仍然较大。

从中长期趋势看，中国式现代化进入新发展阶段，高质量发展是主要任务，高品质生活是人民的普遍追求，实现高质量充分就业成为就业工作的新目标。中国经济社会发展呈现新的阶段性特征，经济增速换挡与动能转换、转型升级与结构调整持续推进、改革开放全面深化，人口老龄化、新型工业化、发展绿色化、产业数字化、城乡一体化、新的全球化等都给中国就业发展带来更多机遇，同时也带来诸多挑战。

① 相关政策补贴资金数据来源于人力资源和社会保障部2023年第三季度新闻发布会材料，http://www.mohrss.gov.cn/SYrlzyhshbzb/dongtaixinwen/fbh/lxxwfbh/202310/t20231026_508233.html。

一是部分群体就业不充分，部分群体劳动参与率持续下降。青年失业和慢就业，农民工流动频繁，农村农业就业人口比重过高、农村劳动力就地就近转移就业难，大量灵活就业人员职业可持续性弱，就业质量不高；长期失业人员、残疾人等困难人员再就业压力大；劳动者受教育程度提高，但总体人力资本仍然偏低，初中以下受教育水平劳动力数量众多，具有专业技能的劳动者占比较低。

二是就业结构性失衡与人力资源配置效率偏低，行业、区域结构失衡，市场匹配度有待提高，"招工难"与"就业难"并存，人力资源在行业部门、地区之间配置不合理，人才不足和过度消费同时存在，总体资源匹配效率不高。

三是总体就业质量不高，劳动收入占比较低，缺乏稳定增长和有效调节机制，灵活就业人员社会保障权益存在短板，失业致贫风险仍然存在，城乡区域水平流动过度，社会垂直流动不畅，劳动市场分层差距过大，中低收入群体规模大，收入分配在城乡、地区、行业、群体间存在较大差距。

四是人口规模与结构变化影响劳动力供求关系。中国已进入老龄化社会，并且老龄化速度较快。从 2012 年开始，16~59 岁劳动年龄人口进入负增长区间；2022 年中国人口总量出现 61 年来的首次下降，预测未来一个时期将进入下行通道。同时受生活条件改善、教育年限延长、就业观念变化等因素影响，劳动参与率也呈现逐年下降趋势。总体看，中国劳动力供给将从结构性过剩转向结构性短缺，劳动力市场中的供求关系将随之改变。此外，新生代与老一代劳动力也发生更替，新生代劳动者文化素质提高，就业预期也呈现新的变化，代际更替伴随着劳动者就业观念、职业选择和发展需求快速发生转变，给劳动力市场带来深刻影响和新的挑战。

五是技术进步、产业转型升级将加剧就业结构性矛盾。新技术的应用在提高劳动生产力、变革生产关系的同时，也影响着就业数量、就业结构和人才需求等。特别是制造业中"机器换人"的趋势更加明显，将导致低技能劳动者需求萎靡和技术性失业。数字技术发展更加迅速以及人工智能等广泛应用，将使人类劳动从传统的简单体力工作向高创造性、高附加值工作转移，但当前劳动者技能提升难以迅速跟上产业升级需求，就业结构性矛盾更加突出。就业替代与就业创造过程对劳动力市场形成冲击，最终需要较长时间才能建立起新的供需平衡状态，在一定时期内低技能劳动力、新成长劳动力和转移劳动力的就业问题比较突出。

三　若干政策建议

党的二十大报告进一步明确就业是最基本的民生定位，提出促进高质量充分就业的新目标。在实施就业优先战略框架下，明确了强化就业优先政策，健全就业促进机制，健全就业公共服务体系的总体工作布局，以及完善重点群体就业支持体系、统筹城乡就业政策体系、健全终身职业技能培训制度、完善促进创业带动就业的保障制度、完善劳动者权益保障制度等重点方向。面对未来机遇与挑战，需要贯彻落实党的二十大精神，把稳就业提高到战略高度通盘考虑，进一步强化就业优先战略，积极应对内外变局、助推结构调整和转型升级、拓展新增长动能、防控局部失业风险，促进高质量充分就业，统筹安排总体战略部署和具体政策措施。

（一）强化就业优先导向，促进就业扩容提质

提高经济增长就业带动力，促进就业与经济社会高质量发展协调同步，强化宏观政策、产业政策等支持就业导向，有针对性地优化调整阶段性政策并加大薄弱环节支持力度，通过扩大有效需求、提振市场信心、稳定企业经营带动更多就业。推进三产融合发展，建立与人力资源匹配的现代产业体系，促进制造业高质量就业、扩大服务业就业、拓展农业就业空间。实现经济转型与就业转型同步、高质量发展与高质量就业同步。加力实施扩大内需战略，推进新业态、新消费发展，促进综合零售、餐饮住宿、文旅娱乐等传统用工量大的行业快速复苏；加大新型基础设施、城市更新改造等建设领域投资，锚定数字经济就业重点领域，抓住人工智能、互联网、大数据、云计算等技术促进新经济发展战略机遇，构建新一代信息技术、人工智能、生物技术、

新能源、高端装备等一批新的增长引擎，统筹产业结构调整和转型升级，统筹推进污染治理、生态保护、绿色低碳发展，创造更多绿色岗位，培育经济和就业增长新动能，在工业化、信息化、数字化、绿色化发展中推进实现高质量充分就业。

（二）推进实体经济和平台经济融合发展，稳定市场主体增强就业吸纳力

大力实施创新驱动战略，推动产业链、价值链重构和数字化转型，培育发展一批知识密集型、技术密集型等战略性新兴产业，创造更多新形态就业岗位，打造新的经济与就业增长点，继续鼓励发展就业容量大的劳动密集型产业和服务业，促进实体经济发展。进一步优化市场环境，落实惠企稳企政策，加大对中小企业的政策扶持力度。进一步发挥创业带动就业辐射力。建设特色化、功能化、高质量的创业平台载体，构建区域性、综合性创业生态系统，完善促进创业带动就业的保障制度，释放创业带动就业倍增效应。将平台经济创新创业作为新时代推动经济发展与扩大就业的重要途径和新的增长点，大力推进实数融合，促进知识型、智力型、技术型的新就业形态快速健康发展。

（三）在加强民生保障、推进公共服务与完善社会治理体系过程中促进就业

在新型城镇化、人口老龄化的趋势和背景下，以加强城乡社会基层治理和服务，推进公共服务均等化，满足外来人口、新市民、一老一小、残障特困人员等特殊群体服务需求，拓展社会领域就业空间。通过加大对基层社会治理的投入，提高基层社会治理水平，为基层就业提供更多的机会和更好的环境。特别是在加强基层服务供给侧改革、完善基层治理体系改革创新中，整合公共财政、普惠金融等资源，促进以高校毕业生为重点的青年在基层就业创业，加强专业化服务，满足人民群众在教培、康养、医疗、法律援助、文娱体育等各方面的需求。

（四）持续深化人力资源供给侧改革，提高人力资源开发利用效率

进一步改革完善生育政策、教育政策、离退休政策、职业培训政策、社会福利保障政策以及其他影响劳动参与的政策体系。在人口高质量发展中促进人力资源充分开发利用，以青年、女性、农村劳动力、老年劳动者等为重点，有效提高其劳动参与率和劳动生产率。将规模庞大的高校毕业生群体转变为经济社会发展的巨大人才红利。着力推进农民工市民化，实现其在城镇稳定就业。加大对现有农村劳动力转移的挖潜力度，加强对返乡创业农民工和就地就近就业农村劳动力的政策支持和服务。实施延迟退休政策，鼓励和支持老年人再就业。加大人力资本投资，建立劳动群体全覆盖、职业生涯全覆盖的职业技能培训体系，完善终身学习体系。

完善统一规范的人力资源市场，加强就业创业公共服务，提高人力资源匹配与服务效率。加快建设更加统一、公平、高效、规范有序的高标准人力资源市场，支持各类人力资源市场建设，发展人力资源服务产业。以加强基层治理能力为重点加快建设全方位覆盖的公共服务体系，强化覆盖省、市、县、街道（乡镇）、社区（村）的五级公共就业服务体系建设，优化各级服务机构职能职责。合理布局就业服务资源，统筹考虑劳动力规模、失业人员和就业困难人员数量等，大力推进公共服务均等化。

加快推进数字技术与就业工作深度融合，建立全国就业信息资源库和就业公共服务平台，提升科学决策和精准服务的数字化治理能力。运用信息技术精准摸底群众需求，及时了解群众诉求，不断创新服务模式，拓宽服务渠道，用数据实现主动服务、精准服务、个性服务。促进人力人才合理高效流动，清除各种显性和隐性的劳动力市场壁垒以及各类就业歧视，促进劳动力要素跨区域、城乡有序、自由流动，提高人力资源配置效率和公平性。

（五）建立完善协同促进就业创业机制

把稳就业提高到战略高度通盘考虑，要进一步完善促进就业的协同机制。包括政府、市场、社会和个体共同参与的主体协同，部门之间的工作机制协同，就业政策与宏观政策、产业政策和社会政策的内容协同，具体政策目标、政策实施和评估的过程协同。全面评估、完善和强化就业优先政策体系，加强宏观政策和结构政策供给。完善就业政策与经济社会发展战略相互调适机制。推动财政、金融、投资、产业以及其他经济社会政策与就业政策的衔接。构建政府、市场、社会各个方面配合联动的运行机制，形成协同合力。各行业主管部门、市场监管部门在编制行业规划以及制定行业发展、投资、管理政策时，充分考虑对就业岗位、就业创业环境、失业风险等的影响，将稳定和扩大就业纳入宏观政策一致性评估内容。

合理设置政策红绿灯，把握好力度、节奏和社会承受度，慎重出台对就业可能造成规模性冲击的政策。健全重大政策项目就业影响评估机制，对适用审批制、核准制的投资项目，要在项目申请报告中开展就业影响评估，做好用工保障、人员转岗安置等工作预案。将劳动者权益保障和再就业安排做在前面，努力减少经济结构调整对就业的冲击。激发企业社会责任意识，调动企业开展岗位培训和稳定岗位的积极性，更好地服务于稳就业大局。

（六）以高质量为指引，着力提升劳动者就业质量

在宏观环境、公共服务、就业机会、劳动收入、权益保障、职业发展、失业风险保障等方面保障劳动者更好地共享发展红利，核心是提高劳动回报率和守住失业致贫底线。健全工资合理增长机制，推行企业、行业、区域性工资集体协商制度。促进中小微企业劳动者工资增长与劳动生产率同步协调，保障技能劳动者能够相应获得并逐步提高劳动收入。完善再分配机制。提高税收、社保、转移支付等调节力度和精准性，着力提高低收入群体收入。加强对灵活就业、新就业形态从业者、长期失业、就业困难、大龄老龄劳动者等群体的就业帮扶和权益保障。

（七）坚持发展与安全并重，完善就业风险监测预警机制和应急响应处置机制

把防范化解就业领域重大风险放在更加突出的位置，提高应对国内外环

境严重冲击能力。加强就业形势监测分析和研判,建立健全形势监测、趋势研判、风险预警、即时响应的风险防控体系。完善就业统计调查制度,建立适应新形势的统计监测指标体系和调查统计方法,提升城镇新增就业、调查失业率等数据质量。

制定应对重大经济危机和突发重大事件冲击影响的政策预案。积极应对人工智能、数字技术、低碳转型等应用对就业的影响,建立跟踪研判和协同应对机制。落实企业规模裁员减员及突发事件报告制度,完善风险应对处置预案。制定失业保险与再就业政策措施相结合的预案,努力做到事前预防失业、事中保障生活、事后帮促再就业,防范化解规模性失业风险,坚决兜住民生底线,防止规模失业给经济社会带来新的冲击和严重影响。

2023 年中国社会保障事业发展报告

丁雯雯　孙晓辰*

摘　要： 2023 年，随着经济运行整体回升向好，市场需求逐步恢复，中国社会保障改革稳步推进，社会保障事业取得积极进展，养老保障、医疗保障、失业保障和工伤保障水平迈上了新的台阶。未来中国社会保障事业应进一步扩大社会保险的覆盖范围，促进社会保障事业高质量发展；进一步整合社会保障制度体系，实现社会公平；建立健全社保基金保值与增值体系，完善社会保险基金自我平衡机制和监管体系，实现社保基金的可持续发展；深入把握老龄化、人口结构转型对社会保障制度体系提出的要求，提升老年群体保障水平，优化生育支持政策体系，促进人口均衡发展；完善就业促进和支持政策体系，促进高质量充分就业。

关键词： 社会保障　养老保障　医疗保障　失业保障　工伤保障

2023 年，随着经济运行整体回升向好，市场需求逐步恢复，生产供给持续增加，物价就业总体平稳，高质量发展稳步推进。当然，中国经济社会也面临新的问题，外部环境更趋复杂严峻，全球贸易投资放缓，直接影响着中国经济恢复进程。[①] 面对经济形势的变化，中国社会保障制度积极发挥稳定经济社会、促进人民生活安定的作用，在养老保障、医疗保障、失业保障以及职业伤害保障领域不断发展完善。

---

[*] 丁雯雯，中国政法大学民商经济法学院讲师，主要研究方向为劳动法、社会保障法；孙晓辰，中国政法大学民商经济法学院，主要研究方向为劳动法、社会保障法。

[①] 《李强主持召开国务院常务会议 研究推动经济持续回升向好的一批政策措施等》，中国政府网，2023 年 6 月 16 日，https://www.gov.cn/yaowen/liebiao/202306/content_6886887.htm。

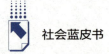

目前，中国已建成世界上规模最大、功能完备的社会保障体系，各项制度逐渐趋于成熟和定型。社会保障制度不仅有助于保障和改善民生、维护社会公平和增进人民福祉，而且发挥着民生保障安全网、收入分配调节器、经济运行减震器的作用。社会保障制度的发展应以党的二十大报告提出的"健全覆盖全民、统筹城乡、公平统一、安全规范、可持续的多层次社会保障体系"目标为指引，不断完善社会保障制度体系，保障全体社会成员共享美好现代化生活。[①] 同时，社会保障事业应服务于中国经济社会建设，通过高质量发展、可持续发展助力实现中国式现代化。[②]

一 社会保障事业总体发展状况

（一）社会保障事业的覆盖面不断扩大，普惠性进一步提升

2023 年，全国养老、失业、工伤保险参保人数不断增加，社会保障的覆盖面持续扩大。截至 2023 年 9 月底，全国基本养老、失业、工伤保险参保人数分别为 10.6 亿人、2.4 亿人、3.0 亿人。

2023 年，中国稳步推进社会保险制度改革，扩大社会保障网的覆盖面。企业职工基本养老保险全国统筹稳妥推进，个人养老金先行工作平稳有序，新就业形态从业人员职业伤害保障试点平稳实施，社会保障事业的覆盖面不断扩大，普惠性进一步提升。

（二）社会保障体系趋向统一，公平性和系统性进一步提升

社会保障制度通过对国民收入进行再分配，发挥着缩小城乡发展差距、提升社会福利水平的重要作用；作为收入分配调节器和社会发展稳定器，调节再分配、推动共同富裕。随着改革的推进，中国社会保障制度覆盖面不断

---

① 段丹洁：《高质量社会保障助力中国式现代化》，中国社会科学网，2023 年 2 月 24 日，https://www.cssn.cn/skgz/202302/t20230224_5598226.shtml。

② 中共人力资源和社会保障部党组：《推动社会保障事业高质量可持续发展》，人社部网站，2023 年 3 月 2 日，http://www.mohrss.gov.cn/SYrlzyhshbzb/dongtaixinwen/buneiyaowen/rsxw/202303/t20230302_496088.html。

扩大且体系日趋完善，群体间和城乡间社会保障制度加速整合，社会保障待遇趋于公平协调，社会保障支出正向调节城乡收入差距的作用开始显现。[1]2023 年，中国继续推进机关事业单位养老保险制度改革，以及建立统一的城乡居民基本养老保险制度，有力地促进了社会公平。

（三）社会保障基金运行监管机制不断完善，安全性进一步提升

2023 年，中国持续推动健全社保基金保值增值和安全监管体系，开展社保基金管理巩固提升行动，保障社保基金安全。2022 年 2 月，人社部出台《社会保险基金行政监督办法》（以下简称《监督办法》），明确了人力资源社会保障行政部门对基本养老保险基金、工伤保险基金、失业保险基金等人力资源社会保障部门管理的社会保险基金收支、管理情况进行监督。同时，《监督办法》对于人社部门的监督职责、监督权限、监督实施等进行了明确的规定，对加强社会保险基金监督、维护社会保险基金安全起到了很好的指导和规范作用。

2023 年 5 月，国务院办公厅印发《关于加强医疗保障基金使用常态化监管的实施意见》，该意见的出台对于加强医保基金使用常态化监管，保障基金安全运行、提高基金使用效率、规范医疗服务行为、减轻群众看病就医负担具有重要意义。

（四）社会保障基金收支基本平衡，基金实现保值和增值

2023 年中国社保基金收支基本平衡。2023 年 1~9 月，养老、工伤、失业三项社会保险基金总收入 5.8 万亿元，较上年同期增长 0.55 万亿元；总支出5.2 万亿元，较上年同期增长 0.31 万亿元；9 月底累计结余 8.0 万亿元，较上年同期增长 0.76 万亿元，基金运行总体平稳。[2]

---

[1] 张东玲、王艳艳、焦宇新：《共同富裕目标下社会保障支出对多维城乡差距的减缓效应》，《统计与信息论坛》2022 年第 12 期；王炬、张扬：《财政支农和社会保障支出对城乡居民收入差距影响的实证检验》，《统计与决策》2019 年第 6 期。

[2] 《人社部 2023 年三季度新闻发布会》，中国网，2023 年 10 月 26 日，http://www.china.com.cn/app/template/amucsite/web/webLive.html#3252。

2023 年 1~9 月，基本医疗保险基金（含生育保险）总收入 23468.30 亿元，同比增长 9.2%。其中，职工基本医疗保险基金（含生育保险）收入 16612.55 亿元，同比增长 13.1%；城乡居民基本医疗保险基金收入 6855.75 亿元，同比增长 0.8%。基本医疗保险基金（含生育保险）总支出 20378.33 亿元，同比增长 17.9%。职工基本医疗保险基金（含生育保险）支出 12784.65 亿元，同比增长 19.2%，其中生育保险基金待遇支出 801.67 亿元；城乡居民基本医疗保险基金支出 7593.67 亿元，同比增长 15.8%。[①]

为保证社保基金的稳定和安全，财政投入机制起到重要支撑作用。2022年，财政性拨入全国社保基金资金和股票 641.11 亿元，截至 2022 年末，财政性拨入全国社保基金资金和股票累计 10932.72 亿元，[②] 为确保退休人员基本养老金按时足额发放提供了可靠保障。另外，中国还设立了作为国家社会保障储备基金的全国社会保障基金，主要用于人口老龄化高峰时期的养老保险等社会保障支出的补充、调剂。

2023 年，中国全面贯彻落实习近平总书记关于社保基金安全的重要指示批示精神和党的二十大精神，推动健全社保基金保值增值体系，基金投资运营和监管稳步开展。其中，基本养老保险基金委托投资工作取得较大进展，截至 2023 年 9 月，养老金委托投资合同规模超过 1.64 万亿元。[③] 整体来说，在 2022 年全球政治经济形势变化、金融市场动荡加剧、基金投资运营面临困难的背景下，社保基金表现出较之国际同类机构相对稳健的收益率，坚持并不断发展"长期投资、价值投资、责任投资"的投资理念，在确保基金安全的前提下实现保值增值。

---

① 《2023 年 1-9 月基本医疗保险和生育保险运行情况》，国家医保局网站，2023 年 10 月 25 日，http://www.nhsa.gov.cn/art/2023/10/25/art_7_11440.html。

② 《全国社会保障基金理事会社保基金年度报告（2022 年度）》，全国社会保障基金理事会网站，2023 年 9 月 28 日，http://www.ssf.gov.cn/portal/xxgk/fdzdgknr/cwbg/sbjjndbg/webinfo/2023/09/1697471208931405.htm。

③ 《人社部 2023 年三季度新闻发布会》，中国网，2023 年 10 月 26 日，http://www.china.com.cn/app/template/amucsite/web/webLive.html#3252。

（五）多层次、多支柱的社会保障体系不断完善

2023 年，中国多层次的社会保障体系得到进一步完善。在养老保险方面，中国继续完善基本养老保险全国统筹制度，同时积极发展多层次、多支柱养老保险体系，力图构建以基本养老保险为基础、以企业年金和职业年金为补充、与个人储蓄性养老保险和商业养老保险相衔接的"三支柱"养老保险体系。目前，中国已建立相对完备的第一支柱——基本养老保险制度，第二支柱——企业年金和职业年金——已有良好的发展基础。2022 年颁布《个人养老金实施办法》之后，中国养老保险的第三支柱——个人储蓄性养老保险和商业养老保险——在制度上得以确认。通过建立和发展个人养老金制度，不仅使得老年生活更有保障、更有质量，而且有助于满足人民群众多层次多样化养老保障需求。

同时，中国持续推进医保改革以满足百姓的医疗保障需求，稳步提高医保待遇水平，由"主保大病"转变为"多层次保障"，在统筹基金"保基本"的基础上，积极探索建立重特大疾病保障机制，引入市场机制，通过购买商业保险机构大病保险或补充保险，构建基本医保与商业保险相结合、大病保险和补充保险双重保障的重特大疾病保障机制，建设多层次的医疗卫生保障体系。

二　社会保障事业各部分发展状况

（一）养老保障

第一，养老保险覆盖面扩大。2023 年，中国养老保险覆盖面进一步扩大。截至 2023 年 7 月，基本养老保险参保人数达到 10.57 亿人，参保率达到 95% 以上，老年健康与医养结合服务被纳入基本公共卫生服务项目，实现全覆盖的发展目标。

第二，养老保险保障水平提升。中国持续完善退休人员养老金待遇调整机制，提高退休人员养老金水平，提高城乡居民基础养老金最低标准。根据人社部和财政部联合发布的《关于 2023 年调整退休人员基本养老金的通知》，

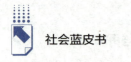

中国 2023 年退休人员基本养老金总体上调比例为 3.8%，目前中国城镇退休人员养老金已经实现 19 连涨，企业退休人员人均养老金水平已超过 3000 元。

第三，养老保险统筹层级提升促进收支平衡。2023 年，在建立企业职工基本养老保险基金中央调剂制度的基础上，中国稳步推进企业职工基本养老保险全国统筹，通过均衡省际基金收支余缺，有效解决了各地区养老保险基金收支不平衡的问题，极大提升了基金共济能力。2023 年上半年调拨全国统筹调剂资金 1630 亿元，下达基本养老金转移支付 9311 亿元，[①]用于支持基金困难省份养老金发放，有力促进了基金的收支平衡。

第四，多层次、多支柱的养老保险体系继续完善发展。第一支柱的基本养老保险覆盖面持续扩大，截至 2023 年 9 月底，全国基本养老保险参保人数达 10.6 亿人，充分发挥着"保基本"的功能。第二支柱的企业年金和职业年金发展稳定，2022 年末，全国有 12.80 万户企业建立企业年金，共覆盖职工 3010 万人。同时，企业年金投资运营规模达 2.87 万亿元，自投资运营以来，全国企业年金基金年均投资收益率为 6.58%。[②]第三支柱的个人储蓄性养老保险和商业养老保险呈现良好发展态势。中国于 2022 年 11 月开始在 36 个城市（地区）推行个人养老金制度，截至 2023 年 6 月底，这 36 个城市（地区）开立个人养老金账户人数已达 4030 万人。[③]个人养老金制度的设置标志着中国在多层次养老保障体系建设方面取得重大突破，对于满足不同群体的多元化养老需要具有重要的促进作用。[④]

第五，基本养老服务体系和长期护理保险制度得到推进。2023 年，中国养老服务体系加快完善，基本养老服务的公平性、可及性不断提高。截至

① 《2023 年上半年中国财政政策执行情况报告》，财政部网站，2023 年 8 月 30 日，http://yn.mof.gov.cn/tongzhitonggao/202310/t20231024_3912769.htm。
② 《2022 年度人力资源和社会保障事业发展统计公报》，人社部网站，2023 年 6 月 20 日，http://www.mohrss.gov.cn/xxgk2020/fdzdgknr/ghtj/tj/ndtj/202306/t20230620_501761.html。
③ 《[新思想引领新征程] 稳步推进社保制度改革 织密民生保障网》，人社部网站，2023 年 9 月 12 日，http://www.mohrss.gov.cn/SYrlzyhshbzb/dongtaixinwen/buneiyaowen/rsxw/202309/t20230912_506159.html。
④ 《完善养老保险体系 提高养老保障水平——访中国社会保障学会副会长、浙江大学国家制度研究院副院长金维刚》，人社部网站，2023 年 6 月 7 日，http://www.mohrss.gov.cn/SYrlzyhshbzb/dongtaixinwen/buneiyaowen/rsxw/202306/t20230607_501147.html。

2022 年底，老年人高龄津贴、养老服务补贴、护理补贴、综合补贴分别惠及 3330.2 万、546.1 万、97.1 万、67.2 万名老年人。全国 1395 万名老年人被纳入最低生活保障，368 万名特困老年人被纳入特困救助供养，做到了"应养尽养"。全国有各类养老机构和设施 38.1 万个，其中养老机构 4 万个、社区养老服务机构和设施 34.1 万个，床位 822.3 万张，为基本养老服务体系建设奠定了坚实基础。[①] 2023 年，中国继续推进长期护理保险制度建设，长期护理保险制度试点覆盖 49 个城市。截至 2023 年 5 月，长期护理保险参保人数达到 1.69 亿人，累计有 195 万人享受待遇，年人均支出 1.4 万元。

（二）医疗卫生和生育保障

第一，医疗保险基金运行安全平稳，基本医疗保险省级统筹得到推进。2023 年 1~7 月，中国基本医疗保险基金（含生育保险）总收入 18611.60 亿元，同比增长 8.8%。其中，职工基本医疗保险基金（含生育保险）收入 12875.66 亿元，同比增长 12.8%。城乡居民基本医疗保险基金收入 5735.94 亿元，同比增长 0.9%。基本医疗保险基金（含生育保险）总支出 15528.66 亿元，同比增长 19.3%，职工基本医疗保险基金（含生育保险）支出 9750.55 亿元，同比增长 20.1%，其中生育保险基金待遇支出 616.42 亿元。城乡居民基本医疗保险基金支出 5778.11 亿元，同比增长 17.9%。[②] 2023 年，中国继续通过提升保险基金统筹层次提高基金共济能力，加强统筹共济。

第二，医疗卫生服务体系进一步健全。2023 年 3 月，中共中央办公厅、国务院办公厅印发了《关于进一步完善医疗卫生服务体系的意见》，指出未来要推动医疗卫生发展方式转向更加注重内涵式发展、服务模式转向更加注重系统连续、管理手段转向更加注重科学化治理，促进优质医疗资源扩容和区域均衡布局，提出建设中国特色优质高效的医疗卫生服务体系，健全覆盖全

---

① 《民政部有关负责人就〈关于推进基本养老服务体系建设的意见〉答记者问》，中国政府网，2023 年 5 月 22 日，https://www.gov.cn/zhengce/202305/content_6875460.htm。

② 《2023 年 1~7 月基本医疗保险和生育保险运行情况》，国家医保局网站，2023 年 9 月 14 日，http://www.nhsa.gov.cn/art/2023/9/14/art_7_11265.html。

民、统筹城乡、公平统一、安全规范、可持续的多层次医疗保障体系。①

第三，多层次医疗保障体系得以有序衔接。2023年，中国继续促进多层次医疗保障体系发展，完善公平适度统一的基本医疗保障制度与体系，促进制度间的有序衔接。首先，国家严格落实医疗保障待遇清单制度，采取了建立健全职工医保门诊共济保障、职工大额医疗费用补助等基本医疗保障制度机制，改革职工基本医疗保险个人账户，完善门诊慢性病、门诊特殊病保障制度等系列举措。其次，为了减轻参保群众特别是重特大疾病患者的就医费用负担，开始建立并完善重特大疾病医疗保险和救助、长期护理保险等制度，同时落实异地就医结算和持续实施困难人员倾斜支付等措施。

第四，加强医保基金监管，逐步建立规范化、科学化、常态化智能审核监控体系。2023年3月，国家医保局出台《医疗保障基金飞行检查管理暂行办法》，有力地促进了医保基金使用的常态化监管，对于严厉打击医保领域违法违规行为、保障医保基金安全规范使用、提高基金使用效率具有重要的促进作用。② 2023年5月，国务院办公厅印发《关于加强医疗保障基金使用常态化监管的实施意见》，不仅有利于全面压实各方责任，做实常态化监管，健全完善制度机制，对于加快构建权责明晰、协同发力、系统集成、法治高效的医保基金使用常态化监管体系也具有重要的推动作用。此外，根据国家医保局印发的《关于进一步深入推进医疗保障基金智能审核和监控工作的通知》要求，中国将实施大数据实时动态智能监控，构建事前、事中、事后全环节监管的基金安全防控机制，这对于加快推进医疗保障基金智能审核和监控工作具有重要意义。最后，依据2022年4月国家医保局出台的《医疗保障基金智能审核和监控知识库、规则库管理办法（试行）》，2023年5月公开发布的国家1.0版智能审核和监控知识库（"两库"），将基金监管关口前移，实现"源头治理"，促进基金安全高效、合理使用。③

① 《国家医保局党组专题传达学习贯彻党的二十届二中全会精神》，国家医保局网站，2023年3月2日，http://www.nhsa.gov.cn/art/2023/3/2/art_14_10215.html。

② 《国家医保局举行2023年下半年例行新闻发布会》，国家医保局网站，2023年9月22日，http://www.nhsa.gov.cn/art/2023/9/22/art_14_11321.html。

③ 《〈国家医疗保障局关于进一步深入推进医疗保障基金智能审核和监控工作的通知〉政策解读》，中国政府网，2023年9月14日，https://www.gov.cn/zhengce/202309/content_6903905.htm。

第五，深化医药卫生体制改革，促进医保、医疗、医药协同发展和治理。2023 年，职工医保门诊共济保障机制改革继续推进，截至 2023 年 2 月底，全国已有 99% 的统筹地区开展了普通门诊统筹，全国定点医疗机构已实现普通门诊统筹结算 4.41 亿人次，日均结算超过 780 万人次，完成结算金额 462.4 亿元。通过"待遇置换、资金平移"，医药卫生体制改革的效果逐步显现，大部分地区实现了普通门诊报销从无到有的转变；通过优化医疗资源配置，"住院难"问题得到了缓解。另外，医疗卫生体制改革在充分考虑实践需求的基础上，注重向患病群众和老年群体倾斜，在国家医保局推出的一系列惠民举措的有效支撑下，药品价格不断降低，医保服务得到优化，医药价格监管不断加强。随着医保管理服务向门诊领域进一步延伸，惠民机制将在普通门诊统筹这一新的平台进一步发挥系统集成作用，为改革提供有力支持。[①]

第六，加快建立积极生育支持政策体系，促进人口长期均衡发展。2023 年，中国继续深入贯彻《中共中央 国务院关于优化生育政策促进人口长期均衡发展的决定》，不断完善和落实积极生育支持措施，提高优生优育服务水平，发展普惠托育服务体系，完善生育休假和待遇保障机制，强化住房、税收等支持措施，加大优质教育资源供给，构建生育友好的就业环境，为推动实现适度生育、促进人口长期均衡发展提供了有力的支撑。

（三）就业和失业保障

第一，就业形势保持总体稳定，就业质量稳步提升。2023 年，中国的就业形势有所改善，保持基本稳定。人力资源和社会保障部统计显示，2023 年中国就业保障机制实施效果显著，上半年中国就业形势保持总体稳定，1~9 月，全国城镇新增就业 1022 万人，完成全年目标任务的 85%，9 月末城镇调查失业率为 5.0%。[②] 失业率整体呈下降趋势。截至 6 月末，脱贫人口务工规

---

① 《国家医保局有关司负责人就职工医保门诊共济保障机制改革相关问题答记者问》，国家医保局网站，2023 年 2 月 25 日，http://www.nhsa.gov.cn/art/2023/2/25/art_14_10190.html。

② 《加力巩固就业向好态势——访人力资源社会保障部党组书记、部长王晓萍》，人社部网站，2023 年 11 月 7 日，www.mohrss.gov.cn/SYrlzyhshbzb/dongtaixinwen/buneiyaowen/rsxw/2023 11/t20231107_508701.html。

模 3259 万人，超过 3000 万人的全年目标。[①]

第二，强化就业优先政策，完善就业政策体系。当前国际环境复杂严峻，国内经济恢复发展基础不牢，一些经营主体困难较多，部分劳动者特别是高校毕业生等青年群体还面临较大的就业压力。根据就业形势需要，中国实施就业优先战略，落实落细稳就业政策，不断释放政策红利，优化就业公共服务，促进供需匹配，综合评估前期减负稳岗扩就业政策实施效果，及时优化调整稳就业政策，保障就业形势的总体稳定。

第三，失业保险发挥稳定器作用。2023 年 1~5 月，全国失业保险基金稳就业支出 547 亿元，通过降低失业保险、工伤保险费率为企业减负 717 亿元，同时发放就业补助资金 429 亿元，[②] 为稳定就业发挥了重要作用。

第四，出台《人力资源服务机构管理规定》，提升就业服务水平。2023 年 8 月，人社部制定出台了人力资源市场领域的首部规章《人力资源服务机构管理规定》。该规章为人力资源服务机构从事人力资源服务活动提供了基本依据和准则，其出台有助于维护人力资源市场良好秩序，切实保障劳动者的合法权益，发挥人力资源服务业促进就业、服务人才、推动发展的重要作用。[③] 1~5 月，公共就业服务活动接续开展，累计提供岗位信息 5700 多万个。在就业培训方面，上半年中国共计发放职业培训券超过 770 万张，补贴性培训得到规范，国家鼓励根据培训后就业情况实行差异化补贴。最后，重点企业用工服务保障得到优化，2023 年 1~6 月为 4.7 万家重点企业解决用工需求 104 万人。[④]

第五，稳定重点群体就业，开展防止返贫就业攻坚行动。2023 年，中国着力促进重点群体就业，开展青年就业创业推进计划，落实实名制帮扶。具

① 《下半年就业如何稳？怎样推动高校毕业生快就业？——人力资源社会保障部就业促进司负责人谈当前就业形势》，中国政府网，2023 年 7 月 20 日，https://www.gov.cn/lianbo/bumen/202307/content_6893317.htm。

② 《下半年就业如何稳？怎样推动高校毕业生快就业？——人力资源社会保障部就业促进司负责人谈当前就业形势》，中国政府网，2023 年 7 月 20 日，https://www.gov.cn/zhengce/202307/content_6893318.htm。

③ 《前 6 月我国实现城镇新增就业 678 万人 完成全年目标任务的 57%》，中国政府网，2023 年 7 月 24 日，https://www.gov.cn/lianbo/bumen/202307/content_6893749.htm。

④ 《我国就业形势将持续保持稳定》，中国政府网，2023 年 7 月 22 日，https://www.gov.cn/lianbo/bumen/202307/content_6893584.htm。

体来说，中国实施了百万见习岗位募集计划，截至 2023 年 6 月底，共募集见习岗位 68.3 万个，组织见习 51.9 万人。同时，中国组织实施了 2023 年"三支一扶"计划，中央财政共支持招募了 3.4 万名高校毕业生。[1] 同时，中国不断推进脱贫人口稳岗就业，拓展有组织劳务输出、就业帮扶车间、以工代赈项目吸纳、返乡创业带动、公益性岗位安置等渠道，全力稳定脱贫人口就业。截至 2023 年 6 月底，脱贫人口务工规模 3259 万人。[2]2023 年 9 月，人力资源社会保障部、国家发展改革委与农业农村部联合发布《关于开展防止返贫就业攻坚行动的通知》，对于稳定 3000 万人以上脱贫人口务工规模和脱贫人口务工收入具有重要促进作用。[3]

（四）工伤保障

随着新就业形态从业人员等新型劳动者的不断涌现，现有的工伤保险体系很难将这类劳动者纳入保障范围。当前，中国正在探索建立以国家工伤保险制度为主，补充工伤保险、超龄人员和实习生工伤保险、建筑业"实名制"参加工伤保险、职业伤害保障为辅的工伤保险制度体系，以实现劳动者工伤保险全覆盖。实现在保障从业人员合法权益的同时，大幅降低企业用工风险，构建政府、商业保险、企业三方协作共担机制。[4]

自 2021 年 12 月人社部、财政部、税务总局等十部门联合印发《关于开展新就业形态就业人员职业伤害保障试点工作的通知》之后，新就业形态就业人员职业伤害保障试点工作于 2022 年 7 月起在北京、上海、江苏、广东、

---

[1] 《人力资源社会保障部举行 2023 年二季度新闻发布会》，人社部网站，2023 年 7 月 21 日，http://www.mohrss.gov.cn/SYrlzyhshbzb/dongtaixinwen/fbh/lxxwfbh/202307/t20230721_503273.html。

[2] 《下半年就业如何稳？怎样推动高校毕业生快就业？——人力资源社会保障部就业促进司负责人谈当前就业形势》，中国政府网，2023 年 7 月 20 日，https://www.gov.cn/zhengce/202307/content_6893318.htm。

[3] 人力资源社会保障部、国家发展改革委、农业农村部：《关于开展防止返贫就业攻坚行动的通知》（人社部发〔2023〕44 号），2023 年 9 月 4 日，http://www.mohrss.gov.cn/SYrlzyhshbzb/jiuye/zcwj/nongmingong/202309/t20230904_505716.html。

[4] 史嘉、梁彬斌：《江苏泰州：构建全方位工伤保障体系》，人社部网站，2023 年 2 月 22 日，http://www.mohrss.gov.cn/SYrlzyhshbzb/ztzl/rsxthfjszl/jyjl/202302/t20230222_495527.html。

海南、重庆、四川7省市启动，选取出行、即时配送、外卖、同城货运行业部分较大平台企业就业的骑手、司机等群体开展试点。2023年，新就业形态就业人员职业伤害保障不断加强，保障范围得以扩大。2023年，人力资源和社会保障部发布《新就业形态劳动者劳动合同和书面协议订立指引（试行）》，明确规定新就业形态劳动者劳动合同和书面协议中应当规定职业伤害保障条款。2023年4月，人力资源和社会保障部、最高人民法院联合发布第三批劳动人事争议典型案例，从司法上明确加强对于灵活就业和新就业形态劳动者的权益保障。此外，多地继续开展灵活就业人员职业伤害保障试点工作，灵活就业人员、新业态就业人员等群体成为各地社保扩面工作重点。截至2023年9月，累计有668万人被纳入职业伤害保障范围。①

2023年，中国继续健全工伤康复制度体系，完善工伤康复管理制度。8月，人社部等发布《关于推进工伤康复事业高质量发展的指导意见》，提出推动预防、补偿、康复"三位一体"的工伤保险制度建设，探索建立适合中国国情的工伤康复制度体系。

三 社会保障事业面临的挑战

（一）社会保险的覆盖范围有待进一步扩大

尽管中国目前已建成世界上规模最大、功能完备的社会保障体系，但是由于农民工与新业态从业者等灵活就业人员参保还面临着制度上的障碍，社会保障全覆盖目标尚未完全实现，以农民工和灵活就业人员为主的流动人口社会保障覆盖率比较低。因此有必要进一步完善全覆盖的社会保障体系，将农民工、灵活就业人员等群体纳入社会保障体系。为此，社会保险制度应做出更加精准的属性识别和身份认定，通过创新、差异化的制度安排来适应不同行业多样化的社会保障需求。

---

① 《人社部2023年三季度新闻发布会》，人社部网站，2023年10月26日，http://www.china.com.cn/app/template/amucsite/web/webLive.html#3252。

（二）社会保障体系系统性不强，制度衔接不充分影响效能发挥

目前中国社会保障制度体系已初具规模，但仍面临着保障体系性不足、发展不平衡、制度集成化程度不够高的问题。[1] 中国现行社会保障制度体系在长期的改革探索过程中形成，采取"分散立法"体制，因此缺乏统一的框架和逻辑，制度统一性和稳定性不足。[2] 顶层设计上的体系化逻辑和系统安排的缺失使得内部各部分之间的衔接不畅，碎片化的制度使得实践中的政策效果存在一定的溢出效应，政策效能发挥不充分。[3]

在社会保障制度体系性不足的背景下，城乡二元格局对社会保障体系的系统性和公平性影响持续，使得社会保障调节收入分配、缩小收入差距的效能发挥不充分，[4] 导致社会保障制度存在公平性不足、互助共济性不强的问题。具体来说，养老保险方面，公共部门和私营部门养老金体制存在壁垒、机关事业单位和企业职工在养老待遇方面的差距突出；医疗保险方面，居民医保以户籍为依据的参保方式难以适应城市化进程中人口具有高流动性的现状，转移接续和异地结算制度有待完善；工伤保险方面，单一雇主制使得灵活从业者难获充分保障。[5] 总之，社会保障制度系统性的缺乏使得制度运行的公平和效率均有不足。

（三）社保基金运行和监管仍面临风险，可持续性有待进一步提升

中国目前社保基金运行基本平稳，监管机制不断完善。但是，社保基金保值增值和安全监管机制仍有待进一步完善以应对基金运行和监管中潜在的

---

① 王程：《织密社会保障安全网 造福亿万百姓家》，人社部网站，2022 年 9 月 30 日，http://www.mohrss.gov.cn/ltxgbj/LTXGBJgonggaolan/202209/t20220930_488028.html。

② 金锦萍：《论法典化背景下我国社会保障法的体系和基本原则》，《法治研究》2023 年第 3 期。

③ 张川川、魏旭、黄炜：《社会保障项目之间的相互作用：新型农村社会养老保险对医疗保险的挤出》，《经济学》2023 年第 3 期。

④ 郑功成、周弘、丁元竹等：《从战略高度完善我国社会保障体系——学习习近平总书记关于完善社保体系重要讲话精神》，《社会保障评论》2021 年第 2 期。

⑤ 金锦萍：《论法典化背景下我国社会保障法的体系和基本原则》，《法治研究》2023 年第 3 期。

风险。就基金运行而言，在人口结构转型、老龄化持续的背景下，社保基金仍面临一定的收支平衡压力，投资渠道窄、方式单一导致社保基金的保值增值功能还有待加强，基金管理缺少可量化的激励机制和风控指标使得基金的抗风险与支付能力有待提高。[1] 此外，养老保险的全国统筹尚处于起步阶段，在激励机制等方面有所欠缺。[2]

新冠疫情在全球范围内对经济发展产生巨大冲击，也给社会保障基金的可持续发展增添诸多不确定因素。就社会保障体系受到的影响而言，一方面疫情给经济增长和就业带来的冲击造成劳动参与率下降，使得缴费人数和缴费基数有所下降；另一方面为维持经济发展而出台的一系列社保缴费减免政策使得社保基金收入有所减少。[3] 同时，疫情的余波也使得社保基金的支出情况出现变化，从而对基金收支平衡产生长期的影响。

就基金监管而言，社会保险行政管理体制尚未完全理顺，存在定位不清、职能不明、程序缺失等问题，还需要通过立法明确有关政府管理部门的行政管理权责分配与监督程序，[4] 以确保社会保险基金的监管在法治轨道上运行。

（四）老龄化持续和人口结构转型给社会保障制度体系带来挑战

近年来，中国人口发展呈现新变化和新趋势，在人口数量保持高位的基础上，人口发展的质量不断提升。人口结构呈现少子化和老龄化，且中国相较于其他国家老龄化速度更快、老年人口占比更大。2001 年中国就已进入老龄化社会，2001~2021 年，全国 65 岁及以上老年人口从 9062 万快速增长至2.05 亿，占总人口的比重从 7.1% 攀升至 14.2%。据测算，2035 年前后，中国60 岁及以上老年人口将突破 4 亿，在总人口中的占比将超过 30%，进入重度

① 张磊：《社保基金保值增值面临的问题及管理对策》，《财务与会计》2021 年第 24 期。
② 崔开昌、吴建南：《中国式现代化社会保障体系建设：价值引领与未来进路》，《社会科学》2023 年第 5 期。
③ 封进、赵发强：《新冠肺炎疫情对中国城镇职工养老保险基金积累的影响》，《社会保障评论》2021 年第 1 期。
④ 胡乐明、刘梦圆：《推动社会保障事业高质量发展》，《前线》2023 年第 4 期。

老龄化阶段。^① 少子化和老龄化是中国经济社会发展到一定阶段的客观结果，给中国当前社会保障制度体系带来挑战。

为满足老龄化背景下老年人的养老需求，中国多层次养老保障体系需要进一步完善。第一支柱基本养老保险制度仍需进一步健全并逐步提高养老保障水平，第二和第三支柱养老保险则需进一步深入发展。[2] 尽管中国医养结合养老模式已经历十余年的发展进程，但当前的服务体系框架尚未形成有效的多部门合作机制，使得现有制度落实受限。家庭、社区、机构间围绕"医""养""护"的整合与深度结合还未体现出来。此外，医保报销范围窄等同样限制了医养结合养老服务模式的长期发展。[3] 最后，老年医疗服务能力有待提升，机构养老服务质量难以满足现有需求，同时农村养老服务尚存在短板。[4]

（五）就业和失业保障政策制度体系需要根据人口结构变化做出应对

从中国适龄劳动力数量看，总量呈现逐步减少趋势，但劳动力规模庞大的基本国情将长期存在。2023 年中国 16~59 岁劳动年龄人口虽比上年有所减少，但仍稳定在 8.76 亿人的巨大规模，[5] 劳动力供给仍然相对充裕。中国处于

---

[1] 《国家医保局有关司负责人就职工医保门诊共济保障机制改革相关问题答记者问》，国家医保局网站，2023 年 2 月 25 日，http://www.nhsa.gov.cn/art/2023/2/25/art_14_10190.html。

[2] 《李克强对全国老龄工作会议作出重要批示强调 实施积极应对人口老龄化国家战略 推动老龄事业和产业高质量发展 韩正出席会议并讲话》，人社部网站，2021 年 10 月 15 日，http://www.mohrss.gov.cn/SYrlzyhshbzb/dongtaixinwen/shizhengyaowen/202110/t20211015_425424.html。

[3] 晏月平、李雅琳：《健康老龄化到积极老龄化面临的挑战及策略研究》，《东岳论丛》2022 年第 7 期。

[4] 《李克强对全国老龄工作会议作出重要批示强调 实施积极应对人口老龄化国家战略 推动老龄事业和产业高质量发展 韩正出席会议并讲话》，人社部网站，2021 年 10 月 15 日，http://www.mohrss.gov.cn/SYrlzyhshbzb/dongtaixinwen/shizhengyaowen/202110/t20211015_425424.html。

[5] 《着力提高人口资源利用率——访中国劳动和社会保障科学研究院院长莫荣》，人社部网站，2023 年 5 月 26 日，http://www.mohrss.gov.cn/SYrlzyhshbzb/dongtaixinwen/buneiyaowen/rsxw/202305/t20230526_500573.html。

人口红利窗口期，需要从促进就业规模增长向解决就业总量压力、优化就业结构和提升就业质量并重转型。据测算，2023年中国在城镇寻求就业的新成长劳动力为1662万人，[1]规模创近年新高，就业压力依然较大。招工难、就业难并存的结构性矛盾依然突出，普工难招、技术工人短缺的问题普遍存在。[2]因此仍需进一步提升劳动力质量，发展壮大技术技能型劳动者队伍，为高质量发展提供优质的人力资源支撑。[3]

四 社会保障事业的发展趋势和完善建议

第一，进一步扩大社会保险的覆盖范围，促进社会保障事业的高质量发展。未来中国社会保障制度仍需在现有基础上进一步扩大覆盖面、丰富保障层次，满足不同行业不同群体的需求，建立多层次、综合性的社会保障体系。针对灵活就业人员、新业态就业人员等重点群体做好社保扩面工作，加强灵活就业和新就业形态劳动者权益保障，保护劳动者权益，探索构建灵活就业人员职业伤害保障制度。通过构建工伤保险全覆盖制度体系，继续推动工伤保险按项目参保。同时，可以通过数字化信息化技术手段、大数据赋能提升效率，实现参保精确管理，扩大保障范围，提升保障能力，提高社会保障实际参保率，以"覆盖全民"为目标，实现社会保障的普惠性要求。

第二，进一步整合社会保障制度体系，实现社会公平。未来中国社会保障制度仍需在现有基础上进一步整合优化制度体系，从顶层设计的角度统筹规划各项制度，将目前碎片化的制度在法治化的框架下加以统筹，以促进社

---

① 《国新办举行"权威部门话开局"系列主题新闻发布会介绍就业和社会保障工作情况》，国新网，2023年3月2日，http://www.scio.gov.cn/xwfb/gwyxwbgsxwfbh/wqfbh_2284/49421/49653/wz49655/202307/t20230704_724739.html。

② 《夯实民生之本 推动社会保障事业高质量发展——人社部有关负责人谈新举措新进展》，人社部网站，2023年3月3日，http://www.mohrss.gov.cn/SYrlzyhshbzb/dongtaixinwen/buneiyaowen/rsxw/202303/t20230303_496144.html。

③ 《着力提高人口资源利用率——访中国劳动和社会保障科学研究院院长莫荣》，人社部网站，2023年5月26日，http://www.mohrss.gov.cn/SYrlzyhshbzb/dongtaixinwen/buneiyaowen/rsxw/202305/t20230526_500573.html。

会保障体系的公平。具体来说，应建立城乡一体化、均等化的社会保障制度，通过提升统筹层次消除各地社会保障分割统筹现象，以缩小城乡间、群体间待遇差距。[①] 同时，在考虑当前经济社会发展水平的前提下，进一步提升社会保险待遇水平，落实社会保险筹资和待遇调整机制。

第三，建立健全社保基金保值与增值体系，完善社会保险基金自我平衡机制和监管体系，实现社保基金的可持续发展。为保障社保基金的稳定运行和长期积累，需完善落实筹资和待遇调整机制，确保各项社保待遇按时足额发放。同时，未来应建立健全社保基金保值增值体系，通过深化改革增强社保基金的保值增值功能。具体来说，首先，应加强对基金结余的运营，拓宽多元化的投资渠道，并优化投资结构，以提升累计结余投资收益率，充实社保基金。其次，应以法治为保障，健全风险防控体系，明确基金运行与监管过程中有关主体的责任与权力，完善社会保障法律法规体系，增强制度的规范性、统一性、约束性。最后，应强化基金安全，健全监管体系，完善政策、经办、信息、监督"四位一体"的风险防控体系。[②]

第四，深入把握老龄化、人口结构转型对社会保障制度体系提出的要求，提升老年群体保障水平，优化生育支持政策体系，促进人口均衡发展。未来中国应继续大力发展养老保障事业，全面实现基础养老金全国统筹，完善多层次养老保障体系，做好制度衔接、整合与优化工作，提升养老服务水平。同时，应完善生育支持服务体系，推进生育保险制度改革，促进构建生育友好型社会，促进人口均衡发展。

第五，强化就业优先政策，完善就业促进和支持政策体系，推动人力资源总量提升和结构优化，提高就业公共服务水平。首先，通过经济社会政策引导构建和完善全方位系统性的就业促进和支持政策体系，继续强化和优化就业优先政策导向。其次，推动适应产业结构转型、协调就业需求的现代化

---

① 金锦萍：《论法典化背景下我国社会保障法的体系和基本原则》，《法治研究》2023 年第 3 期。

② 中共人力资源和社会保障部党组：《推动社会保障事业高质量可持续发展》，人社部网站，2023 年 3 月 2 日，http://www.mohrss.gov.cn/SYrlzyhshbzb/dongtaixinwen/buneiyaowen/rsxw/202303/t20230302_496088.html。

人力资源发展，推动产业发展与就业促进双向赋能，挖掘潜在就业岗位，加快建设知识型、技能型、创新型专业技术人才队伍，提升劳动力质量，促进职业培训扩面，为发展提供充足的高素质劳动力支撑。最后，提高就业公共服务的规范化、数字化、专业化水平，匹配供需，不断促进高质量的充分就业。

2023 年中国教育改革和发展报告

李春玲　李涛 *

摘　要： 2023 年，中国教育在高质量发展、均衡化推进、改革深化、教育强国建设等方面都取得了明显进展。学前教育普惠资源进一步增加，义务教育优质均衡进一步发展，特殊教育体系进一步完善，高中阶段普及水平进一步提高，高等教育在学规模进一步扩大，民办教育结构进一步优化。中国目前的教育强国指数居全球第 23 位，比 2012 年上升 26 位，成为教育发展进步最快的国家。但同时，在教育强国建设顺利推进过程中，中国教育发展也面临多重挑战和亟须解决的难题。大学生就业问题是 2023 年的社会关注焦点之一，教育如何适应新的经济发展阶段、培养与劳动力市场需求相匹配的专业人才，是当前中国教育发展亟须解决的问题。

关键词： 教育强国建设　教育发展　教育改革

2023 年，中国教育在高质量发展、均衡化推进、改革深化、教育强国建设等方面都取得了明显进展，在经历了约三年时间的新冠疫情不利影响之后，中国教育发展再次迈入快速前进轨道，不断取得新的成就。但与此同时，国家宏观层面的社会经济环境和人口变化趋势也给教育发展带来一系列挑战。

---

* 李春玲，中国社会科学院社会学研究所研究员，青少年与教育社会学研究室主任；李涛，东北师范大学乡村振兴研究院执行院长、教育部人文社会科学重点研究基地东北师范大学中国农村教育发展研究院院长助理、教授、博士生导师。

一　教育强国建设顺利推进

2023 年 5 月 29 日，在习近平总书记主持下，中共中央政治局专门就建设教育强国这一主题进行第五次集体学习，提出"扎实推动教育强国建设"[①]，为中国教育指明了新的发展方向。习近平总书记强调，建设教育强国是全面建成社会主义现代化强国的战略先导，是实现高水平科技自立自强的重要支撑，是促进全体人民共同富裕的有效途径，是以中国式现代化全面推进中华民族伟大复兴的基础工程。[②]

党的十八大以来，中国建设教育强国取得重大进展和巨大成就。中国已建成世界上规模最大的教育体系，教育现代化发展总体水平跨入世界中上国家行列。据中国教育科学研究院测算，中国目前的教育强国指数居全球第 23 位，比 2012 年上升 26 位，是进步最快的国家。

（一）各级各类教育发展成就显著

根据教育部公布的《2022 年全国教育事业发展统计公报》，中国各级各类学校总计 51.85 万所，各级各类学历教育在校生 2.93 亿人。[③]中国专任教师达到 1880.36 万人。中国新增劳动力平均受教育年限高达 14 年。与上一年相比，在校生人数增长约 200 万人，专任教师人数增长约 4 万人，但学校数量略微减少约 1 万所，主要原因是一些乡村学校因生源流失而关闭。

学前教育普惠资源进一步增加。全国幼儿园总计 28.92 万所，比上年减少 5610 所，下降 1.90%。其中，普惠性幼儿园 24.57 万所，比上年增加 1033 所，增长 0.42%，占幼儿园总数的比例为 84.96%。学前教育在园幼儿数为 4627.55 万人，比上年减少 177.66 万人，下降 3.70%。其中，普惠性幼儿园在

[①]　习近平：《扎实推动教育强国建设》，《求是》2022 年第 18 期。

[②]　《加快建设教育强国　为中华民族伟大复兴提供有力支撑》，《人民日报》2023 年 5 月 30 日，第 1 版。

[③]　《2022 年全国教育事业发展统计公报》，教育部网站，2023 年 7 月 15 日，http://www.moe.gov.cn/jyb_sjzl/sjzl_fztjgb/202307/t20230705_1067278.html。

园幼儿 4144.05 万人，比上年减少 74.16 万人，下降 1.76%，占在园幼儿的比例为 89.55%，比上年提高 1.77 个百分点。全国学前教育毛入园率达 89.7%，比 2012 年提高了 25.2 个百分点。全国学前教育专任教师共计 324.42 万人，比上年增长 1.67%，专任教师中专科以上学历比例达 90.30%。学前教育普惠资源进一步增加，"入园难、入园贵"问题有效缓解，学前教育教师队伍质量不断提升。

义务教育优质均衡进一步发展。全国义务教育阶段学校总计 20.16 万所，在校生人数达 1.59 亿人，专任教师 1065.46 万人。九年义务教育巩固率高达 95.5%，比 2012 年提高了 3.7 个百分点。其中，普通小学共计 14.91 万所，比上年减少 5162 所，下降 3.35%；在校生 1.07 亿人，比上年减少 47.88 万人，下降 0.44%；小学阶段教育专任教师 662.94 万人，生师比为 16.19∶1；专任教师学历合格率为 99.99%；专任教师中专科以上学历比例为 98.90%。全国小学阶段教育 56 人以上大班 1.38 万个，比上年减少 0.72 万个，占总班数的比例为 0.48%，比上年下降 0.25 个百分点。全国初中学校共计 5.25 万所（含职业初中 8 所），比上年减少 391 所，下降 0.74%；在校生 5120.60 万人，比上年增加 102.16 万人，增长 2.04%；初中阶段教育专任教师 402.52 万人；生师比为 12.72∶1；专任教师学历合格率为 99.94%；专任教师中本科以上学历比例为 91.71%。初中教育阶段 56 人以上大班 4522 个，比上年减少 2703 个，占总班数的比例为 0.40%，比上年下降 0.25 个百分点。义务教育阶段大班额基本消除，超大班额问题得到进一步缓解。2022 年全国义务教育阶段在校生中进城务工人员随迁子女总规模达到 1364.68 万人。其中，在小学就读 969.86 万人，在初中就读 394.83 万人。义务教育优质均衡得到进一步发展。

特殊教育体系进一步完善。全国特殊教育学校总计 2314 所，比上年增加 26 所，增长 1.14%。全国招收各种形式的特殊教育学生 14.63 万人，比上年减少 2805 人；在校生 91.85 万人，比上年减少 1265 人，下降 0.14%。全国共有特殊教育普通高中（部、班）118 个，在校生 11431 人，其中聋生 6506人、盲生 1736 人、其他 3189 人；残疾人中等职业学校（班）184 个，在校生

19014 人，毕业生 5157 人，其中 1473 人获得职业资格证书；在高等教育阶段，招收 30035 名残疾学生，其中高职（专科）17644 人，本科 10703 人，硕士生 1520 人，博士生 168 人。①

高中阶段普及水平进一步提高。全国高中阶段毛入学率为 91.6%，比 2012 年提高 6.6 个百分点。全国共有普通高中 1.50 万所，比上年增加 441 所，增长 3.02%；在校生 2713.87 万人，比上年增加 108.85 万人，增长 4.18%；普通高中教育专任教师 213.32 万人；生师比为 12.72∶1；专任教师学历合格率为 99.03%，专任教师中研究生学历比例为 13.08%。中等职业学校共有 7201 所（不含人社部门管理的技工学校），同口径比上年减少 93 所；在校生 1339.29 万人，同口径比上年增加 27.48 万人，增长 2.09%；中等职业教育专任教师 71.83 万人；生师比 18.65∶1；专任教师中本科以上学历比例为 94.86%，专任教师中研究生学历比例为 8.91%；"双师型"专任教师占专业（技能）课程专任教师比例高达 56.18%。

高等教育在学规模进一步扩大。全国高等教育毛入学率 59.6%，比上年提高 1.8 个百分点，进入普及化深入发展的阶段。高等学校共计 3013 所。其中，普通本科学校 1239 所（含独立学院 164 所），比上年增加 1 所；本科层次职业学校 32 所；高职（专科）学校 1489 所，比上年增加 3 所；成人高等学校 253 所，比上年减少 3 所。另有培养研究生的科研机构 234 所。全国各种形式的高等教育在学总规模 4655 万人，比上年增加 225 万人。普通本科在校生 1965.64 万人，比上年增加 72.54 万人，增长 3.83%；职业本科在校生 22.87 万人，比上年增加 9.94 万人，增长 76.91%。高职（专科）在校生 1670.90 万人，比上年增加 80.80 万人，增长 5.08%；成人本专科在校生 933.65 万人，比上年增加 101.00 万人，增长 12.13%；网络本专科在校生 844.65 万人，比上年减少 29.25 万人，下降 3.35%；中国高等教育自学考试学历教育取得毕业证书人数为 36.17 万人。中国高等教育专任教师 197.78 万人，其中，普通本科学校 131.58 万人；本科层次职业学校 2.78 万人；高职（专科）

---

① 《2022 年残疾人事业发展统计公报》，中国残疾人联合会网站，2023 年 4 月 6 日，https://www.cdpf.org.cn/zwgk/zccx/tjgb/4d0dbde4ece7414f95e5dfa4873f3cb9.htm。

学校 61.95 万人；成人高等学校 1.47 万人。普通、职业高校研究生学历教师比例为 78.54%，比上年提高 1.04 个百分点。

民办教育结构进一步优化。2022 年中国各级各类民办学校共有 17.83 万所，占全国各级各类学校总数的比例为 34.37%。在校生 5282.70 万人，占各级各类在校生总数的比例为 18.05%。其中，民办幼儿园 16.05 万所，占幼儿园总数的比例为 55.49%；在园幼儿 2126.78 万人，占学前教育在园幼儿的比例为 45.96%。民办义务教育阶段学校 1.05 万所，占义务教育阶段学校总数的比例为 5.23%；在校生 1356.85 万人（含政府购买学位 736.37 万人）。民办普通高中 4300 所，占普通高中总数的比例为 28.62%；在校生 497.79 万人，占普通高中在校生的比例为 18.34%。民办中等职业学校 2073 所，占中等职业学校总数的比例为 28.79%；在校生 276.24 万人，占中等职业教育在校生的比例为 20.63%。民办高校 764 所，占高校总数的比例为 25.36%。民办教育作为中国教育事业发展进程中的重要组成部分，在教育事业中发挥了重要的作用。

（二）国家财政性教育经费占比持续超过4%

近年来，中国教育发展保障水平得到进一步提升。2022 年，中国教育经费总投入 61344 亿元，同比增长 6%。其中，国家财政性教育经费总计 48478 亿元，比上年增长 5.8%。学前教育经费总投入 5137 亿元，比上年增长 3%。义务教育经费总投入 26801 亿元，比上年增长 6.7%。高中阶段教育经费总投入 9556 亿元，比上年增长 8.5%。高等教育经费总投入 16397 亿元，比上年增长 6.2%。在全国教育经费的投入中，义务教育阶段的投入力度最大，学前教育阶段投入最少（见图 1）。在经费投入年增长率上，高中教育阶段涨幅最大，学前教育涨幅最小。

2022 年全国幼儿园生均教育经费总支出比上年增长 7.3%。普通小学生均教育经费总支出比上年增长 5.2%。普通初中生均教育经费总支出比上年增长 3.6%。普通高中生均教育经费总支出比上年增长 2.8%。中等职业学校生均教育经费总支出比上年增长 1.2%。普通高等学校生均教育经费总支出比上年增

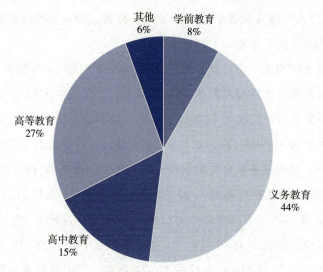

图1 2022年教育经费在各级教育间的分配情况

长1.3%。在生均教育经费支出上，幼儿园生均教育经费支出涨幅最高[1]，这说明中国政府不断加大对学前教育的投入，弥补教育发展在这方面的短板。

2022年，中国教育经费的投入有力支撑起世界最大规模的教育体系，有力推动了中国教育现代化总体发展水平跨入世界中上国家行列。

二 教育改革进一步深化

为了加快教育强国建设，落实立德树人根本任务，加快建设高质量教育体系，办好人民满意的教育，中国持续实施一系列教育改革措施。2023年1月在全国教育工作会议上提出教育改革发展"倍增效应"目标：一是谋划教育强国战略；二是全面提高人才自主培养质量，发挥好教育在现代化建设中的人才支撑作用；三是进一步提升基础教育质量；四是加快和扩大高水平教育对外开放。

---

① 《2022年教育经费总投入61344亿元》，《人民日报》2023年7月2日。

（一）深化教师管理改革，促进教师队伍结构优化

在多项教育改革措施不断推进过程中，深化教师管理改革是 2023 年教育改革的一个亮点。教师队伍在教育事业发展中具有基础性、根本性、先导性的地位和作用，加快建设高质量教师队伍是教育高质量发展和办好人民满意教育的基础，是推进教育强国战略的强力支撑。同时，推进教育均衡发展的一个关键点，是教师资源配置的均衡。长期以来，导致中国教育质量的城乡、地区、校际巨大差异的一个主要原因是教师资源配置的不均衡。如何建立健全师资调配机制，均衡配置教师资源，促进教师队伍结构优化，2023 年教育改革做了多种尝试。

一是启动实施国家基础教育教师队伍建设改革试点，推进编制、职称、岗位、待遇综合改革。2023 年 8 月，教育部印发《关于开展国家基础教育教师队伍建设改革试点的通知》，随后启动国家基础教育教师队伍建设改革试点。此次改革试点共选择 10 个地区，覆盖了东、中、西部不同区域，涵盖了省、自治区、直辖市等不同类型，包含了省级、市级、县级等不同级别行政区划，考虑了人口流入和流出不同地区情况，兼顾了不同教育发展水平。此次试点着眼教师队伍建设的重点难点问题，以推进教师队伍建设全链条协同创新为目标，以推进教师培养发展、师德师风、综合管理、待遇保障等综合改革为着力点，推动各地创新加强教师队伍建设的政策措施，系统推进教师队伍建设改革。[1]

二是深化教师职称制度改革，落实职称评审监管，拓宽教师职业发展通道。人力资源和社会保障部办公厅印发《关于进一步做好职称评审工作的通知》，突出品德、能力、业绩导向，明确要求卫生、工程、艺术、中小学教师等实践性强的职称系列不将论文作为职称评审的主要评价指标，评价标准中不得简单设立论文数量、影响因子等硬性要求。对研究系列人才，聚焦原创成果和高质量论文，注重评价原创性贡献、学术影响力和研究能力，淡化

---

[1] 教育部：《关于开展国家基础教育教师队伍建设改革试点的通知》（教师函〔2023〕6 号），2023 年 8 月 24 日。

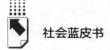

论文数量要求。各职称系列逐步将论文"必选"转变为成果"多选"，建立"菜单式"评价指标体系。减少学历、奖项等限制性条件，畅通职称评审绿色通道。①

三是持续加强教师待遇保障，健全义务教育教师工资待遇随当地公务员工资待遇调整联动机制。持续巩固义务教育教师平均工资收入不低于当地公务员平均工资收入水平成果。继续加快实施边远艰苦地区乡村学校教师周转宿舍建设，完善以公租房、保障性租赁住房和共有产权住房为主体的住房保障体系。截至2023年8月，中国中西部22个省份715个原连片特困地区县实施了乡村教师生活补助政策，覆盖约7.3万所乡村学校，受益教师超过130万人次，人均月补助金额达到394元。在中央奖补政策带动下，全国有1086个非连片特困地区县也实施了乡村教师生活补助政策。②

四是全面推开教职工准入查询制度，严格落实从业禁止制度。2023年4月，教育部发布《关于推开教职员工准入查询工作的通知》，对中小学校、高等学校拟聘用教职员工入职前查询拟聘用教师《关于建立教职员工准入查询性侵违法犯罪信息制度的意见》《关于落实从业禁止制度的意见》规定的性侵违法犯罪信息和《中华人民共和国教师法》《教师资格条例》规定的已纳入教师资格限制库的丧失、撤销教师资格信息。③

五是实施国家银龄教师行动计划。教育部等十部门联合印发《国家银龄教师行动计划》，搭建国家层面老有所为平台。拟经过3年左右时间，基本健全银龄教师服务各级各类教育的工作体系，全国银龄教师队伍总量达12万人左右。该行动计划涵盖了普通高等教育、职业教育、基础教育、终身教育和民办教育五大领域，充分调动优秀退休教师继续投身教育事业的积极性，加快建设教育强国。④

① 人力资源社会保障部办公厅：《关于进一步做好职称评审工作的通知》（人社厅发〔2022〕60号），2022年11月30日。
② 《教育部：以高素质教师队伍为教育强国建设提供有力支撑》，中华人民共和国教育部政府门户网站，2023年8月31日，http://www.moe.gov.cn/fbh/live/2023/55499/。
③ 教育部：《关于推开教职员工准入查询工作的通知》（教师函〔2023〕1号），2023年4月17日。
④ 教育部等十部门：《关于印发〈国家银龄教师行动计划〉的通知》（教师〔2023〕6号），2023年8月9日。

六是促进教师队伍结构优化调整。进一步深化"县管校聘"管理改革，科学有序推动区域内教师交流轮岗，优化基础教育教师资源配置和队伍结构。以推进师资配置均衡化为重点，加快缩小校际办学质量差距。以学区内、集团内和城乡间为主实施骨干教师交流轮岗计划，加快实现县域内师资均衡配置。①

（二）深入推进更高质量的教育公共服务

办好人民满意的教育，是教育强国建设的关键所在。这一方面需要全面提升教育服务高质量发展的能力，满足人民日益增长的优质教育需求；另一方面需要不断推进教育优质均衡发展，推进高质量公平教育。2023 年中国教育发展在这两个方面取得下述进展。

一是加快发展学前教育，优化普惠性资源结构，稳步增加公办学位供给，积极扶持民办园提供普惠性服务。在城镇新增人口集中地区新建、改扩建一批公办园，依托乡镇公办中心园办好村园，实施镇村一体化管理。统筹资源配置和入园需求变化，积极稳妥消除幼儿园"大班额"。加强对幼儿园教师资质与配备、保育教育、卫生保健、安全防护、招生宣传、财务、收费等方面的动态监管。健全公办园生均拨款制度，明确公办幼儿园公用经费标准。各地公办园生均公用经费标准原则上应于 2024 年达到 600 元 / 年，个别确有困难的地方可延至 2025 年。加强民办园收费监管，强化营利性民办园收费调控，遏制过高收费。加大薄弱园改造提升力度，改善园舍设施设备，规范卫生保健工作。建立薄弱园帮扶机制，通过城乡幼儿园结对、优质园带动、公办园辐射等方式，加快缩小办园差距。推动幼儿园与小学深度衔接，提高入学准备和入学适应的有效性。②

二是加快推进义务教育优质均衡发展。中共中央办公厅、国务院办公厅

---

① 教育部、国家发展改革委、财政部:《关于实施新时代基础教育扩优提质行动计划的意见》（教基〔2023〕4 号），2023 年 8 月 16 日。
② 教育部、国家发展改革委、财政部:《关于实施新时代基础教育扩优提质行动计划的意见》（教基〔2023〕4 号），2023 年 8 月 16 日。

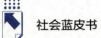

印发《关于构建优质均衡的基本公共教育服务体系的意见》，以公益普惠和优质均衡为基本方向，全面保障义务教育优质均衡发展。[①] 教育部等三部门印发《关于实施新时代基础教育扩优提质行动计划的意见》，从推进优质学校挖潜扩容、加快新优质学校成长、加强寄宿制学校建设、健全优质均衡推进机制等方面加快推进义务教育优质均衡发展。[②] 同时，实施义务教育学校标准化建设工程，以推进学校建设标准化为重点，推动义务教育学校校舍建设、教学仪器装备、学校班额等办学条件达到规定标准，创造良好的教学、文化、生活环境，加快缩小区域教育差距。

三是健全资助帮扶制度，以推进教育关爱制度化为重点，加快缩小群体教育差距；全面落实义务教育免试就近入学和公办民办同步招生政策，保障进城务工人员随迁子女平等接受义务教育，完善随迁子女入学保障政策。加强孤儿、事实无人抚养儿童、农村留守儿童、困境儿童等教育保障和关爱保护。

四是遴选确定一批市（地）域义务教育均衡发展先行实验区，加大市级统筹力度，探索在市（地）域内更大范围推进义务教育均衡发展实现路径，有效缩小区县间义务教育发展水平差距；不断完善县域义务教育优质均衡发展督导评估办法，指导各地做好自评和复核，稳步推进国家督导评估认定。[③]

五是扩大优质高中教育资源供给，通过区域内集团化办学、城乡结对帮扶、教育人才"组团式"帮扶国家乡村振兴重点帮扶县、部属高校和省属高校托管帮扶县中等方式，持续扩大优质普通高中教育资源总量。深入挖掘优质普通高中校舍资源潜力，增加学位供给，有序扩大优质普通高中招生规模。

---

①　《介绍中共中央办公厅、国务院办公厅印发的〈关于构建优质均衡的基本公共教育服务体系的意见〉，教育部、国家发展改革委、财政部印发的〈关于实施新时代基础教育扩优提质行动计划的意见〉等有关情况》，中华人民共和国教育部政府门户网站，2023年8月30日，http://www.moe.gov.cn/fbh/live/2023/55484/twwd/202308/t20230830_1077019.html。

②　教育部、国家发展改革委、财政部：《关于实施新时代基础教育扩优提质行动计划的意见》（教基〔2023〕4号），2023年8月16日。

③　教育部、国家发展改革委、财政部：《关于实施新时代基础教育扩优提质行动计划的意见》，（教基〔2023〕4号），2023年8月16日。

新建和改扩建一批优质普通高中。①

六是推动普通高中多样化发展。研制"关于促进市域内普通高中多样化发展的指导意见",各地积极探索形成科技高中、人文高中、外语高中、体育高中、艺术高中和综合高中等多样化办学格局。坚持升学与就业并重,探索中等职业教育专业大类培养模式,注重基础知识和技能的培养。支持一批基础较好的地区和学校率先开展特色办学试点,适应学生特长优势和发展需要,提供分层分类、丰富多样的选修课程,形成体现学校办学特色的课程系列。②

(三)加快提升高等教育支撑引领国家战略实施的能力

高等教育是建设教育强国的龙头,其核心使命是培养高素养专门人才,开展高质量的科学研究。中国高等教育发展虽然成绩斐然,但仍然存在许多短板和不足。2023 年中国政府和相关部门实施一系列重大政策,把加快建设中国特色、世界一流的大学和优势学科作为重中之重,大力加强基础学科、新兴学科、交叉学科建设,瞄准世界科技前沿和国家重大战略需求推进科研创新,不断提升原始创新能力和人才培养质量。

一是聚焦国家战略和关键产业发展急需,加强战略紧缺和新兴交叉领域拔尖创新人才培养。加强基础学科拔尖人才培养,构建"一部六院"科教融汇的协同育人机制,全面提升基础学科拔尖创新人才自主培养能力。加大集成电路人才培养力度,加大理工农医类专业紧缺人才培养力度。逐步扩大专业学位研究生占比,为国家培养实践型、应用型高端人才,培养能够解决实际重大技术问题和推动技术攻关的高级工程师、高级技能人才等。深入推进未来技术学院建设,推动学科专业交叉融合,夯实未来技术原创人才培养基础。建好 18 个高水平公共卫生学院,强化特色发展,打造优势领域和主攻方

---

① 教育部、国家发展改革委、财政部:《关于实施新时代基础教育扩优提质行动计划的意见》(教基〔2023〕4 号),2023 年 8 月 16 日。
② 教育部、国家发展改革委、财政部:《关于实施新时代基础教育扩优提质行动计划的意见》(教基〔2023〕4 号),2023 年 8 月 16 日。

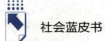

向，加快培养突发公共卫生事件和重大疫情应急处置领军人才；成立首个国家重大行业产教融合共同体暨国家轨道交通装备行业产教融合共同体，提高人才自主培养质量；召开卓越工程师培养现场推进会，打造高校创新创业人才培养示范区，深化高校创新创业教育系统改革。推动建设省域现代职业教育体系和市域产教联合体、行业产教融合共同体，构建"一体两翼"格局，培养高素质技术技能人才。①

二是全面深化新工科、新医科、新农科、新文科建设，完善和发展人才自主培养新范式。实施《示范性特色学院建设管理办法》，加强现代产业学院、特色化示范性软件学院等特色学院建设，研究推进新型高水平理工科大学建设。深化培养机制创新，加快集成电路、储能、生物育种、医学攻关国家产教融合平台建设，深入实施产学合作协同育人项目，完善全国大学生实习信息平台，加快"医学+X"复合型医学人才培养，加快推进基础与临床融通的整合式八年制临床医学教育改革，着力构建医学专业全覆盖的认证体系。推进农林高校与农科院开展"一省一校一院"农科教融汇协同育人，深入推动本硕博一体化农林人才培养改革。实施战略性新兴领域教学资源建设计划，加快网络安全专门人才培养。印发实施《普通高等医学教育临床教学基地建设和管理规定》，构建中医药经典教学新生态，全面加强涉农高校耕读教育，加快研制文科专业类教学要点。

三是实施系列"101计划"，全面推进教育教学改革。在计算机领域本科教育教学改革试点工作基础上，全面实施系列"101计划"，推进基础学科和"四新"关键领域核心课程建设，同时启动地方高校"101计划"。深入实施一流课程建设"双万计划"，公布第二批国家一流本科课程名单，组织开展第三批国家一流本科课程认定工作；开展"十四五"本科国家级规划教材建设，加强教材工作统筹指导。深化实验教学改革，加快"虚仿2.0"建设，加强国家级实验教学示范中心、虚拟仿真实验教学中心建设指导。

---

① 《国新办举行"权威部门话开局"系列主题新闻发布会 介绍"加快建设教育强国 办好人民满意的教育"有关情况》，国新网，2023年7月6日，http://www.scio.gov.cn/xwfb/gwyxwbgsxwfbh/wqfbh_2284/49421/50117/。

四是深入推进新时代中西部高等教育振兴,加快实现高等教育区域协调发展。推进新时代振兴中西部高等教育改革先行区建设,强化西安、兰州、重庆、成都战略支点作用,打造中西部高等教育"西三角",推进区域高等教育战略布局优化调整。深化东、中、西部高校对口支援,加大东部高校对口支援西部高校工作力度。深入实施"慕课西部行计划 2.0",推动西部高校教育教学信息化水平和整体办学实力提升。深入开展农村订单定向医学生免费培养工作,加大中西部基层卫生健康人才供给。[①]

五是建立健全招生培养就业联动机制。印发实施《普通高等教育学科专业设置调整优化改革方案》,明确高等学校学科专业设置调整优化改革改什么、怎么改、谁来改。针对学科专业设置调整优化改革的三大主体,围绕学校层面怎么规划设置、省级层面怎么统筹管理、国家层面怎么宏观调控,提出一系列有针对性、可操作的改革措施。在优化学科专业国家宏观调控机制方面,国家和省级有关行业部门主动开展行业人才需求预测、毕业生就业反馈预警及人才使用情况评价,适时发布区域及有关重点产业和行业人才需求。省级教育行政部门积极开展高校学科专业与区域发展需求匹配度评估,及时公布本地优先发展和暂缓发展的学科专业名单。以学科专业调整与人才需求联动为支点,建立健全科学规范的人才需求、预测预警系统,建立人才需求数据库,及时向社会发布重点行业产业人才需求,对人才需求趋少的行业产业进行学科专业设置预警,提高人才培养和社会需求的契合度。[②]

三 劳动力市场变化给教育发展带来的挑战

在教育强国建设顺利推进过程中,中国教育发展也面临多重挑战和亟须解决的难题。大学生就业问题是 2023 年的社会关注焦点之一,教育如何适应

---

① 教育部、国家发展改革委、财政部:《关于实施新时代基础教育扩优提质行动计划的意见》(教基〔2023〕4 号),2023 年 8 月 16 日。

② 教育部等五部门:《关于印发〈普通高等教育学科专业设置调整优化改革方案〉的通知》(教高〔2023〕1 号),2023 年 3 月 2 日。

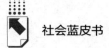

新的经济发展阶段、培养与劳动力市场需求相匹配的专业人才，是当前中国教育发展亟须解决的问题。

（一）就业压力加剧教育竞争

近年来，因新冠疫情影响和经济增长放缓，中国青年失业率逐步上升，大学生就业压力不断加剧，就业竞争激化。大学生对就业压力加剧、就业竞争激化的直接回应，是推迟就业并追求更高学历。中国社会科学院社会学研究所中国大学生追踪调查历年数据显示，2015 年以来，大学生满足于本科学历的比例下降，选择"本科"为期望学历的比例从 2015 年的 16.1% 下降到 2021 年的 9.1%；而期望获得硕士学历的比例则有所上升，从 2015 年的 51.8% 上升到 2021 年的 56.2%（见图 2）。本科学生普遍想继续学业（考研或留学），高职院校专科生也越来越多选择毕业后不直接就业而是继续学业（考专升本）。2019 年，76.5% 的 985/211 高校本科生选择毕业后继续升学；普通本科高校大学生 67.3% 选择毕业后继续升学；高职院校学生也有 27.0% 选择继续升学。之后年份，选择毕业后继续升学的比例还在上升，2021 年 985/211 高校、普通本科高校和高职院校在校生选择继续升学的比例分别上升为 79.1%、69.8% 和 35.7%（见图 3）。其中，升学意愿上升最明显的是高职院校的学生。2015 年之前，超过 90% 的高职院校毕业生都选择毕业后直接就业，而现今超过 1/3 的高职院校学生想继续升学。985/211 高校和普通本科高校学生在 2019 年就已经有极高比例选择继续升学，之后这一比例继续微弱上升，至 2021 年，接近 80% 的 985/211 高校学生和接近 70% 的普通本科高校学生选择毕业后继续升学。[①]

大学生升学意愿上升的同时，就业意愿逐步下降。不论是 985/211 高校、普通本科高校，还是高职院校，毕业后选择直接就业的比例都逐年下降。中国大学生追踪调查数据显示，2019~2021 年，985/211 高校学生毕业后选择直接就业的比例从 17.3% 下降到 14.8%，普通本科高校学生相应比例从 26.1% 下降到 25.4%，高职院校学生的相应比例从 65.1% 下降到 52.5%。

---

① 李春玲：《风险与竞争加剧环境下大学生就业选择变化研究》，《中国青年社会科学》2023 年第 5 期。

图 2　2015~2021 年大学在校生期望获得的最高学历

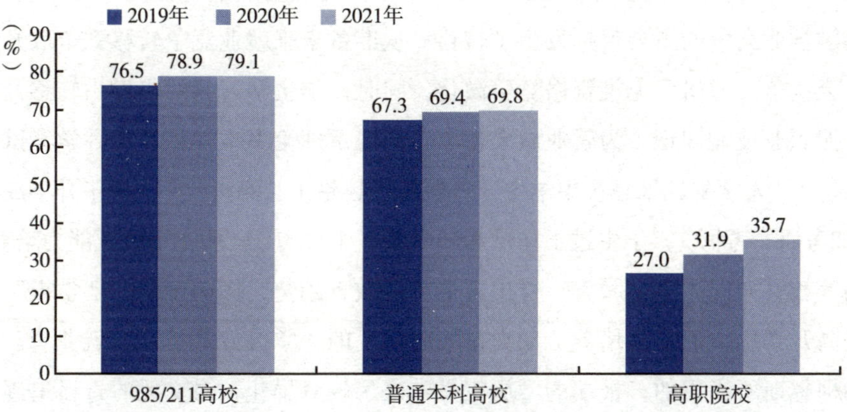

图 3　2019~2021 年本科生/专科生毕业后选择继续升学比例

资料来源：中国社会科学院社会学研究所中国大学生追踪调查。

（二）过度文凭追求产生的影响

宏观层面的经济社会因素及其对劳动力市场的影响，是导致大学生就业意愿和选择变化的主要原因，包括经济增速放缓和新冠疫情冲击等导致失业率上升和就业竞争激化。不过，这些宏观层面的经济社会因素为什么没有导致总体的城镇调查失业率明显上升，而是使青年失业率快速上升，尤其是导

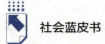

致大学生就业压力剧增？其中一个重要原因可能是中国高等教育扩张步伐快于产业结构升级，导致大学毕业生数量增长速度远超相应就业岗位增长速度。欧美发达国家大学毛入学率快速增长时期，正是其迈入后工业化时期，中高端第三产业快速发展为大学毕业生创造了大量的白领工作岗位，而蓝领工人数量大量减少。而中国制造业规模较大，农业也保持一定规模，第三产业发展相对滞后，从而蓝领工人和农业劳动者在就业结构中占据绝大多数，白领就业岗位无法满足快速增长的大学毕业生的就业需求，近年来硕士研究生扩招和即将实施的博士研究生扩招还会继续加剧这一矛盾。与大学毕业生学历专业相匹配的就业岗位供需矛盾，必然引发这些岗位竞争激化。为了提升获取这些岗位的竞争力，追求更高学历成为一种最佳选择。

大学生升学意愿高涨正在对高等教育产生重要影响。在当今大学校园，大学学业竞争的主要目标发生了转移：从准备未来就业竞争转移到争取升学机会竞争，考研、免推资格竞争激化。同时，学生学习目的也发生转移：从掌握职业技能知识（为就业做准备）转向注重理论书本知识（为升学考试做准备），大学生越来越像中学生，考研越来越趋于"高考化"。为了升学成功（如考研、考博），学生过于注重考试成绩（如 G 点），弱化了就业能力培养。高等教育如同中小学教育一样出现了应试教育趋势，倾向于培养"学霸"以提高升学率，而不是培养劳动力市场所需要的、掌握专业技能的就业者。正如柯林斯所指出的，极端的学历主义带来了教育异化，对文凭的盲目追逐导致了教育行为与本质的偏离。[1]

另外，对高学历的狂热追求，导致过度教育现象日益突出，助长了劳动力市场的职业错配和岗位错配现象。在当前劳动力市场中，低职高配现象越来越多，以往中专毕业生、高中毕业生就可以从事的就业岗位，现在许多本科毕业生、硕士毕业生去应聘竞争；而大专毕业生、本科毕业生就胜任的就业岗位，许多硕士毕业生和博士毕业生经过激烈竞争才获得；一些大学毕业生开始从事蓝领工作。同时，许多企业和雇主并不愿意因就业

---

[1] ［美］兰德尔·柯林斯：《文凭社会：教育与分层的历史社会学》，刘冉译，北京大学出版社，2018。

者学历高而提高相应就业岗位的工资，导致低职高配的本科毕业生、硕士毕业生和博士毕业生所能获得的工资收入与他们的教育投入不相匹配。就业岗位待遇与大学毕业生期待之间的差距，加剧了劳动力市场的结构性失业。

（三）确保高校毕业生就业大局稳定的政策

2023 年中国高校应届毕业生人数达 1158 万，较上年增长 82 万[①]；2024 年中国高校应届毕业生人数预计高于 1187 万，较上年增长 29 万，规模之大再创历史新高。党和政府高度重视高校毕业生的就业工作，多措并举全力确保高校毕业生就业大局稳定。

一是加大就业政策宣传力度。教育系统把精准有效开展政策宣传作为就业促进周系列活动的重要内容，通过编发政策手册、组织进企业宣讲、开展政策宣传月等举措，服务高校毕业生全面了解就业政策。编印《高校毕业生等青年就业创业政策汇编》，帮助广大高校毕业生和用人单位知晓政策、享受政策，更好助力高校毕业生就业创业，在教育部网站、国家大学生就业服务平台汇集发布各省及 100 余个地市级单位高校毕业生就业创业政策措施 1866条。在全国启动"就业扬帆 政策护航"高校毕业生等青年就业创业政策宣传周活动。依托国家大学生就业服务平台，会同"24365 校园招聘服务"有关招聘机构，持续开展就业政策宣传，激发企业吸纳就业活力。[②] 延续实施一次性扩岗补助政策，发挥失业保险助企扩岗作用，鼓励企业积极吸纳大学生等青年就业。[③]

二是着力拓展就业岗位。教育部依托国家大学生就业服务平台密集举办

---

① 《多措并举推动义务教育优质均衡发展》，《人民日报》2023 年 7 月 7 日。

② 《2023 届高校毕业生，请查收这份就业政策礼包》，中华人民共和国教育部政府门户网站，2023 年 6 月 9 日，http://www.moe.gov.cn/jyb_xwfb/gzdt_gzdt/s5987/202306/t20230609_1063576.html。

③ 《强政策 拓岗位 优服务 教育系统深入实施 2023 届高校毕业生就业"百日冲刺"行动》，中华人民共和国教育部政府门户网站，2023 年 7 月 18 日，http://www.moe.gov.cn/jyb_xwfb/xw_zt/moe_357/jjyzt_2022/2022_zt18/gzbs/202307/t20230718_1069522.html。

线上招聘活动。面向 2023 届普通高校毕业生、2022 届离校未就业毕业生等重点群体，开展促就业"国聘行动"。① 深入开展"访企拓岗促就业"行动，抓紧开展"万企进校园"招聘活动。② 5~8 月，通过开展"百日冲刺"行动，聚焦当前促就业工作重点难点，精准拓展岗位，优化指导服务，引导毕业生主动求职，帮助更多高校毕业生在离校前后落实就业去向。③ 持续做好"特岗计划""三支一扶""西部计划"等基层项目，拓展实施"城乡社区专项计划"，首次启动实施"大学生乡村医生专项计划"，由各省份专项招聘医学专业高校毕业生免试注册为乡村医生到村医务室服务，并加大激励和保障力度，引导大学生乡村医生服务农村、扎根农村。④ 充分开发利用科研助理岗位，积极吸纳应届毕业生从事博士后、科研辅助研究、实验技术、技术经理、学术助理和财务助理等科研助理工作。⑤ 在国家大学生就业服务平台开设"电子商务行业面向 2023 届高校毕业生网上招聘"活动专区，搭建线上供需对接平台。鼓励各地教育、商务部门和高校、招聘企业积极创新开展直播带岗、视频双选会、企业云宣讲等活动。教育部依托"大学生就业资讯"微信公众号、商务部依托全国电子商务公共服务网及时发布招聘动态。⑥ 加大从高校毕业生中定向招聘社区专职工作人员的工作力度，综合考虑本地高校毕业生数量、报考社区专职工作人员意愿等因素，科学设定定向招聘高校毕业生的社区专职工作人员岗位数量。⑦ 2023 年 9 月至 2024 年 5 月举办首届全国大学生职业规划大赛，⑧ 通

---

① 教育部办公厅等七部门:《关于联合开展 2023 年度高校毕业生等重点群体促就业"国聘行动"的通知》（教学厅函〔2022〕25 号），2023 年 1 月 5 日。

② 教育部办公厅:《关于开展 2023 届高校毕业生春季促就业攻坚行动的通知》（教学厅函〔2023〕3 号），2023 年 2 月 24 日。

③ 教育部办公厅:《关于开展 2023 届高校毕业生就业"百日冲刺"行动的通知》（教学厅函〔2023〕10 号），2023 年 5 月 12 日。

④ 《多措并举鼓励毕业生基层就业》，《人民日报》2023 年 8 月 2 日。

⑤ 教育部办公厅:《关于高等学校做好 2023 年开发科研助理岗位吸纳毕业生就业工作的通知》（教科信厅函〔2023〕11 号），2023 年 5 月 5 日。

⑥ 教育部办公厅、商务部办公厅:《关于举办电子商务行业面向 2023 届高校毕业生网上招聘活动的通知》（教学厅函〔2023〕11 号），2023 年 5 月 8 日。

⑦ 民政部等四部门:《关于做好 2023 年普通高校毕业生到城乡社区就业工作的通知》（民发〔2023〕30 号），2023 年 5 月 25 日。

⑧ 教育部:《关于举办首届全国大学生职业规划大赛的通知》（教学函〔2023〕1 号），2023 年 9 月 7 日。

过举办大赛，更好实现以赛促学、以赛促教、以赛促就。[1]

三是建立高校毕业生毕业去向登记制度。2023 年 6 月，教育部办公厅发布《关于建立高校毕业生毕业去向登记制度的通知》，2023 年各省级就业工作部门可选择使用全国登记系统，或使用省级高校毕业生毕业去向登记系统开展毕业生去向登记工作，高校指导毕业生做好离校前去向信息自主登记，在离校时统一使用全国登记系统对毕业去向信息进行确认，全国登记系统依据毕业生去向信息生成毕业生去向登记信息表、转递编号和核验编号，根据有关部门需要和毕业生本人授权，提供相应查询核验服务。[2]

四是关心帮助就业重点群体实现顺利就业。持续关注脱贫家庭、低保家庭、零就业家庭及残疾人等重点群体高校毕业生，多措并举帮助重点群体毕业生顺利就业。教育部组织实施"中央专项彩票公益金宏志助航计划"，通过深入开展线下集中培训、线上网络培训和专项帮扶，帮助更多有需要的重点群体毕业生提升就业能力。

五是着力做好离校"不断线"服务。教育系统将为离校未就业毕业生提供"不断线"的就业服务，做到三个"不断线"，即岗位推送不断线、就业服务不断线、重点帮扶不断线。与人社部门做好接续，确保未就业毕业生及时享受公共就业服务。[3]

2023 年是落实党的二十大精神的开局之年，是实施"十四五"规划承上启下的关键一年。中国已建成世界上规模最大的教育体系，教育现代化发展总体水平跨入世界中上国家行列。面向 2035 年，中国教育事业发展的主要任务将重点聚焦以下几个方面：坚定不移加强党对教育工作的全面领导；坚持以人民为中心发展教育，加快完善高质量教育体系，加快建设教育强国；加

---

① 《教育部启动首届全国大学生职业规划大赛》，中华人民共和国教育部政府门户网站，2023 年 9 月 13 日，http://www.moe.gov.cn/jyb_xwfb/gzdt_gzdt/s5987/202309/t20230913_1080028.html。

② 教育部办公厅:《关于建立高校毕业生毕业去向登记制度的通知》（教学厅〔2023〕5 号），2023 年 6 月 9 日。

③ 《国新办举行"权威部门话开局"系列主题新闻发布会 介绍"加快建设教育强国 办好人民满意的教育"有关情况》，中华人民共和国教育部政府门户网站，2023 年 7 月 6 日，http://www.scio.gov.cn/xwfb/gwyxwbgsxwfbh/wqfbh_2284/49421/50117/。

快推进国家基本公共服务均等化，构建优质均衡的基本公共教育服务体系；加快构建融通融合融汇的现代职业教育体系；加快探索构建中国式高等教育发展模式，更好服务国家区域经济社会发展；深入推进学习型社会建设，加快构建服务全民终身学习的教育体系；深入推进人工智能、大数据、云计算、5G 技术等与教育教学的融合，深入推进教育数字化战略；全面深入推进教育合作，开创教育对外开放新格局，建设高水平教育对外开放高地，全面提升教育国际合作交流水平。以改革创新为动力，实现从教育大国到教育强国的系统性跃升和质变。

B.6
2023年中国社会安全形势分析报告

刘 蔚[*]

摘 要： 2023年是全面贯彻落实党的二十大精神的开局之年，是"十四五"规划承上启下的关键之年，也是中国对新型冠状病毒感染正式实施"乙类乙管"的首年。在中国式现代化道路上，社会大局持续稳定，政治安全始终处于首要位置，反恐形势持续向好，社会治安环境持续净化，涉网犯罪势头得到遏制，公安机关以高水平安全维护高质量发展。与此同时，社会安全方面不确定难预料影响因素增多，政治安全面临诸多风险的挑战，社会矛盾纠纷风险隐患叠加放大，涉网犯罪形势依然严峻复杂，经济金融领域风险不可忽视。面对风险挑战，要坚持以政治安全为根本，多维并举维护和塑造政治安全，创新发展新时代"枫桥经验"，强化网络空间全方位综合协同治理，优化防范和化解经济金融领域重大风险的治理模式，推动发展和安全的深度融合，确保中国式现代化建设进程平稳推进。

关键词： 社会安全 风险挑战 发展和安全 中国式现代化

"安而不忘危，存而不忘亡，治而不忘乱。"国家安全是人民福祉的根本保障，也是国家发展的重要基石。在实现中华民族伟大复兴的中国梦的过程中，保证人民安居乐业、维护国家安全是头等大事。人民智库于2023年9月发布的《我国公众安全观与安全感调查报告（2023）》显示：约九成

---

* 刘蔚，中国人民公安大学国家安全学院副教授、硕士研究生导师，首都社会安全研究基地研究员。

受访者认为，当前中国社会总体安全状况已经"超出预期"或"基本达到预期"；近七成受访者认为，与过去几年相比，现在的"安全感更强"，公众的社会安全感知超出或达到预期，安全感持续增强。[①] 当前，中国社会发展大局持续稳定，平安中国建设迈向高水平，国泰民安拥有更加坚实的基础。与此同时，当前的世情、国情、党情正在发生复杂而深刻的变化[②]，世界再一次走到了历史的十字路口，全球性挑战不断凸显，国际形势波谲云诡，国际环境日趋复杂，地区冲突和局部战争持续不断，国内改革发展稳定任务艰巨繁重，各种不确定难预料的风险挑战和需要防范化解的矛盾问题比以往更加严峻，社会安全问题的复杂程度和艰巨程度明显增加。在中国式现代化道路上，我们要坚持并不断发展总体国家安全观，利用大有可为的战略机遇，树立战略自信、坚定必胜信心，坚持底线思维和极限思维，充分利用自身优势，把握有利条件，推动发展和安全的深度融合，以新安全格局保障新发展格局。

一 2023年社会安全总体状况

（一）政治安全始终处于首要位置，反恐形势持续向好

政治安全是新时代国家安全的生命线，维护国家政治安全，特别是政权安全和制度安全，始终处于首要位置。在新形势下，安全问题的联动性、叠加性、多样性、跨国性愈发突出。中国的发展环境和安全格局发生深刻变化，引发风高浪急、惊涛骇浪般的可以预见和难以预见的风险因素明显增多，一些重大突发事件的敏感因素和苗头性问题容易促使风险升级，将非政治风险演变为政治风险。境内外敌对势力的渗透分裂颠覆破坏活动、暴力恐怖活动、民族分裂活动、宗教极端活动、邪教和非法传教活动、网络政治谣言和有害信息，以及妄图挑起"颜色革命"等诸多风险挑战，对中国政治安全构成现

---

① 刘明：《我国公众安全观与安全感调查报告（2023）》，《国家治理》2023年第16期。

② 肖贵清：《自觉运用党的创新理论指导中国式现代化新实践》，《光明日报》2023年11月1日，第06版。

实威胁。

2023 年是新型冠状病毒感染回归乙类管理的首年。面对政治安全新形势、新特点和新趋势，公安机关牢记"国之大者"，不断健全完善捍卫政治安全体系。坚定维护国家政权安全、制度安全、意识形态安全，坚持打早、打小、打苗头，防范抵御"颜色革命"，有力粉碎了各种危害政治安全的图谋，维护国家政治安全的防线更加坚固。坚决打击民族分裂活动、宗教极端活动，严打"法轮功""全能神"等邪教和非法传教活动，有效遏制邪教活动蔓延，确保了民族宗教领域的安全稳定。[①]持续深化网上斗争，坚决打击整治网络政治谣言和有害信息，按照"以打开路、以打促治"工作思路，坚持依法打击和综合整治相结合；多措并举严打网络谣言违法犯罪行为，依法关停了一批违法违规账号，清理了大量网络谣言信息[②]，确保网络空间清朗。

新疆和西藏在国家安全大局中地位重要。2023 年公安机关以新时代党的治疆治藏方略为指南，统筹国内国际两个大局，敢于斗争、善于斗争、敢于亮剑。将开展反恐反分裂斗争与推动维稳工作法治化常态化结合起来，始终保持对暴力恐怖活动的严打高压态势，依法精准打击恐怖主义和极端主义违法犯罪；加强反恐国际合作，坚决抵御"三股势力"渗透蔓延，坚决封堵境外网络渗透，切断网络传播暴恐和宗教极端思想的渠道；最大限度教育挽救受极端思想蛊惑的人员，打好反恐防恐"组合拳"，推进稳边固边，坚决守住"暴恐案事件零发生"的底线，连续 7 年保持了暴恐案事件"零发生"。同时，深入开展反分裂斗争，依法管理宗教事务，不断铸牢中华民族共同体意识，打防并举、以打促防、以打固稳、标本兼治，深化反恐反分裂斗争教育。反恐反分裂斗争具有复杂性、长期性、艰巨性和尖锐性，反恐反分裂斗争一刻也不能放松，坚持底线思维和极限思维，要随时应对可能出现的不确定性风险和复杂局面，确保改革发展稳定大局。

---

① 《凝聚维护国家安全的磅礴力量》，中国警察网，2023 年 4 月 14 日，http://news.cpd.com.cn/n3553/423/t_1080209.html。

② 《全力打击整治网络谣言 营造清朗有序网络环境》，《人民公安报》2023 年 9 月 25 日，第03 版。

（二）坚持和发展新时代"枫桥经验"，社会治安环境持续净化

目前，中国已成为命案发案率和刑事犯罪率最低、枪爆案件最少，世界上公认最安全的国家之一。[①] 人民智库开展的网络问卷调查显示，公众对安全状况持积极乐观态度，对建设更高水平的平安中国信心充沛。[②] 党的十八大以来，党中央坚持和发展新时代"枫桥经验"，从乡村到城镇社区，从海上到网上，从社会治安领域扩展到经济、政治、文化、社会、生态等多个领域[③]，全力维护人民群众安全，以"基层之治"夯实"中国之治"[④]，不断提升人民群众的获得感、幸福感和安全感。

2023年是毛泽东同志批示学习推广"枫桥经验"60周年暨习近平同志指示坚持和发展"枫桥经验"20周年。经过60年的实践发展，"枫桥经验"不仅成为党领导人民创造的一套行之有效的社会治理方案，也已成为中国基层社会治理的典范。目前，全国部省两级公安机关命名"枫桥式公安派出所"共1313个，持续开展"百万警进千万家"活动，访民情、解民忧、化矛盾、防风险，年均走访各类家庭5200余万户，接受群众求助1200余万起，年均化解矛盾纠纷约600万起，因矛盾纠纷引发的"民转命"案件连续4年下降，全国110接报刑事和治安警情、全国刑事案件立案数持续下降。[⑤] 截至2022年底，全国共建设了人民调解委员会69.3万个，人民调解员达到了317.6万人，调解案件总数达到了892.3万件。按照案件数量排序，调解的民间纠纷类型主要有邻里纠纷、婚姻家庭纠纷、损害赔偿纠纷、道路交通事故纠纷、房屋和宅基地纠纷以及医疗纠纷等六大类（见图1）。

---

① 《党的十九大以来公安工作取得的九大成就——为续写"两大奇迹"新篇章作出重要贡献》，中国警察网，2023年1月10日，http://special.cpd.com.cn/2023/2023gatjz/hyjsjd_32913/123/t_1067060.html。
② 刘明：《我国公众安全观与安全感调查报告（2023）》，《国家治理》2023年第16期。
③ 《"枫桥经验"历久弥新》，《人民日报》2023年9月25日，第07版。
④ 《以"基层之治"夯实"中国之治"》，《人民日报》2023年11月5日，第01版。
⑤ 《六十载栉风沐雨 穿越时空历久弥新——"枫桥经验"在新时代伟大实践中丰富发展》，法治网，2023年11月6日，http://epaper.legaldaily.com.cn/fzrb/content/20231106/Articel01005GN.htm?spm=zm1012-001.0.0.4.xJZ4lN。

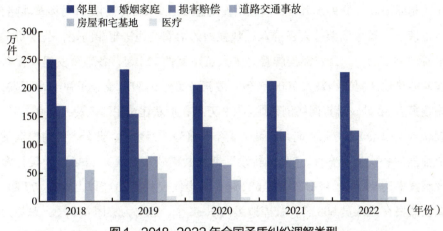

图 1　2018~2022 年全国矛盾纠纷调解类型

注：根据国家统计局年度统计数据，2018 年度没有将"道路交通事故"纠纷纳入矛盾纠纷调解类型范畴。

资料来源：国家统计局年度数据，http://data.stats.gov.cn。

在坚持党委领导、政府主导、政法协调、部门联动、社会协同、公众参与、法治保障的基层治理工作体系的同时，各地充分利用大数据和云计算等前沿技术，通过"云调解""云平台""智能网格系统""帮办 App"，以及 12345 政务服务热线等现代科技手段，不断为"枫桥经验"赋予科技动能，健全社会治安防控网络。在坚持和发展新时代"枫桥经验"中，各地群团互动、优势互补、资源共享，人人有责、人人尽责、人人享有的基层"群众自治圈"和"社会共治圈"逐步形成，使"枫桥经验"历久弥新、历久弥坚。[①]

2023 年，中国对新型冠状病毒感染实施"乙类乙管"，各类文化、经贸、旅游和休闲活动数量迅猛增长，人流聚集，物流和车流活跃，社会治安面临多重新风险挑战，公安机关持续保持了对各类违法犯罪的严打高压态势。公安部党委在 2022 年"百日行动"成功经验的基础上，2023 年再次开展了夏季治安打击整治行动，简称为"夏季行动"，以维护社会安定。6 月 25 日至 9 月 30 日，公安机关破获刑事案件 56.6 万起，查处治安案件 204.2 万起，抓获

① 《六十载栉风沐雨 穿越时空历久弥新——"枫桥经验"在新时代伟大实践中丰富发展》，法治网，2023 年 11 月 6 日，http://epaper.legaldaily.com.cn/fzrb/content/20231106/Articel01005 GN.htm?spm=zm1012-001.0.0.4.xJZ4lN。

违法犯罪嫌疑人员97.5万名，消除治安隐患86.5万处。特别是针对涉黄涉赌、涉枪涉爆、黄牛倒票等人民群众反映强烈的治安类违法犯罪问题，公安机关坚持"零容忍"。公安部挂牌督办重大黄赌案件173起，各地公安机关抓获涉黄涉赌违法犯罪嫌疑人7000余名；缴获各类枪支3975支、子弹11.1万发，捣毁窝点52处；排查网络倒票线索1.9万条，抓获违法犯罪嫌疑人900余名，查获各类门票1.2万张，研判拦截"黄牛"账号5万余个。此外，针对群众反映强烈的各类刑事案件，"夏季行动"期间共破获命案现案1446起，现行命案破案率达99.8%；破命案积案682起，其中侦破发案20年以上积案477起，抓获命案在逃人员608名；打掉涉黑组织38个、恶势力集团430个、恶势力团伙286个，抓获犯罪嫌疑人8146名，集中抓获"漏网之鱼"目标在逃人员348名；打掉街面寻衅滋事等恶势力团伙238个，抓获犯罪嫌疑人1808名；抓获涉嫌拐卖妇女儿童的犯罪嫌疑人212名，找回失踪被拐妇女儿童683名；抓获涉嫌性侵的犯罪嫌疑人1.6万名；抓获涉嫌医保诈骗的犯罪嫌疑人1657名，打掉犯罪团伙83个。[①] 此外，公安机关专门对夏季非法捕捞、非法采砂、"飙车炸街"等社会面的安全问题展开重点打击整治。这些行动举措注重从源头治理，有效遏制了社会治安问题的滋生蔓延以及治安问题向其他领域的风险传播，社会治安形势持续好转（见图2）。

（三）健全完善涉网新型犯罪防范体系，遏制涉网犯罪势头

伴随现代信息技术的快速发展，传统犯罪加速向非接触式犯罪转变，电信网络诈骗、网络赌博、侵犯公民个人信息等涉网犯罪逐渐凸显，新型网络犯罪已成为主流犯罪。尤其是在疫情影响下，人们生产生活加速向网上转移，进一步加剧了涉网犯罪和新型网络犯罪的高发态势。

当前，公安机关对电信网络诈骗犯罪保持着严打高压态势。坚持"四专两合力"，即专题研究、专门队伍、专案攻坚、专业技术和抓好内部合力、促成外部合力，从人员链、信息链、技术链、资金链等全链条打击电信网络诈

---

① 《以夏季大整治守护社会大平安》，中国警察网，2023年10月11日，http://special.cpd.com.cn/2023/xjza/yw_34841/1023/t_1106614.html。

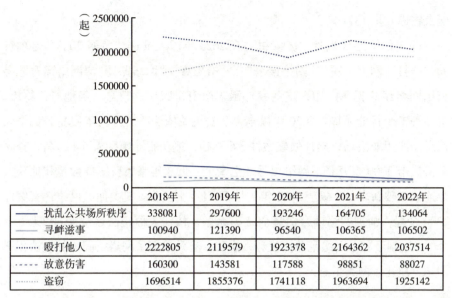

（起）	2018年	2019年	2020年	2021年	2022年
—— 扰乱公共场所秩序	338081	297600	193246	164705	134064
—— 寻衅滋事	100940	121390	96540	106365	106502
……… 殴打他人	2222805	2119579	1923378	2164362	2037514
----- 故意伤害	160300	143581	117588	98851	88027
……… 盗窃	1696514	1855376	1741118	1963694	1925142

图 2　2018~2022 年公安机关查处的部分治安案件数

骗及关联犯罪，开展"斩链""清源""利剑"三大战役，会同有关部门针对电诈集团重大头目和骨干开展"拔钉"行动，组织区域会战，瞄准涉诈黑灰产链条，推进行业监管源头治理，构建严密的防范治理体系。截至 2023 年 9 月底，公安机关缉捕电信网络诈骗集团重大头目和骨干 387 名，累计向各地推送预警指令 3.1 亿条，各地自主产出预警信息 1.3 亿条，公安机关会同工业和信息化部建成 12381 涉诈预警劝阻短信系统，累计发送预警提示短信、闪信 6.4 亿条，会同中央网信办建设推广国家反诈中心 App，累计预警提示 1578.5 万次。2023 年 8~10 月，全国电信网络诈骗案件的发案数、造成财产损失数同比分别下降 24% 和 20.5%。[①] 特别是近年来，公安机关不断加强边境警务合作，截至 2023 年 11 月 21 日，缅北相关地方执法部门移交了中国籍电信网络诈骗犯罪嫌疑人 3.1 万名，其中幕后"金主"、组织头目和骨干 63 名，

---

① 《全国电诈案发案数同比下降超两成》，中国警察网，2023 年 10 月 24 日，http://news.cpd.com.cn/yw_30937/1023/t_1108228.html。

网上在逃人员 1531 名。[①]

除电信网络诈骗外,公安机关在 2023 年深入推进"净网 2023"专项行动,严打"网络水军""网络侵公""网络黑客""网络赌博""网络谣言"等突出网络违法犯罪问题,这些案件涵盖政府、医疗、教育、房地产、物流、电商等多个行业领域。2020 年以来,公安机关依法严厉打击了侵犯公民个人信息违法犯罪活动,累计侦破案件 3.6 万起,抓获犯罪嫌疑人 6.4 万名,查获手机黑卡 3000 余万张、网络黑号 3 亿余个,近 3 年来破获案件数量和抓获人数连续突破新高。[②]截至 2023 年 7 月 28 日,全国公安机关侦办网络谣言案件 2300 余起,清理网络谣言信息 70.5 万余条,依法关停违法违规账号 2.1 万余个[③],遏制了部分网络乱象高发频发态势,有效治理了网络空间中的违法犯罪问题,净化了网络生态。

(四)打击经济金融领域犯罪,以高水平安全维护高质量发展

2023 年,全国公安机关全力防风险、保安全、护稳定、促发展,依法严厉打击欺行霸市、网络传销、走私、非法经营、侵犯知识产权和制售伪劣商品等犯罪活动,着力重大风险防范化解工作,以高水平安全护航经济社会高质量发展。

1~9 月,公安机关严厉打击各类经济犯罪活动,侦办经济犯罪案件 11.4 万起,挽回经济损失 183.7 亿元;侦办走私犯罪案件 4600 余起,涉案总价值 1129.9 亿元;侦办破坏环境资源保护犯罪案件 5.3 万起,其中非法占用农用地案件 4800 余起[④];起诉洗钱罪 1718 人,同比上升 14.8%,涉及的上游犯罪主

① 《公安机关打击缅北涉我电信网络诈骗犯罪取得显著战果 累计 3.1 万名电信网络诈骗犯罪嫌疑人移交我方》,中华人民共和国公安部网站,2023 年 11 月 21 日,https://www.mps.gov.cn/n2253534/n2253535/c9301226/content.html。
② 《警方严打侵犯公民个人信息违法犯罪 近 3 年破案数和抓获人数连创新高》,中国警察网,2023 年 8 月 10 日,http://news.cpd.com.cn/yw_30937/823/t_1097841.html。
③ 《公安利剑出击 让网谣无处遁形 网络谣言打击整治专项行动取得明显成效》,中国警察网,2023 年 7 月 28 日,http://news.cpd.com.cn/n19016/n47141/723/t_1096223.html。
④ 《国务院新闻办就以高水平安全保障高质量发展有关情况举行发布会》,中华人民共和国中央人民政府网站,2023 年 10 月 24 日,https://www.gov.cn/govweb/lianbo/fabu/202310/content_6911316.htm。

要集中于毒品、贪污贿赂、破坏金融管理秩序、金融诈骗和走私犯罪；破获假币犯罪案件 60 余起，捣毁假币印制窝点 40 余个；捣毁大型假发票印刷窝点 3 处，缴获假发票票面总金额逾亿元、假空白发票 32 万余份；针对部分地区利用 ETC 电子发票实施虚开犯罪开展专项打击，针对涉农、数电发票等突出领域涉税犯罪开展集中打击，立案 70 余起，涉案金额 200 余亿元；严打各类商贸犯罪活动，打掉犯罪团伙 80 余个、涉案金额 400 余亿元；针对全面实行注册制后证券犯罪产生的一系列新形势新特点，侦办证券犯罪案件 100 余起，侦办非法经营证券、期货案件 160 余起。[①]

除此之外，公安机关也关注药品食品安全，保障人民群众切身利益。2023 年 1~9 月，共破获药品犯罪案件 4600 余起，涉及广东"3·15"制售假安宫牛黄丸案、重庆江北盛某伟等人制售假肉毒毒素案、上海"8·29"非法制售抗癌仿制药案等一批大要案件；侦破网红食品非法添加、滥用"瘦肉精"、制售假牛羊肉等刑事案件 5300 余起，抓获犯罪嫌疑人 6300 余名。[②]尽管食品药品安全形势稳中向好，但治理任务依旧繁重艰巨。

二 2024 年度社会安全的风险趋势

（一）政治安全面临诸多风险挑战

2023 年是全面贯彻落实党的二十大精神的开局之年，是"十四五"规划承上启下的关键之年，也是中国对新型冠状病毒感染正式实施"乙类乙管"的首年。2023 年 5 月，二十届中央国家安全委员会第一次会议深刻指出，"当前我们所面临的国家安全问题的复杂程度、艰巨程度明显加大……要坚持底线思维和极限思维，准备经受风高浪急甚至惊涛骇浪的重大考验"。[③]在国际

---

① 《全国公安经侦部门"夏季行动"战果丰硕 发起集群战役 600 余起 涉案金额超千亿元》，中国警察网，2023 年 10 月 7 日，http://news.cpd.com.cn/yw_30937/1023/t_1105995.html。
② 《国务院新闻办就以高水平安全保障高质量发展有关情况举行发布会》，中华人民共和国中央人民政府网站，2023 年 10 月 24 日，https://www.gov.cn/govweb/lianbo/fabu/202310/content_6911316.htm。
③ 《习近平主持召开二十届中央国家安全委员会第一次会议》，中华人民共和国中央人民政府网站，2023 年 5 月 30 日，https://www.gov.cn/yaowen/liebiao/202305/content_6883803.htm。

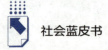

形势不稳定性不确定性明显增加、国内矛盾和问题比以往更加错综复杂的背景下，政治安全面临着暴力恐怖、民族分裂、宗教渗透、邪教破坏、网络涉政安全等诸多风险挑战。在暴力恐怖风险挑战方面，既要防范国际形势变化带来的恐怖分子回流风险，也要防范境内风险催生的区域风险传导，更要注意相关领域的渗透风险，肃清宗教极端思想毒瘤；在民族分裂风险挑战方面，要注意深化涉藏反分裂斗争，强化应急处突预案体系、力量建设和实战演练，抓好反分裂维稳措施；在宗教渗透、邪教破坏风险挑战方面，要注意非法宗教渗透以及邪教组织向农村、学校、文化等领域的渗透蔓延；在网络涉政安全风险挑战方面，要注意现代信息科技发展所引发的网络涉政风险的隐秘性、蛊惑性、攻击性、流动性、去中心化以及网上网下同频共振。要全面贯彻落实总体国家安全观，强化底线思维和极限思维，始终把防范政治安全风险挑战置于首位。

（二）社会矛盾纠纷风险隐患叠加放大

随着经济社会快速发展，中国面临深层次矛盾问题。一些新型领域、新兴行业的出现催生了诸多新形态的社会矛盾纠纷。在自媒体和移动互联网的时代，社会矛盾纠纷风险极易在流动中扩散、在扩散中放大、在叠加中聚焦。2024年，需关注现实生活压力、群体焦虑情绪、社会信任危机等个体与社会问题所导致的婚姻家庭、邻里关系、住房建设、城市管理、道路交通、环境保护、劳动争议、文教卫生、市场监管、农业农村以及企业经营等领域的矛盾纠纷风险叠加放大。一方面，要注意不同领域社会矛盾纠纷的相互催化，警惕社会安全问题被"再解读""再重构""再叙事""再认识"而引发社会矛盾纠纷蔓延滋生或升级裂变，导致不确定难预料的重大社会安全风险；另一方面，要注重新旧领域社会矛盾纠纷风险隐患"溢出效应"，防范个体矛盾纠纷上行、聚合、激化而引发局部或区域的规模性群体事件，防范矛盾纠纷在信息、人员、资本、技术、服务等要素高速流动下导致党风廉政建设、意识形态、经济金融、生态环境、公共卫生以及科技应用等领域风险跨域传导、衍生放大，形成社会安全复合风险。要见微知著、敏锐洞察、整体把握国内国际形势变化引起的社会矛盾纠纷风险走势特点，抓早抓小、掌握先机，整合力量及时化解矛盾纠纷。

（三）涉网犯罪形势依然严峻复杂

现代信息科技的快速发展进一步加快了传统犯罪向网络的迁移，导致新型网络犯罪不断凸显，线上线下合流明显。在未来一个时期涉网犯罪形势仍然严峻复杂，并且呈现新动向、新特点、新手法，对社会造成恶劣影响。一是涉网犯罪门槛降低，黑灰产业链伴生新业态升级转型，低学历、弱技术的人员也能通过黑灰产业链实现技术供给和推广宣传；二是电信网络诈骗犯罪手法加速迭代，犯罪集团紧跟时事社会热点问题，根据精准个人信息量身定制，实现了从广撒网到精准诈骗的转变，且不断更新升级犯罪工具，利用区块链、虚拟货币、AI 智能、GOIP[①]、远程操控、共享屏幕等新技术新业态实施诈骗并实现虚拟货币洗钱；三是关键信息基础设施安全、网络系统安全以及数据安全将伴随 ChatGPT 人工智能大模型应用产生一定的跨境风险问题。此外，网络水军、网络谣言、网络暴力、网络黑客等涉网违法犯罪活动仍需关注重视。

（四）经济金融领域风险不容忽视

当前，世界经济复苏乏力、经济衰退风险上升，境外金融风险外溢效应明显，国内经济金融领域矛盾问题交织影响，地方隐性债务、房地产融资、中小金融机构等部分经济体和相关领域的风险依然不容忽视。当前，经济金融风险呈现牵涉面广、跨地域性强、内外联动明显、风险传染广泛等特征，可能对社会安全造成较大范围的震动冲击。在经济提振复苏的 2024 年，一方面，需要注意贪污、受贿、挪用公款、国有企业人员滥用职权、违法发放贷

---

① GOIP，全称为 Gsm Over Internet Protocol，是一种虚拟拨号设备，能将传统电话信号转化为网络信号，诈骗分子可以通过远程操控拨打诈骗电话。该设备还支持远程换卡，手机卡可以不用插在 GOIP 设备上，一批用于诈骗的手机卡被封停后，犯罪分子在境外的卡池换另一批卡就可继续拨打诈骗电话。

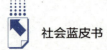

款、违规出具金融票证、利用未公开信息交易等经济金融系统的腐败问题所引发的经济金融风险、社会市场震动以及国内外舆论风暴；另一方面，要注意伴随经济复苏，对普通民众和市场多元主体实施的贷款诈骗、信用卡诈骗、非法经营高利放贷，通过虚假助贷服务实施套路诈骗等各类信贷领域违法犯罪、非法集资与传销犯罪、涉税违法犯罪以及合同诈骗、职务侵占、商业贿赂中侵犯企业合法权益等突出犯罪问题。此外，经济金融领域的市场信心风险、裁员降薪风险也需要重视。

三　坚持底线思维和极限思维，推进国家安全体系和能力现代化

2023年是不平凡的一年，国际形势复杂动荡、瞬息万变，国内改革发展稳定任务艰巨繁重，各类风险挑战内外联动、累积叠加，社会安全问题关系社会稳定和国家安全。[①] 在全面贯彻党的二十大精神的开局之年，中国经济社会发展既面临新的机遇，也面临比以往更加错综复杂的社会安全风险。要统筹国际和国内两个大局、发展和安全两件大事，准确识变，科学应变，善于从复杂困局中捕捉和创造机遇，坚持底线思维和极限思维，完善应对社会安全风险综合体，加快推进国家安全体系和能力现代化。

（一）坚持以政治安全为根本，多维并举维护和塑造政治安全

没有政治安全，其他一切领域的安全就无从谈起。维护和塑造政治安全，就是要维护政权和制度安全，巩固意识形态安全，确保绝对安全。一是坚持总体国家安全观，把握政治安全领域的重大问题，严密防范、严厉打击敌对势力借助各类问题进行的渗透颠覆破坏活动，牢牢掌握意识形态主动权，坚决守住意识形态阵地，注意动向变化，扎实做好暴恐风险防范、涉藏反分裂斗争的应急处突预案体系，把风险隐患消灭在萌芽状态和未发阶段；二是在

---

① 谢波：《着眼战略全局把握和维护社会安全》，求是网，2023年8月16日，http://www.qstheory.cn/2023-08/16/c_1129806022.htm。

发扬斗争精神的同时，树立战略自信、保持战略定力、坚定必胜信心，从思想理念到具体实践，始终将维护和塑造政治安全摆在首要位置；三是注重维护和塑造政治安全各方力量的有机衔接和高效协同，在扩大开放中更好地维护政治安全，推进手段方式变革以及完善力量布局；四是完善应对政治安全风险综合体，构建起政治安全风险监测预警评估体系，实现动态感知与及时预警；五是注重法治力量、基层力量和科技力量赋能维护和塑造政治安全，完善政治安全的法治保障体系，加强政治安全的基层基础建设，为维护和塑造政治安全提供大数据、人工智能等现代科技支撑。

（二）系统把握社会矛盾纠纷风险，创新发展新时代"枫桥经验"

当前国际国内环境的复杂变化使得中国社会矛盾纠纷风险挑战出现了新变化。为避免小问题升级演化为社会安全重大风险，要统筹发展和安全、开放和安全、传统安全和非传统安全、自身安全和共同安全、维护国家安全和塑造国家安全，系统把握并整体推进社会矛盾纠纷风险治理的现代化，创新发展新时代"枫桥经验"。一是领导干部要具备战略眼光，做好战略谋划，下好先手棋、打好主动仗，妥善协调本地区、本领域、本行业的各方利益关系和利益关切，增强社会矛盾纠纷风险的研判能力、预防能力、决策能力和指挥能力，牢牢掌握防范化解社会矛盾纠纷风险挑战的主动权，从思想上杜绝"脚踏西瓜皮，滑到哪里算哪里"；二是要向解决社会矛盾纠纷的一线基层赋权赋能，创新发展新时代"枫桥经验"，解决一线基层矛盾多、资源少、能力弱等方面的短板问题，真正形成社会矛盾纠纷解决多元主体的整体合力，改变单纯依靠公安或司法机关定分止争"一家独大"的现状，深化多元矛盾纠纷解决，实现矛盾纠纷解决的精准性、高效性与实质性；三是要确保社会矛盾纠纷全链条防控，从最初的社会矛盾纠纷排查评估，到矛盾纠纷调解、风险监测、危机应对、事后评估，要构建起一整套风险防控责任链，明确各个环节的标准体系、预案体系、评估体系和评价体系建设，辅之以科技支撑，实现防控各环节智能监测分析、视频图像文字文本全程留痕，构建有韧性的基层治理体系，实现"矛盾不上交、平安不出事、服务不缺位"。

（三）强化全方位综合协同治理，共建网络空间生态秩序

在数智化时代，网络空间安全深刻影响经济社会正常运转和人民群众生产生活，能否形成网络空间良好生态决定了网络违法犯罪上升势头能否得到有效遏制。公安机关对此负有重要使命责任，要始终对网络违法犯罪活动保持高压严打态势。一是要时刻盯紧全球网络安全发展态势，强化网络安全风险态势感知，加强网络安全监测技术建设，做好事前预防，及时将网络安全事件的风险隐患消灭在萌芽状态；二是要充分调动互联网平台企业、企事业单位、行业协会、网民志愿者等多元主体力量，强化网络平台源头治理，构建互联网行业信用评价体系，加强对实施涉网犯罪背后产业链的源头治理，确保重要信息系统安全、数据安全和公民个人信息安全；三是要运用法治、管理、技术等综合手段构建网络空间生态秩序，在立法、执法、司法和守法方面运用法治思维和法治方式推进互联网法治化进程和法律法规体系化建设，在遵循互联网空间发展规律趋势的基础上做好行业梯次监督管理，不断提升公安机关网络安全风险隐患监测技术能力，健全完善国家层面纵横联通、协同配合的网络安全综合防控体系。

（四）防范化解经济金融领域重大风险，优化安全治理模式

经济金融犯罪牵涉人民群众的利益与关切，关系人民群众的获得感、幸福感和安全感，因此要牢牢守住不发生系统性经济金融风险的底线。一是公安机关要与经济金融监管、司法、检察等部门密切配合，消除监管盲区，瞄准容易发生经济金融风险的重点行业、领域和机构，促进风险早识别、早预警、早暴露、早处置，完善沟通和协作机制，形成合力，稳妥化解风险；二是把握经济金融犯罪趋势，总结犯罪规律，构建经济金融安全风险识别评估模型，对非法集资犯罪、证券期货犯罪、洗钱犯罪等经济金融犯罪掌握动向、提炼要素、搭建模型、强化预警，在确保经济金融活力的前提下，对关键主体、关键环节、重要节点设置"安全带"或"隔离门"，实现经济金融风险防范的事前预防治理；三是对现有经济金融领域的法律法规和政策体系进行全

面梳理，进一步完善法律法规、司法解释、司法政策以及行业规章，注意相关法律的域外适用，弥补现有规则漏洞，不留风险敞口，确保刑事法律政策正确贯彻落实，提升经济金融审判专业化水平；四是加强国际经济金融合作，打击经济金融领域跨国犯罪，积极参与全球经济金融治理，扩大中国在经济金融体系中的话语权。在推进中国式现代化进程中，守好百姓的"钱袋子"，确保中国经济金融发展行稳致远。

B.7
2023 年中国公共卫生事业发展报告

袁蓓蓓 *

摘　要： 中国公共卫生体系、医疗服务体系以及将两个功能结合的基层卫生服务体系均处于较好的发展状态，机构数量稳定、人员数量增长且资质结构逐步优化，财政对专业公共卫生机构和基层医疗机构的投入绝对数量保持增长；在稳定的设施、人员和投入的支持下，医院和基层医疗机构的门诊住院服务数量整体呈现增长趋势，虽受新冠疫情影响曾出现短暂降低，但 2021 年医院诊疗量已恢复到疫情前水平；基本公共卫生服务的数量提升，慢性病管理服务进入精细化和质量提升的新阶段。为进一步提升中国医疗卫生服务体系整体绩效，有效应对未来突发公共卫生事件处置效率和慢性病负担逐步加重的挑战，中国医疗卫生体系开始着力推进医防协同机制体制建设、推进卫生服务的医防融合。2023 年，为实现医疗卫生体系的可持续发展，在医保、医药等各系统已建立的医疗反腐败治理体系基础上，开展了一轮医药领域腐败问题集中整治工作，对反腐败的常态化、制度化、长效化有重要推进作用。

关键词： 公共卫生　医疗服务　基层卫生　医防融合　医疗反腐

中国卫生服务提供组织是以政府卫生部门所属机构为主的多元化办医体系，按照行政隶属关系，分为国家级、省级、市级、县级 4 级，县级以下的

---

* 袁蓓蓓，北京大学中国卫生发展研究中心副研究员，世界卫生组织卫生体系研究证据整合专家委员会成员，主要研究方向为基层卫生服务体系、卫生人力资源激励机制、公共卫生体系改革等。

社区（乡镇）和村级医疗卫生机构是基层卫生服务机构，一般由区县卫生行政部门直接管理。在每一个行政级别中，服务提供体系都包括两大模块：公共卫生服务提供体系和医疗服务提供体系；在乡村和社区层级则由基层卫生服务机构承担公共卫生服务和基本医疗服务双重功能。本年度报告将主要分析服务提供体系（包括公共卫生服务机构、以公立医院为主体的医疗服务机构和基层卫生服务机构）近 15 年的发展趋势、公共卫生体系与医疗体系之间整合不足的问题以及医防融合改革的进展、医疗卫生服务体系近年反腐败的政策和举措。

一　卫生服务体系中各类机构数量发展趋势

图 1 展示了 2002 年以来中国主要专业公共卫生机构数量变化情况，其中疾病预防控制中心和妇幼保健机构数量较为稳定，疾病预防控制中心 2002 年为 3580 个，2021 年为 3376 个，近三年呈轻微下降趋势；妇幼保健机构总数长期在 3000 个附近波动，2021 年妇幼保健机构总数为 3032 个。卫生监督所（中心）自 2002 年开始筹备组建，机构总数迅速增加，2002 年卫生监督所（中心）数量为 571 个，2012 年增长至 3088 个，年均增长率为 20.63%，后逐渐趋于稳定，2019 年机构总数轻微下降，后恢复增长趋势。

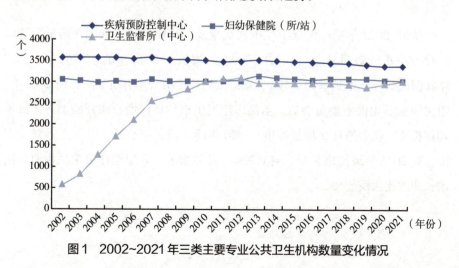

图 1　2002~2021 年三类主要专业公共卫生机构数量变化情况

医院数量自 2009 年新医改政策发布执行以来稳步增加，至 2020 年医院总数超过 35000 家，2022 年医院总数为 36976 家，较上一年增加 406 家。医院数量环比增长率 2008~2013 年逐年增加，2013 年环比增长率达 6.64%，其后环比增长率虽有轻微波动，但仍保持较高水平，环比增长率峰值为 2015 年的 6.67%，2018 年开始呈现下降趋势，2022 年医院数量环比增长率仅为 1.11%（见图 2）。

图 2　2007~2022 年中国医院数量及其环比增长率

资料来源：《中国卫生健康统计年鉴》（2008~2022）、《2022 年我国卫生健康事业发展统计公报》。

2007~2022 年基层医疗卫生机构数量及其环比增长率如图 3 所示。基层医疗卫生机构数量从 2007 年的 878686 家增长到 2022 年的 979768 家；2009 年新医改前环比增长率为 2.81%，新医改后环比增长率有所下降；到 2018 年，组建国家卫生健康委员会后，基层医疗卫生机构环比增长率开始上升，每年均保持 1% 以上的环比增长速度；2020 年环比增长率有所上升，之后开始下降，到 2022 年环比增长率只有 0.20%。总体来看，基层医疗卫生机构的环比增长速度比医院要慢。

图 3　2007~2022 年中国基层医疗卫生机构数量及其环比增长率

资料来源:《中国卫生健康统计年鉴》(2008~2022)、《2022 年我国卫生健康事业发展统计公报》。

从占比看,医院占三类医疗卫生机构的比重有所增加,从 2002 年的 1.78% 到 2021 年的 3.56%,增加了 1.78 个百分点,年均增长率为 3.92%;基层医疗卫生机构占比多保持在 94%~97%,2021 年占比为 95.15%;专业公共卫生机构占比在 2009 年之前有所上升(与卫生监督所的新建有关),2009 年占比为 1.28%,2013~2015 年占比均超过 3.0%,2014 年后占比开始下降(从 2014 年的 3.58% 降至 2021 年的 1.29%),如图 4 所示。

床位数也是反映医院和基层医疗卫生机构发展规模的重要指标。从图 5 可以看到,医院床位数增长最快,从 2007 年的 267.51 万张增长至 2022 年的 766.3 万张,年均增长速度为 7.27%。2009 年新医改前的两年,平均每年增长 8.00%;新医改后的十年,平均每年增长 8.16%;2020~2022 年,增速明显降低,每年增长 3.66%。基层医疗卫生机构床位数从 2007 年的 85.03 万张增长至 2022 年的 174.4 万张,平均每年增长 4.91%。2009 年新医改前的两年,平均每年增长 13.72%;新医改后的十年,平均每年增长 3.54%;2020~2022 年,增速有所减缓,每年增长 2.83%。新医改后,医院床位数一直保持较高增长速度,直到 2020 年,医院床位数的增速才开始放缓;而基层医疗卫生机构床位数的增长速度不如新医改之前,新医改后保持缓慢平稳增长。

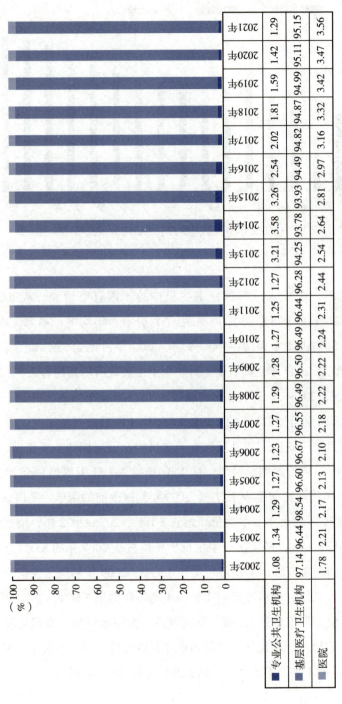

	2002年	2003年	2004年	2005年	2006年	2007年	2008年	2009年	2010年	2011年	2012年	2013年	2014年	2015年	2016年	2017年	2018年	2019年	2020年	2021年
专业公共卫生机构	1.08	1.34	1.29	1.27	1.23	1.27	1.29	1.28	1.27	1.25	1.27	3.21	3.58	3.26	2.54	2.02	1.81	1.59	1.42	1.29
基层医疗卫生机构	97.14	96.44	98.54	96.60	96.67	96.55	96.49	96.50	96.49	96.44	96.28	94.25	93.78	93.93	94.49	94.82	94.87	94.99	95.11	95.15
医院	1.78	2.21	2.17	2.13	2.10	2.18	2.22	2.22	2.24	2.31	2.44	2.54	2.64	2.81	2.97	3.16	3.32	3.42	3.47	3.56

图 4　2002~2021 年专业公共卫生机构与基层医疗卫生机构、医院占比变化情况

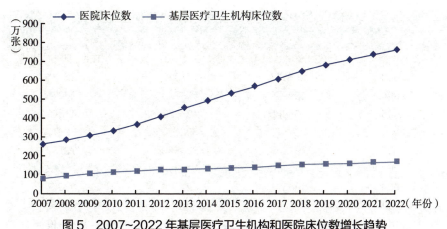

图 5   2007~2022 年基层医疗卫生机构和医院床位数增长趋势

资料来源:《中国卫生健康统计年鉴》(2008~2022)、《2022 年我国卫生健康事业发展统计公报》。

二   卫生服务体系各类机构的人员发展趋势

2010 年中国专业公共卫生机构[包括疾病预防控制中心、卫生监督所(中心)、妇幼保健院(所/站)、传染病医院等]卫生人员 624515 人,每千人口专业公共卫生人员 0.47 人;2022 年专业公共卫生机构卫生人员 958156 人,每千人口专业公共卫生人员 0.694 人,是 2010 年的 1.48 倍,与《全国医疗卫生服务体系规划纲要(2015—2020 年)》中每千常住人口公共卫生人员达到 0.83 人的要求相比仍有距离。

三类主要专业公共卫生机构的人员增长情况如表 1 所示。2003~2021 年,疾病预防控制中心卫生人员数量以每年 0.04% 的速度增长,从 2003 年的 208177 人变化至 2021 年的 209550 人。妇幼保健院(所/站)和卫生监督所(中心)卫生人员数量则分别以 6.78% 和 6.96% 的速度增长,2021 年妇幼保健院(所/站)和卫生监督所(中心)卫生人员数量分别为 542332 人和 79736 人。

表1　2003~2021年三类主要专业公共卫生机构卫生人员数量变化

单位：人

年份	疾病预防控制中心	妇幼保健院（所／站）	卫生监督所（中心）
2003	208177	177820	25420
2004	209970	178703	36675
2005	206485	187633	47549
2006	202377	192142	60070
2007	197209	206529	72732
2008	197106	219892	78893
2009	196687	232782	83677
2010	195467	245102	93612
2011	194593	261861	90110
2012	193196	285180	90330
2013	194371	308199	82485
2014	192397	326732	82395
2015	190930	351257	80710
2016	191627	388238	81522
2017	190730	426881	83002
2018	187826	454985	82103
2019	187564	486856	78829
2020	194425	514734	78783
2021	209550	542332	79736
年均增长率	0.04	6.78	6.96

　　医院和基层医疗卫生机构医务人员数量变化趋势如表2所示。2010~2021年，基层医疗卫生机构中具有执业（助理）医师和注册护士资格的人员占比平均每年提高2.13个和5.62个百分点；其中，村卫生室人员中具有执业（助理）医师资格的人员占比平均每年提高最多，为9.74个百分点。基层医务人员资质水平与医院的差距有所缩小：就卫生技术人员的占比来看，2010年基层卫生技术人员占比相对于医院低23.03个百分点，到2021年这个差距降低到9.40个百分点。疫情发生后，基层医务人员资质水平提高，包括卫生技术人员占机构总人数比例、执业（助理）医师占机构总人数比例增速均持续提高，相对而言，医院注册护士占机构总人数比例的增速在疫情之后有所放缓，这应该与疫情后医院增加未取得注册护士资格的人员参与防疫相关工作有关系。

表 2 2010~2021 年中国医院和基层医疗卫生机构卫生人员数量变化

单位：人，%

年份	医院卫生人员	基层医疗卫生机构卫生人员	医院卫生技术人员	医院执业（助理）医师	医院注册护士	基层卫生技术人员	基层执业（助理）医师	基层注册护士
2010	4227374	3282091	3438394	1260892	1468754	1913948	949054	466503
2011	4526978	3374993	3705541	1306835	1627761	1962497	959965	492554
2012	4937468	3437172	4057640	1403797	1830202	2051751	1009567	528178
2013	5370598	3514193	4424925	1503184	2041367	2137623	1050067	576630
2014	5741680	3536753	4741677	1584393	2222293	2176823	1064136	603900
2015	6132793	3603162	5071151	1692766	2407632	2257701	1101934	646607
2016	6542137	3682561	5415066	1803462	2613367	2354430	1145408	695781
2017	6976524	3826234	5784712	1932530	2822446	2505174	1213607	769206
2018	7375273	3964744	6129201	2053527	3020813	2682983	1305108	852377
2019	7782171	4160571	6487497	2174264	3237987	2920999	1436619	960374
2020	8111981	4339745	6774764	2282574	3388445	3123955	1536381	1057420
2021	8481234	4431568	7115465	2396771	3586736	3301599	1614973	1149879
年均增长率	6.53	2.77	6.83	6.01	8.46	5.08	4.95	8.55
2010~2019年均增长率	7.02	2.67	7.31	6.24	9.18	4.81	4.71	8.35
2020~2021年均增长率	4.55	2.12	5.03	5.00	5.85	5.69	5.12	8.74

基层医疗卫生机构和医院医务人员年均收入稳定增长。2012~2019年，医院医务人员年均收入提高了近1.0倍，基层医疗卫生机构医务人员年均收入则增长了约1.3倍（见表3）。2020~2021年，基层医疗卫生机构医务人员年均收入分别增长2.4%和13.1%；比较而言，医院医务人员年均收入经历了一定波动，2020年出现明显下降，2021年恢复到2019年的水平。表3数据也表明，基层医疗卫生机构与医院人员年均收入的绝对水平差距在医改后到疫情前存在扩大趋势，但在疫情后有所缩小。

表3 2012~2021年基层医疗卫生机构和医院医务人员人均支出对比 单位：万元			
年份	基层人员年均收入	医院人员年均收入	医院与基层的差值
2012	2.88	7.90	5.02
2013	3.38	8.76	5.38
2014	3.81	9.69	5.88
2015	4.43	10.94	6.51
2016	5.01	11.95	6.94
2017	5.65	13.11	7.46
2018	6.67	14.19	7.52
2019	6.64	16.02	9.38
2020	6.80	15.21	8.41
2021	7.69	16.26	8.57

三 卫生服务体系中各类机构的筹资结构及变动趋势

2003年以来，疾病预防控制中心、妇幼保健院（所／站）、卫生监督所（中心）的财政补助收入均以较高速度增长，且占机构总收入的比重也有所增加（见图6）。财政补助收入是疾病预防控制中心和卫生监督所（中心）的主要收入来源，卫生监督所（中心）财政补助收入占总收入的比重最高，财政补助收入以每年16.93%的速度增加。2003年总收入中有 61.83% 来源于财政补助收入，2016 年达到 94.82%，增长了 32.99 个百分点，后略微降低，至 2020 年财政补助收入占比为 93.28%。妇幼保健院（所 / 站）财政补助收入占总收入的比重最小，但财政补助收入的增速最大，年均增长率达到 22.30%，疾病预防控制中心的财政补助收入增速最小，为 16.11%。2009 年新医改前后，财政对专业公共卫生机构的投入增长趋势保持不变。值得注意的是，疫情发生后，财政对于专业公共卫生机构的投入均有一定程度的降低，2021 年卫生监督所（中心）的财政补助收入占比仅为 76.09%，较上一年增长率为 -18.43%；2021 年疾病预防控制中心的财政补助收入占比仅为 67.02%，较上一年增长率为 -11.29%；2021 年妇幼保健院（所 / 站）的财政补助收入占比仅为 27.86%，较上一年增长率为 -13.90%。

2009 年新医改后，中国基层医疗卫生机构和医院的收入来源主要为政府补贴和医疗服务 / 药品收入。2009 年新医改之前，财政补助收入占基层医疗卫生机构总收入的 18.94%，事业 / 业务收入占 81.06%；之后，政府补贴经历 3 年明显增长，其后进入缓慢增长阶段，到 2019 年财政补助收入和事业 / 业务收入分别占基层医疗卫生机构总收入的 30.75% 和 61.47%。疫情发生后，2020 年底财政补助收入占基层医疗卫生机构总收入的比例明显提高到 33.08%，事业 / 业务收入占 57.75%；2021 年底恢复到疫情之前的收入结构，财政补助收入和事业 / 业务收入分别占总收入的 30.05% 和 59.72%（见图 7）。

图 8 显示了财政补助收入和事业 / 业务收入在医院总收入中的占比和变化趋势。2007~2019 年，医院总收入中财政补助收入占比维持在 8% 左右的水平，事业 / 业务收入占比则稳定维持在 90% 左右的水平。到 2019 年，财政补助收入和事业 / 业务收入分别占医院总收入的 8.57% 和 89.25%。疫情发生后，财政补助收入占医院总收入的比例明显提升，2020 年和 2021 年占比分别为 13.97% 和 10.58%，事业 / 业务收入占比则在 2020 年明显下降至 85.54%，2021 年恢复至 89.12%。

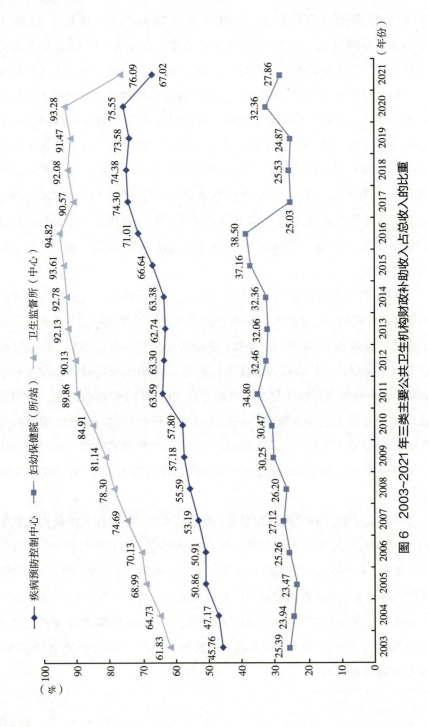

图6　2003~2021年三类主要公共卫生机构财政补助收入占总收入的比重

图7 2007~2021年基层医疗卫生机构收入来源及构成

资料来源:《中国卫生健康统计年鉴》(2008~2022)。

图8 2007~2021年医院收入来源及构成

资料来源:《中国卫生健康统计年鉴》(2008~2022)。

图9单独对比了医院和基层医疗卫生机构财政补助收入占比情况。2009年新医改后,医院总收入中财政补助收入占比未发生较大变化,而基层医疗卫生机构财政补助收入占比从18.14%提高到2019年的30.75%,体现了新医改中新增政府补贴优先投入基层卫生的原则。疫情后,财政补助收入占医院总收入比重明显提升,2020年和2021年占比分别为13.97%和10.58%;财

政补助收入占基层医疗卫生机构总收入比重 2020 年（33.08%）有所提升后，2021 年又回到疫情前水平（30.05%）。疫情后，医院获得更高比例的财政补助收入与承担疫情防控和感染患者救治等工作是相关的。

图 9　2007~2021 年医院和基层医疗卫生机构的财政补助收入占比及变化趋势

资料来源:《中国卫生健康统计年鉴》(2008~2022)。

四　卫生服务体系中各类机构服务供给发展趋势

　　随着分级诊疗制度的逐步建立完善、新冠疫情影响及疫情后的恢复，各级医疗机构的门诊服务量和住院服务量变化明显，医疗费用占比也有所改变，具体表现为：医院诊疗量 2007 年以来基本呈稳定增长趋势，2007 年为 16.37 亿人次，2019 年达 38.42 亿人次（增长率为 134.70%）。2020 年受疫情影响，诊疗量降低 13.5%，为 33.23 亿人次，但 2021 年医院诊疗人次便已恢复甚至超过疫情前水平。2009 年医改政策发布施行以来，基层诊疗量经历了 5 年的快速增长，从 2008 年的 29.62 亿人次增长到 2013 年的 43.24 亿人次。2013~2019 年趋于稳定，2019 年诊疗量为 45.30 亿人次。受新冠疫情影响，2020 年基层医疗卫生机构诊疗量降至 41.16 亿人次，较上一年诊疗量降低 9.14%，疫情第二年开始缓步回升，但仍未达到疫情前水平。基层诊疗量在所有医疗机构诊疗量中的占比从 2007 年的 62.31% 降低至 2019 年的 51.96%，2020 年受疫情影响，基层诊疗量占比增长至 53.17%。2021 年随着医院服务量的恢复、疫情防控趋于稳定，基层诊疗量占比下降至 50.17%。自 2009 年新医改启动到 2021 年底，基层门诊服务占比降低了 11.64 个百分点（见图 10）。

图 10　2007~2021 年基层医疗卫生机构和医院诊疗人次及基层诊疗人次占比

基层医疗卫生机构出院人次从 2007 年的 2795 万人次增加至 2019 年的 4279 万人次，平均年增长率为 4.42%；疫情后基层机构出院人次增长趋势停止，2020 年基层机构出院人次大幅度降低（年增长率为 -13.37%），2021 年基层机构出院人次继续降低（年增长率为 -3.10%）。以新冠疫情为分界点，2020 年以前，全国各类医疗机构总住院服务量保持增长趋势，基层机构住院人次占总住院人次的比例则从 2007 年的 28.59% 降低至 2019 年的 16.14%，基层住院服务占比降低了 12.45 个百分点；疫情发生后两年，在基层机构和医院的住院服务量均大幅下降的同时，基层医疗卫生机构出院人次占比继续下降，到 2021 年底已降至 14.58%（见图 11）。

图 11　2007~2021 年基层医疗卫生机构出院人次和总出院人次及占比

2010~2019 年医院床位使用率一直位于 80% 以上，受疫情影响 2020 年降至 72.30%（增长率为 -11.25%），后逐渐恢复，2021 年底达 74.6%；在床位使用率上，基层医疗卫生机构受疫情影响更大，基层医疗卫生机构床位使用率一直在 60% 附近波动，疫情后开始持续降低，2021 年降至 47.38%。两年时间床位使用率下降 15.84 个百分点，而医院床位使用率下降 10.71 个百分点。

图 12 展示了各级医疗机构的医疗费用占比，疫情前基层医疗卫生机构、医院和其他医疗卫生机构医疗费用占比较为稳定，2019 年占比分别为 8.14%、63.55% 和 28.31%。疫情发生后，基层医疗卫生机构和其他医疗卫生机构医疗费用占比均呈上升趋势，基层医疗卫生机构占比增加 0.25 个百分点，而其他医疗卫生机构占比增加 3.17 个百分点，同期医院医疗费用占比下降 3.42 个百分点。

基层医疗卫生机构在以门诊和住院形式提供基本医疗服务的同时，也为辖区居民提供基本公共卫生服务。2009 年国家启动"基本公共卫生服务均等化"政策。2009 年项目启动之时，基本公共卫生服务包括建立居民健康档案、健康教育、预防接种、传染病报告与处理、0~3 岁儿童健康管理、孕产妇健康管理、老年人健康管理、慢性病患者（高血压、2 型糖尿病）健康管理、重性

图12　2007~2020 年各级医疗机构医疗费用占比

精神病患者管理等 9 类 35 项。2011 年增加服务包到 10 类 41 项；2013 年提高为 11 类 43 项；2015 年增加服务包为 12 类 45 项。 2023 年基本公共卫生服务项目种类和数量总体不变，将工作重点转移到以重点人群为切入点提升基本公共卫生服务质量，巩固做实现有项目、提高群众获得感和感受度。同时，号召结合群众需求和地方实践构建国家基本公共卫生服务项目储备库，推动项目优化和动态调整。在"基本公共卫生服务均等化"政策推动下，中国基本公共卫生服务项目的覆盖率明显提高，公平性明显改善。以儿童健康管理服务为例：3 岁以下儿童系统管理率及 7 岁以下儿童保健管理率稳步提高，分别由 1996 年的 61.4%、62.7% 增加至 2021 年的 92.8%、94.6%，城乡差距不断缩小。此外，中国健康教育、慢性病患者健康管理服务覆盖人群数量持续提升。2022 年，全国 1469 个县纳入健康管理服务的高血压患者 4666.5 万人、糖尿病患者 1443.3 万人。自 2016 年国家卫生计生委办公厅发布《国家慢性病综合防控示范区建设管理办法》以来，全国已经建成 488 个国家慢性病综合防控示范区，县区覆盖率超过 17%，累计有 2880 个县区开展全民健康生活方式行动，覆盖率达 97.3%，公民健康素养水平从 2012 年的 8.8% 提升到 2022 年的 27.8%，慢性病综合防治战略得到有效实施。2023 年慢阻肺病高危人群早期筛查与综合干预在全国范围内启动，这是中国拿出专项经费在呼吸疾病领域首次设立的高危人群专项筛查。

五 公共卫生体系与医疗体系的整合不足及医防融合改革趋势

作为两大核心，公共卫生服务体系和医疗服务体系的协调和整合至关重要，不仅有助于更好地应对突发公共卫生事件、维持公共安全，也能在长远和更广泛的意义上适应健康风险变化和满足人民群众对高质量整合连续健康服务的需求，以推进中国健康事业发展和实现中国现代化建设的重大战略目标。

在中国，公共卫生和医疗两类服务由两大体系及其机构进行了任务分割，自设立之初就是相互独立的，两个体系在管理、筹资、业务协作、信息沟通及人员思想认识上相互分离。管理上，虽然医疗卫生机构和公共卫生机构都由各级卫生行政部门进行统一管理，但卫生行政部门内部负责医疗方面的医政医管司与负责公共卫生的疾病预防控制局协作少，在管理层面呈现分离状态。筹资上，医疗和公共卫生服务的筹资渠道不同，后者的经费来自各级政府的拨款，医保资金来源于政府、社会和个人，目前公共卫生服务经费未能与医保资金合并。业务上，医疗卫生机构偏向于治疗已有的疾病，很少积极主动地向患者提供预防服务或知识，而预防机构偏向于预防未发的疾病，对于后续的治疗又因为没有临床执业医师资格证而不能从事；作为承担双重职责的基层卫生服务机构，其内部医防工作协作也不紧密。信息系统上，中国虽已建立了医院信息系统、传染病疫情报告系统等多样化的信息平台，但医疗卫生机构、预防机构分属不同的部门和地区管理，信息不沟通，缺乏整体的统筹与规划，条块分割、重复建设的情况比较普遍。两个体系中医务人员的专业认知存在隔阂，临床医生专于治，对预防、流行病学和控制传染病知识储备有限；公共卫生医生专于防，治疗知识经验缺乏又未被赋予处方权。

针对新冠疫情发生后医防系统对于突发公共卫生事件应急能力不强的问题，国家进一步推进医防融合、医防协同的进程，加强医疗机构应对突发事件的能力，多次在关于做好基本公共卫生服务工作的通知文件中提出建立医防协同机制。在《深化医药卫生体制改革 2023 年下半年重点工作任务》中明确提到，"要健全公共卫生体系。促进医防协同、医防融合，推进疾病预防控制体系改革，提升公共卫生服务能力"。[①]

近年来，政府对于医防协同、医防融合的关注度持续上升，重点以家庭医生制度为载体，以高血压、糖尿病等慢性病管理为突破口，推进基层医防融合。2009~2023 年，国务院就此先后出台了一系列政策文件。到 2023 年，全国多省实施了医防融合改革举措。总体来看，相关政策呈现内容丰富化、范围扩大化、要求具体化的趋势。在初期，医防协同政策只强调医疗服务和公共卫生服务二者之间相互结合，并且没有系统性规范性文件和操作指南；随着中国医疗水平的提高和居民健康需求的变化，医防融合服务范围逐步扩大，包括健康教育、康复、护理等全方位全周期的连续性服务，并且进一步明确要结合具体的慢性病管理，结合家庭医生制度推进基层建成整合型卫生服务体系。

六　医疗卫生系统治理腐败的进展

由于医疗卫生市场的信息不对称、特定时期筹资补偿结构下医疗机构的逐利动机和医疗卫生体系的制度性漏洞，中国医疗卫生系统的腐败现象长期存在。有研究者对"中国裁判文书网"收录的案件进行统计，发现行贿（68.1%）、贪污（22.8%）和骗保（9.1%）是中国医疗腐败的主要形式，其中约 80% 的受贿行为主要发生在医疗机构从业人员身上。[②] 近年来，医疗卫生系统的腐败问题愈发隐蔽和多样，出现"定制式"招投标、"规避式"委托采购、"供股式"入股分红、"福利式"研讨培训等新情况。上述医疗卫生系统的腐败问题，对医疗卫生服务体系的可及性、公平性、可负担性和可持续性等都造成了巨大冲击。2023 年，中国在既往卫生体系治理框架中，开展了为

---

① 《关于印发深化医药卫生体制改革 2023 年下半年重点工作任务的通知》，中国政府网，2023 年 7 月 21 日，https://www.gov.cn/zhengce/zhengceku/202307/content_6894073.htm。

② Fu H., Lai Y., Li Y., Zhu Y., Yip W., "Understanding Medical Corruption in China: A Mixed-methods Study," *Health Policy and Planning*, 2023, 38(4): 496-508.

期 1 年的集中整治工作，也是对中国医疗卫生系统的反腐败的常态化、制度化、长效化推进。

（一）医疗卫生系统的反腐败治理体系

中国政府在推进医药卫生体制改革和医疗卫生服务体系建设的过程中逐步构建起卫生系统的反腐败治理体系。

在医疗领域，逐步消除医疗卫生机构及其工作人员的逐利动机，规范诊疗行为。例如，2013 年出台的《关于印发加强医疗卫生行风建设"九不准"的通知》和 2021 年出台的《关于印发医疗机构工作人员廉洁从业九项准则的通知》，突出强调了医疗机构及其工作人员应当遵守的基本准则，如不收"红包"、不收受回扣和不过度诊疗等。2021 年出台的《深化医疗服务价格改革试点方案》和 2022 年出台的《关于进一步做好医疗服务价格管理工作的通知》，旨在强化医疗服务价格宏观管理和动态调整，使其更合乎医务人员的技术劳务价值，削弱医务人员通过"灰色"渠道满足收入需要的动机。2021 年出台的《关于深化公立医院薪酬制度改革的指导意见》则通过落实"两个允许"政策，实施以增加知识价值为导向的分配政策，强化公立医院公益属性。

在医药领域，实行"医药分开"，挤出药品、耗材和设备价格虚高的"水分"，压缩医药购销及流通领域的腐败空间。例如，2009 年出台《关于建立国家基本药物制度的实施意见》，开始在基层医疗卫生机构实行基本药物零差率销售，而后逐步推向县级医院和城市三级及以上大医院，一定程度上触动了"以药养医"机制，减少了医务人员收受回扣和过度处方的现象。2019 年出台的《关于印发国家组织药品集中采购和使用试点方案的通知》和 2021 年出台的《关于开展国家组织高值医用耗材集中带量采购和使用的指导意见》，逐步将集采工作从试点试行推向常态化制度化，减轻了医保基金和患者自付负担，压缩了医药、耗材和设备企业的寻租空间。2017 年出台的《关于在公立医疗机构药品采购中推行"两票制"的实施意见（试行）》，减少了药品销售的流通环节，通过降低流通成本来降低虚高的药价，同时也进一步压缩了医药流通企业违规违法营销的空间。

在医保领域，严厉打击欺诈骗保行为，加强医保基金使用监管，看好社会公众的"救命钱"。例如，政府部门每年都会开展打击骗保专项行动，查处一批违法犯罪行为并追回医保资金。2019 年出台的《关于开展医保基金监管"两试点一示范"工作的通知》，重点推进基金监管方式创新试点、监管信用体系建设试点和医保智能监控示范点建设。此后，医保大数据智能监管全面铺开、医保飞行检查日益常态化、医保支付方式改革逐步推进，加大了医保领域的监管力度和监管范围，有效打击和遏制医保领域的腐败现象。2023 年，国务院办公厅出台《关于加强医疗保障基金使用常态化监管的实施意见》，进一步明确医保行政部门监管责任、医保经办机构审核检查责任、定点医药机构自我管理主体责任、行业部门主管责任和地方政府属地监管责任，有助于形成多主体参与的医保领域反腐败责任体系。

在医疗机构运行管理方面，完善公立医院运行财政补偿机制，加强公立医院内部控制体系建设，强化公益性导向。例如，国务院办公厅 2015 年出台的《关于城市公立医院综合改革试点的指导意见》、2017 年出台的《关于建立现代医院管理制度的指导意见》和 2021 年出台的《关于推动公立医院高质量发展的意见》等，多次明确了政府对符合区域卫生规划公立医院的财政投入政策，这有助于减轻公立医院的运行负担，减少因"运营压力"而产生的机构层面腐败问题。2018 年中共中央办公厅印发的《关于加强公立医院党的建设工作的意见》、2021 年国家卫生健康委会同国家中医药管理局印发的《公立医院内部控制管理办法》和 2023 年财政部印发的《关于进一步加强公立医院内部控制建设的指导意见（征求意见稿）》，分别从医院的党风廉政建设、"三重一大"决策、采购业务和财务预决算等方面做出政策规定，规范公立医院的权力运行和监督机制，加强对公立医院内部经济活动的要求，减少腐败发生的风险点。

（二）医疗卫生系统的反腐败行动进展：以纠风工作要点为例

1999 年以来，中国政府每年印发《纠正医药购销领域和医疗服务中不正之风专项治理工作要点》（2018 年及以前）或《纠正医药购销领域和医疗服务

中不正之风工作要点》（2019年及以后）的"纲领性"文件，围绕当年度的医疗卫生系统领域乱象开展集中整治，其中就包含诸多与反腐败斗争直接相关的政策要求。

从参与部门来看，历年的纠风工作均由作为卫生行政主管部门的国家卫生计生（健康）委牵头，其余国家部门则作为部际联席工作机制成员单位配合开展工作。2014~2017年，成员单位包括发展改革委、工业和信息化部、财政部、人力资源社会保障部、商务部、税务总局、工商总局和食品药品监督管理总局。2018~2022年，成员单位移除了发展改革委、人力资源社会保障部、工商总局和食品药品监督管理总局，新增了公安部、市场监督管理总局、医疗保障局和中医药管理局，这些变化主要是由2018年党和国家机构改革中各部门间职能调整带来的，但这两个时期的部门数量保持不变，均为9个。2023年，成员单位又新增了教育部、审计署、国务院国资委、疾病预防控制局和药品监督管理局，部门数量由9个调整至14个，将直属高校附属医院纠风、医药产销购的审计监督、国有企业所属医院和医药企业的行业纠风、疾控机构纠风、药品和医疗器械生产流通领域监管等也纳入当年度重点工作内容。此外，在2023年发起的全国医药领域腐败问题集中整治工作中，中央纪委国家监委专门召开动员会，进场配合国家卫健委等部门，派出巡视组进驻各级医疗机构。无论是从国家层面的力度还是社会层面的反响来看，2023年医疗卫生系统领域反腐败力度都是空前的。

（三）2023年医疗卫生系统的反腐败行动

2023年，由国家卫生健康委员会牵头、多部门联动、中央纪委国家监委机关进场的医药领域腐败问题集中整治工作，掀起了力度空前的医药反腐行动。从时间线上看，本年度的政策行动先后经历了酝酿造势、部署开展和政策扩散三个阶段。2023年2月，中央纪委国家监委发表了《严查医疗领域隐蔽利益输送》一文，披露医疗卫生系统反腐败斗争的新形势。[①] 国家卫生健康

---

① 《深度关注 | 严查医疗领域隐蔽利益输送》，中央纪委国家监委网站，2023年2月6日，https://www.ccdi.gov.cn/toutiao/202302/t20230206_244791_m.html。

委员会则在 2023 年 5 月牵头会同其余 13 部门印发《关于印发 2023 年纠正医药购销领域和医疗服务中不正之风工作要点的通知》，为此后的集中整治工作酝酿造势[①]。2023 年 7 月 21 日，国家卫生健康委员会在官网上发布通告，声明其会同其余 9 部门联合召开视频会议，部署开展为期 1 年的全国医药领域腐败问题集中整治工作。[②] 2023 年 7 月 28 日，中央纪委国家监委召开动员会，部署纪检监察机关配合开展全国医药领域腐败问题集中整治，强调要深入开展医药行业全领域、全链条、全覆盖的系统治理。[③] 随后，广东、浙江、四川、上海等多省市陆续发布通知，按照中央文件要求集中开展整治乱象和自查自纠的工作。

根据中国新闻网的不完全统计，截至 2023 年 8 月中旬，全国已有超过 180 名医院院长、书记被查，其中包括多名已退休人员和多位享受国务院政府特殊津贴专家。[④] 随着反腐行动的深入开展，各省区市的卫生行政主管部门、行业学会、医疗机构和医药企业都积极开展了自查自纠工作。例如，广西发布《深入开展不合理取酬专项清退工作实施方案》，要求医务人员主动清退不合理报酬；中华医学会原定召开的多个学术会议宣布因故延期；各大医药领域企业纷纷开展合规培训；各级医疗机构积极排查腐败风险点并完善内部控制制度。由此可见，本年度的集中整治工作倒逼整个医疗卫生系统进行严格的自我审查和纠偏，具有优良的反腐效能。

---

① 《关于印发 2023 年纠正医药购销领域和医疗服务中不正之风工作要点的通知》，国家卫生健康委员会网站，2023 年 5 月 10 日，http://www.nhc.gov.cn/cms-search/xxgk/getManuscriptXxgk.htm?id=e3d690702571455dbdd301f2bc9e7a3c。

② 《全国医药领域腐败问题集中整治工作视频会议在京召开》，医疗应急司网站，2023 年 7 月 21 日，http://www.nhc.gov.cn/ylyjs/pqt/202307/7baafcfcccc244af69a962f0006cb4e9c.shtml。

③ 《中央纪委国家监委召开动员会 部署纪检监察机关配合开展全国医药领域腐败问题集中整治 喻红秋出席并讲话》，中央纪委国家监委网站，2023 年 7 月 28 日，https://www.ccdi.gov.cn/xxgkn/ldjg/xuluode/zyhd/202307/t20230731_279175_m.html。

④ 《中央制定反腐五年规划，多家药企撤回 IPO，销售费用成问询重点》，《华夏时报》2023 年 9 月 29 日。

七　政策建议

基于上文对近年来公共卫生服务体系、医疗服务体系和基层卫生服务体系发展趋势尤其是 2023 年新进展的分析，提出以下改革建议。

（一）三大体系分别明确自身功能、加强服务能力，促进公共卫生服务和医疗服务高质量发展

借助新一轮公共卫生服务体系、疾病预防控制体系改革，面对新的健康挑战和健康中国战略要求，国家层面需更新顶层设计，明确各类专业公共卫生机构的组织架构、功能分配和合作关系。重点强化专业公共卫生机构在人群层面健康策略支持、设计和组织针对性健康干预项目实施方面的功能；公共卫生机构具体工作职责应强调健康风险因素分析，为区域卫生政策制定优先次序提供证据，开展社会政策健康影响评价，收集、管理和分析区域医疗健康相关数据，定期向社会公布健康发展报告。

医院的发展应该从不断追求高精尖的科技应用和无休止的单元式、片段式治疗转变为以区域人口健康为中心的发展模式，以健康、质量、成本效益为主要发展目标。明确医院的公共卫生职责和公共卫生服务清单，增强医院在公共卫生和人群健康方面的服务意识与能力。结合区域紧密型医共体等组织创新以及医疗保险服务包和支付方式改革，逐步引导医院真正发挥公益性和以人群健康为其发展目标。

中国基层卫生服务体系进一步强化的瓶颈问题是基层服务提供能力仍未实现实质性提高，特别要关注提升基本医疗服务能力是吸引患者下沉和实现分级诊疗的基础。限制其服务能力的核心仍然是基层医疗人力资源缺乏，并且其与医院医务人员能力之间的差距越来越大。人员瓶颈问题的根源则是基层卫生服务机构经济补偿机制，为此基层需要通过强化医共体框架下医保和公共卫生资金的整合使用来更充分地利用现有资源，同时调整基层医疗卫生机构服务项目的收费标准，通过提供个性化家庭医院签约服务包等收费途径拓宽基层机构筹资补偿渠道。

（二）构建公共卫生服务体系和医疗服务体系的医防协同机制，完善以紧密型医共体为主要路径的分级诊疗制度，逐步建成以基层为核心、预防为主、高质量的整合型医疗卫生服务体系

促进医防服务融合，在筹资上需要推进对卫生体系财政投入与医保资金的整合使用，更高效地利用现有各类资源。建议建立县（区）域健康服务统筹基金，科学核算区域医共体所有成员单位实现本区域健康发展目标所需的经费投入，并对医共体实行捆绑支付。捆绑支付需要科学设计支付方式，并通过总额预付和结余共享来转变激励机制，让整个区域医疗服务提供方都能从加强基层医疗和预防性服务上获取更多利益，以遏制大规模医院和治疗服务的扩张。

在治理上，建议中央和省级两层建设医防协同或整合型健康服务体系领导小组，调整部门分工、跨部门协调，实现顶层设计的统一。中央需要将其健康服务纳入重要国家发展战略中作为考核指标之一，提高卫生服务结果在地方考核中的权重。改革卫生健康行政部门内部结构，以建设医防协同和整合的健康服务体系为契机，深入开展国家及各级卫生健康委员会内部的组织结构调整。地方在推行过程中引入创新和学习机制，鼓励各地探索不同情境下医防协同的落地方案。

在人力资源培养上，改变医学教育中不同医疗卫生专业人员相互割裂的现状。在医学教育中，加强不同专科之间、医生与公共卫生等其他卫生团队成员之间的团队培养机制。改革医学院校传统的封闭式教育设计，探索并建立医学相关社会科学专业服务人才的培养模式，从根本上解决相关健康服务人员缺乏的问题。

信息系统的整合和协同至关重要，短期内要实现公共卫生内部各系统的信息系统、公共卫生与医院信息系统、健康档案与门诊住院系统的整合贯通；长期看，建议各地打造覆盖全人群、全周期的自动化健康数据采集和上报体系，并且各条块信息系统实现接口标准化和数据的充分接入，以便于数据整合和联合使用。

（三）为实现医疗卫生服务体系良好运行的可持续，需要完善多维度反腐和多主体治理，采用多样化的政策工具，与时俱进，根据医疗卫生服务特征和提供方式的进展及时更新重点整治内容和重要治理措施

从治理理念来看，应当将反腐败行动嵌入医药卫生体制改革和医疗卫生服务体系建设之中。医疗卫生系统开展反腐败是为了对既有的不合理利益结构进行优化调整，牵涉不同的领域、政策和主体，要求对制度、体制和机制加以重塑。因此，反腐败行动需要结合医药卫生体制改革和医疗卫生服务体系建设，开展纵向整合、横向联动的系统性治理。

从治理目标来看，着力消除医疗卫生系统各利益相关者的不良逐利动机，压缩设租和寻租空间。一方面，需要完善"政府主导"的外部监管体系、"公众参与"的社会监督体系、"协（学）会自律"的行业自律体系和"医院自治"的内部控制体系，使得相关从业人员不敢腐和不能腐。另一方面，需要通过财政投入和制度完善建立健全收入补偿机制，保证医疗机构的平稳运行和健康发展，保证医务人员的技术劳务价值得到体现，将"灰色"收入阳光化，使得相关从业人员不想腐。引导医疗卫生系统各利益相关者将从业目的定位为提高人民群众健康水平，而非增加营收和利润，回归公益性导向。

从治理方式来看，采取多部门协同行动、多领域联动治理、多政策工具并举等多元策略。其一，医疗卫生系统牵涉的领域、政策和主体较多，因此需要不同线口的主管部门在国家部门层面开展高水平的协同行动。其二，医疗卫生系统的腐败现象呈动态发展趋势，例如集采后回扣问题可能从药品领域被"挤出"到耗材和设备领域，反腐力度加大后行贿受贿方式可能从直接的收受回扣转向更为隐蔽的学术资助，群众健康需求扩大后违法违规主体从传统医疗机构拓展至医美、口腔、第三方检验机构等，这都要求多领域联动治理，避免监管"缝隙"。其三，为了达成医疗卫生系统反腐败的多元目标，管制型和建设型政策工具（如医保领域中打击骗保行为和规范基金使用）、传统技术型和现代技术型政策工具（如医保领域中飞行检查和大数据智能监管）等应当并举，形成反腐败斗争合力。

调 查 篇

B.8

2023年中国社会现代化发展调研报告*

李炜 杨标致 米兰 兰雨**

摘　要： 社会领域的现代化是中国式现代化的重要组成部分。本报告以中国社会科学院主持的"中国社会状况综合调查"（CSS）数据、国家统计局及政府部门的统计资料为基础，从社会结构、社会事业、公共参与、社会价值认同等方面，分析中国当前社会领域现代化建设进程及面临的问题。数据结果显示，我国当前社会结构不断发展，人口结构、城乡结构、阶层结构均呈现不同的变化趋势；社会事业整体向好，社会保障、教育、医疗、公共服务及网络信息呈现较好的发展态势；公共参与渠道广泛、多样，参与群体呈现年轻化特征；国家认同、社会信任、社会宽容、社会公平感整体较高，也呈现多样、多元差异。

关键词： 中国现代化　社会结构　社会事业　公共参与　社会价值认同

* 本报告为国家社科基金重点项目"中国式现代化的评价指标及发展规律研究"（23AZD010）成果，也受到国家社科基金重大项目"中国社会质量基础数据库建设"（16ZDA079）等项目的资助，特此感谢。

** 李炜，中国社会科学院社会学研究所研究员，中国社会科学院国情调查与大数据研究中心主任；杨标致、米兰、兰雨，中国社会科学院大学社会与民族学院，主要研究方向为社会研究方法。

党的二十大擘画了"以中国式现代化全面推进中华民族伟大复兴"的战略蓝图，全国各族人民在中国共产党的领导下正在努力实现经济、政治、文化、社会、生态文明建设"五位一体"的现代化发展目标。社会领域的现代化是中国式现代化的重要组成部分，通过推进社会事业的公共服务、完善社会保障制度和公共服务体系建设、推动社会公平正义，促进公众社会参与，不断满足人民群众的需求，提高人民的生活水平和生活质量，增强人民群众的获得感和幸福感。本报告以中国社会科学院主持的"中国社会状况综合调查"（CSS）数据①、国家统计局及政府部门的统计资料为基础，从社会结构、社会事业、公共参与、社会价值认同等方面，分析中国当前社会领域现代化建设进程状况及存在的问题。

一 社会结构现代化变迁

社会结构是社会现代化的基础，其中人口结构的优化、城乡结构的平衡、橄榄型社会阶层结构的形成和稳固，可以为社会现代化提供有力的支撑，促进社会的全面进步。

（一）人口结构

人口和现代化之间存在密切关系。人口规模是影响现代化的重要因素之一，人口数量的多少直接影响现代化的进程。中国式现代化是人口规模巨大的现代化，中国人口规模超过 14 亿，超过现在所有现代化国家人口总和，这就意味着中国式现代化必将彻底改写现代化的世界版图。

1. 人口素质大幅提升，但与世界发达国家相比尚有差距

人口素质是现代化进程中的重要因素。习近平总书记强调，要着力提高

---

① 本报告使用数据部分来自中国社会科学院重大项目"2023 年中国社会状况综合调查"。该调查由中国社会科学院社会学研究所执行，项目主持人为陈光金、李炜。感谢上述机构及其人员提供数据协助，内容由作者自行负责。

人口整体素质，以人口高质量发展支撑中国式现代化。①提高人口素质不仅有助于满足人民对美好生活的向往，更是支撑现代化建设的重要基础。人口素质最为重要的内容是国民的受教育程度。

进入 21 世纪以来，中国人口的受教育程度不断提升。国家统计局历年人口抽样调查数据显示，2002~2022 年，6 岁及以上人口中未上学人口的比例由 10.2% 下降至 3.8%，而大专及以上受教育程度者同期由 4.7% 上升至 19.5%（见图 1）；中国 15 岁及以上人口的平均受教育年限也由 2010 年的 9.08 年提高至 2021 年的 10.9 年。然而，也应看到中国人口的受教育程度与发达国家相比尚有差距，据联合国开发计划署的《人类发展指数》报告，2021 年美国的人均受教育年限为 13.7 年，东亚邻国日本为 13.4 年，韩国为 12.5 年。②

图 1　中国 6 岁及以上人口受教育程度构成（2002~2022 年）

资料来源：国家统计局历年统计年鉴。

2. 中国人口已进入负增长区间，总和生育率持续下降，已在世界低组

人口年龄结构对现代化也有重要影响。世界各国现代化进程中人口年龄

---

① 《习近平主持召开二十届中央财经委员会第一次会议》，中国政府网，2023 年 5 月 5 日，https://www.gov.cn/yaowen/2023-05/05/content_5754275.htm?jump=true。

② 参见联合国开发计划署《人类发展指数》，https://hdr.undp.org/data-center/human-development-index#/indicies/HDI。

结构的普遍趋势是低生育率、少子化和老龄化。进入 21 世纪以来，中国的人口出生率逐年下降，由 2003 年的 12.41‰ 下降到 2022 年的 6.77‰，目前人口自然增长率为 -0.6‰，已经进入人口负增长区间。

持续的低生育率是人口自然增长率下降的主要原因。据联合国《世界人口展望 2022》，中国总和生育率由 1950 年的 5.73 下降到 1990 年的 2.51，21 世纪以来总和生育率一直低于人口自然更替水平，至 2022 年总和生育率为 1.18，远低于世界总和生育率 2.23 的均值，在全球国家和地区中排位在最低 10 位。[①]

2016 年中国施行开放二孩的生育激励政策，2021 年《人口与计划生育法》规定"一对夫妻可以生育三个子女"，但适龄人口的生育意愿仍未显著提升。据中国社会科学院"中国社会状况综合调查"（CSS）2015~2023 年数据，在 18~49 岁已婚有子的人口中，生育多孩的意愿呈现下降趋势，2015 年 15.7% 的人口有再生育子女的意愿，但到 2023 年同类人口中这一比例下降为 7.0%；与此同时，表示不再生育的人口所占比例自 76.4% 上升至 85.6%（见图 2）。

图 2　18~49 岁已婚有子人口的生育意愿（2015~2023 年）

　　注：本文中后续统计图表，除特别标出数据来源之外，均来自 2023 年"中国社会状况综合调查"（CSS2023）的数据。

　　资料来源：中国社会科学院"中国社会状况综合调查"历年数据。

---

　　①　参见联合国《世界人口展望 2022》，https://population.un.org/wpp/Download/。

3. 中国人口老龄化不断加深，社会抚养比持续上升，经济社会发展压力增大

与低生育率相应的是人口结构老龄化。在现代化过程中，随着生育率下降，以及医疗技术的进步、生活水平的提高，人们的寿命不断延长，老龄化成为一个普遍的趋势。2022 年中国 65 岁及以上老年人口已近 2.1 亿，占总人口的 14.9%，已进入深度老龄化国家的行列（见图 3）。

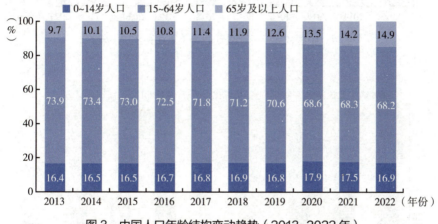

图 3　中国人口年龄结构变动趋势（2013~2022 年）

资料来源：国家统计局。

随着人口老龄化的加剧、劳动力数量的减少，社会抚养比也持续增长。从图 4 可以看到，近 10 年来中国社会总抚养比由 35.3% 上升至 46.6%，其间少儿抚养比上升了 2.6 个百分点，而老年抚养比上升了 8.7 个百分点。分城乡来看，2022 年农村地区的社会抚养比高达 49.7%；分地区来看，中国西南和中南地区的社会抚养比明显高于全国其他地区，分别为 49.9% 和 48.4%。东北地区的社会抚养比相对较低（39.1%），但其老年抚养比是少儿抚养比的 2.09 倍，突出反映该地区的老龄化严重程度（见图 5）。人口老龄化使得劳动力成本上升，经济压力增大，社会负担加重，给现代化建设带来了一系列挑战。

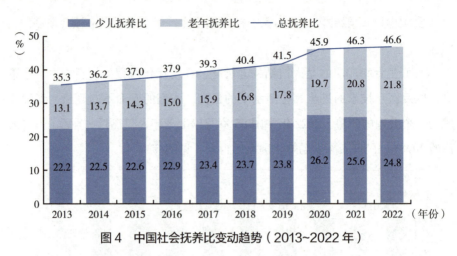

图4　中国社会抚养比变动趋势（2013~2022年）

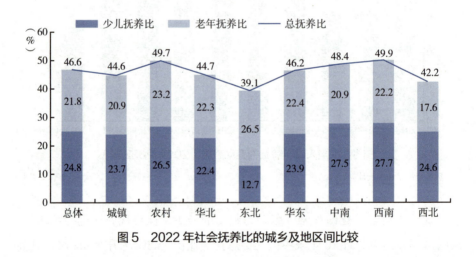

图5　2022年社会抚养比的城乡及地区间比较

（二）城乡结构

1.中国城镇化率已超过世界平均水平，但排名位于全球中游

由工业化驱动的现代化在社会层面的另一表征便是城镇化。改革开放以来，中国的城镇化率由1980年的19.4%增长到2022年的65.2%，实现了较大程度的飞跃，超过了当前世界城市化率56.9%的平均水平，但在全球200余个国家和地区中排名居中游，与发达国家81.6%的城市化率相比还有较大

差距，也低于东亚地区的日本（92.0%）、韩国（81.4%）。在金砖国家中仅高于印度（35.9%）而远低于巴西（87.5%）、俄罗斯（75.1%），略低于南非（68.3%）[①]，说明中国的城镇化率依然有较大的上升空间。

中国城镇化率也存在明显的地区差异。据中国社会科学院 CSS2023 数据，中国目前 18~69 岁常住人口城镇化率约为 64.5%，其中东北、华北、华东地区较高，分别为 71.2%、68.4% 和 67.3%，但中南、西南地区相对较低，分别为 61.9% 和 56.5%（见图 6）。这在一定程度上体现了区域间经济发展水平、人口聚集度以及自然条件的差异。

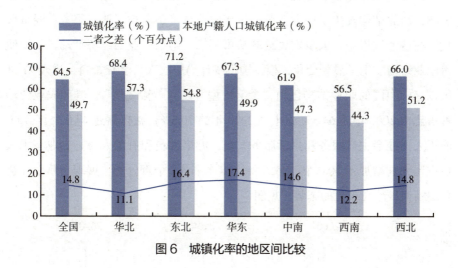

图 6　城镇化率的地区间比较

2. 常住人口城镇化率明显高于户籍人口城镇化率，城市公共服务亟待普惠化

中国目前城镇化过程中一个值得关注的问题是常住人口城镇化率明显高于户籍人口城镇化率。如 2020 年中国常住人口城镇化率为 63.89%，而户籍人口城镇化率为 45.4%，二者相差 18.49 个百分点。[②] CSS2023 数据也显示，中

---

① 参见世界银行《世界发展指标》，https://wdi.worldbank.org/tables。
② 国家统计局：《第七次全国人口普查公报（第七号）》，http://www.stats.gov.cn/sj/tjgb/rkpcgb/qgrkpcgb/202302/ t20230206_1902007.html。

国目前 18~69 岁常住人口城镇化率约为 64.5%，但本地户籍人口城镇化率仅为 49.7%，二者之间有近 15 个百分点之差。其中华东、东北地区差别最大，分别为 17.4 个和 16.4 个百分点。常住人口城镇化率明显高于户籍人口城镇化率这一现象，一方面反映中国的城镇化率是靠大量的外来人口（其中大部分是进城务工人员）拉动的，另一方面也说明当地户籍所附带的城市公共服务应该惠及这两亿多城镇常住人口。

（三）阶层结构

改革开放以来，工业化和市场化进程对中国的社会阶层分化产生了显著影响，产业结构发生了巨大变革，传统农业经济逐渐被工业、服务业经济取代。在这个过程中，大量农民进城从事第二、第三产业的经济活动，从而使得职业结构发生了显著变化。根据国家统计局历次人口普查资料，进入 21 世纪以来，中国的职业结构已由"金字塔型"转向"橄榄型"。其间农业劳动者占比由 2000 年的 64.5% 缩小到 2020 年的 20.5%，减幅高达 44.0 个百分点；而工人、社会生产服务和生活服务人员、办事人员和有关人员、专业技术人员占比分别增加了 10.0 个、24.7 个、3.8 个和 4.7 个百分点，展现了整个社会阶层结构日趋高级化的态势（见图 7）。

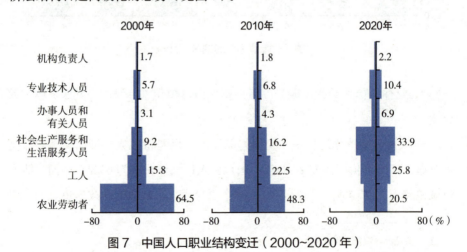

图 7　中国人口职业结构变迁（2000~2020 年）

资料来源：国家统计局五普、六普、七普数据。

二　社会事业现代化发展

中国式现代化是以人民为中心的现代化，社会事业事关人民福祉，体现了现代国家为民众提供公共服务的程度，本文从社会保障、教育事业、医疗事业、公共服务、网络信息应用五方面来描述现代化进程在社会事业领域的发展状况。

（一）社会保障

1. 社保基本盘覆盖范围广，但部分社会保险险种的城乡、群体间参保差异大

近 10 年来，中国社会保障事业得到长足的发展。根据《中国统计年鉴》，全国基本医疗、养老、失业、工伤、生育等社会保险的参保人数分别从 2013 年的 5.7 亿、4.97 亿、1.64 亿、1.99 亿、1.64 亿上升至 2022 年的 13.5 亿、5.49 亿、2.38 亿、2.91 亿和 2.46 亿。特别是基本医疗保险的覆盖率近 5 年来一直维持在 95% 以上。各类社会保险的广泛覆盖为中国现代化建设中的社会事业发展奠定了稳固保障的基础。

但也要看到，上述社会保险的覆盖面还存在群体间的明显差距。从 CSS2023 调查数据来看，作为"社保基本盘"的养老保险和医疗保险参保人数占比高，覆盖范围广，尤其是医疗保险参保人数接近 95%，且城乡差距不大。但失业保险、工伤保险和生育保险在城乡和不同职业群体间差异较大，白领的各项参保率均显著高于蓝领和农业劳动者，[①] 揭示了中国社会保障事业依然存在发展的不平衡问题（见图 8）。

---

①　本文将调查中受访者按国家职业分类标准进行归类，白领包括党政机关、国家机关、群众团体和社会组织、企事业单位负责人，专业技术人员，办事人员和有关人员；蓝领包括社会生产服务和生活服务人员、生产制造及有关人员；农业劳动者指农、林、牧、渔业生产及辅助人员。

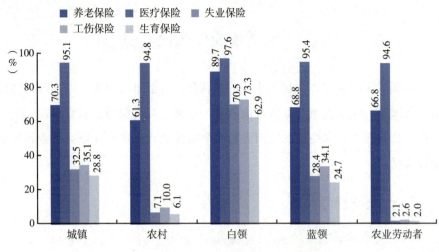

图8　分城乡、职业的各类社会保障覆盖率

2. 民众对各项社会保障的满意度总体较高，城乡、地区之间差异大

CSS2023调查数据显示，中国居民对社会保障的总体满意度达到90.0%，对各项社会保障的满意度也在80%以上。但城乡居民之间满意度差异较大，城镇居民总体满意度比农村居民高出3.5个百分点，在其他各项社会保障方面的满意度也都高于农村居民，其差异主要来源于就业保障和城乡最低生活保障两方面，城镇居民比农村居民高出6个百分点或以上。分地区看，华东地区多项满意度均显著高于其他地区，东北地区各项满意度均偏低（见表1）。

表1　分城乡和地区的社会保障满意度

单位：%

社会保障评价内容	总体	城乡		地区					
		城镇	农村	华北	东北	华东	中南	西南	西北
养老保险	86.9	88.4	83.9	85.4	79.1	89.1	85.8	88.9	89.6
医疗保险	87.9	89.5	84.5	87.5	80.4	91.3	85.9	88.6	88.2
就业保障	80.4	82.5	75.8	77.8	72.6	85.0	78.7	78.9	83.2
城乡最低生活保障	81.6	83.6	77.6	80.2	76.0	86.3	80.0	81.2	78.5

续表

社会保障评价内容	总体	城乡		地区					
		城镇	农村	华北	东北	华东	中南	西南	西北
保障性住房	82.9	83.5	81.5	81.4	76.5	85.6	81.3	83.6	85.8
总体社会保障状况	90.0	91.1	87.6	88.2	84.4	92.1	88.9	91.6	90.8

（二）教育事业

1. 中国教育事业高速发展，已成为世界教育大国强国

国家统计数据显示，随着教育事业的不断发展，近 10 年来中国各类学校在校生由 2013 年的 2.21 亿人扩增到 2022 年的 2.58 亿人，已经建成世界上规模最大的教育体系，教育现代化发展总体水平跨入世界中上国家行列。同期普通高等教育毕业生（含研究生和普通本专科毕业生，不包括成人本专科和网络本专科）由 690 万人增长至 1053 万人，为经济社会发展提供了数以亿计的高素质劳动者和专门人才（见图 9）。

图 9　各类学校在校生及普通高等教育毕业生人数（2013~2022 年）

资料来源：国家统计局。

2. 年轻世代人均受教育水平显著高于平均值，高素质人口向高级别城市会聚

CSS2023 调查数据显示，2022 年全国 18~69 岁人口平均受教育年限为 10.5 年①，这一数据与国家统计数据 10.9 年甚为接近。其中 30 岁以下年龄群体人均受教育年限最长，为 13.9 年，30~39 岁年龄群体为 12 年，显著高于平均水平。具有大专及以上受教育程度者占比 28.5%，其中 30 岁以下年龄组中占比 62.6%，远远高出其他年龄组的水平，成为中国未来现代化建设的优质劳动资源。分城乡来看，主城区高等教育普及率最高（47.4%），城乡结合区和镇中心区分别为 27.6% 和 28.9%，呈现高素质人口会聚高级别城区的现象（见图 10）。

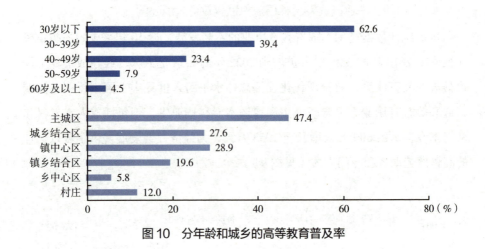

图 10　分年龄和城乡的高等教育普及率

（三）医疗事业

1. 医疗服务保障水平不断提升，医疗人均享有资源逐年增长

近十年，中国医疗服务保障水平不断提升，医疗人均享有资源逐年增长。统计数据显示，2022 年全国公共卫生机构 1032918 家，执业医师 443.47 万人，医疗卫生机构床位 974.99 万张。每万人拥有执业（助理）医师数及医疗卫生机构床位数不断增多，分别由 2013 年的 20 人、45.5 张增长至 2022 年的 32 人、69.2 张（见图 11）。这表明中国医疗资源不断增加和医疗系统的服务能力持续提升。

――――――――

① CSS2023 的受访者均为 18~69 岁中国公民。

图 11　每万人医疗卫生机构床位数及每万人拥有执业（助理）医师数（2013~2022 年）

资料来源：国家统计局。

2. 病患就医满意度整体较高，地区之间存在明显差异

CSS2023 调查询问了受访者就医方面的满意度[①]，百分制赋分后，平均就医满意度为 77.4 分，总体就医满意度较高。从年龄分组看，基本呈现年龄越小，就医满意度越高的趋势；城乡之间差值不大，城镇略高于农村；分地区看，东北地区就医满意度最低，为 73.9 分，显著低于全国平均水平，华东和西北地区就医满意度最高，均为 78.5 分（见图 12）。

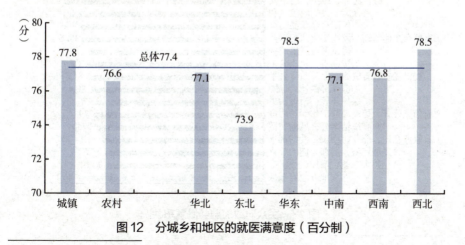

图 12　分城乡和地区的就医满意度（百分制）

[①] CSS2023 调查问卷中，通过询问受访者"就医过程中是否遇到排队等候时间过长、费用过高等"一共 5 个题项来构建受访者就医满意度指标。

（四）公共服务

1. 公共服务支出逐年增加

统计数据显示，近十年来中国公共服务支出[①]持续增长，从2013年的51392亿元上升至2022年的109388亿元，名义增幅达到112.8%；其占国家财政支出的比重同期也由36.7%上升至42%。这表明政府在公共服务方面的投入力度较大，对公共服务的重视程度较高。

2. 八成以上的民众对地方政府提供的服务表示满意，对政府发展经济、保障就业及提升服务意识方面有更高诉求

CSS2023调查数据显示，86.1%的民众对地方政府服务表示满意，尤其是对"打击犯罪，维护社会治安"感到满意的受访者比例达到92.6%；相对而言，民众满意度较低的方面是"发展经济，增加人们的收入"（73.5%）、"扩大就业，增加就业机会"（73.0%）、"有服务意识，能及时回应百姓的诉求"（75.1%），表明民众对当地政府发展经济、保障就业及提升服务意识方面有更高诉求（见图13）。

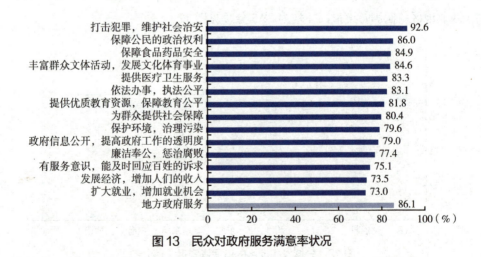

图13　民众对政府服务满意率状况

[①] 公共服务支出指国家财政支出中用于教育、社会保障和就业、医疗卫生、文化体育与传媒、住房保障等公共服务方面的支出。

（五）网络信息应用

当今世界，互联网成为影响社会变迁的重要力量，习近平总书记立足信息化发展大势和国内国际大局，明确提出"以信息化驱动现代化"的重大论断。[①] 信息化是进入 21 世纪的中国现代化建设的战略重点和优先发展方向。

1. 全国互联网普及率高达 75.6%，40 岁以下年龄群体进入"全民触网"时代

统计数据显示，2022 年全国互联网普及率为 75.6%。[②] 在 CSS2023 调查数据中，这一普及率为 75.5%，与全国统计数据非常接近。其中，城镇地区互联网普及率为 81.3%，农村地区为 65.3%。互联网普及率在不同年龄段群体之间均显现出差异：分年龄段来看，30 岁以下年龄群体互联网普及率为 98.0%，30~39 岁年龄群体为 94.4%，这两个高比例的数字基本标志着中国 40 岁以下年龄群体进入"全民触网"时代（见图 14）。

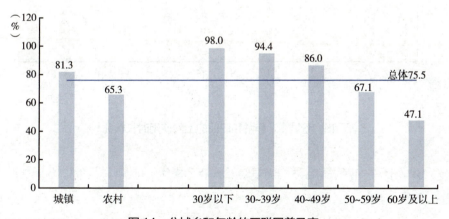

图 14　分城乡和年龄的互联网普及率

---

①　庄荣文：《以信息化推进中国式现代化　为中华民族伟大复兴贡献力量》，《求是》2023 年第 5 期。
②　国家统计局网站，2023 年 11 月 26 日，http://www.stats.gov.cn/sj/。

2. 上网时长在城乡和群体间呈现显著差异，线上用时差异映射线下群体特征

CSS2023 调查数据显示，平均每位受访者每天有 3.2 小时用于上网，这一上网时长在城乡之间有差异，城镇居民每日上网平均时长为 3.4 小时，农村居民为 2.6 小时；上网时长随着年龄增大而呈现下降趋势，30 岁以下年龄群体每日上网时长最长，为 4.7 小时；白领群体每日上网时长（3.7 小时）几乎是农业劳动者群体（2 小时）的 2 倍，蓝领群体上网时长居中，为 3.0 小时。群体间的线上用时差异也映射了线下各群体的不同特征，年轻群体、白领群体网络依存度更高，花更多时间"泡"在网上（见图 15）。

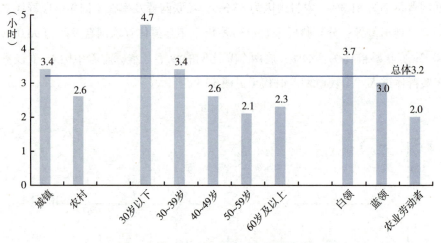

图 15　分城乡、年龄和职业的上网使用时长状况

3. 网民平均网络素养达到中等偏上水平，城乡之间、职业之间、年龄之间存在素养"鸿沟"

CSS2023 对公众的网络素养进行了调查①，以百分制赋分，全国网民平均网络素养得分为 66.2 分，达到中等偏上水平。城乡之间存在 8.2 分的差距，

---

① CSS2023 调查问卷中，通过询问受访者"能否使用搜索引擎、是否会网购、是否会核实网络信息源"等一共 8 个题项来构建受访者网络素养指标。

城镇居民网络素养更高；从不同年龄组比较来看，呈现年龄组越小，网络素养越高的趋势，30 岁以下年龄群体得分最高，为 77.5 分；从不同职业群体比较来看，白领群体得分最高，其次为蓝领群体，农业劳动者群体得分最低，三者分别为 74.9、66.5、51.6 分，三个职业群体间网络素养差异较大，这也是线下的职业分化在线上空间的一种"映射"。

三　现代公共参与状况

广泛的公共参与是现代化社会发展的重要方向之一。中国式现代化在公共参与方面强调人民群众广泛而平等的参与权利，推动基层民主和协商民主的发展，发挥社会组织的作用，逐步提升人们的参与意识和能力，完成向参与型社会的转型升级。本部分通过分析组织参与、社会参与、社区参与等方面来呈现中国民众公共参与的总体水平。

（一）组织参与

国家统计局数据显示，2022 年中国各类社会组织 891267 个，中国民众的社会组织拥有量为每万人 6.3 个，[①] 为中国民众的公共参与提供了重要的组织载体。尽管如此，CSS2023 数据显示，民众的社会组织参与率为 38.6%，即超过六成的居民没有参加任何社会组织。

社会组织参与呈现年轻化趋向，80 世代及之后的群体社会组织参与率超过总体水平，90~00 世代参与率最高，为 56.1%。同时，受教育程度越高，社会组织参与率越高。本科及以上受教育程度者的参与率（67.6%）比总体水平高出近 30 个百分点（见图 16）。可见，随着高等教育的普及，年轻世代更积极、主动进行组织参与。

---

① 社会组织拥有量为中国社会组织总量除以年末总人口数。社会组织数量来源于 https://data.stats.gov.cn/easyquery.htm?cn=C01&zb=A0P0101&sj=2022。

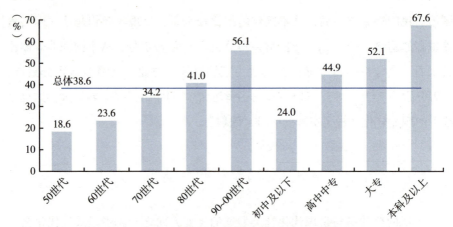

图16　分世代和受教育程度的社会组织参与率

（二）社会参与

中国民众可依托党政部门、单位、社区、媒体、互联网等丰富多样的渠道进行社会参与，然而民众的社会参与总体水平仍然不高。CSS2023调查列举了9种日常社会参与行为，调查结果表明，在过去两年中，仅有34.4%的受访者通过不同渠道进行社会参与。其中"参加社区组织或者自发组织的社会公益活动"和"与他人或网友讨论政治社会问题"的参与率最高，分别为18.8%和12.8%。整体来看，90~00世代的受访者社会参与水平（46.2%）超过总体水平，尤其在与他人或网友讨论政治社会问题（24.7%）、在网络上发表对公共政策的意见（6.9%）方面的参与水平显著高于其他世代（见表2）。这表明年轻世代在参与媒介上存在显著的不同，同时互联网可以有效地提高社会参与水平。

表2　不同世代的社会参与情况

单位：%

社会参与内容	总参与率	出生世代				
		50世代	60世代	70世代	80世代	90~00世代
与他人或网友讨论政治社会问题	12.8	5.6	5.4	8.8	11.4	24.7
向报刊、电台、网络论坛等媒体反映问题	2.4	1.1	1.0	1.8	2.0	4.7

社会参与内容	总参与率	出生世代				
		50 世代	60 世代	70 世代	80 世代	90~00 世代
向党或政府的相关部门反映问题	5.7	5.0	4.7	6.0	7.2	5.1
利用专业知识参与公共政策、公共事务论证会	1.9	0.5	1.5	1.8	1.2	3.2
出席有关公共政策的听证会	2.3	1.1	2.4	3.2	1.9	2.0
在网络上发表对公共政策的意见	3.3	0.4	1.5	2.1	2.7	6.9
参加所在村居 / 单位的重大决策讨论	7.4	7.9	8.8	8.4	8.9	4.3
参加社区组织或者自发组织的社会公益活动	18.8	9.8	10.6	20.5	20.9	24.5
参加线上 / 线下集体性维权行动	2.4	1.3	2.0	2.3	2.4	3.0
综合参与率	34.4	22.0	23.3	33.6	35.4	46.2

（三）社区参与

1. 中国社区参与总体水平不高，不同世代和受教育程度群体之间存在差异

CSS2023 通过"参加社区事务讨论"等 4 类社区参与行为测量中国民众的社区参与水平。调查数据显示，近 2/3 的民众在过去两年中从未参与过这些社区公共事务，综合参与率为 34.9%。其中以参加社区志愿活动、参加社区事务决策投票为主要形式（分别为 17.7% 和 17.0%）。代际群体的社区参与情况呈现两端低、中间高的状态，70 世代和 80 世代参与水平较高，处于两端的50 世代和 60 世代及 90~00 世代的参与度较低。随着受教育程度的提升，社区参与度提高，初中及以下受访者的社区参与率与本科及以上受访者相差 24 个百分点左右（见图 17）。

2. 中国民众的社区参与内在效能感较高，但外在效能感有待进一步提升

中国民众的社区参与内在效能感较高、外在效能感较低。[①]调查数据显示，超过七成的居民认为自己有权利（89.4%）、有能力和知识（74.5%）参与社区

---

① 将自认为有权利、知识、能力进行参与视为内在效能感；将自认为缺乏兴趣、时间、精力，同时实际参与的效用不大，视为外在效能感。

社会蓝皮书

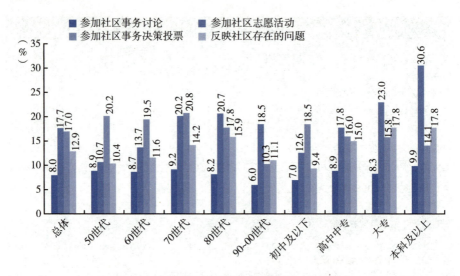

图17　不同世代和受教育程度的社区参与情况

事务，但接近半数的受访者对社区事务不感兴趣（49.4%），认为参与不会对决策产生影响（47.5%），同时超过六成的受访者表达自己没有时间和精力参加（63.0%）。分代际来看，80世代和90~00世代内在效能感较高，50世代和60世代在内在效能感和外在效能感方面均低于晚近的世代（见图18）。

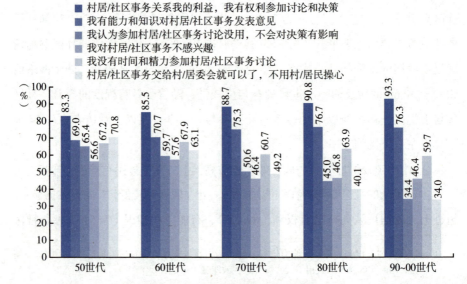

图18　不同世代的社区参与程度

四　现代社会价值认同

现代社会价值认同是社会现代化的重要组成部分，促进现代社会发展。本部分主要呈现中国民众在社会信任、社会包容、社会认同、社会公平、共同富裕认知等方面的总体水平，同时挖掘其中发展不充分、不平衡的方面。

（一）社会信任

人际信任水平整体较高，制度机构信任呈现群体差异。CSS2023 调查数据显示，按 10 分制对"现在人与人之间的信任水平"评分，公众对当前的人际信任评分平均为 6.5 分。城乡、世代、职业类型之间的人际信任水平均值差异不大，分值差异幅度在 0.1~0.2 分。

调查公众对生活中经常接触的 13 类机构和组织[①]的信任水平评分，结果显示，制度机构信任水平的总体评分以百分制计为 78.4 分，农村居民的平均评价（81.5 分）比城镇居民的平均评价（77.9 分）高 3.6 分。分世代来看，90~00 世代和 50 世代被访者的制度机构信任度最高，其平均评分均为 79.3 分；80 世代最低，其平均评分为 77.2 分。分受教育程度来看，本科及以上受教育程度者的制度机构信任度最高，平均评分为 80.5 分，其他受教育程度者的评分基本一致（见图 19）。

---

① 评价对象分别为全国人民代表大会、中央政府、区县政府、乡镇政府、工青妇等群团组织、所在工作单位 / 公司、慈善机构、官方新闻媒体、医院、法院、公安部门、村 / 居 / 社区委员会、业主委员会 / 物业管理委员会，评价维度为很不信任、不太信任、比较信任、非常信任，其中将"很不信任"赋为 1 分，"不太信任"赋为 2 分，"比较信任"赋为 3 分，"非常信任"赋为 4 分，将 13 项评价得分加总，得到 13~52 分的总分范围，再将其转换为 100 分制。

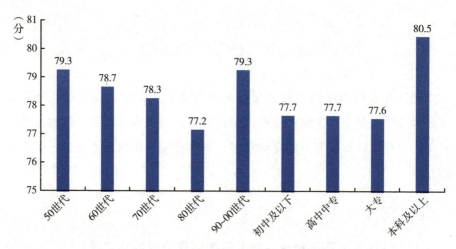

图19 不同世代和受教育程度的民众对制度机构信任评分

（二）社会包容

1. 因家庭背景及社会关系、受教育程度因素引发的社会歧视感较强，青年人、高受教育程度者及白领职业的社会歧视感高于平均水平

民众感知到的不公正待遇，就是社会歧视性待遇。总的来说，分别有46.2%和45.2%的被访者认为在家庭背景及社会关系和受教育程度两个方面受到严重的社会歧视，同时城镇被访者中感知到这个问题的比例更高（50.0%和48.2%）（见图20）。从按百分制评价的社会歧视评分来看[①]，年龄越小、受教育程度越高、从事白领工作的被访者的社会歧视待遇平均评分更高，90~00世代被访者的平均评分为38.9分，本科及以上被访者的平均评分为42.2分，从事白领工作的被访者平均评分为36.4分，分别比总体水平（33.1分）高出5.8分、9.1分和3.3分（见图21）。

---

① 评价对象为8项，分别为家庭背景及社会关系、受教育程度、年龄、职业、性别、户口、种族/民族、宗教，评价维度为非常严重、比较严重、不太严重、无此问题，其中将"非常严重"赋为3分，"比较严重"赋为2分，"不太严重"赋为1分，"无此问题"赋为0分，将8项评价得分加总，得到0~24分的总分范围，再将其转换为100分制。

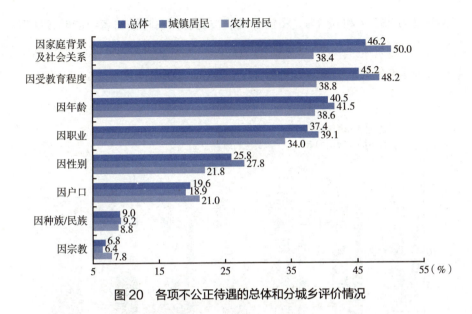

图 20　各项不公正待遇的总体和分城乡评价情况

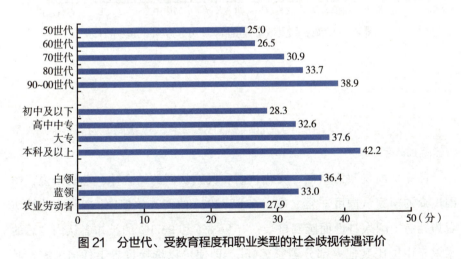

图 21　分世代、受教育程度和职业类型的社会歧视待遇评价

2. 对不同边缘社会群体的接纳度差异明显，城乡、群体间接纳度各有特点

CSS2023 的调查数据显示，民众对特定群体的接纳程度差异较大。其中，对同性恋和艾滋病患者的接纳程度较低，被访者中表示能够接纳的比例分别为 20.3%、30.0%；能够接纳有不同宗教信仰者和刑满释放者的被访者占比较

高，分别为 73.7% 和 68.7%。相较于城镇被访者，农村被访者中能够接纳婚前同居者、同性恋、有不同宗教信仰者、艾滋病患者的比例更低；大体而言，对社会边缘群体的接纳度随着受教育程度增加而提升（见图 22）。

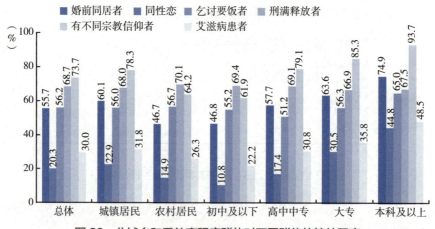

图 22 分城乡和受教育程度群体对不同群体的接纳程度

（三）社会认同

1. 九成以上民众对中国的政治制度、民族文化高度认同，为拥有中国人身份而感到自豪

国家认同是政治认同、文化认同和民族认同的结合体。总的来说，中国民众的国家认同度非常之高。在 CSS2023 的调查数据中，98.4% 的被访者为拥有中国人身份而感到自豪，有 96.8% 和 96.3% 的被访者认为"总的来说，中国比其他大部分国家都好""即使可以选择世界上任何国家，我也更愿意做中国公民"，有 95.8% 和 95.1% 的被访者认为"我国目前的政治制度是最适合中国国情的""中华民族文化优于其他文化"（见图 23）；不同群体之间的认同程度差异不大。这些数据充分体现了中国民众对中国制度和文化的自信。

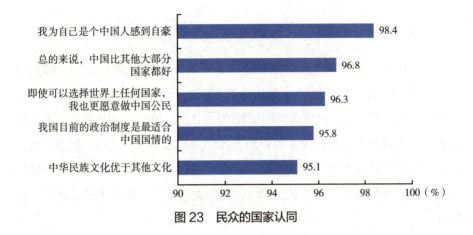

图 23　民众的国家认同

2. 民众的社会经济地位认同呈现趋中性，对未来整体预期较好

数据显示，相较于 5 年前的自评情况，目前下层阶层认同下降明显，中下、中间阶层认同上升明显。此外，未来 5 年向上趋势明显，表明民众普遍抱持积极、乐观的心态（见图 24）。但仍需注意认同下层阶层的群体比重仍较大，尤其需要提升老年群体、较低受教育程度群体和农业劳动者群体的社会地位认同。

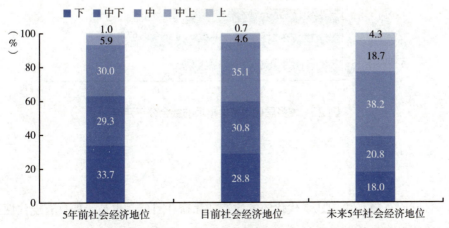

图 24　民众对 5 年前、目前、未来 5 年的社会经济地位自评情况

（四）社会公平

CSS2023 请公众对"现在社会总体公平公正情况"进行评分，结果显示，被访者的平均评分以 10 分制计达到 6.7 分，总体较好。城乡、世代、职业类型之间差异不大，分值差异幅度在 0.1~0.3 分。在对不同事项的公平性评价中，认为比较公平和很公平的被访者比例均超过 50%，其中，认为"城乡之间的权利、待遇"和"财富分配"比较公平和很公平的被访者比例分别为52.8%、53.9%，相对较低（见图 25），表明这两个方面的公平性还要进一步提高。

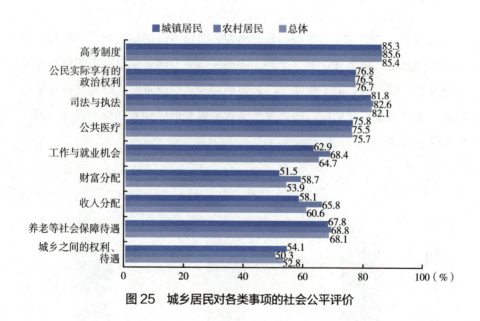

图 25　城乡居民对各类事项的社会公平评价

（五）共同富裕认知

共同富裕是中国式现代化的本质特征和奋斗目标，也是一种具有现代性的价值理念，其实现路径是发展经济、实现社会总体富裕，在此基础上通过收入调节政策，逐步缩小区域差别、城乡差别与群体差别，并使之处于合理差距水平。而民众如何认知共同富裕，也会对共同富裕的实现产生一定影响。

1. 大多数民众认为共同富裕政策与自己生活相关，但政策知晓度不足四成

习近平总书记在《扎实推动共同富裕》一文中强调，"要加强促进共同富裕舆论引导，澄清各种模糊认识"，实现共同富裕，必须要正确认识共同富裕政策。[1] CSS2023 考察了民众对共同富裕政策和理念的认知状况。

调查数据显示，超六成（61.6%）的被访者认为政府的共同富裕政策与自己生活相关。分城乡、受教育程度、年龄、职业等群体来看，各群体认为该政策与自己生活相关的占比在 58%~69%，这说明大多数人认为共同富裕关乎自己的生活、工作和权益。但值得注意的是，对于国家有关共同富裕的政策，民众的知晓率并不高。在 CSS2023 的被访者中，仅有 37.8% 的人表示知晓。分群体来看，知晓率超过 50% 的是受教育程度较高的大专和本科及以上群体（分别为 58.2% 和 78.4%）、白领职业群体（66.9%），而农村居民、初中及以下受教育程度者、蓝领和农业劳动者、中老年群体的知晓率仅为二到三成（见图 26），这说明共同富裕理念和政策的大众传播效果仍需增强。

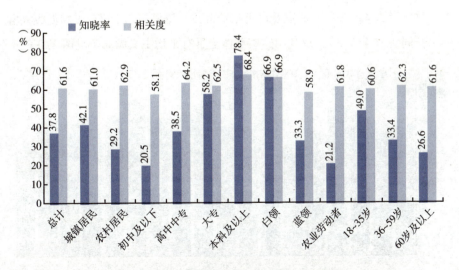

图 26　不同群体对共同富裕政策的认知度

① 习近平：《扎实推动共同富裕》，《求是》2021 年第 20 期。

2. 大多数民众对共同富裕理念的理解是"有差别的富裕"，但也有部分人理解为"劫富济贫"

CSS2023 将人们对共同富裕理念的认知划分为三种可能的类型，一是"平等式富裕"，即"共同富裕指大家过上同等水平的好日子"；二是"差别式富裕"，即"共同富裕指大家都过上好日子，有些人过得更好也没关系"；三是"截高补低式富裕"，即"共同富裕就是劫富济贫"。考虑到被访者关于共同富裕的认知可能存在摇摆、不确定的情况，调查问卷把这三种认知分别设置到独立的问题中，所有被访者都可以就这三种认知表达自己同意或不同意的态度，最终将被访者赞同率最高的认知作为最具有共识的认知。调查数据显示，82.9% 的被访者赞同"差别式富裕"，75.2% 的人赞同"平等式富裕"，而赞同"截高补低式富裕"的人相对较少，仅占 33.2%。可见，民众最接受的共同富裕的意涵是在普遍富裕的基础上避免均等化，但对于仍有近 1/3 的被访者赞同"截高补低式富裕"的共同富裕认知情况，也需予以警惕。

进一步分析表明，赞同"截高补低式富裕"的民众，主要是农村居民（赞同者占 42.3%）、初中及以下受教育程度者（赞同者占 47.0%）、农业劳动者（赞同者占 49.9%）、60 岁及以上年龄群体（赞同者占 55.6%）和低收入群体（赞同者占 42.7%），反映出这些群体更具有平均主义倾向（见图 27）。

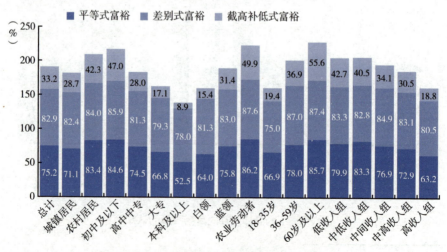

图 27　不同群体对共同富裕理念的认知

B.9
2023 年中国活跃志愿者现状调查报告[*]

邹宇春　梁茵岚[**]

摘　要： 本报告使用"2023 年中国社会状况综合调查"中的志愿服务数据，分析中国活跃志愿者及志愿服务的现状，研究发现：①中国活跃志愿者规模自 2019 年、2021 年逐步上升，2023 年占比超三成，但参与时长和次数、经济贡献较 2021 年疫情期间有所回落；②党员、"00 后"、较高家庭收入和受教育程度的群体更可能成为活跃志愿者，活跃志愿者的社会心态更积极；③志愿服务的网络化水平虽有所提升，但志愿服务的规范化和专业化水平仍然较低；④各类志愿服务领域持续发展，但是志愿服务的地区和行业差异进一步扩大。最后，本报告总结了中国活跃志愿者和志愿服务的发展趋势与存在的问题，并提出相应的对策建议。

关键词： 活跃志愿者　志愿服务　社会参与　社会心态

党的二十大报告明确提出要"完善志愿服务制度和工作体系"[①]，对中

---

* 此文系中国社会科学院国家治理领域重大创新专案"共同富裕的阶段性衡量"（23YZD002）、国家社科基金重点项目"中国式现代化的评价指标及发展规律研究"（23AZD010）阶段性成果。

** 邹宇春，中国社会科学院社会学研究所副研究员，中国社会科学院大学副教授，中国社会科学院国情调查与大数据研究中心特约研究员；梁茵岚，中国社会科学院大学社会与民族学院，主要研究方向为社会资本与信任、青年研究与志愿服务。

① 《〈受权发布〉习近平：高举中国特色社会主义伟大旗帜 为全面建设社会主义现代化国家而团结奋斗——在中国共产党第二十次全国代表大会上的报告》，新华网，http://www.news.cn/politics/cpc20/2022-10/25/c_1129079429.htm。

国志愿服务事业的发展提出了新的要求。志愿服务是推动第三次分配中最具有劳动本质和道德意蕴的形式，深入推进志愿服务的高质量发展，对扎实推进共同富裕具有重要意义。此外，习近平总书记重视志愿服务在基层社会治理中的作用，强调"要为志愿服务搭建更多平台，更好发挥志愿服务在社会治理中的积极作用"[①]，这说明志愿服务的发展是国家治理体系和治理能力现代化的重要内容。因此，有必要用系统和科学的方法及时了解和评估中国志愿服务的主体——活跃志愿者——的现状和发展趋势。

本报告使用"2023 年中国社会状况综合调查"（Chinese Social Survey，CSS2023）中的志愿服务数据，对 2023 年中国活跃志愿者的发展现状展开分析。此调查是由中国社会科学院社会学研究所发起的一项全国范围的大型连续性抽样调查，采用多阶段混合概率抽样，抽取全国 31 个省（自治区、直辖市）的 18~69 岁中国公民进行入户访问。2023 年 CSS 问卷中继续设置了"志愿服务与公益慈善"模块，较为系统地收集了志愿服务信息[②]。本报告数据分析可推论中国 18~69 岁城乡居民。

一　中国活跃志愿者的总体规模
与发展现状

民政部 2020 年发布的《志愿服务基本术语》将志愿者定义为"以自己的时间、知识、技能、体力等从事志愿服务的自然人"，将志愿服务定义为"志愿者、志愿服务组织和其他组织自愿、无偿向社会或者他人提供的公益服务"[③]。然而，由于部分志愿者受到个人观念和客观环境等方面变化的影响，很可能长时间不参与或难以再次参与志愿服务。为了更准确地评估中国志愿者群体的现状，本报告选择以近一年来是否参与志愿服务为划分标准，区分出

[①] 《推动志愿服务有效融入基层社会治理》，光明网，https://m.gmw.cn/baijia/ 2022-05/23/35754457.html。

[②] CSS 采用了 AB 卷随机分卷模式，志愿服务随机分配在 B 卷。

[③] 《志愿服务基本术语》，https://xxgk.mca.gov.cn:8445/gdnps/n2445/n2575/n2580/n2582/n2592/c117058/attr/273188.pdf。

活跃志愿者群体[①]。也就是说，在近一年内曾参与志愿服务的志愿者被定义为活跃志愿者。与之相对应的是非活跃志愿者，指的是近一年内没有志愿服务经历的人群。这两个群体分别代表了正在参与和暂未参与志愿服务的人群，通过对他们的志愿服务情况进行分析，有助于更全面地了解和把握中国的志愿服务现状。因此，本报告将重点关注并深入分析活跃志愿者群体的主要特征。

（一）中国18~69岁居民中，活跃志愿者占比自2019年、2021年逐步上升，2023年占比超三成

根据 CSS2023 数据，中国 18~69 岁的受访对象中近一年内参与志愿服务的占比达到 33.24%，与 2021 年（29.90%[②]）和 2019 年（25.09%[③]）相比，可看出活跃志愿者占比不断上升的趋势。为了把握中国活跃志愿者群体规模，本报告假设人口结构不变，参考第七次全国人口普查结果和 2019 年 1‰人口抽样调查结果进行了简单估算。结果显示，中国 18~69 岁居民中，活跃志愿者总体规模约为 3.41 亿人（95% 的置信度下，推论区间为 3.29 亿 ~3.53 亿人）。这表明，中国活跃志愿者规模正稳步扩大，志愿服务已经深入人心，这为志愿服务的可持续发展和制度化建设提供了坚实的群众基础和人力保障。

[①] 本报告中的活跃志愿者并不等于注册志愿者。两者的概念内涵和测量口径不同。注册志愿者是指已在相关志愿服务信息系统 / 平台 / 组织注册了个人基本信息的志愿者。注册志愿者包括"活跃注册志愿者"和"非活跃注册志愿者"，后者因长时间未提供志愿服务而被称为"僵尸志愿者"或"静默志愿者"。

[②] 参见邹宇春、梁茵岚《2021 年中国活跃志愿者现状调查报告》，载《2022 年中国社会形势分析与预测》，社会科学文献出版社，2022。如无特别说明，本文所作 2021 年活跃志愿者群体状况分析所使用数据来源均与此报告相同，以下不再赘述。

[③] 参见邹宇春、张丹、张彬、王翰飞、崔晨洁《2019 年中国活跃志愿者现状调查报告》，载《2020 年中国社会形势分析与预测》，社会科学文献出版社，2020。如无特别说明，本文所作 2019 年活跃志愿者群体状况分析所使用数据来源均与此报告相同，以下不再赘述。

（二）近三个月，中国活跃志愿者人均参与志愿服务1.35次，人均参与时长为10.51小时，人均参与次数和时长、贡献的经济效益均较2021年有明显下降

从参与强度来看，近三个月以来，中国活跃志愿者人均参与志愿服务1.35次（95%置信度下，置信区间为1.12~1.58次），远低于2021年水平（4.22次），略低于2019年水平（2.12次）。近三个月以来，人均志愿服务时长为10.51小时（95%置信度下，置信区间为8.10~12.92小时），与2021年相比，下降了51.9%(21.87小时)，但高于2019年的人均志愿服务时长（6.63小时）。按照全国各省区市的平均最低小时工资20.34元计算①，活跃志愿者近三个月的志愿服务贡献了728.52亿元的经济价值，低于2021年水平（1268.27亿元），高于2019年水平（242.71亿元）。这可能是因为疫情后社会活动逐渐恢复，志愿服务需求有所回落，部分志愿服务需求已得到充分满足，志愿服务也从"量"的增长逐步向"质"的提升转型。

（三）从人口结构上看，党员、"00后"、较高家庭收入和受教育程度的群体更可能成为活跃志愿者

根据CSS2023数据分析结果，从政治面貌上看，活跃志愿者中，群众身份占比最高，为66.81%，但群众中的活跃志愿者占比仅为27.26%，远低于其他政治面貌群体中活跃志愿者的占比。其中，中共党员中的活跃志愿者占比为62.28%，占比最高，共青团员中的活跃志愿者占比为56.35%，民主党派中的活跃志愿者占比为39.18%。相较于2021年，群众、中共党员和共青团员群体中的活跃志愿者占比均有提升（2021年三者占比分别为24.10%、54.36%、53.27%），民主党派中的活跃志愿者占比则有所下降（2021年占比

---

① 计算31个省区市小时最低工资标准（第一档）的均值（深圳不单独计算），数据来源为中华人民共和国人力资源和社会保障部发布的《全国各省、自治区、直辖市最低工资标准情况（截至2023年10月1日）》，http://www.mohrss.gov.cn/SYrlzyhshbzb/laodongguanxi_/fwyd/202310/t20231018_507868.html。

为 57.14%）。

从出生世代来看，被访者越年轻，越可能成为活跃志愿者。"00 后"的活跃志愿者占比最高，达到 53.53%，远高于其他世代；其次是"90 后"（37.59%），再次是"80 后"（36.26%），这些世代的活跃志愿者占比均高于全国平均水平（33.24%）。而 1980 年前出生的世代群体中，活跃志愿者占比普遍较低，其中，"70 后"为 32.75%，"60 后"为 23.97%，"50 后"为 16.74%。这说明，年轻世代更有志愿服务的意识和习惯，而且年轻世代之间的参与模式差异也较小。

从家庭收入来看，活跃志愿者和非活跃志愿者的家庭年收入均值存在显著[①] 差异，活跃志愿者的家庭年收入均值达 140824.80 元，而非活跃志愿者的家庭年收入均值仅为 96586.58 元。将受访者的家庭年收入五等分并进行交叉分析表明，成为活跃志愿者的可能性与家庭年收入呈正相关关系。具体来说，低收入家庭群体中，活跃志愿者的占比为 23.39%；中低收入家庭群体中，活跃志愿者的占比为 26.78%；中等收入家庭群体中，活跃志愿者的占比为 32.38%；中高收入家庭群体中，活跃志愿者的占比为 37.19%；高收入家庭群体中，活跃志愿者的占比为 43.25%。这说明，家庭年收入越高，参与志愿服务的意愿和能力越强。

从受教育程度来看，受教育程度越高，越可能成为活跃志愿者。大学本科及以上学历群体中的活跃志愿者占比最高，为 57.47%，其次是大专学历群体（42.86%），再次是高中 / 中专 / 技校学历群体，这些学历群体的活跃志愿者占比均高于全国平均水平（33.24%）。而初中学历群体和小学及以下学历群体的活跃志愿者占比则较低，分别为 25.26% 和 17.23%。这说明，接受较高程度教育的群体，更倾向于成为活跃志愿者。

综合来看，无论是非群众身份、年轻的出生世代还是较高家庭收入和受教育程度，都更有可能成为活跃志愿者，显示出较高的志愿服务参与倾向性。

---

① 如无特别说明，本报告的相关分析均通过卡方检验或 T 检验。

（四）与2021年相比，志愿服务的网络化水平有所提升，但志愿服务的规范化和专业化水平仍然较低

根据CSS2023的分析结果，近一年以来通过互联网提供过志愿服务活动的活跃志愿者占18.56%，略高于2021年水平（17.92%），略低于2019年水平（20.50%），志愿服务的网络化程度有所回升。活跃志愿者中，在志愿服务网站登记注册过的占比为24.37%，这表明，活跃志愿者的规范化建设仍有可以提升的空间。从志愿服务的发起组织来看，活跃志愿者参与所在社区居委会或村委会组织的志愿服务占比最高，为37.41%；其次是工作单位/学校/组织/机构组织的志愿服务，占比为34.90%；再次是个人发起的志愿服务，占比为25.33%。相较而言，活跃志愿者参与志愿服务组织、政府部门及其机构和工青妇等群团组织的志愿服务占比偏低，分别为14.54%、12.97%和4.26%，其他组织的占比为4.23%，均不足两成。这说明，居民自治组织和工作单位/学校/组织/机构等居民生活和工作所在的组织吸纳了较多的活跃志愿者，为志愿服务提供了充足的人力资源，但志愿服务组织作为专门性的非营利组织，在招募志愿者、开展志愿服务方面却不够理想，这说明志愿服务的专业化程度还有待提高。

二 中国志愿服务的参与现状

根据志愿服务内容的不同，CSS2023将志愿服务分为儿童关爱、青少年辅导、老年关怀、妇女维权/保护、扶助残障、支教助教、扶贫济困、医疗护理、法律援助、环境保护、抢险救灾和国际援助12个类别。本部分主要考察不同类别志愿服务的参与状况。结果显示，由于发展水平和群众需求等存在差异，各领域志愿服务的发展存在不平衡、不充分的特点。

（一）近一年来，环境保护、老年关怀和儿童关爱三类志愿服务参与率最高，国际援助、法律援助和支教助教三类志愿服务参与率最低

如图 1 所示，近一年以来志愿服务参与率最高的三个领域由高到低排序依次为环境保护（13.70%）、老年关怀（11.97%）、儿童关爱（9.50%）；参与率最低的三类由低到高排序依次为国际援助（0.23%）、法律援助（1.18%）、支教助教（1.37%）。志愿服务参与结构与 2021 年基本一致，具体的志愿服务领域之间仍存在发展不充分的现象，反映了社会支持资源的不均衡配置。与 2021 年相比，12 类志愿服务中，除扶贫济困、青少年辅导、支教助教和国际援助四个领域外，其他类别的志愿服务参与率均有所提高。其中，增长幅度最大的三类志愿服务由高到低排序依次为老年关怀（11.97%）、医疗护理（3.64%）和环境保护（13.70%），分别比 2021 年提高 2.07 个、1.31 个和 0.99 个百分点。这可能是因为随着老龄事业的持续发展和养老服务体系的建设完善，围绕老年群体服务需求的志愿服务项目应运而生，进一步提高了老年关怀、医疗护理等领域志愿服务的参与率。

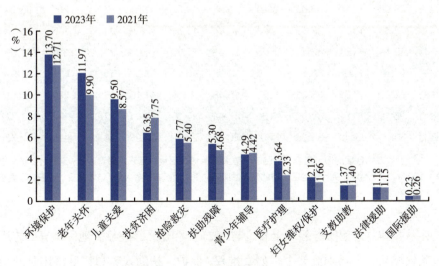

图 1　城乡居民对各类志愿服务的参与率（N=6443）

（二）从地区差异看，地区发展不平衡现象持续加剧和复杂化，华北和东北地区在不同的志愿服务领域存在明显短板

从表1可以看到，将全国划分为六大区并进行交叉分析后发现，整体上看，与2021年相比，地区间各类志愿服务发展不平衡现象加剧。从活跃志愿者占比来看，西北地区最高，占42.78%；东北和华北地区次之，分别占37.99%和35.05%；西南和华东地区再次，分别占32.72%和32.57%，低于全国平均水平（33.24%）；中南地区最低，占30.11%，比西北地区低12.67个百分点。整体而言，六大区活跃志愿者占比均较2021年有所提高，但地区差异存在逐年扩大趋势，其极差比2021年（9.89个百分点）上升了2.78个百分点，较2019年（5.91个百分点）上升了6.76个百分点。

表1 不同地区活跃志愿者对各类志愿服务的参与率

单位：人，%

地区	①儿童关爱	②青少年辅导	③老年关怀	④妇女维权/保护	⑤扶助残障	⑥扶贫济困	⑦环境保护	⑧抢险救灾	⑨活跃志愿者人数	⑩活跃志愿者占比
全国	28.58	12.90	36.02	6.40	15.93	19.09	41.21	17.34	250	33.24
华北	20.86	10.27	32.89	4.50	16.24	15.64	36.86	14.61	145	35.05
东北	19.19	9.53	42.33	4.05	23.28	23.39	38.04	29.08	601	37.99
华东	31.18	13.68	35.88	6.08	13.28	16.19	37.83	15.41	515	32.57
中南	32.90	13.38	35.91	5.50	15.48	21.10	41.45	17.38	297	30.11
西南	26.11	10.68	33.99	6.81	15.44	17.16	50.71	17.01	173	32.72
西北	30.00	19.10	39.33	14.08	20.48	27.49	44.93	18.43	1981	42.78

注：①本表中各项均通过显著性检验。②第⑩列＝该地区受访活跃志愿者人数／该地区受访者总数×100%。③第①~⑨列＝该地区参与此类志愿服务的受访活跃志愿者人数／该地区受访活跃志愿者总数×100%。

从具体的志愿服务领域上看，与2021年相比，存在显著地区差异的志愿服务领域从5个增加到8个，妇女维权/保护、扶助残障和扶贫济困是新增的具有显著地区差异的志愿服务领域。与此同时，志愿服务领域地区差异的表现形式复杂化，具体表现为：从志愿服务领域上看，环境保护、老年关怀和儿童关爱三个参与率最高的志愿服务领域地区差异也最为显著。在环境保护类志愿服务方面，西南地区（50.71%）、西北地区（44.93%）和中南地区（41.45%）的参与率高于全国平均水平（41.21%），华北地区的参与率最低，仅为36.86%；在老年关怀类志愿服务方面，只有东北地区（42.33%）和西北地区（39.33%）的参与率超过了全国平均水平（36.02%），华北地区的参与率最低，仅为32.89%；在儿童关爱类志愿服务方面，华东地区（31.18%）、中南地区（32.90%）和西北地区（30.00%）的占比高于其他地区，东北和华北地区参与率较低，分别为19.19%和20.86%。从具体地区上看，西北地区在不同志愿服务领域的参与率均较高，稳定在全国平均水平之上，西北地区在志愿服务均衡化发展方面取得了长足进步，而华北地区仅在扶助残障方面实现了超越全国平均水平的参与率，其他各领域志愿服务参与率均偏低，有待全面提高。东北地区的志愿服务各领域发展最为不均衡，其老年关怀（42.33%）、扶助残障（23.28%）和抢险救灾（29.08%）类志愿服务参与率为六大地区中最高的，但其儿童关爱（19.19%）、青少年辅导（9.53%）和妇女维权/保护（4.05%）类志愿服务参与率则为六大地区中最低的。根据第七次全国人口普查的地区人口年龄构成数据，东北地区为全国老龄化最严重地区[①]，老年关怀类志愿参与可以满足其较高的服务需求，实现社会支持资源的供需匹配。因此，志愿服务事业的发展既要因地制宜，也要注意避免地区发展不平衡和个别领域发展不充分，固长板补短板，充分实现服务与需求的精准对接。

（三）从行业看，公共管理和社会保障行业的各类志愿服务参与率均处于较高水平，教育文化和卫生行业与农业的志愿服务参与具有更强的专业性

工作深刻地塑造了个体的生活方式、知识构成和价值追求，从而影响

[①] 根据国家统计局发布的《第七次全国人口普查公报（第五号）》，东北地区各个省份60周岁以上人口占比最高，人口老龄化程度严重，http://www.stats.gov.cn/sj/tjgb/rkpcgb/qgrkpcgb/202302/t20230206_1902005.html。

着志愿服务参与方式和态度。本报告考察了不同行业活跃志愿者的志愿服务参与情况。如表2所示，从总体上看，活跃志愿者占比最高的三个行业领域由高到低依次为公共管理和社会保障行业（74.56%）、教育文化和卫生行业（60.33%）、采矿与基础设施建设行业（43.38%）；占比最低的三个领域由低到高依次为住宿餐饮业（23.40%）、制造业（29.73%）和建筑业（30.39%）。这说明，与社会服务和公益事业更相关、工作时间更为弹性和灵活的行业，可能更容易培养出愿意参与志愿服务的从业者。与2021年相比，科学技术与金融行业（38.65%）、住宿餐饮业（23.40%）、农业（32.82%）的活跃志愿者占比有所下降，分别下降7.18个、5.91个和0.96个百分点。而其他行业的活跃志愿者占比均实现上升，其中，交通运输和仓储业（39.63%）提高最多，提高10.34个百分点；教育文化和卫生行业（60.33%）次之，提高8.55个百分点；房地产与租赁业（41.97%）再次之，提高7.19个百分点。

与此同时，不同行业的从业者由于具备专业知识技能，在工作中更容易获得特定领域的志愿服务信息和机会，在特定志愿服务领域表现出更高的参与率。具体表现为：其一，公共管理和社会保障行业从业者在儿童关爱（45.63%）、老年关怀（56.80%）、妇女维权/保护（19.64%）、扶助残障（40.18%）、法律援助（15.22%）和环境保护（52.05%）六个志愿服务领域都拥有高于其他行业从业者的参与率，这说明公共管理和社会保障行业从业者是各类志愿服务参与的主力军，公共管理和社会保障行业对促进广覆盖、多层次、宽领域的志愿服务具有重要的意义。其二，教育文化和卫生行业从业者在青少年辅导（28.96%）、支教助教（10.99%）和医疗护理（24.08%）类志愿服务方面有着高于其他行业从业者的参与率，而农业从业者在扶贫济困（38.99%）和抢险救灾（39.66%）类志愿服务方面有着高于其他行业从业者的参与率。行业为志愿服务注入更多专业知识和技能丰富的志愿者，将为志愿服务的精细化和专业化发展提供更为有力的支持。

表 2　不同行业活跃志愿者与各类志愿服务参与率的交叉表

单位：人，%

行业	①儿童关爱	②青少年辅导	③老年关怀	④妇女维权/保护	⑤扶助残障	⑥支教助教	⑦扶贫济困	⑧医疗护理	⑨法律援助	⑩环境保护	⑪抢险救灾	⑫活跃志愿者人数	⑬活跃志愿者占比
农业	31.26	7.05	41.12	2.59	13.44	3.48	38.99	0.00	0.00	35.82	39.66	28	32.82
采矿与基础设施建设行业	18.95	7.91	38.50	8.28	9.14	2.45	26.02	10.82	3.24	47.03	33.45	51	43.38
制造业	32.77	10.86	37.08	3.74	12.74	1.33	18.59	8.21	1.69	34.76	16.91	195	29.73
建筑业	25.70	4.46	42.51	2.64	14.49	2.13	16.34	8.82	2.10	46.77	20.23	93	30.39
批发零售业	23.17	6.16	31.52	4.57	15.77	0.76	26.10	6.91	3.41	44.89	17.18	127	31.70
交通运输和仓储业	25.44	4.14	40.77	3.63	12.24	1.45	17.84	4.81	1.47	31.48	27.05	60	39.63
住宿餐饮业	21.03	5.57	34.25	4.98	20.56	4.26	12.14	11.56	0.00	30.78	12.42	42	23.40
科学技术与金融行业	30.78	10.58	25.29	6.84	18.57	0.00	23.15	15.91	2.17	28.71	12.83	52	38.65
房地产与租赁业	31.63	6.88	24.84	9.68	15.66	2.88	20.89	11.95	9.19	31.83	20.00	40	41.97
居民服务业	19.81	2.35	36.24	10.02	23.05	1.20	15.44	3.71	4.12	40.54	21.32	72	37.35
教育文化和卫生行业	39.69	28.96	31.53	4.27	11.74	10.99	20.53	24.08	2.16	33.40	8.85	231	60.33
公共管理和社会保障行业	45.63	16.42	56.80	19.64	40.18	4.36	38.27	9.87	15.22	52.05	34.35	165	74.56

注：①本表中各项均通过显著性检验。②第⑬列＝受访的从事该行业的活跃志愿者人数/从事该行业的受访者人数×100%。③第①~⑪列＝受访的参与该类志愿服务且从事该行业的活跃志愿者人数/从事该行业的活跃志愿者人数×100%。

（四）从工作单位/公司看，非经济部门的活跃志愿者占比更高，自治组织志愿者是多个志愿服务领域的重要参与主体

由于单位文化、经济状况和组织支持等多种因素不同，不同类型工作单位从业者在志愿服务参与上也呈现不同的特征。如表3所示，在活跃志愿者占比方面，占比最高的三类工作单位由高到低依次为以社区居委会和村委会为代表的自治组织（79.01%）、政府部门（70.34%）和事业单位（66.19%），占比最低的三类工作单位/公司由低到高依次为三资企业（23.86%）、私营企业（31.14%）和个体工商户（31.45%）。可见，公有部门的活跃志愿者占比普遍高于私有部门，私有部门中政治动员能力越强的单位其志愿服务参与热情更高，这与中国志愿服务以行政动员、政治动员为主导的特点有关。

在具体的志愿服务领域方面，自治组织在儿童关爱（58.72%）、老年关怀（72.34%）、妇女维权/保护（27.04%）、扶助残障（49.48%）、扶贫济困（44.20%）、环境保护（58.54%）和抢险救灾（35.78%）七个志愿服务领域都拥有远高于其他单位的参与率。志愿服务是社区治理的重要抓手，而自治组织在各类志愿服务上的高参与率体现了社区治理现代化的推进。相对而言，政府部门仅在法律援助（14.83%）类志愿服务领域参与率最高，国有企业在国际援助（4.49%）类志愿服务领域参与率最高，事业单位在支教助教（10.58%）和医疗护理（23.35%）类志愿服务领域参与率最高，民办非企业在青少年辅导（39.31%）类志愿服务领域参与率最高。

三 活跃志愿者群体的社会心态

（一）在社会信任方面，与非活跃志愿者相比，活跃志愿者有着普遍更高的人际信任和制度信任

良好的社会信任可以减少不确定性，降低社会交往的风险，缓和社会矛盾，是精神富足的重要内容，社会信任包括人际信任和制度信任。在人际信任方面，CSS2023采用10分制测量。结果显示，活跃志愿者平均得分为6.92

表 3 不同类型单位/公司活跃志愿者与各类志愿服务参与率的交叉表

单位：人，%

单位/公司	①儿童关爱	②青少年辅导	③老年关怀	④妇女维权/保护	⑤扶助残障	⑥支教助学	⑦扶贫济困	⑧医疗护理	⑨法律援助	⑩环境保护	⑪抢险救灾	⑫国际援助	⑬活跃志愿者人数	⑭活跃志愿者占比
政府部门	23.81	12.94	33.67	8.98	23.65	3.12	34.58	5.90	14.83	37.13	28.93	0.00	69	70.34
国有企业	23.49	14.94	38.57	3.07	11.19	1.26	24.53	7.20	2.07	30.78	23.84	4.49	86	44.10
事业单位	35.61	25.03	24.06	3.20	11.36	10.58	21.58	23.35	0.99	38.20	12.48	0.40	189	66.19
集体企业	31.72	0.00	29.92	0.00	11.20	0.00	18.20	12.04	5.75	43.23	0.00	0.00	19	60.03
私营企业	34.40	9.41	36.76	4.74	14.31	2.25	15.24	9.84	3.01	38.29	16.61	0.91	306	31.14
三资企业	15.21	11.61	19.75	0.00	8.55	0.00	25.97	16.71	0.00	10.75	0.00	0.00	8	23.86
个体工商户	25.67	5.49	34.66	5.51	13.66	1.93	22.32	8.43	2.98	31.54	19.46	0.45	206	31.45
民办非企业	24.90	39.31	35.96	7.82	19.33	8.69	22.97	13.43	3.32	19.40	5.69	3.46	25	53.83
自治组织	58.72	16.81	72.34	27.04	49.48	5.15	44.20	14.46	13.51	58.54	35.78	0.75	120	79.01
没有单位	21.43	8.48	41.72	6.66	18.21	1.85	20.87	7.29	2.54	51.15	23.16	0.59	105	32.24

注：①本表中各项均通过显著性检验。②第⑭列＝受访的该类单位（公司）的活跃志愿者人数/该类单位（公司）的受访者总数×100%。③第①~⑫列＝受访的该类单位（公司）活跃志愿者人数/该类单位（公司）的活跃志愿者人数×100%。

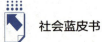

分，显著高于非活跃志愿者（6.60 分）。在制度信任方面，CSS2023 采用题目"请问，您信任下列机构（全国人民代表大会、中央政府、区县政府、乡镇政府、工青妇等群团组织、所在工作单位 / 公司、慈善机构、官方新闻媒体、医院、法院、公安部门、村 / 居 / 社区委员会、业主委员会 / 物业管理委员会）吗"来测量受访者对 13 类制度机构的信任水平，本报告将"非常信任"和"比较信任"合并为"信任"，"非常不信任"和"比较不信任"合并为"不信任"。结果发现，活跃志愿者在 13 类制度机构的信任度上都要显著高于非活跃志愿者。具体而言，活跃志愿者最信任的三个制度机构由高到低排序依次是中央政府（96.26%）、全国人民代表大会（93.65%）和工作单位 / 公司（90.62%），分别比非活跃志愿者高 1.45 个、3.16 个和 4.19 个百分点；信任水平相对较低的三个制度机构由低到高排序依次是慈善机构（66.59%）、医院（80.02%）和官方新闻媒体（80.21%），分别比非活跃志愿者高 3.72 个、4.00 个和 3.69 个百分点。总的来说，无论是人际信任还是制度信任，与非活跃志愿者相比，活跃志愿者都有着普遍更高的信任水平。

（二）在主观幸福感方面，与非活跃志愿者相比，活跃志愿者在多个方面持有相对更高的积极预期和评价

主观幸福感是发展成果由人民共享的重要体现，是衡量共同富裕的关键指标。CSS2023 采用了 6 个题项测量受访者不同维度的主观幸福感，并测量了受访者对幸福感的总体评价。整体上看，活跃志愿者赞同"总的来说，我是一个幸福的人"这一说法的比例为 92.46%，显著高于非活跃志愿者赞同的比例（88.84%），高 3.62 个百分点。具体而言，活跃志愿者赞同"社会上做好事的人并不图回报"这一说法的比例为 76.80%，比非活跃志愿者赞同的比例（71.16%）高 5.64 个百分点；活跃志愿者赞同"我相信社会上大部分人是善良的"这一说法的比例为 92.32%，比非活跃志愿者赞同的比例（90.22%）高 2.10 个百分点；活跃志愿者赞同"我对这个社会是有贡献的"这一说法的比例为 92.14%，比非活跃志愿者赞同的比例（85.18%）高 6.96 个百分点；活跃志愿者赞同"这个世界正在越变越好"这一说法的比例为 89.37%，比非活跃志愿者赞同的比例（86.79%）高 2.58 个百

分点。此外，在"我感觉周围人的关系非常好"和"我周围的人让我感到安全踏实"这两个维度的幸福感方面则无显著差异。可见，活跃志愿者更能感知人与人之间的善意，也更能对社会和生活持有正面的评价，拥有更高的主观幸福感。

（三）在公益慈善参与方面，与非活跃志愿者相比，活跃志愿者的参与率更高，特别是捐款、捐物类公益慈善活动

公益慈善活动是指通过资金筹集、捐赠等方式来支持社会弱势群体，与志愿服务相辅相成，共同推进社会福祉。CSS2023 询问了受访者最近两年中参与公益慈善活动的情况。从公益慈善参与率上看，相比于非活跃志愿者，活跃志愿者也更可能参与公益慈善活动，73.28% 的活跃志愿者在最近两年中参与过公益慈善活动，而仅有 40.37% 的非活跃志愿者在最近两年参与过公益慈善活动。从公益慈善的类型上看，活跃志愿者在捐款、捐物（如参加众筹、捐赠二手衣物等）方面的参与率最高，占比为 57.60%，比非活跃志愿者的参与率（31.49%）高 26.11 个百分点；活跃志愿者在优先购买贫困地区农产品、手工品等方面的参与率次之，占比为 27.43%，比非活跃志愿者的参与率（12.22%）高 15.21 个百分点；活跃志愿者在义务献血方面的参与率最低，占比为 13.37%，比非活跃志愿者的参与率（5.98%）高 7.39 个百分点。

（四）在其他社会心态方面，与非活跃志愿者相比，活跃志愿者的积极感知普遍更高

本报告对活跃志愿者和非活跃志愿者在社会包容、社会公平、社会道德水平、遵纪守法水平、生活满意度等社会心态指标上的差异进行了分析，这些指标分别从不同角度反映了个体对社会凝聚力和社会融合水平的主观感受。结果显示，在社会包容感受上，活跃志愿者群体的平均得分为7.22分[①]，比非活跃志愿者（7.02 分）高 0.20 分；在社会公平感受上，活跃志愿者的平均得分为 6.94 分，比非活跃志愿者（6.60 分）高 0.34 分；在社会道德水平感受

---

① 在本题目下，各项社会心态得分的满分均为 10 分，10 分表示非常好，1 分表示非常不好。

上，活跃志愿者的平均得分为 6.93 分，比非活跃志愿者（6.71 分）高 0.22 分；在遵纪守法水平感受上，活跃志愿者的平均得分为 7.67 分，比非活跃志愿者（7.50 分）高 0.17 分；在生活满意度的感知评价上，活跃志愿者的平均得分为 7.36 分，比非活跃志愿者（6.87 分）高 0.49 分。由此可见，相比非活跃志愿者群体，活跃志愿者普遍拥有更积极的社会心态。

四 志愿者与志愿服务的发展趋势与建议

综上所述，中国志愿服务事业稳步发展，取得了长足进步。总的来说，活跃志愿者具有年轻化、受教育程度较高、家庭经济水平较高和社会心态更积极等群体特征。但由于历史和现实因素的制约，中国志愿服务在项目优化、体系建设和社区动员等方面还存在有待完善和进步的空间。

（一）发展趋势与存在问题

1. 中国活跃志愿者规模稳步上升，志愿服务有待实现从"量"到"质"的飞跃

如前所述，2023 年中国活跃志愿者占比在 18~69 岁居民中超三成，自 2019 年、2021 年逐步上升。近三个月，人均参与志愿服务 1.35 次，人均参与时长为 10.51 小时，贡献了 728.52 亿元的经济价值，高于 2019 年水平，但与 2021 年相比有所回落，这说明志愿服务逐步走向常态化，应逐步实现从"量"到"质"的转变。志愿服务的网络化水平得到了一定程度的提高，但志愿服务的规范化和专业化水平仍然较低。此外，活跃志愿者作为社会福祉的建设者和正能量的传播者，在社会信任、主观幸福感和公益慈善参与热情等方面都表现出积极正面的态度，有助于营造人人互助、人人共享的和谐氛围。可以预见，随着志愿服务的深入推进和持续发展，志愿服务将在实现社会物质富裕和精神富足"双富"方面做出更加突出的贡献。

2. 各类志愿服务持续发展，助老志愿服务体系有望进一步健全和完善

如前所述，在 12 个类别的志愿服务中，环境保护（13.70%）、老年关怀

（11.97%）、儿童关爱（9.50%）不仅是参与率最高的三个志愿服务领域，也是地区差异最为突出的三个领域，这与 2021 年的情形基本一致。但与 2021 年相比，老年关怀（11.97%）和医疗护理（3.64%）参与率的增长幅度最大，分别提高 2.07 个和 1.31 个百分点。这可能与老龄事业的进步和养老服务体系的发展有关，这些因素推动了针对老年群体多层次多样化服务需求的志愿服务项目的产生，也对助老志愿服务提出了更高标准的要求。在党委、政府和社会各界的支持与鼓励下，可以预见各类志愿服务领域还有较大的发展空间，还将持续不断地向前发展，特别是助老志愿服务体系有望进一步健全和完善。

3. 志愿服务的地区和行业差异进一步扩大，应根据实际情况理解这种不平衡发展的复杂性

如前所述，与 2021 年相比，各类志愿服务发展的地区和行业差异进一步扩大，在志愿服务参与率整体提升的前提下，应结合地方和行业实际来理解这种不平衡的复杂性。在地区差异方面，一些地区在各个志愿服务领域参与率整体偏高或偏低，另一些地区因地制宜，实现志愿服务与居民需求的有效对接。在行业差异方面，各行各业为各类志愿服务领域注入了专业知识和技能丰富的志愿者，将为志愿服务的精细化和专业化发展提供更为有力的支持。

4. 社区志愿服务长足发展，但也存在明显的行政化倾向，独立性和自主性不足

如前所示，在对志愿服务发起组织和活跃志愿者的行业、工作单位分析中发现，社区居（村）委会和工作单位是主要的志愿服务组织者，而活跃志愿者来自社区居委会和村委会等自治组织、政府部门、事业单位的占比较高，公共管理和社会保障行业的从业者偏多。从志愿服务的内容和类型上看，这些工作单位和行业承担了大部分社会治理重要领域的志愿服务，如老年关怀、扶贫济困、扶助残障等。这意味着，一方面，社区志愿服务成为中国志愿服务的主要形式，其在保障民生、促进社区治理方面具有重要意义。另一方面，政治动员仍然是志愿服务的重要动员方式之一，志愿服务存在明显的行政化倾向，独立性不足，而一些专业志愿服务组织在招募志愿者、开展志愿服务

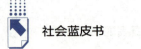

方面不够理想，社区在加强与专业组织合作、激发志愿服务的内驱力和提高志愿服务的专业度等方面还有较大的进步空间。

（二）对策与建议

1. 常态化和精细化并举进一步优化志愿服务供给，实现志愿服务高质量发展

志愿服务的高质量发展需要志愿服务需求端和供给端的共同发力与有效匹配。一方面，常态化和精细化并举优化志愿服务供给，要优化精简已有的志愿服务项目，选择一批有特色、发展好、人民群众满意的志愿服务品牌着力打造，推动其走向常态化和长期化，充分扩大志愿服务影响力，使志愿服务吸纳更多人、惠及更多人。与此同时，淘汰一批效果差、重复多、人民群众反响不佳的志愿服务项目，避免志愿服务项目落入"多而不精"的形式主义困境，消耗社会互助资源和参与热情。另一方面，应推进志愿服务供需的精准对接，坚持问题导向、需求导向和效果导向，可以建立志愿服务需求信息库和志愿服务项目"菜单"，采取"点单式"的志愿服务参与模式，从而实现志愿服务资源的有效调度和志愿服务供需的精准匹配，使得志愿服务真正地融入社会治理的各个环节，真正地实现志愿服务的第三次分配作用，充分发挥志愿服务的社会效益。

2. 因人制宜整合不同行业的志愿者资源，推动志愿服务向纵深发展

发挥不同行业志愿人才的优势，是推动志愿服务专业化、促进志愿服务纵深发展的重要方式。在志愿服务项目的设计上，应既考虑广大群众参与的普遍性服务项目，也要包含专业知识技能人员参与的针对性服务项目，以建立一个全面而有深度的志愿服务体系。以助老志愿服务体系为例，项目的设计可以包括普通的探访服务、清洁和陪伴服务，也应该涵盖专业化的老年义务体检、心理辅导等服务。为了实现这一多层次的设计，可以有计划地组织不同行业的志愿者，分组分类组建多元化的志愿服务队伍，使其参与到相应的服务项目中。通过这样的策略，不仅能够满足大众化的参与需求，还能够促使志愿者在服务中发挥专业能力。整合不同行业的志愿者资源，是实现志愿服务多层次、立体化、专业化发展的关键一步。

3. 厘清社区和志愿服务组织的互动关系，促进社区志愿服务提质增效

为实现志愿服务有效衔接并融入社区治理体系中，需要厘清社区和志愿服务组织的互动关系，推动建设以社区为平台、社会工作者为支撑、社区社会组织为载体、社区志愿者为辅助、社区公益慈善资源为补充的"五社联动"治理机制。一方面，社区志愿服务要找到志愿精神和社区共同体意识的最大公约数，进一步激发社区居民参与志愿服务的自主性。同时，充分调动社区社会组织和专业社会工作者等社区治理主体参与志愿服务活动，将广泛的社会互助力量转化为治理效能。另一方面，创新社区志愿服务发展模式，推动社区志愿服务与社区智慧治理相结合，对社区志愿服务项目、需求和志愿者队伍进行实时管理和在线更新，促进社区志愿服务提质增效。

参考文献

李凌：《志愿服务对推动第三次分配、促进共同富裕的重要价值》，《中国志愿服务研究》2021 年第 2 期。

邹宇春：《提升制度信任：确保政府良性运行的重要方向》，《中国发展观察》2014 年第 8 期。

黄晓星、蒋婕：《治理现代化与社会建设：社区志愿服务发展的分析进路》，《中国志愿服务研究》2020 年第 2 期。

B.10
中国新就业形态劳动者调查报告

田志鹏　李晓菁 *

摘　要： 随着我国数字经济和共享经济快速发展，新就业形态正在成为吸纳就业的一条重要渠道，创造越来越多高质量就业岗位。本报告将新就业形态界定为互联网平台化组织用工的劳动者就业形态，分析 2023 年中国社会状况综合调查数据，指出与传统正规就业者和传统灵活就业者相比，新业态劳动者呈现年轻化、高学历化、性别均衡化、人口流动扩大化等特征；就业方面，当前我国新业态劳动者具有多样的劳动关系和灵活的社会保险模式，并通过平台化的用工模式获得更高的劳动技能回报。综合考虑全国多地新业态劳动者职业保障试点经验，结合新业态劳动者的最新就业状况，本报告从制度建设、责任分配、覆盖范围、缴费机制、舆论宣传五个方面提出推动新就业形态高质量发展的政策建议。

关键词： 新就业形态　新业态劳动者　就业质量　权益保障

　　我国数字经济和共享经济的快速发展催生了新就业形态，也深刻改变了传统的就业结构。党的十八届五中全会公报提出，"实施更加积极的就业政策，完善创业扶持政策，加大对灵活就业、新就业形态的支持力度"。这是中央政策文件首次提出"新就业形态"的概念。此后，我国政策层面给予新

---

　　* 田志鹏，中国社会科学院社会学研究所助理研究员，中国社会科学院国情调查与大数据研究中心特约研究员；李晓菁，天津师范大学政治与行政学院讲师，中国社会科学院国情调查与大数据研究中心特约研究员。

就业形态越来越多的关注。党的二十大报告、"十四五"规划和2035年远景目标纲要均提出"支持和规范发展新就业形态"，党的二十大报告进一步提出要"加强灵活就业和新就业形态劳动者权益保障"。

中国信息通信研究院发布的《中国数字经济发展研究报告（2023年）》显示，2022年我国数字经济规模达到50.2万亿元，占GDP的比重达到41.5%，这一比重相当于第二产业占国民经济的比重。① 国家信息中心发布的《中国共享经济发展报告（2023）》显示，2022年我国共享经济市场交易规模约38320亿元，网约车用户、共享住宿用户和在线外卖用户在网民中的普及率分别为38.54%、6.63%和61.44%。② 快速发展的数字经济和共享经济满足了新消费需求，催生了新就业形态，创造了大量就业岗位。

新就业形态劳动者的权益保障是数字经济和共享经济持续、稳定发展的人力资源基础。本报告使用2023年"中国社会状况综合调查"（CSS）数据③，呈现了新就业形态劳动者的基本人口特征及其在职业类型、劳动时间、工作收入、专业技能、就业保障、工作稳定性和工作满意度等方面的最新情况。为凸显新就业形态劳动者的就业特征，本报告进一步比较了其与正规就业者、传统零工劳动者和农民工等群体在以上维度的差异。全面认识新就业形态劳动者的工作特征，对做好新就业形态劳动者权益保障、支持和规范发展新就业形态、实现更加充分更高质量就业具有重要的现实意义。

一 新就业形态劳动者的基本特征

（一）新就业形态是互联网平台化组织用工的劳动者就业形态

虽然新就业形态引发社会各界的广泛关注，但目前尚未形成"新就业形

---

① 中国信息通信研究院：《中国数字经济发展研究报告（2023年）》，http://www.caict.ac.cn/kxyj/qwfb/ bps/202304/t20230427_419051.htm，2023年4月。
② 国家信息中心：《中国共享经济发展报告（2023）》，http://www.sic.gov.cn/sic/93/552/557/0223/11819_pc.html，2023年2月。
③ 中国社会科学院社会学研究所开展的2023年"中国社会状况综合调查"覆盖我国31个省（自治区、直辖市），于2023年7~10月采集12480个18~69周岁的中国公民信息。

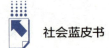

态"的统一定义。莫荣提出,"新就业形态"是指依托互联网等现代信息科技手段,实现有别于正式稳定就业和传统灵活就业的灵活性、平台化的组织用工和劳动者就业新形态。[①]于凤霞提出,"新就业形态"是新技术革命的产物,是在新业态不断涌现、传统产业数字化转型加快的大背景下,基于数据驱动和平台支撑的一种比传统雇佣式就业更加灵活、组织更加松散的劳动者就业形态。[②]国家发改委规划司指出,"新就业形态是指新一轮信息技术革命特别是数字经济和平台经济发展带来的一种就业新模式,体现为劳动关系灵活化、工作内容多样化、工作方式弹性化、工作安排去组织化、创业机会互联网化,正在成为吸纳就业的一条重要渠道"。[③]

综上所述,新就业形态之所以"新",主要因其依托互联网平台组织用工,并在工作方式上表现出不同于正式稳定就业和传统灵活就业的多种特征。因此,为明确区分新就业形态劳动者,本报告将从事非农业工作的劳动者区分为以下三类:①新就业形态劳动者,指目前从事的工作必须通过互联网平台(如外卖平台、网约车平台、直播平台、微信微商平台等)完成的劳动者;②传统正规就业者,指不属于新就业形态劳动者,但有单位、劳动合同和劳动保障的受雇者,或工作身份为公务员、雇主;③传统灵活就业者,指不属于上述两类的剩余非农就业劳动者。上述三类劳动者中凡户籍为农业者均符合农民工的定义,但鉴于就业结构及"农转非"限制的变迁,本报告不再单独区分农民工这一就业群体。结合2023年CSS数据信息,上述三类劳动者的操作化定义见表1。

---

① 《专家:中国为"新就业"探路 数字平台成重要载体》,中国经济网,2020年8月12日,http://www.ce.cn/xwzx/gnsz/gdxw/202008/12/t20200812_35509758.shtml。

② 于凤霞:《稳就业背景下的新就业形态发展研究》,《中国劳动关系学院学报》2020年第6期。

③ 《"十四五"规划〈纲要〉名词解释之236|新就业形态》,国家发展和改革委员会网站,2021年12月24日,https://www.ndrc.gov.cn/fggz/fzzlgh/gjfzgh/202112/t20211224_1309503.html。

表 1　各类非农劳动者的操作化定义	
非农劳动者类型	操作化定义
新就业形态劳动者	工作必须通过互联网平台完成的劳动者
传统正规就业者	不属于新就业形态劳动者，但有单位、劳动合同和劳动保障的受雇者，或工作身份为公务员、雇主
传统灵活就业者	不属于新就业形态劳动者，也不属于正规就业者

CSS 数据显示，在 6114 个从事非农工作的样本中，新就业形态劳动者样本 720 个，占比 11.78%；传统正规就业者样本 2187 个，占比 35.77%；传统灵活就业者样本 3207 个，占比 52.45%。根据国家统计局数据，2022 年我国第二产业和第三产业就业人员总计 55688 万人，若以此为基数推算，当前我国狭义上的新就业形态劳动者规模在 6500 万人左右。

（二）新形态劳动者的人口特征

表 2 报告了不同就业类型劳动者的人口特征。从结果看，新就业形态劳动者的平均年龄 35.63 岁，比传统正规就业者低 2.83 岁，比传统灵活就业者低 7.98 岁；新就业形态劳动者的平均受教育年限为 13.19 年，比传统正规就业者少 0.5 年，比传统灵活就业者多 3.5 年。从年龄和受教育年限看，新就业形态劳动者更接近于传统正规就业者。在新就业形态劳动者中，男性占比 54.30%，女性占比 45.70%，较之其他两类群体，新就业形态劳动者的性别分布更为均衡。与新就业形态劳动者较为年轻相对应，该群体中未婚比例也更高，占到 28.95%。户籍方面，新就业形态劳动者中农业户口者占比 63.45%，这一比例介于传统正规就业者和传统灵活就业者之间。在人口流动方面，新就业形态劳动者中本地就业的占比 66.86%，本省跨县流动就业的占比 15.07%，跨省流动就业的占比 18.07%。值得注意的是，新就业形态劳动者跨省流动就业的比例明显高于其他两类群体，新就业形态为跨省转移的劳动力提供了较多就业机会。从新就业形态劳动者的区域分布看，华东地区占比 41.26%，中南地区占比 30.83%，可以说，经济更发达的华东南地区聚集了大部分新就业形态劳动者。

人口特征		新就业形态劳动者	传统正规就业者	传统灵活就业者
年龄（岁）		35.63	38.46	43.61
受教育年限（年）		13.19	13.69	9.69
性别（%）	男	54.30	59.84	59.09
	女	45.70	40.16	40.91
婚姻状况（%）	未婚	28.95	21.22	11.91
	初婚有配偶	63.54	69.38	75.27
	再婚有配偶	2.55	3.73	5.26
	离婚	4.33	4.55	5.02
	丧偶	0.29	0.58	2.02
	同居	0.33	0.53	0.51
户籍（%）	农业户口	63.45	47.89	76.95
	非农业户口	36.55	52.11	23.05
人口流动（%）	本地	66.86	70.53	81.73
	本省跨县流动	15.07	15.68	9.96
	跨省流动	18.07	13.79	8.31
六大区域（%）	华北	8.41	11.46	11.84
	东北	6.22	6.19	6.21
	华东	41.26	39.04	31.88
	中南	30.83	25.79	31.33
	西南	9.70	11.31	12.26
	西北	3.59	6.21	6.48

表2　不同就业类型劳动者的人口特征（N=6114）

注：户籍登记为"居民户口"者，登记在村委会则归入农业户口，登记在居委会则归入非农业户口；人口流动中"本地"指受访者在户籍所在县（市、区）内务工，"本省跨县流动"指受访者离开户籍所在县前往户籍所在省其他县（市、区）务工，"跨省流动"指受访者离开户籍所在省至其他省务工。

二　新就业形态劳动者的工作状况

（一）近九成新业态劳动者只从事非农工作

如前所述，新业态劳动者中户籍为农业者占到 63.45%，但从其具体的工作情况看，新业态劳动者目前只从事非农工作的占比 88.13%，以从事非农工作为主同时也务农的占比 8.86%，以务农为主同时也从事非农工作的占比 3.01%。图 1 比较了不同就业类型劳动者的兼业情况，可以明显看到，新业态劳动者的兼业结构明显更类似于传统正规就业者，这二者中仅从事非农工作的比例明显高于传统灵活就业者。可见，虽然新业态劳动者多为农业户籍，但这些较为年轻的新生代农民工大多选择全职从事非农工作。

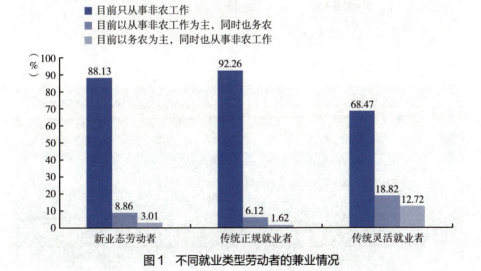

图1　不同就业类型劳动者的兼业情况

（二）新业态劳动者大多从事生活服务业工作

数字经济和互联网平台经济的发展为传统服务业转型升级赋予新动能，新业态劳动者与传统灵活就业者类似，都更多从事生活服务业工作。例如，

随着互联网平台经济的发展，从事批发与零售服务的人员获得网络电商或直播带货的新机会；从事餐饮服务的人员得到了利用外卖平台提供餐饮服务的新机会；从事交通运输、仓储物流和邮政业服务的人员获得了开网约车的新机会；从事居民服务的人员得到了送外卖的新机会。从新业态劳动者与传统灵活就业者相似的职业结构中可以发现，互联网平台的发展拓展了传统服务业的消费场景，为劳动者创造了更多就业机会（见表3、表4）。

表3　不同就业类型劳动者的主要职业类型			
排名	新业态劳动者	传统正规就业者	传统灵活就业者
1	批发与零售服务人员	教学人员	批发与零售服务人员
2	交通运输、仓储物流和邮政业服务人员	行政办事及辅助人员	建筑施工人员
3	工程技术人员	工程技术人员	住宿和餐饮服务人员
4	居民服务人员	企事业单位负责人	交通运输、仓储物流和邮政业服务人员
5	住宿和餐饮服务人员	批发与零售服务人员	居民服务人员

表4　不同就业类型劳动者的主要行业类型			
排名	新业态劳动者	传统正规就业者	传统灵活就业者
1	批发和零售业	教育	批发和零售业
2	交通运输、仓储和邮政业	设备制造业	建筑业
3	信息传输、软件和信息技术服务业	公共管理、社会保障和社会组织	住宿和餐饮业
4	文化、体育和娱乐业	卫生和社会工作	居民服务、修理和其他服务业
5	住宿和餐饮业	建筑业	交通运输、仓储和邮政业

（三）新业态劳动者的周平均工作时间略高于传统正规就业者

表5报告了不同就业类型劳动者的工作时间。从结果看，新业态劳动者每月工作天数最多，平均工作24.05天，但每天工作小时数最少，为8.41小

时。综合计算每月工作天数和每天工作小时数得到新业态劳动者的每周工作小时数为48.45小时，高于传统正规就业者的47.18小时，低于传统灵活就业者的49.48小时。与传统正规就业者相比，新业态劳动者较长的工作时间主要体现在工作天数上，而传统灵活就业者则主要体现在每天工作时长上。

表5　不同就业类型劳动者的工作时间			
			单位：天，小时
工作时间	新业态劳动者	传统正规就业者	传统灵活就业者
每月工作天数	24.05	23.34	22.77
每天工作小时数	8.41	8.54	8.94
每周工作小时数	48.45	47.18	49.48

（四）新业态劳动者的收入计算方式更多元，收入也更高

与传统受雇劳动者主要领取固定工资的薪酬计算方式不同，仅约半数的新业态劳动者领取固定工资（月薪、年薪等）。从取酬方式上看，新业态劳动者的收入计算方式更多元，其中"计件工资/按订单计算"工资的比例为25.04%，"按项目提成"的比例为13.29%，"按流量/收益提成"的比例为12.69%。此外，还有一定比例的新业态劳动者领取"计时工资"或"按股份分红/收益"（见表6）。可见，依托数字经济发展带来的算力提升和互联网平台经济发展提供的媒介，新就业形态的雇佣双方更容易采用计件工资或按订单计算工资的方式。

表6　新业态劳动者的收入计算方式	
	单位：%
收入计算方式	占比
计时工资	7.40
计件工资/按订单计算	25.04
按流量/收益提成	12.69
按项目提成	13.29
固定工资（月薪、年薪等）	54.90
按股份分红/收益	6.80

表 7 报告了不同就业类型劳动者的平均月收入及小时工资。从结果看，新业态劳动者月收入均值比传统正规就业者多 706 元，比传统灵活就业者多 3865 元；新业态劳动者月收入中位值比传统正规就业者多 500 元，比传统灵活就业者多 2000 元。不同类型劳动者的月收入均值和中位值均表明新业态劳动者的收入有一定优势。此外，从小时工资看，新业态劳动者获得的平均时薪为 52.38 元，同样高于传统正规就业者和传统灵活就业者。单从收入这一维度看，新就业形态确实起到了增加劳动者收入、提升就业质量的重要作用。已有研究也指出，新就业形态提供的就业岗位往往平均收入较高，也更加灵活，明显不同于非正规就业的传统零工。[①]

表 7 不同就业类型劳动者的平均月收入及小时工资

单位：元

就业形态	月收入均值	月收入中位值	小时工资
新业态劳动者	9946	6000	52.38
传统正规就业者	9240	5500	48.04
传统灵活就业者	6081	4000	34.45

（五）新业态劳动者的工作满意度较高

2023 年 CSS 问卷请受访者用 1~10 分表达对当前这份工作的总体满意程度，从调查结果看，新业态劳动者的总体工作满意度比传统正规就业者低 0.15 分，比传统灵活就业者高 0.37 分（见图 2）。可见，在总体工作满意度上，新业态劳动者更接近传统正规就业者，表现出较高的工作满意度。值得注意的是，虽然前文发现新业态劳动者的平均收入高于传统正规就业者，但在工作满意度上却低于传统正规就业者。显然，收入并非决定劳动者工作满意度的唯一因素，解释这一差别需要考察更多就业质量维度，如权益保障和职业发展。

---

① 徐菁菁：《面对"年轻人都送外卖，工人短缺"的问题，或许不用太悲观》，《三联生活周刊》2021 年第 18 期。

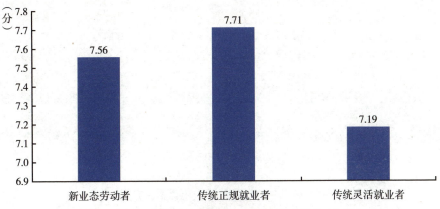

图2　不同就业类型劳动者的工作满意度（满分10分）

三　新就业形态劳动者的权益保障与职业发展

（一）半数新业态劳动者未被纳入制度化就业保障体系

表8报告了不同就业类型劳动者的就业身份。从结果看，新业态劳动者中有45.98%的人与单位或雇主签订了劳动合同，还有10.37%的人自己就是雇主或老板，这两类符合正规就业的定义，占全部新业态劳动者的56.35%。可见，超过半数的新业态劳动者可以纳入传统的职业保障体系中。在其他新业态劳动者中，属于受雇者但只签订了劳务合同的占比6.28%，没有签订合同的占比12.86%；属于自营劳动者的占比22.30%；属于家庭帮工的占比2.22%。从新业态劳动者的就业身份看，能够纳入传统就业保障体系的劳动者与无法纳入的劳动者大致各占一半，加强这一半无法纳入者的就业权益保障是持续提升新就业形态就业质量的关键。

表8　不同就业类型劳动者的就业身份

单位：%

就业身份		新业态劳动者	传统正规就业者	传统灵活就业者
雇员或工薪收入者	签订了劳动合同	45.98	93.14	0.00
	签订了劳务合同	6.28	0.00	14.97
	没有签订合同	12.86	0.00	45.28
雇主/老板		10.37	6.86	0.00
自营劳动者		22.30	0.00	35.33
家庭帮工		2.22	0.00	4.42

（二）半数左右的新业态劳动者社会保障不完善

从不同就业类型劳动者拥有各类保险的情况看，传统灵活就业者的各类社会保障覆盖率最低，其次是新业态劳动者，而传统正规就业者的社会保障情况较好。各类社会保障中，覆盖率最高的是医疗保险，传统灵活就业者拥有医疗保险的比例也达到86.20%。其次是养老保险，不同类型劳动者表现出一定差异，传统正规就业者拥有养老保险的比例达到86.17%，新业态劳动者和传统灵活就业者的覆盖率分别为70.72%和58.93%。失业保险和工伤保险的覆盖率差异最大，传统正规就业者有两类保险的比例均在七成以上，新业态劳动者在半数左右，传统灵活就业者拥有这两类保险的比例不足两成（见表9）。综合而言，半数甚至以上的新业态劳动者拥有"四险"，但也有半数新业态劳动者缺少工伤保险和失业保险。

表9　不同就业类型劳动者拥有各类保险的比例

单位：%

各类保险	新业态劳动者	传统正规就业者	传统灵活就业者
养老保险	70.72	86.17	58.93
医疗保险	87.84	94.99	86.20
失业保险	49.06	71.87	13.41
工伤保险	51.87	75.47	18.75

需要说明的是，根据《中华人民共和国社会保险法》的规定，凡是与单位或雇主签订正式劳动合同的职工应当参加养老保险、医疗保险、失业保险、工伤保险。此处的传统正规就业者四类保险的参保率均未达到100%，特别是失业保险和工伤保险的参保率仅在75%左右，主要原因有三：一是本报告定义的传统正规就业者中包含的企业雇主不在强制参加"四险"的范围内；二是部分与企业签订劳动合同的职工不知道企业已为自己缴纳失业保险和工伤保险费用；三是部分企业为减少开支未依法为职工缴纳失业保险和工伤保险费用。对于新业态劳动者而言，凡是可以纳入传统雇佣关系的劳动者均可以依法参加"四险"，而属于平台化组织用工的劳动者则缺乏明确的雇主，因而难以适用现行的社会保险制度。

（三）两成左右新业态劳动者拥有专业职称或技术等级

知识和技能在现代经济发展中扮演着越来越重要的角色，专业技能成为衡量劳动者人力资本的重要标准。一个社会中平均的劳动技能水平也是衡量就业质量的重要指标。在专业技能方面，既可以使用经过国家认证的专业职称或技术等级加以衡量，也可以使用劳动者的主观认定加以衡量。从我国当前社会发展实际看，拥有专业技能的劳动者未必全都获得国家认证。因此，在衡量劳动技能时，需要综合考虑客观的资质与劳动者主观的理解。

从调查结果看，在新业态劳动者中，拥有专业职称的占比13.77%，这一比例明显低于传统正规就业者，但高于传统灵活就业者；拥有技术等级的占比7.70%，这一比例低于传统正规就业者，与传统灵活就业者大致相当（见表10）。总体而言，在专业职称或技术等级的获得率方面，新业态劳动者相较传统灵活就业者有一定优势，但与传统正规就业者相比仍有不小的差距。

表10　不同就业类型劳动者的客观专业技能

单位：%

客观专业技能	新业态劳动者	传统正规就业者	传统灵活就业者
专业职称	13.77	28.59	5.06
技术等级	7.70	10.72	7.88
没有专业职称或者技术等级	78.53	60.68	87.06

在实际工作中，一些劳动者从事需要一定专业技能的工作但并未考取相关的专业职称或技术等级，有必要考察劳动者对其就业技能状况的主观认识，以全面评估劳动者的工作技能状况。从表11看，新业态劳动者认为自己的工作需要很高专业技能的占比7.36%，认为需要较高专业技能的占比20.53%，认为需要一些专业技能的占比45.83%，认为不需要专业技能的占比26.28%。

表11　不同就业类型劳动者的主观专业技能

单位：%

主观专业技能	新业态劳动者	传统正规就业者	传统灵活就业者
需要很高专业技能的工作	7.36	11.90	4.34
需要较高专业技能的工作	20.53	28.32	11.11
需要一些专业技能的工作	45.83	38.27	36.77
不需要专业技能的工作	26.28	21.50	47.79

值得注意的是，在客观专业技能方面，新业态劳动者没有专业职称或者技术等级的比例比传统正规就业者高17.84个百分点，比传统灵活就业者低8.53个百分点；在主观专业技能方面，新业态劳动者认为自己工作不需要专业技能的比例比传统正规就业者高4.78个百分点，比传统灵活就业者低21.51个百分点。可见，客观技能获得方面，新业态劳动者更接近传统灵活就业者，但主观技能认知方面，新业态劳动者却接近传统正规就业者。这既反映了当前专业职称或技术等级评价系统可能无法兼容部分新就业形态，也反映了新就业形态相较传统灵活就业技术性更强的特征。

（四）近1/4的新业态劳动者存在较高失业风险

从调查结果看，24.58%的新业态劳动者预期在未来6个月内"完全有可能"和"有可能"失业，这一比例比传统正规就业者高6.73个百分点，但比传统灵活就业者低9.96个百分点（见表12）。新就业形态提供的就业岗位确实比传统就业岗位更不稳定、失业风险更高，但这只是相对于传统正规就业者而言的。相对传统灵活就业者，新业态劳动者工作更为稳定。

表 12 不同就业类型劳动者预期在未来 6 个月内失业的可能性

单位：%

失业可能性	新业态劳动者	传统正规就业者	传统灵活就业者
完全有可能	8.33	5.29	13.12
有可能	16.25	12.56	21.42
一般	15.30	11.70	11.54
不太可能	29.41	31.32	24.13
完全不可能	30.71	39.13	29.79

四 推动新就业形态高质量发展的政策建议

（一）当前中国新就业形态呈现四个新特征

本报告将"新就业形态"定义为互联网平台化组织用工的劳动者就业形态。结合最新调查数据，当前我国新就业形态呈现以下几个新特征。

一是平台化的用工模式。互联网平台是新就业形态不可或缺的技术基础，最新数据显示，从事非农工作的劳动者在工作中必须使用互联网平台完成的比例已超过 10%，人数规模在 6000 万以上。这一新的用工模式是伴随着我国移动互联网的发展同步兴起的。2011 年是我国移动互联网发展的重要一年，拉开了平台型企业迅速扩张的序幕。我国手机网民规模从这一年的 3.56 亿猛增至 2022 年底的 10.65 亿。[1] 快速扩张的手机网民规模带动互联网平台经济飞速发展，以网上外卖为例，其用户规模由 2016 年底的 2.09 亿增加至 2022 年底的 5.44 亿。[2] 2018 年我国仅有餐饮配送及外卖送餐服务人员 12.5 万人，

---

[1] 中国互联网络信息中心：第 29 次《中国互联网络发展状况统计报告》（2012 年 1 月 16 日）、第 51 次《中国互联网络发展状况统计报告》（2023 年 3 月 2 日），https://www.cnnic.net.cn/6/86/88/index1.html。

[2] 中国互联网络信息中心：第 39 次《中国互联网络发展状况统计报告》（2017 年 1 月 22 日）、第 51 次《中国互联网络发展状况统计报告》（2023 年 3 月 2 日），https://www.cnnic.net.cn/6/86/88/index1.html。

截至 2022 年 6 月，仅美团注册的骑手就有 470 万人。[①]移动互联网和互联网平台经济的快速发展催生了全新的用工模式。

二是多样的劳动关系。调查结果显示，约半数的新业态劳动者与雇主签订了合同，建立了劳动关系。对于剩下一半的新业态劳动者而言，平台用工模式的引入将其与传统灵活就业者区分开来。平台与从业者在现行"劳动二分法"框架下难以充分确认从属性的劳动关系，致使从业人员游离在劳动法调整范畴之外。[②]面对"劳动二分法"造成的新业态劳动者保护难题，学界主流的思路是针对新就业形态的新特征发展出"第三种劳动关系"[③]，建立"劳动三分法"[④]，建立在倾斜保护与不倾斜保护之间给予一定程度倾斜保护的三元框架[⑤]。

三是更高的劳动技能回报。调查结果显示，新业态劳动者在客观专业资质获得上更接近传统灵活就业者，但主观技能认知方面却接近传统正规就业者。这表明新就业形态能够更好地将从业者的潜在技能转化为工作收入，毕竟新业态劳动者拥有国家认证的专业职称或技术等级的比例比传统正规就业者低 17.84 个百分点，但平均月收入却高出 706 元。互联网平台基于特有渠道、算法等资源优势，在供需匹配、从业培训、资源对接等方面起到放大个体能力的作用，并通过其庞大的用户规模，实现劳动者依靠个人信息渠道无法实现的市场回报，表现出强大的赋能作用。[⑥]

四是灵活的社会保险模式。调查结果显示，半数左右的新业态劳动者有较为完善的社会保障。已有研究指出，从事平台工作的劳动者选择以高工时、低保障换取更高到手收入。[⑦]本报告也有类似的发现，平均而言，

---

① 徐向梅：《充分发挥平台经济稳就业作用》，《经济日报》2022 年 11 月 23 日，第 011 版。
② 汪敏：《新业态下劳动与社会保险政策的检视与选择》，《社会保障评论》2021 年第 3 期。
③ 肖竹：《第三类劳动者的理论反思与替代路径》，《环球法律评论》2018 年第 6 期。
④ 王天玉：《平台用工的"劳动三分法"治理模式》，《中国法学》2023 年第 2 期。
⑤ 张成刚：《就业变革：数字商业与中国新就业形态》，中国工人出版社，2019。
⑥ 于凤霞：《稳就业背景下的新就业形态发展研究》，《中国劳动关系学院学报》2020 年第 6 期。
⑦ 杨伟国、吴清军、张建国等：《中国灵活用工发展报告（2022）：多元化用工的效率、灵活性与合规》，社会科学文献出版社，2022。

新业态劳动者用 23.60% 的工伤保险参保率和 22.81% 的失业保险参保率换取了 706 元的到手月收入。不过，也应该看到，相较传统正规就业者和传统灵活就业者，新业态劳动者更为年轻，未婚比例更高，跨省流动务工的比例也更高，这些因素都会促使该群体选择牺牲一定的社会保障换取到手收入。

（二）推动新就业形态高质量发展的政策建议

以互联网平台为基础的新就业形态为劳动者提供了更多高收入的工作机会，也利用平台特有的优势，提升了劳动者的技能回报。报告结论表明，在政策层面合理、审慎引导的情况下，新就业形态可以创造更多就业岗位，满足劳动者对更高质量就业岗位的需求，加快推动我国产业转型升级。报告也呈现了新就业形态发展中的最大问题，即平台化的就业关系无法有效纳入现行的劳动保障体系中。在此情况下，以就业为基础的各类社会保险不再具有社会强制性，而变成新业态劳动者的个体选择。新业态劳动者从个人当前经济利益出发，往往选择"保障换收入"，但这一选择既不利于个人的长期利益，也不利于社会的总体利益。因此，推动新就业形态高质量发展的关键在于结合新业态劳动者的工作状况，落实党的二十大报告提出的"加强新就业形态劳动者权益保障"。

从就业结构看，新业态劳动者中一半左右无法确认劳动关系的劳动者是就业保障的重点。从调查结果看，超过七成新业态劳动者有养老保险，近九成新业态劳动者有医疗保险，这无疑得益于我国在职业保障之外建立了十分完善的居民养老和医疗制度。虽然以个人身份参加的居民医疗保险和养老保险的保障水平相较职工医疗保险和职工养老保险有一定差距，但毕竟为未确立劳动关系的新业态劳动者提供了基础的养老和医疗保障。当然，应看到新业态劳动者在养老保险和医疗保险的参保率上与传统正规就业者仍有一定差距，未来仍要加大两类保险的宣传力度，不断增强参保的便利性，进一步提升新业态劳动者养老和医疗保险参保率。

新业态劳动者权益保障的难点是失业保险和工伤保险。在现行劳动法

和社会保险法下，获得这两类保险的前提是建立雇佣劳动关系。调查结果显示，新业态劳动者的失业风险明显低于传统灵活就业者，接近传统正规就业者，这与新就业形态更加灵活的平台化用工模式有关。从现实看，外卖平台、网约车平台为失业劳动者提供了临时性就业岗位，成为就业蓄水池。因此，新业态劳动者的失业风险是一个总体的行业风险，而非某个劳动者或单个企业的风险。新就业形态的失业问题需要政策层面"支持和规范发展新就业形态"。

综上所述，为新业态劳动者提供职业伤害保障更具迫切性。因此，2022年《政府工作报告》专门提出"开展新就业形态职业伤害保障试点"。综合考虑全国多地试点经验，结合新业态劳动者的最新就业状况，本报告提出以下五点建议。

一是建立完全独立于现行工伤保险的新制度，设立"互联网平台就业人员职业伤害保险"制度。现有工伤保险制度以法定的劳动关系为前提，另行设立适用互联网平台就业人员的职业伤害保险制度是更为现实、稳妥、可行的选择。从我国和一些发达国家司法实践以及现有学术研究成果看，主流观点认为平台就业所产生的劳动关系不同于"企业＋雇员"模式所产生的劳动关系，不宜将新就业形态从业者直接纳入职工工伤保险。例如，潍坊市和南通市两地的试点方案是让灵活就业人员直接参加工伤保险，但将原本应由用人单位承担的工伤保险责任转嫁给灵活就业人员，既难以实现无单位参保人员应有的保障，也无法纳入大规模、高流动的平台就业人员。因此，平台就业人员的职业伤害保障建设既不能套用现行工伤保险制度，也不能试图以此覆盖所有处于非正规雇佣关系的灵活就业劳动者。

二是以职业伤害保障推动平台企业降低工伤事故的发生比例，合理确定平台企业的连带责任。以外卖骑手为例，其相对更高的职业伤害风险根源在于消费者对送餐时间的要求，而平台企业基于"算法"不断缩减的送餐时效又进一步加剧了外卖骑手的职业伤害风险以及第三人的伤害风险。因此，加强新就业形态职业伤害保障的根本目的是督促用工方加强劳动者的工作安全保障，最大限度降低职业伤害出现的可能性，这与传统工伤保险的目的是一致的。试点工作的重要任务之一是确定平台企业合理的连带责任以及承担连带责任的有效方式。一个可行的方式是由平台企业履行一定的职业伤害保险责任，以此促使平台企业切实履行其安全用工的责任。这方面可以参考浙江省和广东省的试点经验，但基于第一点建议，不宜将平台企业定位为用工主体。

三是以行政法规的形式确定参保的强制性，确保新就业形态职业伤害保障全覆盖、保基本。只有具有社会保险性质的新就业形态职业伤害保障才能在全覆盖的基础上实现更大范围的风险分担，实现社会保险的规模效应。新就业形态职业伤害保障应成为社会保险制度的一部分，由各地人力资源和社会保障部门负责监督执行，如江西省九江市的试点经验，而非以商业保险的形式实现，如苏州市吴江区的试点经验。不过，在平台劳动者相关社会保险尚未建立的情况下，目前主要外卖平台或网约车平台已经强制要求平台从业者购买商业性质的人身意外保险，例如，美团外卖平台强制要求外卖骑手购买每人一天三元的商业保险。由此可见，平台劳动者已形成购买保险的传统，在此基础上建立全覆盖的强制性职业伤害保险不仅能够得到保障对象的支持，也能够充分发挥社会保险的优势。

四是探索与个体行为挂钩的灵活缴费机制，建立定期可调整的保险费率，形成多层次、可持续的保障。新就业形态的劳动者既不同于接受雇主安排的企业员工，又不同于完全自主的自营劳动者。相应地，新就业形态的职业伤害保障在确定平台企业连带责任的同时，也应明确从业者个人需要承担的责任。因此，新就业形态职业伤害保险应在"以支定收、收支平衡"的原则下，探索形成多层次的缴费方式，主要包括以下两个方面：其一，根据外卖、出行、家政、电商等不同行业的职业伤害风险确定差异化的保险费用，并根据上一年度保费收入支出情况进行动态调整；其二，参考机动车交通事故责任强制保险的缴费机制，根据参保人以往保险赔付情况综合计算其未来保费的费率，引导参保人员安全服务。

五是充分借助新媒体平台等信息传播渠道，大力宣传社会保障相关政策，增强从业者的安全工作意识。以互联网为媒介的新就业形态从业者具有很好

的互联网使用技能，可以更加有效地接收互联网新媒体平台所传播的信息。人力资源和社会保障部门可以与微信视频号、新浪微博、抖音、快手等新媒体平台展开合作，开通官方政务号，广泛宣传社会保障的相关知识。无论是充分落实现行的社会保障制度，还是有效推行新的职业伤害保险制度，都离不开劳动者对于自身权利和义务的充分知晓与理解。人力资源和社会保障部门应与宣传部门大力合作，充分利用好我国高质量的互联网基础设施，以劳动者喜闻乐见的形式宣传社会保障的相关知识和信息，并在这一过程中引导劳动者树立安全、健康的工作意识。

中国大学生社会态度状况调查报告

刘保中　臧小森 *

摘　要： 大学生社会态度反映了他们对外界事物和社会问题的主观感受、认知评价和行为倾向，是社会价值判断的风向标，决定着未来整个社会的价值取向。本报告主要利用"中国大学生追踪调查"（PSCUS）2023年数据，分析在校大学生社会态度的基本状况和主要特征。研究发现，当代大学生总体的政治价值取向呈现积极健康的特征，普遍具有强烈的国家认同感和制度认同感；大学生总体社会满意度较高，政府满意度显著提升，尤其是对政府惩治腐败工作的满意度提升最大；大学生社会信任度和社会公平感均低于民众的平均水平，大学生政治信任度较高，就业失业问题、贫富差距问题是大学生认为目前最为严重的社会问题；大学生对公共事务保持了较高的热情和关注度，具有积极的政治参与意愿和政治责任意识；大学生表现出较高的对外开放包容的心态，对于和外国人进行日常接触的接受度比较高。针对大学生社会态度的特点，教育部门、高校以及相关媒介应形成合力，积极引导大学生群体形成积极的社会心态和健康的价值观。

关键词： 大学生　社会态度　价值取向

社会态度反映了态度主体对外界事物和社会问题的主观感受、认知评

---

* 刘保中，中国社会科学院社会学研究所副研究员；臧小森，中国社会科学院大学经济学院硕士研究生。

价和行为倾向。大众社会态度发挥着"社会晴雨表"的作用。大学生是青年知识精英群体，代表着青年群体的中坚力量，他们的社会态度更是发挥着关键影响作用，是青年社会价值判断的风向标，影响着未来整个社会的价值取向。[①] 2017 年 5 月，习近平总书记在与中国政法大学青年学子座谈时指出："青年一代的理想信念、精神状态、综合素质，是一个国家发展活力的重要体现，也是一个国家核心竞争力的重要因素。"[②] 当代大学生肩负中华民族伟大复兴的历史使命，及时分析他们对社会议题的基本看法和态度倾向，有助于了解社会运行状况、把握社会变迁趋势，对于开展好大学生价值观教育、帮助他们树立正确的理想信念、加强大学生的价值观引领，具有尤为重要的意义。

对于 Z 世代的大学生而言，其社会态度受到双重转型的影响。首先是人生转型。大学生在生理年龄上属于青年早期，处于由青少年向成年的转变阶段，具有较强的好奇心和求知欲，但同时价值认知和观念意识尚未定型，具有不成熟性和不稳定性，容易受到各种社会思潮的影响，从而使得他们的价值观念表现出更多的易变性和矛盾性。其次是社会转型。当代大学生处于快速而剧烈的社会转型之中，持续性的社会变迁、多元文化的碰撞必然引起价值观念的激烈冲突和深度嬗变，这在青年大学生群体身上体现得尤为明显，他们对社会事实的变化反应最为敏锐，在社会价值观念演变的过程中，青年大学生的先行作用是显而易见的。在经济全球化日趋深化的背景下，大学生对社会现象和国家发展的关心与思考更为敏感和活跃。在双重转型的影响下，我们更加需要关注大学生社会态度的新特征及其变化。为此，本研究报告借助新近的全国性大学生调查数据，力图呈现当前大学生社会态度的基本状况和主要特征。

本报告使用的数据来自"中国大学生追踪调查"（Panel Survey of Chinese University Students，PSCUS）。PSCUS 由中国社会科学院社会学研究所组织实施，

---

① 高翔：《当代大学生政治态度调研报告》，《中国党政干部论坛》2012 年第 7 期。
② 《习近平在中国政法大学考察时强调：立德树人德法兼修抓好法治人才培养，励志勤学刻苦磨炼促进青年成长进步》，《人民日报》2017 年 5 月 4 日。

在全国范围内选取有代表性的在校大学生及毕业生作为调查对象。PSCUS 采用多阶段混合抽样方法，依据"学校—专业—班级"三个层次的抽样单元进行抽样。在初级抽样单元学校层次的抽样设计上，PSCUS 兼顾了学校层级、学科类型和分布地域的不同，以尽量降低抽样误差。在专业和班级抽样上均采用随机抽样的方法，总体上保证了样本较好的代表性。

PSCUS 为年度追踪调查，每年实施一轮调查，这有利于及时收集大学生的成长信息。PSCUS 另外一个优势是调查内容的丰富性，调查涵盖了大学生在校期间及毕业后的人口学状况、学习成长、价值观念、互联网使用、健康、就业状况等多方面的内容。尤其是对大学生价值观进行了重点追踪调查，包含了大量有关大学生社会态度的信息，这为本研究提供了非常有价值的数据资料。本报告主要使用该调查 2023 年的部分数据，从国家认同与制度认同、社会满意度与政府满意度、社会信任与政治信任、社会公平感、政治关注度与政治效能感和国际包容度六个方面对在校大学生的社会态度状况进行了分析。样本分布情况如下：有效样本量为 5987 个，男生占 45.7%，女生占 54.3%，本科院校学生占 56.9%，高职院校学生占 43.1%。

一　大学生的国家认同与制度认同

（一）当代大学生普遍具有强烈的爱国情感和民族自豪感，国家认同度很高

国家认同是一种非常重要的国民意识，是公民确认自己属于某个国家共同体的心理活动，是个人对国家的一种归属感、荣誉感和责任感。[①] 过往一些研究认为，西方价值观对青年人尤其是大学生冲击较大，导致大学生主流价值认同被削弱。但 PSCUS 数据分析显示，当代大学生政治态度的主流呈现积极健康的特征，普遍具有强烈的爱国情感和民族自豪感，表现出高度的国家认同。

---

① 李春玲、刘森林：《国家认同的影响因素及其代际特征差异——基于 2013 年中国社会状况调查数据》，《中国社会科学》2018 年第 4 期。

PSCUS 调查数据显示（见表 1），大学生赞同（非常赞同和比较赞同的比例相加）"即使可以选择世界上任何国家，我也更愿意做中国公民""我为自己是个中国人感到自豪""总的来说，中国比其他大部分国家都好"说法的比例分别达到了 81.3%、83.6% 和 83.6%，表示不赞同（比较不赞同和非常不赞同的比例相加）的比例分别仅为 6.2%、4.5% 和 4.7%，这一结果说明绝大多数的大学生表现出了强烈的国家认同感。

表 1　大学生国家认同情况

单位：%

描　述	非常赞同	比较赞同	一般	比较不赞同	非常不赞同
即使可以选择世界上任何国家，我也更愿意做中国公民	65.2	16.1	12.5	2.4	3.8
我为自己是个中国人感到自豪	68.3	15.3	11.8	1.1	3.4
总的来说，中国比其他大部分国家都好	65.5	18.1	11.7	1.4	3.3

（二）大学生普遍具有非常高的制度认同，对中国特色社会主义发展道路表现出高度认可

制度认同是一种政治情感上的归属感，反映了人们内心对政治制度的认可和支持情况。PSCUS 调查数据显示（见图 1），超过八成的大学生（82.4%）赞同（非常赞同和比较赞同的比例相加）"我国目前的政治制度是最适合中国国情的"这一看法。改革开放以来，我们党成功开辟了一条中国特色社会主义的发展道路，建立起一套适合中国国情的制度体系。中国改革开放以来取得的极大发展成就显著提升了大学生的制度自信、道路自信和理论自信。改革开放以来中国经济社会快速发展，人民生活水平显著提高，极大增强了中国人民在国际舞台上的政治自信、文化自信和道路自信。近些年国家成功应对国际金融危机、中美贸易摩擦、新冠疫情等突发事件，在稳定经济增长、保障社会安定的同时实现大规模减贫并最终消除绝对贫困，一系列发展成就促进了大学生对党的领导的拥护，增强了大学生对中国特色社会

主义国家能力和制度优势的认同，大学生的国家归属感与民族自豪感显著增强。

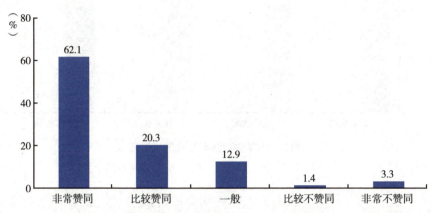

图1　大学生对"我国目前的政治制度是最适合中国国情的"这一说法的赞同情况

二　大学生的社会满意度与政府满意度

（一）大学生的社会满意度总体较高，对经济状况和社会状况的满意度低于对政治状况和文化状况的满意度

社会满意度是人们对社会总体运行情况及其社会需求得到满足状况的一种主观认知与情感感受。相比于国家与民族自豪感，社会满意度更能反映出大学生基于社会现实的理性判断。寻求切身利益、生活质量和社会保障成为多数大学生的社会价值选择。大学生在面对公共性和社会性问题时表现得更加理性和务实。PSCUS调查数据显示（见图2），大学生对当前我国政治状况、经济状况、社会状况和文化状况感到满意的比例（非常满意和比较满意的比例相加）分别达到79.6%、73.9%、72.8%和78.4%。由此可见，大学生总体的社会满意度还是比较高的。从内部差异看，大学生对经济状况和社会状况的满意度稍低于对政治状况和文化状况的满意度。

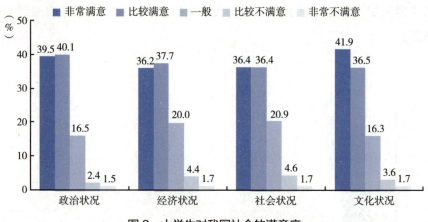

图2 大学生对我国社会的满意度

（二）党的十八大以来，大学生对政府的满意度显著提升，对政府惩治腐败工作的满意度提升最大；在各项政府工作中，大学生对提高居民收入、促进就业、保持物价稳定的满意度相对较低

图3显示了大学生对政府在经济社会发展十个方面工作的满意度情况。我们把"非常不满意""不满意""一般""满意""非常满意"五种评价分别赋值1~5分，计算满意度得分，分值越高表示越满意。从PSCUS调查结果看，2023年大学生的各项政府满意度得分相比于2012年均大幅提升，说明大学生对于党的十八大以来政府在经济社会发展方面取得的治理成就和施政效果给予了充分认可。其中，大学生对政府惩治腐败工作的满意度提升程度排在第一位，增加1.82分，提升幅度达到86.3%；第二是维护社会公平，大学生满意度得分增加1.34分，提升幅度为51.1%；第三是提高居民收入，大学生满意度得分增加1.13分，提升幅度为46.5%。党的十八大以来，党中央大力加强从严治党、反腐倡廉，着力解决管党治党失之于宽、失之于松、失之于软的问题，党风廉政建设取得巨大成效，国家持续的反腐败工作显著改变了政治生态、净化了社会风气，让大学生切实感受到公平正义。

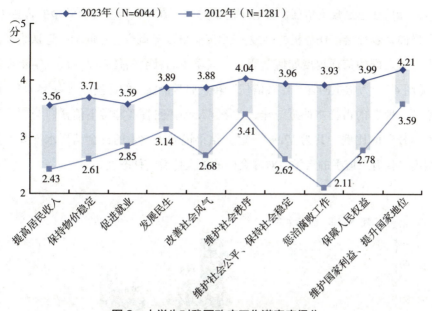

图3 大学生对我国政府工作满意度得分

PSCUS 2023 年数据还显示，大学生在政府维护国家利益（满意度得分为 4.21 分）、维护社会秩序（4.04 分）、保障人民权益（3.99 分）和维护社会公平（3.96 分）等方面的满意度得分都相对较高，而在提高居民收入（3.56 分）、促进就业（3.59 分）、保持物价稳定（3.71 分）等方面的满意度相对低一些。近年来，随着经济增速的放缓以及大学生就业难的加剧，就业机会、经济收入与消费支出等自然成为他们较为关注的切身利益问题。

三 大学生的社会信任与政治信任状况

（一）仅有三成多的大学生表示出社会信任态度，且大学生社会信任水平低于民众的平均信任水平

信任是社会团结的黏合剂，社会信任反映了人们对社会中他人的信任状况，不仅代表了其发自内心的对社会现状的认知和评价，也投射出社会的整体变化。基于西方经验的研究发现，现代社会普遍面临着"信任危机"，无论

是人际信任还是政治信任，都有下降的趋势。在中国经济社会转型的背景下，同样面临着社会信任危机的挑战。PSCUS 2023 年调查通过问题"您认为现在人与人之间的信任程度如何"测量了大学生的社会信任水平，调查结果显示（见图 4），大学生回答"比较信任"和"非常信任"的比例一共为 34.6%，回答"一般"的占样本的近一半，达到 47.5%，回答"非常不信任"与"比较不信任"的比例一共为 17.9%。这一结果说明大学生的社会信任水平并不是很高，仅有三成多的大学生对社会中的他人持有信任态度。

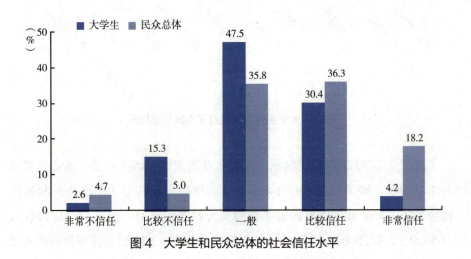

图 4　大学生和民众总体的社会信任水平

　　作为对照，我们使用 2021 年中国社会状况综合调查（CSS）的数据[①]计算了中国民众总体的社会信任水平。CSS 2021 年调查采用问题"现在人与人之间的信任水平"测量中国民众的社会信任度，从"非常不信任"到"非常信任"赋值 1 分到 10 分，我们将其划分为 5 个区间，其中 1 分和 2 分代表"非常不信任"，3 分和 4 分代表"比较不信任"，5 分和 6 分代表"一般"，7 分和 8 分代表"比较信任"，9 分和 10 分代表"非常信任"，然后再计算出每个区间所占的比例（即图 4 中"民众总体"社会信任水平数据），从而与 PSCUS

[①]　中国社会状况综合调查 (CSS) 是中国社会科学院社会学研究所于 2005 年发起的一项全国概率抽样入户调查，每两年开展一次。

2023 年调查结果形成对比。结果显示，大学生的社会信任水平与民众总体的社会信任水平仍有一定的差距。

（二）超过半数的大学生认为大多数政府官员有较好的品德和有足够的能力处理政府事务

政治信任是政府有效行使社会治理权力的重要前提。政府官员是最直接、最主动服务社会公众的人，社会公众对政府官员的信任程度是其政治信任最直观、最基础的体现。[①] 党的十八大以来，国家持续推进党风廉政建设和反腐败工作，有效提升了政府官员的形象和公信力。PSCUS 调查数据显示（见图 5），与 2012 年相比，2023 年大学生对政府官员的信任程度得到显著提升。2012 年大学生群体中赞同"大多数政府官员有较好的品德"和"大多数政府官员有足够的能力处理政府事务"观点的比例分别为 31.9% 和 46.4%，到了 2023 年，这两个比例分别增加到 50.9% 和 53.4%，有超过半数的大学生认为当前大多数政府官员有较好的品德和有足够的能力处理政府事务。

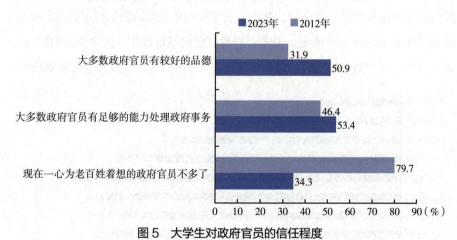

图 5　大学生对政府官员的信任程度

中共中央印发的《党政领导干部选拔任用工作条例》明确提出，干部选拔任用的基本原则是德才兼备，并且要以德为先。从上面的调查结果可以看到，

[①]　曾明、丁茜：《社会公平、国家认同与官员信任：基于 CGSS2013 数据的分析》，《南昌大学学报》（人文社会科学版）2018 年第 3 期。

大学生对政府官员"德"的认可度稍低于对"才"的认可度。而且，2023年调查中仍有超过三成（34.3%）的大学生认同"现在一心为老百姓着想的政府官员不多了"的说法，这说明大学生对领导干部一心为民的公仆形象仍有较高期待。不过，这一状况已得到显著改善，大学生认同"现在一心为老百姓着想的政府官员不多了"的比例已经由2012年的79.7%大幅下降到2023年的34.3%。

（三）大学生对中央政府和人民军队的信任程度最高，对慈善机构、新闻媒体和基层政府的信任度亟待提高

在相关机构及社会组织信任度方面，从图6调查结果可以看出，在所罗列的机构和组织中，大学生对人民军队、中央政府、人大、政协、公安部门、司法部门等机构的信任度整体上高于对群团组织、慈善机构、新闻媒体等机构的信任度。其中，有85.5%的大学生对人民军队表示信任，信任程度最高，不到一半（48.5%）的大学生对新闻媒体表示信任。大学生对慈善机构的信任程度也相对低一些，约四成的大学生对慈善机构表示不信任。总体上看，大学生对政府机构的信任度是比较高的。其中，大学生对中央政府的信任度最高，83.7%的大学生表示信任中央政府，但随着行政层级向基层延伸，大学生政府信任度逐渐降低，对乡镇基层政府的信任度最低，65.8%的大学生表示信任乡镇政府。

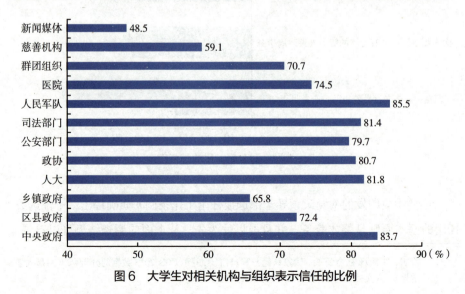

图6 大学生对相关机构与组织表示信任的比例

四 大学生的社会公平感

（一）大学生认为社会公平的比例高于认为社会不公平的比例，但其社会公平感水平低于民众总体社会公平感水平

公平正义是社会主义核心价值观的重要内容，是中国特色社会主义的内在要求，也是中国式现代化坚持的价值理念。中国处于社会快速转型与经济新变革时期，利益分配结构加速调整，由此导致社会公平问题日益凸显。社会公平感是人们对社会资源分配状况正当性的一种主观判断，是对社会公平问题进行判断时产生的一种心理感受。PSCUS 的调查结果显示（见图 7），有 36.1% 的大学生认为社会"比较公平"和"非常公平"（但仅有 3.2% 的大学生认为社会非常公平）。超过四成（43.1%）的大学生对社会是否公平持观望态度，还有超过两成（20.8%）的大学生认为社会比较不公平和非常不公平。与民众总体社会公平感相比，大学生社会公平感相对低一些。[①] 切身利益的变化影响了大学生对社会公平的认知与判断，尤其是当前青年人就业压力、住房压力、婚恋压力的加大，致使其社会公平感水平降低，他们中的一部分人甚至因此选择"躺平"。

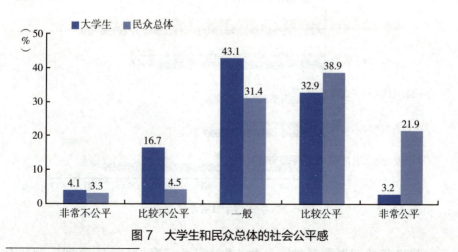

图 7 大学生和民众总体的社会公平感

---

① 我们同样使用 CSS 2021 年调查数据测量民众的社会信任水平，该调查关于社会公平感水平的测量题项为"用 1~10 分来表达您对现在社会总体公平公正情况的评价，1 分表示非常不公平，10 分表示非常公平"，我们对该问题的处理方式与对社会信任的处理方法一致。

（二）大学生对不同社会群体之间矛盾冲突的感知显著弱化，但仍有超过五成的人认为贫富矛盾突出

改革开放以来，中国经济快速发展，社会利益格局随之发生改变，人民内部矛盾引发的群体性冲突渐趋凸显，影响着社会的稳定与和谐。大学生对社会群体冲突的认知，不仅代表着他们关于社会群体之间的态度和判断，同时也投射出他们对中国社会发展的信心。目前中国较为突出的群体冲突主要集中于由社会分化导致的两极化群体即改革受益者与相对具有强烈剥夺感的群体之间。例如，迅速致富的群体与迅速致贫的群体之间、老板与员工之间、官员与老百姓之间、本地人与外地人之间等。图8显示，大学生对于不同社会群体之间的利益冲突表现出不同的心理感受。总体上看，"穷人与富人之间""老板与员工之间"的冲突是大学生反映较多的社会矛盾，而"官员与老百姓之间""本地人与外地人之间""不同宗教信仰群体之间"的冲突在大学生眼中相对没有那么严重。

图8 大学生对于社会矛盾的感知

2023年的调查数据显示，大学生中认为"穷人与富人之间"的冲突"比较严重"和"非常严重"的人占52.0%，这一比例相较于2015年的调查

结果下降了约 11 个百分点，但大学生仍将贫富差距问题列为最突出的社会矛盾。与此相关的是，大学生对"老板与员工之间"的冲突严重程度的认知没有减弱，随着中国市场经济改革进入深水区，劳动争议和劳资纠纷问题依然较为突出，劳资矛盾的多发频发影响了大学生对劳资冲突的感受。这反映出随着我国经济快速发展，收入分配不平等仍旧是中国社会的一大矛盾，高收入群体与低收入群体之间的差距扩大，给社会稳定和社会公平带来挑战。

大学生对"官员与老百姓之间"的冲突认知变化较为明显，认为"官员与老百姓之间"的冲突"比较严重"和"非常严重"的比例由 2015 年的 56.7% 下降至 2023 年的 24.9%，下降了一半以上，这说明经过近些年的政府形象与公信力建设，政府干部与人民群众之间的冲突明显下降，大学生对政府工作给予较高的肯定与认可。另外，"本地人与外地人之间""不同宗教信仰群体之间"的冲突在大学生眼中的严重程度也有较为明显的下降。

（三）大学生认为我国目前最为突出的社会问题是就业失业问题，其次是贫富差距问题

PSCUS 2023 年调查询问了大学生"您认为当前我国存在的最重大社会问题是什么"，调查结果显示（见图 9），就业失业问题是当前大学生反映最为突出的重大社会问题，选择这一问题的大学生比例高达 66.5%。这一结果主要是源于大学生对切身利益的关切，随着大学生就业难问题的凸显，大学生对严峻的就业形势表现出较大程度的担忧和焦虑。

除了就业失业问题外，贫富差距问题同样是大学生心目中认为的当前我国最重大的社会问题之一，选择这一问题的大学生比例也超过了半数，达到52.4%。除了以上两个问题之外，"看病难、看病贵""住房价格过高问题"等也是大学生反映比较突出的重大社会问题。相比之下，"征地、拆迁补偿不公""社会治安""进城农民工受到不公平待遇""食品药品安全""环境污染"等问题在大学生看来，已经不再是最为突出的社会问题。

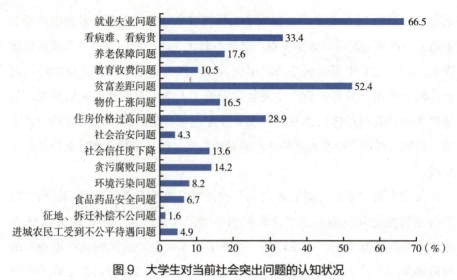

图9　大学生对当前社会突出问题的认知状况

五　大学生的政治关注度与政治效能感

（一）大学生对政治事务保持较高的热情和关注度

　　以往一些研究认为当代大学生政治参与意识薄弱，较少关注公共事务；也有研究指出当代大学生是"精致的利己主义"一代，以个体主义取代集体主义，远离宏大叙事，关心"小确幸"；亦有研究认为"丧系""佛系"成为"90后""00后"一些青年的文化标签，"佛系青年"对于自身应当承担的责任有意识有选择性地进行回避，不太有意愿主动承担起他们应当承担的责任，面对问题以一种消极的态度逃避现实，这是缺乏责任感和担当意识的表现。我们的调查结果却显示，这种看法与现实状况并不吻合，大学生对公共事务的热情实际上是比较高的，他们比较关注国内外的重大政治外交事件和社会民生热点，对参与政治事务表现出一定的积极性和自信度。从表2来看，超过四成的大学生不赞同（非常不赞同和不大赞同的比例相加）"我对政治不感兴趣，不愿意花时间和精力在这上面"的说法，远远高于赞同（非常赞同和比较赞同的比例相加）这一说法的人所占比例（16.8%）。从政治回避的角度看，仅有较小比例（16.7%）的同学认同"过好个人生活，不过问政治"的观点。

表2 大学生的政治关注度					
				单位：%	
描 述	非常不赞同	不大赞同	一般	比较赞同	非常赞同
我对政治不感兴趣，不愿意花时间和精力在这上面	17.0	26.7	39.5	11.2	5.6
过好个人生活，不过问政治	19.8	28.7	34.8	10.9	5.8

（二）大学生具有积极的政治参与意愿和政治责任意识，但他们的政治效能感仍有提升的空间

大学生的政治效能感涉及他们对参与公共事务能力的信心。PSCUS调查结果显示（见表3），约半数的大学生不赞同（非常不赞同和不大赞同的比例相加）"我参与政治活动没有用处，对政府部门不能产生什么根本的影响"的说法，远远高于赞同（非常赞同和比较赞同的比例相加）这一说法的比例（15.3%）。26.0%的大学生认为自己有能力和知识对政治进行评论，与持否定态度的大学生比例（26.4%）相当；29.4%的大学生认为自己有能力参与公共事务的决策，高于对此持否定态度的大学生比例（23.3%）。由上述分析结果可以看到，大学生具有良好的政治效能感，但是仍有相当比例的大学生对于评论政治和参与公共事务缺乏自信。相较于更高的政治关注度和政治热情，大学生的政治效能感仍有提升的空间。

表3 大学生的政治效能感					
				单位：%	
描 述	非常不赞同	不大赞同	一般	比较赞同	非常赞同
我参与政治活动没有用处，对政府部门不能产生什么根本的影响	20.3	29.6	34.8	10.5	4.8

					续表
描　述	非常 不赞同	不大 赞同	一般	比较 赞同	非常 赞同
我有能力和知识对政治进行评论	5.8	20.6	47.6	18.8	7.2
我觉得自己有能力参与公共事务的决策	5.2	18.1	47.3	22.0	7.4

六　大学生的国际包容度

多数大学生的对外心态比较具有包容性和开放性，但在相关政策上偏于保守。一国人民对外国人的态度既具有社会性，也具有政治性。随着中国融入全球化进程的加快、中国经济社会发展水平的大幅提升以及政府相关政策的完善，中国对外国人的吸引力越来越大，在华外国人口数量近年来大幅增加，尤其是来自周边亚洲国家、中东和非洲等国家的外国人口规模不断壮大。外国人在华数量增加，带来了语言沟通、文化差异、社会文化适应与融入等一系列问题。相关研究显示，内群体与外群体的接触越多，内群体对外群体的包容度会越高。总的来说，如表4所示①，大学生对于外国人态度较为友好，特别是对于和外国人进行日常接触的接受度比较高，这说明大学生总体上持有比较高的对外开放包容的心态。

表 4　大学生的国际包容度				
				单位：%
描　述	非常 同意	比较 同意	不太 同意	非常 不同意
中国应该制定更开放的移民政策以吸引更多外国移民	13.6	38.2	39.6	8.6
我愿意和外国人做邻居	16.7	58.6	19.9	4.8
我愿意和外国人做朋友	19.6	66.2	10.7	3.5
如果合得来，我愿意和外国人结婚	15.1	46.9	28.3	9.7

---

① 本部分使用的是中国大学生追踪调查2022年数据。

PSCUS 通过社会距离量表测量大学生对在华外国人的态度。结果显示，大学生同意"我愿意和外国人做朋友"的比例（非常同意和比较同意的比例相加）最高，达到 85.8%，其次是"我愿意和外国人做邻居"的比例，达到 75.3%；同意"如果合得来，我愿意和外国人结婚"的比例最低，但也达 62.0%。不过与大学生对与外国人接触的包容意愿相比，大学生对待中国移民政策的态度则相对保守，同意"中国应该制定更开放的移民政策以吸引更多外国移民"的比例仅为 51.8%。

七 主要结论及其政策意涵

习近平总书记指出，"青年兴则国家兴，青年强则国家强。青年一代有理想、有本领、有担当，国家就有前途，民族就有希望"。在高等教育普及化时代，大学成为青年人政治社会化的关键场域。大学生社会态度既具有一定的稳定性，也由于大学生处于特殊成长阶段而具有易变性。校园是一个相对开放的环境，随着互联网的普及，大学生在大学校园会接触到各种思潮和价值观念，及时跟踪了解大学生社会态度的主要特征和影响因素，才能把握好青年成长的脉搏。本文主要基于 2023 年中国大学生追踪调查数据，通过分析得出以下主要结论，其中也包含丰富的政策意涵。

第一，当代大学生在总体的政治价值取向上呈现积极健康的特征。他们普遍具有强烈的国家认同感和制度认同感，对中国特色社会主义发展道路表现出高度认可，这既是大学生朴素的爱国情感和民族自豪感的体现，也源于大学生对中国式现代化巨大发展成就的理性认知。这一结论印证了以往多数研究的发现，但本文的分析进一步显示大学生高度政治认同的特征在近几年更加突出。中国成功应对国际金融危机、中美贸易摩擦、新冠疫情等突发事件，全面消除绝对贫困，国力大幅提升以及巨大的社会发展成就使得大学生无论是在网络空间还是在现实世界中的表达，都表现出更加强烈的制度自信和国家认同感。大学生能够更加理性地分析中国道路的特殊性与合理性，这也在深层次上影响了他们政治态度的总体走向。

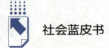

第二，大学生总体社会满意度较高。作为 Z 世代的青年，当代大学生在注重国家权威的同时，亦具有强烈的主体意识，自主观念越来越强，崇尚个性自由、机会和能力，重视个人成就，追求自我价值的实现。不同于非理性的政治盲从和政治狂热，他们关注具体的社会正义、切身利益和权益维护，更加期待公平的社会环境。因此，既可以看到他们具有较高的政治、经济、社会和文化满意度，也可以看到他们对经济收入、就业机会和物价稳定问题的特别关切。

第三，大学生的社会信任水平并不是很高，且大学生社会信任水平低于民众总体的平均信任水平。党的十八大以来国家持续推进党风廉政建设和反腐败工作，有效提升了政府官员在大学生心目中的形象和公信力。超过半数的大学生认为大多数政府官员有较好的品德和足够的能力处理政府事务，不过大学生对政府官员"德"的认可度低于对"才"的认可度。在相关机构与社会组织信任度方面，大学生对人民军队、中央政府的信任程度最高，对慈善机构和新闻媒体的信任程度相对较低。大学生对中央政府的信任度远高于对乡镇基层政府的信任度。

第四，大学生社会公平感水平低于民众总体的社会公平感水平。贫富差距、劳资冲突是大学生最为强烈的社会冲突感知。就业失业问题、贫富差距问题是大学生认为最严重的社会问题。这些调查结果说明影响大学生社会公平感的因素既有他们对宏观层面社会结构与社会运行状况的感知，也有大学生对切身利益的关注和感受。

第五，当代大学生不是政治冷漠的一代，他们对公共事务保持了较高的热情和关注度，具有积极的政治参与意愿和政治责任意识。这一结论显然推翻了之前认为当代大学生政治参与意识越来越淡漠、对公共事务越来越不关注的观点。值得一提的是，大学生参与政治社会生活的动力已经不再是国家的集体动员和号召，而是更多地从个体角度出发的认识与行动，即"自我主体意识"在成就动机激励过程中的能动地位，成为当前大学生政治参与激发、维持和强化的动力来源。不过仍有相当比例的大学生对于自己参与公共事务的能力缺乏自信，这需要在高校政治价值观教育中进一步培育大学生参与公共事务的能力与信心。

第六，大学生在拥有高度国家认同感和民族自豪感的同时，也表现出比较高的对外开放包容的心态，对于和外国人进行日常接触的接受度比较高，但对待中国制定更开放的移民政策则持相对保守的态度。

大学生社会态度直接影响国家社会稳定和党的执政基础，教育部门、高校以及相关媒介应形成合力，积极引导大学生群体形成积极的社会心态和健康的价值观。首先，应强化大学生社会主义核心价值观教育引领作用，帮助大学生正确看待外部的社会现象和社会问题，培育其形成正确的价值导向和社会认知。同时避免空洞的说教，注重价值观教育的多元方式与方法。其次，在宏观政策层面，及时关切大学生的切身利益，制定更加友好的政策保障在校大学生以及毕业生就业、创业、住房、婚恋、生育等方面的诉求。最后，在微观措施层面，提升高校对大学生群体思想道德教育与心理健康教育的针对性，围绕当前大学生群体中明显存在的学业压力、就业压力、人际交往压力、情感压力等重点问题，制定积极的干预策略，强化心理援助。

参考文献

高翔：《当代大学生政治态度调研报告》，《中国党政干部论坛》2012 年第 7 期。

李春玲、刘森林：《国家认同的影响因素及其代际特征差异——基于 2013 年中国社会状况调查数据》，《中国社会科学》2018 年第 4 期。

刘保中、陈鞠之翼、刘一锐：《当代大学生政治态度的主要特征与影响因素研究》，《中国青年社会科学》2023 年第 5 期。

曾明、丁茜：《社会公平、国家认同与官员信任：基于 CGSS2013 数据的分析》，《南昌大学学报》（人文社会科学版）2018 年第 3 期。

B.12
2023 年中国城市居民绿色低碳消费调查报告[*]

朱迪　高文珺　龚顺　崔岩　赵常杰　马墨琳[**]

摘　要： 2023 年是中国提出"双碳"目标的三周年。3 年来，中国积极稳妥推进"双碳"工作，大力推动能源革命，倡导绿色生活方式，推进经济社会发展全面绿色转型。本报告基于最新全国调查数据，分析居民绿色低碳消费的特征和发展趋势。调查显示，从知识、态度、价值观和认同等多方面来讲，居民具有良好的绿色低碳消费素养，社会经济地位越高的群体低碳消费素养越高，受教育程度越高、收入越高的城市居民越经常践行绿色低碳消费行为。本年度调查聚焦餐饮浪费问题。近半数受访者认为外出吃饭时食物浪费现象比较严重，尤其公务接待/宴请和婚宴的食物浪费较严重，进一步分析发现，供给因素是旅游度假场景产生食物浪费的主要原因，文化因素是公务接待场景产生食物浪费的主要原因。报告认为，应努力改进完善供给侧的产品和服务，为绿色低碳观念的落地实施创造良好的物质条件，同时也应努力构建绿色低碳生活的社会文化环境，重视企业社会创新和政府社会治理领域的绿色低碳价值理念传播，营造绿色低碳文化，推广绿色低碳生活方式。

关键词： 绿色低碳　生活方式　消费素养　食物浪费　低碳文化

---

*　本文系中国社会科学院重大创新项目"共同富裕的阶段性衡量标准"（2023YZD002）、国家社科基金重点项目"城镇居民绿色低碳社会生活方式研究"（22ASH012）的阶段性成果。

**　朱迪，中国社会科学院社会学研究所研究员，中国社会科学院国情调查与大数据研究中心特约研究员；高文珺，中国社会科学院社会学研究所副研究员；龚顺，中国社会科学院社会学研究所助理研究员；崔岩，中国社会科学院社会学研究所副研究员，中国社会科学院国情调查与大数据研究中心特约研究员；赵常杰，中国社会科学院大学博士研究生；马墨琳，中国社会科学院大学研究生。

2020 年 9 月 22 日，习近平总书记在第 75 届联合国大会一般性辩论上宣布，中国二氧化碳排放力争于 2030 年前达到峰值，努力争取 2060 年前实现碳中和。2023 年 8 月 15 日，全国生态日主场活动生态文明重要成果发布会上，国家发展改革委发布碳达峰碳中和重大宣示三周年重要成果，2020 年中国二氧化碳排放强度比 2005 年下降 48.4%，超额完成第一阶段国家自主贡献承诺，在此基础上，"十四五"前两年，中国二氧化碳排放强度进一步下降 4.6%，节能降碳成效显著。[①] 2023 年 7 月 11 日，在二十届中央全面深化改革委员会第二次会议上，习近平总书记进一步指出，要立足中国生态文明建设已进入以降碳为重点战略方向的关键时期，完善能源消耗总量和强度调控，逐步转向碳排放总量和强度双控制度；深化电力体制改革，更好地推动能源生产和消费革命。[②]

本报告基于"2023 年中国城市低碳消费调查"[③] 数据，分析城市居民的绿色低碳消费态度和行为，旨在通过年度调查数据监测居民绿色低碳消费的发展趋势及存在问题，为进一步推动居民形成绿色低碳生活方式、助力实现"双碳"目标、实现高质量发展目标提出对策建议。

一 城市居民绿色低碳消费素养分析

"绿色""低碳""可持续"的发展理念在国际上逐渐成为共识，中国政府对此尤为重视、坚持走可持续发展道路。而实现绿色低碳发展，不仅需要宏观政策层面的推动，还需要个体层面行为模式的转变，促进人们形成绿色低碳的生活方式。研究者认为影响人们低碳行为的一个重要因素就是低碳素养

---

① 《国家发展改革委发布碳达峰碳中和重大宣示三周年重要成果》，https://www.ndrc.gov.cn/fzggw/wld/zcx/lddt/202308/t20230817_1359896.html，2023 年 8 月 7 日。
② 《习近平主持召开中央全面深化改革委员会第二次会议强调 建设更高水平开放型经济新体制 推动能耗双控逐步转向碳排放双控》，《人民日报》2023 年 7 月 12 日，第 1 版。
③ 该调查覆盖全国六大地理区划，包括 4 个直辖市、5 个计划单列市、27 个省会（自治区首府）城市以及 4 个二 / 三线城市，共包括 40 个样本城市，并根据第七次全国人口普查数据进行抽样设计，确保样本能够代表全国大中城市居民，共获得有效样本 4006 个。调查对有代表性的样本以网络推送问卷的方式进行。

（low-carbon）或环境素养（environmental literacy）。低碳素养指人们理解生态问题、采取低碳生活方式的知识、观念、态度和技能的综合。本研究将低碳素养区分为低碳知识、低碳态度、低碳价值观和低碳文化认同，并从这几个维度分析当前民众低碳素养的特点。

（一）低碳信息传播的社会环境

1. 低碳生活倡议得到普及，政府推动的活动普及度较高

我们的调查询问了受访城市居民是否听说过一些与低碳生活相关的倡议活动或法规，结果发现，在城市居民中，大部分人或多或少都听说过一些低碳生活的倡议，完全没听说过的仅占受访居民的 0.65%。其中，普及度最高的是"光盘行动"，78.73% 的受访城市居民都听说过；其次是"限塑令"，有 60.66% 的民众都听说过。这两者都是近几年来，政府宣传力度较大或有明确规定限制的低碳倡议。而一些国际性的倡议活动或生活方式，如"地球一小时"和"素食主义"，也有约半数的民众听说过。此外，反食品浪费法、中国居民膳食宝塔也有约半数人听说过。相对而言，零废弃生活/运动的倡议在民众中普及程度略低，只有 35.92% 的人听说过（见图 1）。

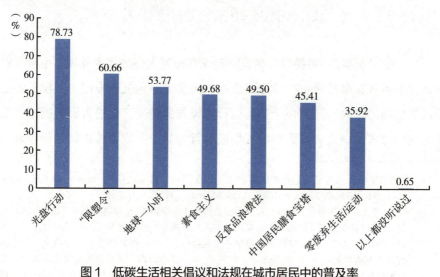

图 1 低碳生活相关倡议和法规在城市居民中的普及率

2. 低碳信息的传播渠道多样化，新媒体传播和人际传播占比突出

分析城市居民了解低碳相关信息的媒介途径发现，除了 0.55% 的人表示从未了解过低碳相关信息之外，绝大多数人都了解过一定的低碳相关信息，人们最经常用来获取低碳信息的传播媒介是抖音或快手这样的短视频平台，42.26% 的人经常从这里获取低碳、绿色环保的相关信息；其次是同事或朋友交流、社区宣传；再次是电视或广播以及微信。从媒介使用上可以看出，低碳传播呈现网络新媒介、传统媒介和传统人际传播交织的模式，除了短视频这种快速、直观的新媒介之外，电视或广播这种传统媒介在低碳信息传播中依旧有一定的占比。而经典的人际传播更是在低碳信息传播中发挥了重要的作用，既有熟人之间的口口相传，又有多方位的其他宣传，如社区宣传、孩子学校宣传和工作单位宣传，其中社区宣传的使用最为广泛（见图 2）。

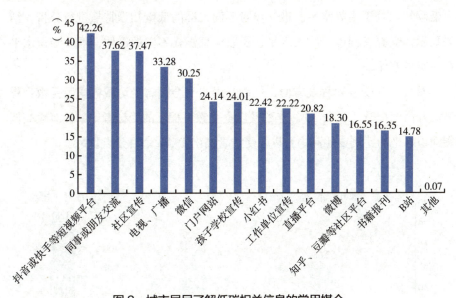

图 2 城市居民了解低碳相关信息的常用媒介

注：此题为多选题，故所有选项比例相加大于 100%。

整体上，当前中国在低碳信息传播方面，已取得一定的成效，绝大多数受访的城市居民都对低碳倡议活动、低碳和绿色环保信息有过一定了解，普

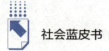

及程度最高的低碳倡议活动往往是政府推动力度较大的活动，获取低碳信息最常用的媒介渠道既包括短视频这样的新媒介，也包括口口相传和社区宣传这样的人际传播渠道。低碳活动的普及和低碳信息获取渠道的多样化，为人们形成低碳素养奠定了社会环境基础。

（二）城市居民的低碳知识和态度

1. 六成多居民具有较高低碳知识水平，传统媒介对知识水平提升的作用有限

本研究通过是否能辨别低碳商品、是否了解自己的生活方式对环境有无伤害等题目测量民众的低碳知识水平；具有相关知识能力记1分，否则记0分；按照得分高低，将低碳知识水平分为高、中、低三组。结果显示，64.68%的受访城市居民低碳知识水平较高，15.05%的人低碳知识水平较低，20.27%的人低碳知识处于中等水平。进一步对不同人群的低碳知识特点进行分析，结果显示，受教育程度、收入水平、获取信息媒介不同的群体，低碳知识水平存在明显差异。

首先，在受教育程度方面，低碳知识水平会随着受访城市居民受教育程度的升高而提升（见图3）。本科及以上受教育程度的受访者中，拥有较高低碳知识水平的比例要比高中及以下受访者高出19.22个百分点。

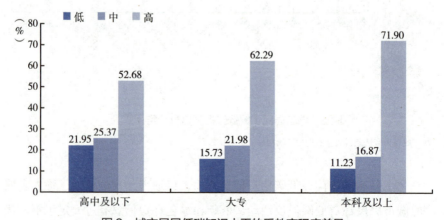

图3　城市居民低碳知识水平的受教育程度差异

其次，收入越高的受访者低碳知识水平越高（见图 4）。高收入受访者具有较高低碳知识水平的比例要比低收入受访者高出 21.14 个百分点[①]。

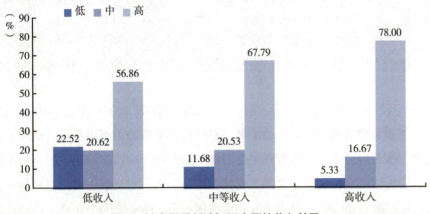

图 4　城市居民低碳知识水平的收入差异

最后，获取信息的媒介也影响受访者的低碳知识水平（见表 1）。前述使用较多的几个获取低碳信息的媒介中，常使用短视频、微信获取低碳信息的受访者，具有较高低碳知识水平的比例更高；而经常通过传统媒介如电视、广播和社区宣传来获取低碳信息的受访者，其低碳知识水平略低于不使用相应媒介的受访者，但统计上差异不显著。换言之，使用新媒介获取低碳相关信息可能有助于低碳知识水平提升，而使用传统媒介获取低碳信息对低碳知识水平没有明显影响。

整体上，城市居民的低碳知识水平与社会经济地位和媒介使用有一定关联，受教育程度更高、收入更高的居民低碳知识水平会更高；常使用短视频或微信等新媒介了解低碳信息的居民，低碳知识水平也更高。

---

① 根据李培林等提出的相对标准界定收入群体的方法，我们将收入中位值 75% 及以下的界定为低收入群体，76%~200% 的界定为中等收入群体，201% 及以上的界定为高收入群体。

表 1　媒介使用对城市居民低碳知识水平的影响（N=4006）

单位：%

低碳知识水平	短视频		微信		社区宣传		电视、广播	
	不用	使用	不用	使用	不用	使用	不用	使用
低	17.21	12.11	16.71	11.22	15.93	13.59	14.89	15.38
中	20.45	20.02	20.33	20.13	18.92	22.52	19.30	22.21
高	62.34	67.87	62.96	68.65	65.15	63.89	65.81	62.42

2. 城市居民的低碳生活态度积极，新媒介和传统媒介对态度改善都有效果

本报告将人们对低碳生活质量、对推广简单生活的态度界定为低碳生活态度，按照得分高低，将低碳生活态度分为积极、中立、消极三组。结果发现，受访城市居民的低碳生活态度整体比较积极，对低碳生活持有积极态度的人数比例为 69.25%，持有中立态度的比例为 29.66%，持有消极态度的比例仅为 1.10%。进一步分析不同人群的特点发现，受教育程度和收入与低碳生活态度关系紧密。

第一，受教育程度上，和高中及以下受访者相比，大专和本科及以上受访者的低碳生活态度更积极，后两者对低碳生活持有积极态度的比例要比前者分别高出 13.63 个和 9.34 个百分点（见图 5）。

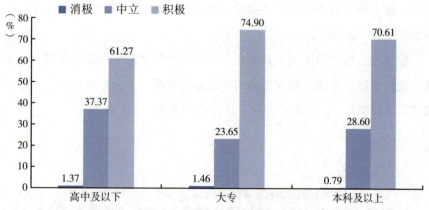

图 5　城市居民低碳生活态度的受教育程度差异

第二，收入水平影响人们的低碳生活态度，受访者的低碳生活态度随着其收入的增加而更加积极（见图6），高收入者中低碳生活态度积极的比例要比低收入者中的该比例高出17.88个百分点。

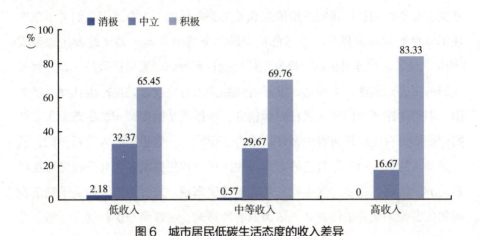

图6　城市居民低碳生活态度的收入差异

第三，媒介使用对居民低碳生活态度也会有一定影响（见表2），无论是新媒介还是传统媒介，只要受访居民主动使用这些媒介了解低碳信息，其对推广低碳生活的态度就会更积极。

表2　媒介使用对城市居民低碳生活态度的影响（N=4006）

单位：%

低碳生活态度	短视频		微信		社区宣传		电视、广播	
	不用	使用	不用	使用	不用	使用	不用	使用
消极	1.34	0.77	1.18	0.91	1.44	0.53	1.16	0.98
中立	33.25	24.75	32.32	23.51	32.26	25.32	31.61	25.73
积极	65.41	74.48	66.50	75.58	66.31	74.15	67.23	73.29

综合来看，城市居民的低碳生活态度更多受到受教育程度和收入水平的制约，受教育程度高、收入高的居民低碳生活态度会更积极，会使用媒介了解低碳信息的居民，对低碳生活的态度也更积极。

（三）城市居民的低碳价值观

我们的调查将与低碳发展的意义和必要性、低碳发展责任和低碳发展途径相关的几种价值观界定为低碳价值观。具体来说，①与人们对低碳发展的意义和必要性的认识相关的价值观念是生态危机观，主要是指人们关于生态环境危机的基本世界观。生态危机观的测量采用 Dunlap 提出的新生态范式（NEP）量表，通过对生态危机发生的可能性和地球的发展极限的认识来测量人们的生态危机观。②与低碳发展责任相关的价值观念是生态责任观，主要指人们对生态环境问题的责任归因信念，包括两个维度，一是生态个人责任归因，认为自己的行为对生态环境会产生影响；二是生态他人责任归因，认为是他人的行为而不是自己的行为对生态环境产生影响。③与低碳发展途径相关的价值观念是生态优先发展观和科技生态观，前者是指人们关于经济发展和生态保护优先级的观念，认为两者冲突时，应以生态保护优先。后者是指人们对于科技解决生态问题的观点，包括两个维度：一是科技万能观，认为只要发展科技，就可以解决生态问题、控制自然；二是科技有限观，认为不能只依赖科技来解决环境问题，科技也可能伤害自然。

根据上述各价值观得分区分出高、中、低三组，上述三类价值观的分析结果如表3所示。

表3　城市居民的低碳价值观（N=4006）

单位：%

低碳价值观	程度		
	低	中	高
生态危机观	1.02	43.68	55.29
生态责任观：个体责任归因	0.77	23.22	76.01
生态责任观：他人责任归因	45.88	27.11	27.01
生态优先发展观	25.66	40.91	33.42
科技生态观：科技万能观	29.28	44.78	25.94
科技生态观：科技有限观	1.27	36.65	62.08

从分析结果看，当前居民低碳价值观表现为：在生态危机观方面，超过半数居民持有较高的生态危机观，意识到地球生态需要保护，但也有超过四成的居民对此持中立观点；在生态责任观方面，大多数居民（76.01%）认识到生态环境与自己的行为有关系，近三成居民（27.01%）持有他人行为而不是自己行为影响生态环境的观念；在低碳发展的手段方面，生态优先发展观的支持度中等，1/3 的居民支持生态保护优先于经济发展的观念，更多的人（40.91%）对此持有模糊态度，还有 1/4 的居民不认可生态保护优先于经济发展；对于科技的生态保护作用，1/4 的人认可科技能解决一切生态问题，约 1/3 的人反对这一观点，四成多的人中立看待这一观点。大多数人（62.08%）还是赞成科技作用有限的观点，认为不能完全依赖科技来解决生态问题，只有 1.27% 的人反对这一观点。

比较不同受教育程度的居民低碳价值观的特点发现（见表 4），受教育程度不同的受访者，低碳价值观呈现不同的模式。与高中及以下受教育程度的受访者相比，大专和本科及以上受教育程度的受访者更明显地持有强烈的生态危机观；更少将生态环境问题与自己个人行为关联，同时也更少将责任都归结为他人；更加支持生态优先的发展观；更加认可科技作用有限度、不能完全依赖其来解决生态问题；尤其是本科及以上学历的受访者更不赞同科技万能的观点。

表 4　城市居民低碳价值观在受教育程度上的差异（N=4006）

单位：%

低碳价值观	受教育程度		
	高中及以下	大专	本科及以上
生态危机观	45.37	58.75	58.68
生态责任观：个体责任归因	81.77	74.51	74.94
生态责任观：他人责任归因	31.41	25.83	25.33
生态优先发展观	26.44	35.00	36.22
科技生态观：科技万能观	26.24	27.40	25.09
科技生态观：科技有限观	57.66	62.60	64.08

注：表格中仅列出各价值观高分组的人数比例。

对不同收入的居民低碳价值观的对比分析发现（见表5），收入不同的受访者其低碳价值观也呈现不同的模式。随着收入增加，居民生态危机观念更强烈，将生态环境责任与自己关联的更多，更支持科技万能的观点，但同时有更多的人承认科技解决生态问题也有限度。此外，在生态他人责任归因上，中等收入群体要比其他群体更多地将生态环境问题的产生归为他人行为而不是自己行为；在生态优先发展观上，中等收入群体的赞同程度也最低，其次是高收入群体，相对来说低收入群体赞同度会高些。这可能是因为中高收入群体对自己的低碳消费行为更有信心，前述分析也表明，其低碳知识水平相对更高、对低碳生活的态度也更积极，因此更可能认为生态环境问题的产生与自己关联较小。但在生态保护优于经济发展的问题上，涉及中高收入群体对自身经济收益的考量，其态度会更模糊，坚定支持的比例相应减少。

表5　城市居民低碳价值观在收入上的差异（N=4006）

单位：%

低碳价值观	月收入		
	低收入	中等收入	高收入
生态危机观	49.61	57.20	67.67
生态责任观：个体责任归因	69.60	78.51	87.33
生态责任观：他人责任归因	21.75	30.77	23.33
生态优先发展观	35.61	32.04	33.67
科技生态观：科技万能观	22.59	27.31	31.33
科技生态观：科技有限观	56.30	64.46	71.33

注：表格中仅列出各价值观高分组的人数比例。

（四）城市居民的低碳文化认同

低碳文化认同包括行为卷入和情感认同两个方面，其中行为卷入是指主动了解、思考低碳相关问题，情感认同是指会因自己具有低碳行为习惯而感到自豪，这两方面可以理解为影响低碳行为的行为倾向和情感指标。本报告将低碳文化认同的行为卷入和情感认同两个维度均值划分为高、中、低三个分数区间，分析结果如表6所示。

表 6　城市居民的低碳文化认同（N=4006）

单位：%

低碳文化认同	程度		
	低	中	高
低碳认同：行为卷入	1.90	39.37	58.74
低碳认同：情感认同	0.60	30.48	68.92

在低碳文化认同上，居民普遍表现出较高程度的情感认同，情感认同高的人数比例接近七成；积极行为卷入的程度低于情感认同，但高分的人数比例也接近六成。整体上，居民低碳文化认同感较强。

进一步比较不同群体在低碳文化认同上的特点，结果发现，受教育程度、收入和媒介使用模式不同的居民，其低碳文化认同也有差异。居民受教育程度越高，无论是从行为卷入还是从情感认同上，居民的低碳文化认同程度都越高（见表 7）。与之类似，收入越高的居民，其低碳行为卷入和情感认同越强，低碳文化认同程度越高（见表 8）。

表 7　城市居民低碳文化认同在受教育程度上的差异（N=4006）

单位：%

低碳文化认同	受教育程度		
	高中及以下	大专	本科及以上
低碳认同：行为卷入	51.02	59.27	62.39
低碳认同：情感认同	60.39	70.10	72.69

注：表格中仅列出各认同维度高分组的人数比例。

表 8　城市居民低碳文化认同在收入上的差异（N=4006）

单位：%

低碳文化认同	月收入		
	低收入	中等收入	高收入
低碳认同：行为卷入	51.44	61.18	74.67
低碳认同：情感认同	62.07	71.51	81.67

注：表格中仅列出各认同维度高分组的人数比例。

二 城市居民低碳消费行为分析

延续使用 2022 年度报告的指标体系，本部分分析居民在购买、使用和处置不同环节的绿色低碳消费。在本报告中，我们重点关注餐饮浪费问题。减少餐饮中的食物浪费是推动绿色低碳消费的重要领域，同时，粮食安全作为"国之大者"，也是实现经济发展、社会稳定和国家安全的重要基础。

（一）不同环节的绿色低碳消费行为

1. 城市居民购买、使用和处置环节的低碳消费行为比例呈现倒"U"形趋势

我们的调查设计了 17 个指标，分别从购买、使用和处置三个环节测量居民的绿色低碳消费行为。[①] 在分析过程中，将各维度指标的均值划分为低、中、高三个分数区间，低分表示较少或从未有过低碳消费行为，中等分值表示偶尔或有时发生低碳消费行为，高分表示经常发生低碳消费行为。

图 7 显示了受访者在购买、使用和处置环节经常发生低碳消费行为的比例。分析结果显示，整体而言，中国城市居民在购买、使用和处置环节中低碳消费行为均较普遍，居民绿色低碳消费意识较强。此外，我们还发现居民在购买、使用和处置的不同环节经常发生低碳消费行为的比例存在一定程度的差异。整体而言，购买、使用和处置环节低碳消费行为频率呈现倒"U"形趋势。具体而言，居民在使用环节经常践行低碳消费行为的比例最高，为 65.73%；其次是购买环节，这一比例为 63.11%；而处置环节经常发生低碳消费行为的比例相对最低，为 58.99%。这说明，中国城市居民在不同环节的绿色低碳消费意

---

① 这些指标包括 6 个购买环节的次级指标、7 个使用环节的次级指标以及 4 个处置环节的次级指标。6 个购买环节的次级指标分别为购买可循环利用的材料制成的产品、优先购买有环保标志的商品、优先购买耗能少的商品、避免购买对环境有害的商品、避免购买一些过度包装的商品、不会因产品打折而买不需要的东西；7 个使用环节的次级指标分别为尽量避免浪费、避免使用一次性餐具、夏天不会把空调温度调得很低、洗澡时注意节约用水、洗碗或果蔬时会节约用水、注意节约用电、外出就餐会把剩菜打包；4 个处置环节的次级指标分别为会想办法把东西重新利用、把不需要的闲置物品捐赠出去、会把闲置的物品拿到二手市场去卖、扔垃圾时会注意分类。

愿存在差异，反映了在不同环节践行绿色低碳消费行为也存在难易程度差异。处置环节的低碳消费行为比例较低可能反映了绿色低碳产品的处置环节规划尚未能满足消费者绿色低碳消费方式转型的需求。可见，实现绿色低碳消费转型不仅取决于消费者的意愿，还取决于宏观层面的绿色低碳产品供给。

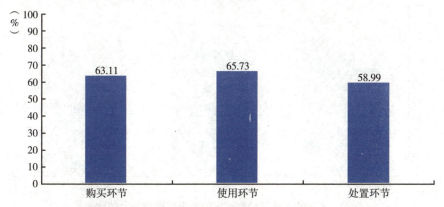

图 7　购买、使用和处置环节经常发生低碳消费行为的比例

2. 受教育程度越高、收入越高的城市居民越经常践行绿色低碳消费行为

图 8 显示，受教育程度越高的居民，其经常践行绿色低碳消费行为的比例更高。具体而言，与高中及以下学历的居民相比，本科及以上学历的城市居民在购买环节经常发生低碳消费行为的比例高出 10.20 个百分点，在使用环节的比例高出 10.98 个百分点，而在处置环节这一比例高出 9.37 个百分点。

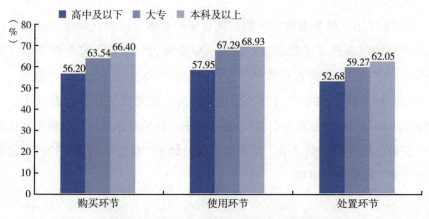

图 8　不同受教育程度居民经常践行绿色低碳消费行为的比例

图 9 显示，收入越高的居民，无论是在购买还是在使用和处置环节，绿色低碳消费行为的发生比例都更高。

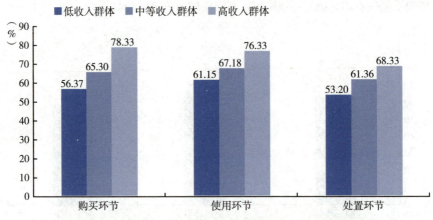

图 9　不同收入居民经常践行绿色低碳消费行为的比例

3. 城市居民低碳消费付出意愿相对较低，推动绿色低碳生活方式转型不能完全依靠民众付出

低碳消费付出行为指标测量的是为了践行低碳消费理念人们是否愿意付出时间、金钱、精力。本次调查设计了 2 个二级指标，分别为"愿意多花时间在同类商品中挑选环保产品"和"可以接受电价或水价因环保需求而上涨"。

图 10 显示，尽管七成以上的居民表示愿意多花时间在同类商品中挑选环保产品，但表示"可以接受电价或水价因环保需求而上涨"的比例仅为60.88%。可见，实现绿色低碳生活方式转型需要动员社会公众广泛参与、积极行动，但不能单独依靠民众的付出。此外，值得注意的是，数据还显示（见图 11），尽管在低碳时间付出方面，北上广深大都市居民的比例与其他城市居民的比例相当，但北上广深大都市居民对于"接受电价或水价因环保需求而上涨"的赞成度更低。

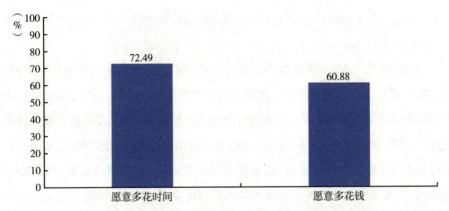

图 10　城市居民愿意为低碳消费付出时间和金钱的比例

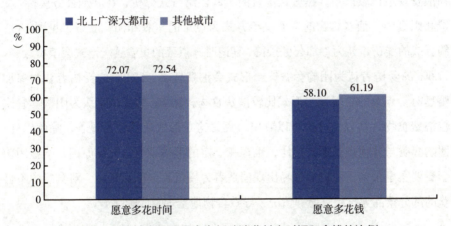

图 11　不同城市居民愿意为低碳消费付出时间和金钱的比例

（二）餐饮消费中的浪费行为

随着改革开放的不断深入，中国居民的生活水平得到了极大的提升，食物消费能力越来越强，与此同时，食物浪费量激增。有研究发现，中国城市餐饮每年在餐桌上浪费食物 1700 万~1800 万吨，相当于 3000 万~5000 万人一年的食物需求量、全国粮食产量的 3%。[①]

---

①　成升魁、金钟浩、刘刚等：《中国城市餐饮食物浪费报告》，世界自然基金会、中国科学院地理科学与资源研究所，2018。

1. 近半数受访者认为外出吃饭时食物浪费现象比较严重，公务接待和婚宴的食物浪费较严重

总体来看，45.4%的受访者认为目前外出吃饭时食物浪费现象比较严重，22.4%的受访者认为现在外出吃饭时食物浪费现象不太严重。图12显示，仅有21.6%的受访者在公务接待/宴请的时候点菜尽量不剩，而日常生活跟家人外出吃饭、旅游度假时跟家人外出吃饭、约会（包括相亲）时该比例分别为61.3%、50.1%和34.6%；此外，27.3%的受访者在公务接待/宴请时点菜剩10%~20%，也高于其他场景。从受访者观察到的浪费情况来看，70.3%的受访者认为参加公务接待/宴请时食物浪费现象比较严重，42.6%的受访者认为参加婚宴时食物浪费现象比较严重。按餐饮消费的不同供给方式分析，在参加公务接待/宴请和婚宴中，浪费食物的主要供给方式为点菜的桌餐和团购套餐（见图13），约五成的受访者认为参加公务接待/宴请时，点菜的桌餐这一形式会浪费较多，17.6%的受访者认为团购套餐这一形式会浪费较多；32.9%的受访者认为参加婚宴时，点菜的桌餐这一形式比较浪费食物，16.4%的受访者认为团购套餐比较浪费食物。从以上分析可以看出，桌餐这一形式浪费较为显著；除此以外，团购套餐与其他点餐形式相比，也存在一定的浪费现象。究其原因，一些团购套餐要实惠很多，但也更容易出现消费者为凑优惠金额点餐多、对套餐中不喜欢的部分菜品无打包意愿等情况，导致食物浪费现象颇为显著。

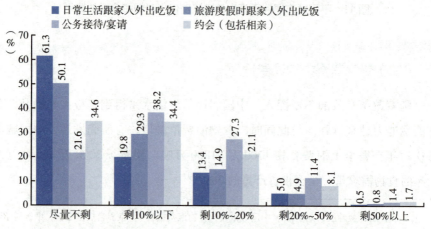

图12　受访者作为点餐人认为在不同餐饮消费场景中合适的点菜分量

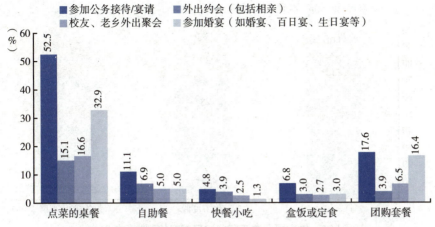

图 13　根据受访者的经验，不同供给方式下的餐饮浪费情况

注：此题为多选题，因此各个比例相加大于 100%。

2. 受教育程度越高越可能经常打包剩菜，公务接待 / 宴请的剩菜打包频率较低

针对餐饮消费中的剩菜是否会打包，可以成为对社会公众绿色低碳消费行为的重要评价指标。调查显示，在不同场景下受访者的剩菜打包频率有着显著差异，可以看出有 20.4% 的受访者在公务接待 / 宴请时从不打包，远高于日常生活和旅游度假时从不打包的频率，仅有 27.2% 的受访者在公务接待 / 宴请时经常和总是选择打包，而 60.6% 和 42.4% 的受访者在日常生活、旅游度假时会经常和总是选择打包（见图 14）。我们对受访者的受教育程度和餐饮消费剩菜打包频率进行了交互分析，可以发现在日常生活中，受教育程度越高的受访者，其剩菜打包的频率也越高。具体而言，63.2% 的本科及以上学历的受访者在日常外出吃饭有剩菜的情况下会经常和总是选择打包，比高中及以下学历的受访者高 7.5 个百分点，选择偶尔和从不打包的本科及以上学历的受访者比高中及以下学历的受访者低约 9 个百分点（见图 15）。

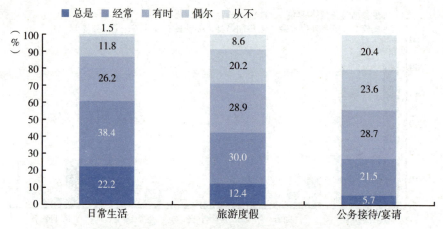

图14 城市居民在不同餐饮场景下的剩菜打包频率

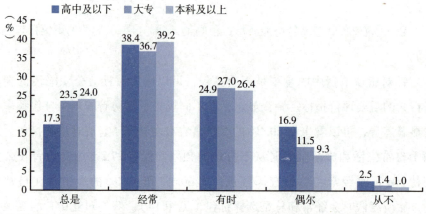

图15 日常生活中跟家人外出吃饭时，不同受教育程度居民的剩菜打包频率

3. 供给因素是旅游度假中餐饮浪费的主要原因，文化因素是公务接待／宴请产生食物浪费的主要原因

进一步分析表明，在不同消费场景下，产生食物浪费的主要原因存在一定的差异。图16列出了受访者认为旅游度假中产生食物浪费的主要原因，可以看出，41.5%认为"不了解餐食分量，点菜过多"是导致食物浪费的主要原因，35.7%认为"出门在外不好打包"是导致旅游度假中食物浪费的主要原因。依据"双重结构"理论框架，物质供给和文化习俗是影响消费的重要

外部因素。① 分析发现，有 49.7% 的受访者选择供给侧的原因，包括"自助餐拿多拿少价格一样""饭菜口味不佳""当地菜吃不惯""饭菜不够卫生""餐厅有最低消费""不了解餐食分量，点菜过多""有促销活动，点菜过多""出门在外不好打包"；另有 43.6% 的受访者认为主要由于供给—文化双重因素，既选择了上述供给侧的原因，还选择了文化习俗方面的原因，包括"出来玩就是想尽兴，容易点菜过多""好奇心，每样都想尝，导致点菜过多"。

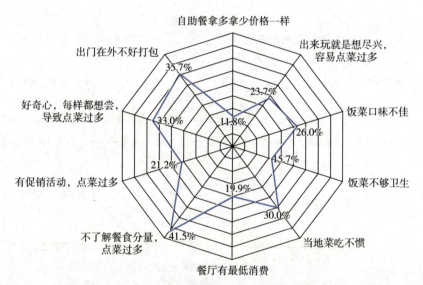

图 16　旅游度假时跟家人外出吃饭场景中产生食物浪费的主要原因（限选 5 项）

注：此题为多选题，因此各个比例相加大于 100%。

而公务接待 / 宴请中产生食物浪费的主要原因则完全相反。如图 17 所示，46.7% 的受访者选择"怕接待不周，容易点多"，38.3% 的受访者选择"主要谈公事，吃的比较少"，这二者是公务接待 / 宴请产生食物浪费的原因中选择比例最高的。同样按照"双重结构"理论框架进行分析，结果显示，文化因素是公务接待 / 宴请中产生食物浪费的主要原因，58.2% 的受访者选择了文化方面的原因，包括"点的少没面子""考虑接待对象的不同口味""不好

① 朱迪：《"宏观结构"的隐身与重塑：一个消费分析框架》，《中国社会科学》2023 年第 3 期。

意思打包""好奇心，每样都想尝，导致点菜过多""本地点菜习惯，点菜要凑双数""怕接待不周，容易点多""主要谈公事，吃的比较少""有领导在场，吃的比较少"；另有 35.9% 的受访者认为主要由于供给—文化双重因素，既选择了上述文化方面的原因，也选择了供给侧的原因，包括"餐厅有最低消费""不了解餐食分量，点菜过多""饭店口味不佳""有促销活动，点菜过多"。

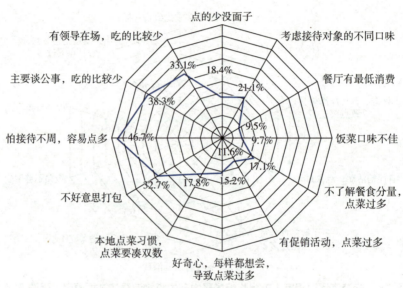

图 17　公务接待/宴请中产生食物浪费的主要原因（限选 5 项）

4. 餐饮企业落实经营主体责任情况较好，应强化剩菜打包提醒

减少食物浪费一方面依赖于消费者的观念意识，另一方面也要在供给侧着力，推动餐饮企业落实其经营主体责任，如合理搭配菜品数量和分量，提供"小份菜""小份饭"，引导消费者合理点餐，主动引导消费者餐后打包等。图 18 显示，39.2% 的受访者表示外出吃饭时餐厅会经常和总是提醒剩菜打包，但同时有 34.7% 的受访者表示餐厅偶尔和从不提醒剩菜打包。除了提醒剩菜打包、避免浪费外，36.8% 的受访者表示外出吃饭时餐厅会经常和总是提供

小份菜、半份菜服务，35.3% 的受访者表示外出吃饭时餐厅会经常和总是提醒合理点餐。和二、三线城市受访者相比，一线、新一线城市的受访者认为所经历的餐厅提供以上服务情况较好，相关餐饮企业应加强为员工提供制止浪费、垃圾分类等方面知识培训，建立制止餐饮浪费长效机制。

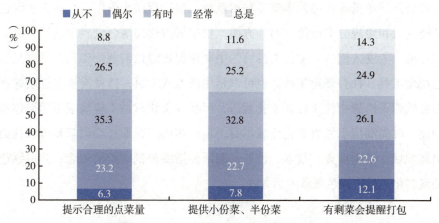

图 18　受访者经历的餐厅提供相关服务情况

三　研究结论及其政策意涵

总的来说，从知识、态度、价值观和认同等多方面来考察，受访的城市居民具有良好的绿色低碳消费素养，而且社会经济地位越高的群体低碳消费素养越高，经常使用短视频、微信获取绿色低碳信息的群体更可能拥有较高的绿色低碳消费素养。相较于处置环节，城市居民在购买和使用环节的绿色低碳消费行为更频繁，受教育程度越高、收入越高的城市居民越是经常践行绿色低碳消费行为。本年度的调查特别聚焦餐饮浪费问题。数据显示，近半数受访者认为外出吃饭时食物浪费现象比较严重，尤其公务接待/宴请和婚宴的食物浪费较严重，究其原因，供给因素是旅游度假场景产生食物浪费的主要原因，文化因素是公务接待场景产生食物浪费的主要

原因。

　　研究发现对于进一步推动绿色低碳消费和绿色低碳生活具有一定启示。一方面，应努力改进完善供给侧的产品和服务，为绿色低碳观念的实施创造良好的物质基础，调查显示城市居民拥有较好的绿色低碳消费素养，但是将绿色低碳观念落实并进一步再生产成为日常生活实践需要一定的物质条件，比如提升绿色低碳产品的丰富性和可及性，餐厅提供小份菜，社区完善绿色节能改造和垃圾分类设施。另一方面，也应努力构建绿色低碳生活的社会文化环境，激发人们从"文化工具箱"中调用促进绿色消费的工具，可以是绿色观念工具、社会规范工具，也可以是生活方式工具，这就需要在推动绿色消费的相关措施中注重社会文化营造，而社会文化营造不应局限于话语体系构建、时尚潮流引领等文化领域本身，也应拓展至企业社会创新和政府社会治理领域，借助商业、技术、治理的创新传播绿色低碳价值理念、营造绿色低碳文化，推广绿色低碳生活方式。

参考文献

　　李培林、崔岩：《我国 2008~2019 年间社会阶层结构的变化及其经济社会影响》，《江苏社会科学》2020 年第 4 期。

　　王宁：《现实的社会建构与观念的多维施行》，《江海学刊》2023 年第 3 期。

　　朱迪：《"宏观结构"的隐身与重塑：一个消费分析框架》，《中国社会科学》2023 年第 3 期。

　　Dunlap, R.E., Van Liere, K.D., Mertig, A.G., Jones, R.E., "Measuring Endorsement of the New Ecological Paradigm: A Revised NEP Scale," *Journal of Social Issues*, Vol. 56, 2000.

　　Hollweg, K. S., Taylor, J. R., Bybee, R. W., Marcinkowski, T. J., McBeth, W. C., & Zoido, P., *Developing a Framework for Assessing Environmental Literacy*. Washington, DC: North American Association for Environmental Education, 2011.

Horng, Jeou-Shyan & Hu, Meng-Lei & Teng, Chih-Ching & Hsiao, Han-Liang & Liu, Chih-Hsing, "Development and Validation of the Low-carbon Literacy Scale among Practitioners in the Taiwanese Tourism Industry," *Tourism Management*, Vol.35, 2013.

Swidler, A., "Culture in Action: Symbols and Strategies," *American Sociological Review*, Vol.51, No.2, 1986.

B.13
中国居民消费投诉与维权分析报告

——基于全国消协组织 2023 年前三季度受理投诉情况

汤　哲*

摘　要： 消费投诉、消费舆情等数据信息是了解消费动态、消费信心等社情民意的重要来源，也是推动完善社会治理、强化科学民主决策的重要参照。密切关注各种消费模式和趋势，了解消费者兴趣和诉求变化，有助于理顺消费和维权工作中的关键脉络、流程节点，持续提升消费者满意度和安全感。本报告以中国消费者协会公布的 2023 年前三季度全国消协组织受理投诉情况分析数据为基础，针对近五年来商品和服务消费投诉状况、数据变化趋势等加以梳理和分析研究，阐述当前消费趋势与消费维权形势、存在的问题，并提出以下对策建议：一是立足新形势新要求，不断完善消费者权益保护体制机制；二是准确把握恢复和扩大消费新局面新任务，进一步提振消费信心；三是突出智慧监管、信用监管，加强线上线下消费领域信用体系建设；四是切实改善消费环境，推动消费者权益保护协同共治；五是加强消费教育和社会倡导，培育可持续发展消费观念。

关键词： 消费者　投诉统计　权益保护　社会共治

　　2023 年是全面贯彻落实党的二十大精神和建设中国式现代化的开局之年，也是全面走出疫情的过渡之年，恢复和扩大消费成为这一年的重要工作基调。

---

　　* 汤哲，中国消费者协会消费监督部干部，中国社会学会消费社会学专委会第二届理事，主要研究方向为社会治理、消费心态、消费体验评测和消费维权实务。

各级政府和相关部门积极优化营商环境、提振信心，采取多种措施鼓励、引导消费，打击侵害消费者权益的违法违规行为，保障民生需求。这一年，数字经济快速融入生产、流通、消费等环节，市场营销模式、交易、消费趋势加速变革，消费热点和舆情事件易发、多发，消费者权益保护面临新课题。

一 当前消费者权益保护工作成效显著

受理消费投诉，处理消费纠纷，是政府部门保护消费者权益的基本职能，全国消费者协会和消费者权益保护组织积极参与消费维权服务和维权救济，这也是我国消费者权益保护的特色和优势。2023年全年，各级政府部门和消协组织加强重点民生领域消费者权益保护，进一步完善消费投诉处理制度机制、畅通消费投诉渠道、积极妥善处理消费投诉，为消费者挽回经济损失。

（一）消费者权益保护行政工作扎实务实推进，全力保障消费安全

消费者权益纠纷的行政救济，具有覆盖面广、成本低、效率高、程序简单等特点，成为消费者维权的基本途径，发挥了消费者权益保护主渠道的功能。国家市场监督管理总局、工业和信息化部、国家金融监督管理总局、国家广播电视总局等结合各自职能开展工作，确保人民群众安心、放心、舒心消费。

2023年3月，全国市场监管系统消费者权益保护工作会议在江苏苏州召开。会议指出，党的十九大以来，在以习近平同志为核心的党中央坚强领导下，消费者权益保护工作取得扎实成效。放心消费深入创建，部门协作持续完善，无理由退货形成品牌，消费环境源头改善；各级市场监管部门通过全国12315平台、电话、传真、窗口等多渠道受理消费投诉、举报和咨询，12315体系全面升级，维权效能显著提升；消费投诉公示落地，共治格局不断优化。截至2022年底，全国12315平台受理投诉举报咨询7078.94万件，为消费者挽回经济损失123.02亿元；调解成功率提高31.93个百分点，群众满

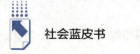

意度倍增到 4.71 分（满分 5 分）。①

工业和信息化部持续完善电信业务市场发展政策，抓好新型信息基础设施建设，增强网络和数据安全保障能力，强化 App 全流程、全链条治理，加强个人信息保护、用户权益保护，互联网平台和 App 治理、防范治理电信网络诈骗等成效显著。② 推动 100 家重点互联网企业建立人工客服热线，155 家企业接入互联网信息服务投诉平台，投诉处理及时率达 98.0% 以上。

交通运输部持续抓好全国交通运输服务监督电话热线 12328 诉求办理能力及水平提升，向公众提供 24 小时在线服务，针对交通运输行业服务监督、投诉举报及业务咨询办理等事项，不断压实各级政府属地责任；围绕交通运输新业态发展，强化包容审慎监管和安全、合规教育，适时约谈有关平台企业，敦促依法合规有序发展，重点强化消费者权益保护。

中国人民银行牢牢守住不发生系统性金融风险底线，征信体系建设、反洗钱、金融消费权益保护等工作取得新成效，持续提升 12363 热线服务水平，印发投诉形势分析和典型案例，要求金融机构切实履行投诉处理主体责任。银行保险调解组织 2020 年化解金融纠纷 10.42 万件，2022 年调解金融纠纷 15.6 万件。

原中国银保监会及其派出机构 2022 年接收并转送银行业消费投诉 30.2 万件，保险消费投诉 11.0 万件，金融消费者投诉管理工作质效全面提升。2023 年 3 月，中共中央、国务院印发《党和国家机构改革方案》，决定在中国银行保险监督管理委员会基础上组建国家金融监督管理总局。2023 年 11 月，中国机构编制网发布《国家金融监督管理总局职能配置、内设机构和人员编制规定》，进一步明确金融消费者权益保护工作职责和打击非法金融活动职责。

2023 年 11 月，国家广播电视总局联合工业和信息化部、国家市场监督管理总局、中央广播电视总台、中国消费者协会等有关单位，召开治理电视

---

① 国家市场监督管理总局官方网站，https://www.samr.gov.cn/xw/zj/art/2023/art_4a197e3344154a4e85692b5b197f83da.html，2023 年 3 月 22 日。

② 工业和信息化部官方网站，https://www.miit.gov.cn/xwdt/gxdt/ldhd/art/2023/art_f1e1bfd142e5406b98a917e5d4543e46.html，2023 年 1 月 12 日。

"套娃"收费和操作复杂试点工作总结暨全国推广工作部署推进会，通报了针对电视开机慢、广告多、收费多等的治理进展情况和成效，并对做好下一步全国治理工作提出要求。治理评估结果显示，八成以上消费者认为电视操作更加便利了、看直播更简单了，七成以上消费者感觉收费项目减少、收看免费内容更容易了，消费体验极大优化。

（二）消协组织履责担当，发挥消费者权益社会保护引领作用

中国消费者协会和全国各级消协组织依法履职，着力解决好人民群众最关心最直接最现实的消费维权问题，服务扩大内需战略，持续优化消费环境。中消协《2022 年 100 个城市消费者满意度测评报告》数据显示，2022 年全国100 个城市消费者满意度综合得分为 78.81 分，总体处于良好水平，超过疫情前的最高水平。

根据中消协披露的信息，对消费者投诉数量、解决数量、挽回经济损失、有欺诈的赔偿案件、加倍赔偿金额、来访和咨询接待量等关键性数据进行整理，2019 年至 2023 年前三季度的全国消协组织受理投诉情况统计信息如表 1 所示。

表 1　2019 年至 2023 年前三季度全国消协组织受理投诉咨询情况概览

分类	2019 年	2020 年	2021 年	2022 年	2023 年前三季度
投诉数量（件）	821377	982249	1044861	1151912	944249
解决数量（件）	614246	749317	836072	915752	775801
投诉解决率（%）	75.00	76.29	80.02	79.50	82.76
挽回经济损失（万元）	117722	156393	151592	137767	94384
有欺诈的赔偿案件（件）	3160	5864	10675	18032	14446
加倍赔偿金额（万元）	1607	825	1181	453	453
来访和咨询接待量（万人次）	140	125	131	149	83

资料来源：中国消费者协会官网，https://www.cca.org.cn/tsdh/list/19.html，根据历年各季度《全国消协组织受理投诉情况分析》数据汇总。2019 年以前全国消协组织受理投诉咨询情况见《中国居民消费投诉变动趋势调查报告》（李培林等主编《社会蓝皮书：2023 年中国社会形势分析与预测》第 293 页）。

结合表 1 数据，可以发现两个趋势。

一是近年来消费者投诉数量持续攀升。2023 年前三季度，全国消协组织共计受理消费者投诉 944249 件，数量超过 2019 年全年总量，接近 2020 年全年总量。与 2022 年前三季度投诉统计数据（835879 件）相比，2023 年前三季度投诉数量增加近 13%。结合下半年线上线下消费活动和全国消协组织近三年投诉统计数据概况，预计 2023 年全年消费者投诉数量将突破 120 万件，比 2015 年投诉数量（639324 件）翻一番。

二是消费者投诉解决率进一步提升。从近五年消费者投诉解决率来看，2019 年至今的消费者投诉解决率均保持在 75% 及以上的较高水平。其中，2021 年投诉解决率超过 80%，解决数量超过 2019 年全年投诉数量；2022 年投诉解决率为 79.50%，接近 80%。2023 年前三季度投诉解决率为 82.76%，投诉解决率进一步提升。

综合来看，2020~2022 年投诉数量增长率分别为 19.59%、6.37%、10.25%。在今后投诉调解工作中，应该积极拓展投诉维权渠道，优化维权服务资源配置，强化消费纠纷调解的力度和效果，以便及时响应消费者诉求，有效化解消费矛盾。

（三）2019年至2023年前三季度全国消协组织投诉统计分析

从类别属性上看，可以将消费投诉划分为商品类投诉、服务类投诉和其他类投诉。其中，其他类投诉指的是不属于一般商品或服务消费投诉类别，或暂时无法对应当前投诉统计归口、不便于归类的一些情况。

1. 商品类投诉和服务类投诉总量呈现上升趋势，比重发生显著变化

2019 年以来，商品类投诉数量逐年增加，2023 年前三季度商品类投诉总量超过 2021 年全年商品类投诉总量；服务类投诉总量逐年增加，2023 年前三季度服务类投诉总量超过 2019 年全年服务类投诉总量（见表 2）。

表2　2019年至2023年前三季度全国消协组织投诉类别对比

单位：件，%

时间	投诉类别分析					
	商品类	占比	服务类	占比	其他类	占比
2019年	377892	46.01	415354	50.57	28131	3.42
2020年	439351	44.73	499491	50.85	43407	4.42
2021年	491040	47.00	517153	49.49	36668	3.51
2022年	592603	51.45	525088	45.58	34221	2.97
2023年前三季度	496587	52.59	429330	45.47	18332	1.94

2020年以来，商品类投诉占全部投诉数量的比重持续上升，2022年占比超过50%，2023年前三季度商品类投诉占比再创新高；服务类投诉占全部投诉数量的比重总体降低，从2019年、2020年的超过50%逐渐降低至2022年的45.58%，2023年前三季度服务类投诉比重比2019年高峰期时降低5.10个百分点。这表明，当前消费者对于实物商品的投诉情况有所增多，并且消费者越发重视商品质量、安全等本质属性。

2. 其他类投诉整体占比较低，但不应被忽视

比较来看，其他类消费投诉总量相对较为稳定，占比总体呈现下降趋势。当然，对于该部分暂时难以归类或不便于归类的消费投诉也不应忽视，应当密切关注因跨界融合产生的消费新业态、新模式和新领域，在特定时期、特定地区可能出现投诉量暴发陡增。

从2023年前三季度商品大类和服务大类更加具体的投诉比重来看，以家庭清洁用品、化妆品、儿童用品、五金交电及日用杂品为代表的日用商品类消费和以家用电器、通信类电子设备等为代表的家用电子电器类消费投诉占比分别为22.04%、20.47%，居前两位。服装鞋帽类和食品类消费投诉占比总体仍保持在第三、第四位，占比稳定在15%以上（见图1）。与2022年前三季度同期相比，日用商品类

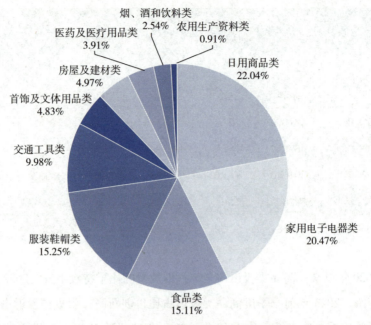

图 1   2023 年前三季度商品类消费投诉占比

消费投诉和家用电子电器类消费投诉比重在 2023 年前三季度位次发生调换；与之类似，食品类消费投诉和服装鞋帽类消费投诉比重位次同样互换。医药及医疗用品类消费投诉比重略有上升，烟、酒和饮料类消费投诉比重略有降低。其他各商品类消费投诉比重及排序大体保持稳定。

以餐饮、住宿、美容美发、教育培训、销售和中介服务等为代表的生活社会服务类投诉占比最高，为 30.31%；以网络宽带接入、网络游戏等为代表的互联网服务类投诉占比为 17.45%，排在第二位；投诉占比超过 10% 的服务类型还包括文化娱乐体育服务类、教育培训服务类（见图 2）。与 2022 年前三季度同期相比，消费者关于生活社会服务类消费（28.45%）、文化娱乐体育服务类消费（7.45%）、销售服务类消费（6.33%）的投诉占比有所上升，关于互联网服务类消费（21.02%）、教育培训服务类消费（12.87%）的投诉比重则有所降低。有关服务类别的投诉发生变化，很大程度上与疫情防

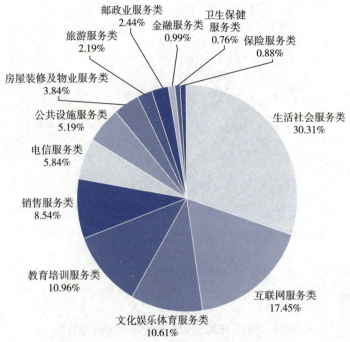

图2　2023年前三季度服务类消费投诉占比

控政策调整之后线下实体场景消费和接触式消费、体验式消费增多有重要关系。

　　从2023年前三季度消费者投诉统计十大性质分类具体来看，排在前三位的投诉大类分别为售后服务、合同、质量，整体占比接近80%（见图3）。其中，售后服务类投诉量为349352件，占比为37.00%，排在各类投诉首位，且为2019年以来的新高；合同类投诉量为217243件，占比23.01%；质量类投诉占比排在第三位，共183521件，占比19.44%，为近五年来最低。价格、虚假宣传、安全、假冒、人格尊严、计量类投诉占比均低于5%，与往年基本持平，其中价格类、虚假宣传类投诉所占比重有微弱上涨。其他类投诉占比进一步降低至5.51%，预计2023年全年投诉性质分类结构性波动不大。

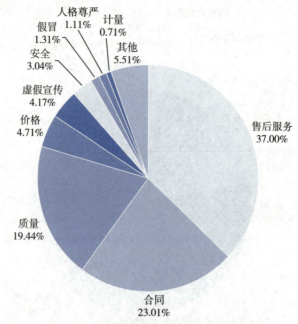

图3　2023年前三季度消费投诉性质分类分析

二　当前消费者权益保护工作面临的问题和挑战

党的二十大以来，随着《"十四五"市场监管现代化规划》《中共中央 国务院关于加快建设全国统一大市场的意见》《扩大内需战略规划纲要（2022—2035年）》等国家顶层制度和发展规划相继出台，我国消费者权益保护事业全面推进、不断创新、成绩显著。同时，与构建"双循环"新发展格局，高质量发展目标，让人民群众获得感、幸福感、安全感更加充实、更有保障、更可持续的时代要求相比，消费者权益保护工作还存在宏观与微观层面的问题，需要不断加以克服和解决。

（一）"新""新"相印：新时期消费者权益保护的法律和制度设计亟待更新

一是消费者权益保护基础性法律法规亟待修订和出台。《消费者权益保护法》自 2013 年修订距今已有 10 年，部分条款已相对滞后于经济发展方式转变的客观要求和消费升级的现实背景，"消费者权益保护条例"至今仍未正式出台，消费者依法主张权益时或会面临有法难依、维权难落地的窘境；商务部《单用途商业预付卡管理办法（试行）》已施行 10 余年，于 2015 年 7 月向社会公开征求意见，但未见修订审议后的办法正式出台，随着消费新业态、新模式的出现特别是互联网服务新业态的涌现，当下也亟须增加对网络预付式消费的规制。尽管《电子商务法》《反不正当竞争法》及部分已经生效和更新的部门规章对消费者保护理念有所强化，但限于立法侧重及法律效力等因素，法理和实践之间存在差距。

二是与互联网经济发展相关的网络安全、个人信息等法律制度需要细化完善。随着互联网和电子商务新业态快速发展，社交媒体、网约车、到家服务等新平台迅速崛起，针对类型多元、跨界提供服务的经营者加强规制，市场监管职责边界需要进一步厘清，配套治理规则需要修订完善。App 过度索权、大数据"杀熟"、非法推送商业信息、个人信息被不法泄露等现象依然突出，消费者资源被视作平台资产打包转移、出售，行业潜规则亟待破除，数据合规与维权路径需政策和制度补漏。消费者个人维权成本高、维权难度大、维权动力不足，仍需要更多的配套法律法规和司法、执法实践作出规定或指引。

三是新业态、新领域相关标准有待更新完善。随着信息技术、生物技术等新技术发展以及健康、生态理念升级，原有标准体系之外的新产品、新服务大量涌现，有关标准缺失以及滞后、老化问题开始显现，如针对新型除甲醛设备、家用美容仪，以及平台经营者利用算法技术实行差异化营销、差异化定价等行为，相关法律法规和基础标准亟待更新。

（二）效率与公平：消费基础设施和公共服务的高质量供给有待加强

一是普惠性消费基础设施与公共服务的均衡供给有待加强。一方面，消费基础设施不足是多场景服务的供给短板。如在打造以数据为核心的消费新基础设施方面，未充分考虑基础配套，导致无法支持良好的消费体验；服务供给方面，新产品同质化严重，消费供给丰富度不够，对消费者吸引力不足；特别是在满足更高层次消费需求的普惠性、非基本公共服务方面，还有较大提升空间。另一方面，基本公共服务均等化与可及性不够。例如城乡融合新型消费网络节点的建设推广尚不均衡，不同地区、不同人群无法均等享受数字经济带来的普惠红利。另外，部分地方在统筹疫情防控与民生消费保障工作中暴露出治理水平不均衡、治理能力不足的问题。

二是农村基础设施体系建设和服务供给质量水平仍有短板。作为连接城乡生产和消费的重要纽带，农村物流体系在推动工业品下乡进村、农产品出村进城、农民就业创业、消费潜力释放、助力共同富裕等方面发挥重要作用。与此同时，一些薄弱环节不容忽视，主要体现在流通基础不牢、流通体系不畅、流通成本不低、流通服务不优和流通效率不高等方面，特别是与农村消费者消费体验密切相关的快递服务、充电桩基础设施、网络通信基站等方面，与人民群众的期待和需求存在较大差距。当然，因经营者规划不全、评估不准导致的"面子工程"、重复建设和服务资源闲置或浪费等问题同样值得关注。

（三）个性与共性：消费侵权问题治理能力和治理水平仍需提高

一是电信服务营销套路屡屡侵权，违规现象花样翻新亟待遏止。近年来，电信服务业务量持续增长，但网速、资费等问题成为电信服务的"槽点"，套餐资费使用规则和条件相对复杂、"携号转网"仍存在实践难题。随着互联网不良营销手法向传统行业渗透蔓延，电信服务领域套路营销、虚假宣传、信息泄露、电信诈骗等侵害消费者权益现象屡屡引发纠纷投诉。

二是部分智能产品质量安全欠稳定，消费者体验不佳。消费电子、家用电器等产品智能化程度迅速提升，智能产品受到追捧。与此同时，部分智能产品安全标准缺失或不完善、智能化便利化水平不高、软件升级频繁、产品之间互联互通难等情况仍然存在，强制推送广告、过度索取用户权限、收集个人信息且存在被泄露或被非法利用的风险，加上部分企业服务保障、售后维修等支持力度不足、业务能力欠缺，导致消费者体验不佳，相关投诉量快速攀升，成为投诉新热点。

三是新型线下消费热点场景多，常态化有效规制尚存在不足。随着在线消费和实体消费场景的加速互联，相关消费热点场景、热点模式持续发展，特别是体验式、沉浸式消费及相关活动受到热捧。融合背景下的消费新业态、新场景业务类型多、领域跨界广、受众人群不一，对该类型服务的有效规制稍显不足。如"剧本杀"、密室逃脱等沉浸式社交娱乐活动存在主题或剧本质量不高、同质化现象严重、环境不安全、剧本内容违禁等问题；未成年人保护缺失、价值观导向不良问题同样值得关注。

（四）置身"数"内：数字经济发展中的消费者权益保护面临新课题

一是平台经营者、平台内经营者与消费者地位失衡。电子商务平台"一对众"型的交易模式使得格式条款的应用更为普遍，但存在格式条款内容冗长晦涩、概念堆叠、提示说明不足的问题，消费者往往只能"被"同意、"被"接受。从中消协 2022 年开展的十类不公平格式条款点评活动来看，网络交易全流程、各环节及交易结束后积分权益处置、消费评价信息和账号注销后的相关信息权益等都有所涉及。部分网络平台经营者随意变更核心条款，通过格式条款排除、限制消费者选择仲裁和诉讼的权利，变相增加消费者维权难度和维权成本。

二是互联网平台在加强治理、落实主体责任方面还应改进。网络销售产品和服务质量问题始终难以杜绝，这在微商、代购、二手买卖、转单等新型购物模式中表现更为突出；以明星、网红、达人进行好物分享来激发购买欲望的"种草"笔记和"拔草"、直播活动存在虚假宣传、不真实不客观、误导诱导消费者的情况；"摇一摇"广告、"套娃式"收费、默认勾选和自动续费及互联网金融类服务消费低价陷阱等问题大量存在。新型交易模式下的侵权形式更加隐蔽，消费者权益更易受损且难以察觉。

三是数字消费进程中配套服务和售后保障存在不足。与平台或平台内经营者相比，消费者在信息获取、服务保障、权益保障等方面往往处于不利地位。部分网络平台及经营者重"输出"轻"反馈"、重"送达"轻"善后"，

商品和服务售出速度与售后处置效率严重失衡，消费者网络虚拟财产安全和服务保障问题始终无法解决，有些甚至涉嫌变相推诿法定售后服务责任，消费者自主评价权、监督权亦遭限制或干扰。"双11""618"等电商平台促销活动后纠纷集中凸显，货不对板、促销优惠券使用、退换货、售后保障等问题集中爆发。

（五）"科技与狠活"：食品、汽车行业质量安全舆情热、投诉多

开门五件事，衣食住行用。食品消费是日常消费中涉及人群最广、频次最高的活动，汽车消费是家庭一次性大额消费中重要的开支点，也是当前扩内需、促消费的重中之重。因此，公众对于食品安全、汽车消费相关议题关注度高、敏感性强，涉食品问题舆情"易燃易爆炸"，涉汽车消费容易产生群体性投诉。

一些经营者质量管理和安全底线意识不足，食品领域特别是新业态食品安全隐患难以消除，如预制菜菜品、散装"边角料"食品、临期食品、家庭自产自销食品等零售新模式、新品类暗藏风险。一些经营者对产品规格、型号、剂量、服务周期等未作特别标示、标注不详或无显著提醒，消费者实际体验与预期不符容易引发不满。一旦企业售后服务保障不到位、消费者诉求得不到及时回应，也成为引发纠纷的常见"燃点"。经过舆情发酵，一定程度上加重了消费者的食品安全焦虑、用车焦虑，也使得社会公众对于相关品牌的信任感和对相关行业的安全感、信心程度受损。

（六）"一老一小"：特殊消费群体权益保护不容忽视

一是老年消费重点领域和"套路"式营销活动中的问题相对突出。具体而言：第一，康养服务、养老助老类服务和助老产品及相关领域投诉多发、涉案金额较大，一些经营者打着"高科技"旗号兜售质量低劣的"保健产品"，一些公司以低廉价格、夸大宣传吸引老年人参与康养旅游服务但承诺难兑现，一些不法机构甚至以陪聊、伴游等"软色情"和养老投资、预订养老床位等为诱饵骗取老年人钱财。第二，老年群体在线上线下消费过程中处于

明显弱势，部分老年人康复辅助产品如轮椅、助听器、防摔产品等因质量问题引发较多投诉；部分老年人对网络新兴事物认识不足，易陷入不良商家营销"陷阱""套路"，购买"高价低质"产品、"三无产品"或冒充保健食品的普通营养品。

二是未成年人过度消费和沉迷网络，影响身心健康。当前，未成年人沉迷网络游戏、直播等过度消费行为时有发生，部分经营者通过"爱豆营销""饥饿营销"诱导未成年人无底线追星、参与直播打赏、购买"高价低值"商品，引发大量退费纠纷。部分网络设备和学习类 App 存在过度游戏化、商业化等问题，甚至存在知识错漏和暴力、色情内容等"隐秘的角落"，青少年保护模式形同虚设；部分产品服务和经营模式以"免费领取课程""一元课程"为卖点涉嫌诱导未成年人消费，点击报名后出现弹窗广告多、推销多或优惠到期自动续费问题。另外，与未成年人教育培训、研学旅行相关的费用高、服务质价不符和机构"跑路"问题也成为投诉重灾区。

三是多元化背景下消费者体验、心态、素养的自我养成值得关注。品质消费、个性消费、精神文化层面多元细分的消费需求背后，绿色升级类消费需求持续释放，消费新风尚逐步形成，多数消费者理念持续趋向成熟，更加注重性价比，关注"内在舒适度"。但从整体层面、从典型消费场景中的消费者行为来看，新产品、新技术背景下的新型消费对消费者知识储备与技能习得提出新挑战，科学消费、绿色消费理念尚不牢固，部分人群还存在消费常识欠缺、维权知识薄弱、盲目跟风消费等问题，导致出现风险应对不力、安全信心不足和消费焦虑情绪。

三　消费者权益保护工作展望与建议

党的二十大为推进中国式现代化建设绘制了宏伟蓝图，也是新时期加强消费环境社会治理和消费者权益保护工作的行动指南。深入贯彻落实习近平新时代中国特色社会主义思想和党的二十大精神，解放思想、守正创新、实事求是，更好地服务经济社会高质量发展，全力扩大内需、提振消费信心，

增进消费者福祉，加强消费教育和社会共治，是今后消费者权益保护工作的主基调。

（一）立足新形势新要求，不断完善消费者权益保护体制机制

全面依法治国战略的推进，数字化、智能化、共享化新形势下的消费升级和产业更新迭代，为消费者权益保护工作打开新局面、带来新机遇，也对消费者权益的立法保护、司法保护不断提出新课题和新要求。进一步完善消费者权益保护体制机制，也是写好促发展、保安全、加强社会治理和强化消费者权益保护后半篇文章的基础性任务。

一是继续推进消费者权益保护相关法律制度的出台和制修订工作，如针对互联网营销不良导向和数据算法、网络虚拟财产保护、惩治网络暴力违法犯罪行为等，应当加紧填补法律监管盲区和空白地带，织牢织密消费者权益保护体系。二是加快消费者权益基础法律制度的制定与修改，如对《消费者权益保护法》部分基础性内容、条款加紧修订更新，同时有必要加快出台"消费者权益保护条例"。三是不断开阔消费者权益保护的国际视野和拓展权利义务研究，围绕跨境电子商务、跨境旅游、跨境金融保险服务、留学研学教育等议题，加强国际国内消费者权益保护法律制度和司法判例的研究及实务工作，依法保障跨境消费活动，维护国际国内消费者合法权益。

（二）准确把握恢复和扩大消费新局面新任务，进一步提振消费信心

发展是最大的民生，必须始终坚持在发展中保障和改善民生。中央经济工作会议指出，要从战略全局出发，从改善社会心理预期、提振发展信心入手，着力扩大国内需求，把恢复和扩大消费摆在优先位置。增强消费能力，改善消费条件，创新消费场景。多渠道增加城乡居民收入，支持住房改善、新能源汽车、养老服务等消费。

具体而言，一是千方百计增加就业和收入，提高居民消费能力，继续推进困难行业市场主体纾困扶持，为市场主体恢复经营创造安全、便利环境，提振经营信心和消费信心，切实降低生产、生活负担，减轻焦虑情绪。二是

稳定传统消费、发展新型消费，继续狠抓商品质量、品牌和标准建设，加强食品、药品等基本消费品保供稳价，保障商品流通和消费供应渠道畅通，服务保障有力、有序；针对文旅、康养等服务需求加强规范和指导，抓住消费需求释放和市场回暖机遇，推动消费提质升级。三是把握好消费与投资的关系，促进信用、信息等新型升级消费，拓展沉浸式、体验式、互动式消费新场景，加快线上线下消费有机融合，助力数实融合，统筹推动城乡消费市场加速融合、国内国际消费市场有机融合。

（三）突出智慧监管、信用监管，加强线上线下消费领域信用体系建设

当前，消费者权益保护工作面临新的起点和任务，必须坚持实事求是的问题导向和发展目标，统筹兼顾促进消费发展与消费者权益保护，统筹把握优化消费环境和优化营商环境之间的关系，更新监管和服务理念，创新监管机制、举措和"工具箱"。

第一，要推进相关消费领域的信用体系建设和监管机制创新，提升智慧监管、信用监管效能，推进信用公示、信用警示和分级、分类监管，推进消费者权益保护相关信息的共享和协作，进一步强化消费维权公共服务保障和资源供给，畅通消费者投诉举报渠道，加强对数字消费、信用消费、智能消费等新型消费领域、消费场景的监管规制，促进公平、公正。第二，要不断夯实经营者主体责任和保护消费者合法权益的第一责任，因时、因地制宜发挥数字要素驱动作用，大力推行消费投诉信息公示制度，加强反垄断和反不正当竞争审查，通过监管执法、舆情通报、行业倒逼、自我革新来破除行业垄断、信息茧房和各种"潜规则"。第三，要明确健康发展的责任边界，自觉增强防范化解消费领域风险的意识和能力，避免消费问题持续发酵和维权风险外溢。

（四）切实改善消费环境，推动消费者权益保护协同共治

维护消费者合法权益是全社会共同的责任。持续推进消费环境改善，全面加强消费者权益保护，保障消费者人身财产安全，是增进民生福祉的重要

举措，也是"多谋民生之利、多解民生之忧"的直接体现。

首先，应当把保护消费者权益放在优先位置，持续加大食品、药品、餐饮服务等关系人民生命健康安全重点民生领域的监管力度，加强对网络消费、金融消费、预付式消费等消费难点问题及消费新业态、新模式的规制，严格落实法律规定；其次，在保障消费者基本生活需求商品服务供应的基础上，以构建以国内大循环为主体、国内国际双循环相互促进的新发展格局和建设全国统一大市场为契机，推进市场安定繁荣，为消费者提供更丰富、更优质的产品和服务；再次，持续营造良好的消费环境，回应消费者关切，努力消除信息不对称、信任感不强等问题，引导企业做好售前、售中、售后服务，特别要强化售中保障，让消费者敢于消费、便于消费、愿意消费；最后，改善消费环境，全面加强消费者权益保护，需要全社会增进理解共识、协调推进，强化消费者权益保护工作跨部门对话和协作机制，切实推进跨地区、跨行业、跨部门、全流程协同监管，统筹强化维护消费者权益方面的引领和兜底作用，强化消费者维权意识与意愿。

（五）加强消费教育和社会倡导，培育可持续发展消费观念

改善消费环境是一项持续性的社会工程。党的十八届五中全会正式提出了"创新、协调、绿色、开放、共享"的新发展理念；党的二十大报告指出，加快发展方式绿色转型，推动经济社会发展，倡导绿色消费，推动形成绿色低碳的生产方式和生活方式。

一方面，要在法律制度层面确立相关规则，明确经营者和消费者等在促进绿色消费中的责任义务，建立激励倡导与刚性约束相结合的可持续机制，引导鼓励经营者提升商品和服务质量，加强市场竞争评估、产品服务投放策略评估和用户调研评估，探索绿色转型发展和可持续生态实践。另一方面，要推动"消费友好型"社会落地，结合垃圾分类、抵制过度包装、治理餐饮浪费等专项行动和捐赠旧衣旧书、绿色出行打卡、环保积分兑换等公益活动，引导消费者践行低碳、简约、适度消费理念。此外，要充分发挥消费者协会等社会组织在消费教育、动员倡议、行业自律、社会监督等方面的作用，坚

决抵制过度消费、过度营销等不良价值导向和铺张浪费、环境污染等行为习惯，共同促进科学、理性、文明、绿色消费和可持续的消费方式、生活方式。

参考文献

中国消费者协会：2019 年至 2023 年第三季度全国消协组织受理投诉情况分析，https://www.cca.org.cn/。

中国消费者协会：2022 年、2023 年消费维权年主题调查报告，https://www.cca.org.cn/zxsd/detail/30632.html。

中国消费者协会：《中国消费者权益保护状况年度报告（2022）》。

李培林等主编《社会蓝皮书：2023 年中国社会形势分析与预测》，社会科学文献出版社，2022。

专题篇

B.14
2023年中国互联网舆情分析报告

祝华新　潘宇峰　廖灿亮 *

摘　要： 走出三年疫情，公共卫生舆情压力骤减，经济、民生话题被舆论聚焦。经济恢复期，网民更多地关心就业、住房、教育等基本生活保障。需要关注"民意温差"、"非经济人士"左右经济议题等现象，通过务实的公共政策，改善社会舆论的心理预期，提升政府公信力，提振经济发展信心。年轻网民迸发新的活力，成为推动政府务实治理的舆论动力。与此同时，军事外交舆情压力大增，中国政府继续推进高水平对外开放，国内舆论场也出现了中美关系稳下来、好起来的期待。中国互联网成为国际认知战前沿阵地，推动文明交流互鉴。

关键词： 网络舆情　网络营商环境　非经济人士

---

* 祝华新，中国经济体制改革研究会常务理事、互联网与新经济专业委员会主任；潘宇峰、廖灿亮，资深舆情分析师。

2023 年最大的变化，就是新冠疫情的结束。但疫情三年后，社会心态发生很大变化，不少人对未来的预期变得小心翼翼，网上开始议论居民"消费降级"和年轻人"躺平"。重新燃起民众的信心和创业热情，需要克服疫情的"疤痕效应"，增强中国社会的韧性，让久违的烟火气温暖人心。中央网信办提出了"营商网络环境"的命题，发起专项治理行动，着力纠正网上对市场经济和民营企业的否定性言论，提振市场信心。

疫情期间，因为疫情防控的需要，中外交往一度减少，加上中美结构性矛盾摩擦加剧，中国与外部社会以陌生的眼光相互打量。但在 2023 年中美高层的一系列互访后，中美关系出现止跌企稳迹象。中国政府已经表明，继续推进高水平对外开放，积极营造市场化、法治化、国际化一流营商环境。需要促进中外舆论场的相互认知，减少误解误读，在全球化和多边主义基础上凝聚经贸和文化共识。

一　2023 年 20 件热点舆情事件

本报告沿用往年的量化方法，将 2022 年 11 月至 2023 年 10 月每月热度排名前 50、全年 600 个热点舆情事件作为研究样本，从事件类型、所属地域、所涉政府部门等维度对各事件进行编码统计，进一步综合事件热度与舆论正负面情绪占比，得到相关地域、职能部门等承受的舆情压力指数（见表 1）。

表 1　2023 年 20 件热点舆情事件

单位：千篇

热度排名	事件	报刊	网络新闻	新闻客户端	微博	微信	短视频	论坛博客	热度
1	杭州亚运会	82.5	2309.9	2697.5	20542.8	761.0	378.0	80.4	97.52
2	新冠疫情防控转段	45.7	1023.7	740.8	397.7	988.1	14.2	37.6	90.55
3	ChatGPT 火遍全球	35.6	751.0	351.4	822.1	220.2	15.8	133.2	87.90
4	巴以局势恶化	5.1	416.7	2887.9	953.8	103.2	137.1	23.7	87.33

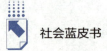

续表

热度排名	事件	报刊	网络新闻	新闻客户端	微博	微信	短视频	论坛博客	热度
5	房地产"救市"	12.5	889.0	665.0	135.2	377.9	30.4	96.0	87.30
6	第三届"一带一路"国际合作高峰论坛	24.8	471.0	341.2	274.6	272.2	11.6	14.8	85.69
7	神舟十六号载人飞行	11.1	216.9	157.4	9277.3	73.4	22.0	6.0	85.13
8	福岛核废水排海	6.6	385.5	332.7	868	127.7	21.6	17.0	84.37
9	淄博烧烤火爆出圈	4.4	285.4	286.3	585.2	94.0	229.1	22.3	84.02
10	胡鑫宇失踪案	0.9	102.8	271.4	1065.3	85.4	114.6	28.0	80.78
11	俄罗斯瓦格纳集团事件	4.0	199.5	296.1	181.3	123.3	9.5	18.0	80.29
12	旅美大熊猫丫丫回国	1.1	97.0	295.1	2087.3	22.9	203.9	3.7	79.92
13	华北防汛抗洪救灾	5.9	158.7	106.5	217.6	101.5	13.8	4.1	79.65
14	消费降级话题引热议	1.3	187.9	295.6	271.0	66.8	11.2	22.2	78.18
15	中国促沙伊复交	5.7	131.8	179.0	74.4	53.1	2.4	5.0	75.76
16	"鼠头鸭脖"事件	0.4	52.1	164.3	349.2	25.7	15.2	10.4	73.79
17	刀郎《罗刹海市》爆火	0.3	46.2	185.3	89.9	28.4	53.8	2.7	73.59
18	恒大"暴雷"	0.5	53.1	270.3	56.1	30.0	9.3	6.3	72.68
19	齐齐哈尔中学体育馆坍塌	0.3	34.5	49.4	529.4	16.9	7.5	3.0	70.34
20	中国民用无人飞艇误入美领空	1.1	48.8	49.8	96.8	16.1	3.5	2.5	69.84

注：本报告以2022年11月1日至2023年10月31日为统计时段，梳理这期间发生的热点舆情事件，统计各个事件在报刊、网络新闻、新闻客户端、微博、微信、短视频、论坛博客渠道的相关文章量，并由此计算舆情事件热度，本年度报告新增短视频渠道，数据来源包括抖音、快手、视频号等短视频平台，因此也重新通过德尔菲法和层次分析法重新确定了各渠道权重，按表中前后顺序分别为0.1803、0.1174、0.1812、0.1485、0.1871、0.1647、0.0208。人民数据研究院研究员叶德恒对此项数据分析做出贡献。

从 2023 年热度最高的 20 个热点事件可以看出，国家成就类事件占据五席，数量较 2022 年显著提升。杭州亚运会开幕式以中国美学向世界讲述中国故事，第三届"一带一路"国际合作高峰论坛等主场外交活动展现"大国气象"，促沙伊复交彰显中国担当，神舟十六号载人飞行、旅美大熊猫丫丫回国等事件进一步凝聚舆论场国家认同感和民族自豪感。

经济社会舆情方面，经历三年抗疫后新冠疫情防控终于实现转段，除华北洪灾外并无引发大范围舆情的自然灾害。但恒大"暴雷"引发舆论担忧，房地产市场调控力度持续加大，市场提振效果却不理想，消费降级等话题被持续炒作，导致经济民生领域的负面热点多发。

科技类事件以 ChatGPT 为代表，舆论惊异于人工智能即将对未来生活的改变，同时也期待中国在这一颠覆性技术上不要重复蒸汽机发明和大航海时代的落后局面。国际事件中，哈马斯袭击以色列后，巴以冲突成为继俄乌冲突之后世界面临的又一难题，与后者类似，舆论战、认知战成为地面冲突在互联网上的又一种表现形式。

从各省、自治区、直辖市承担的舆论压力均值来看，近年来涉及地方的热点事件，无论是数量还是造成的舆情压力，均持续降低。一是负面舆情更集中在全国性或国际性议题中，尤其是 2019 年中美经贸摩擦以来，外部环境风险提升造成舆情压力由内部向外部转移；二是各地在处置突发事件时舆情应对能力不断提升，显著降低了网络舆论对地方政府的质疑；三是互联网生态治理持续深化，时政类、政策类以及正能量话题愈发充沛，网络谣言、网络暴力、黑公关、网络水军等乱象得到了有效整治。

图 1 显示，东部、中部以及西部地区舆情压力变化存在差异。东部沿海发达地区在 2020 年以前是舆情压力的主要承担者，但近年来压力跌速远超中部和西部地区，2023 年舆情压力平均值已降为 4.49，仅为 2015 年的 42%，已显著低于中部地区的 5.55。具体到省份来看，河南（10.79）、广东（10.31）、四川（9.15）、湖南（8.39）和北京（7.01）位居舆情压力指数前五，河南南

阳音乐节盗窃、广州地铁偷拍乌龙、四川 2 岁女童被恶犬咬伤等事件均对当地党政职能部门造成一定压力。此外，各地尤其是中西部地区的债务问题引发的风险也受到舆论高度关注。

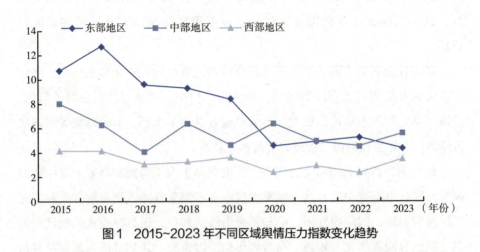

图 1　2015~2023 年不同区域舆情压力指数变化趋势

从 2015 年以来不同职能部门的舆情压力指数来看，总体的舆情压力呈下降态势（见图 2）。新冠疫情期间，医疗卫生领域风险突出，承担了较为突出的舆情压力，这一态势在 2023 年得到了全面扭转。教育、交通、文旅、社会保障等民生领域的舆情压力九年间下降明显，以上四类职能部门合计的压力指数从 2015 年的 102.87 降至 2023 年的 38.95，降幅高达62%。唯有财税经贸和军事外交相关职能部门压力指数有所上升，特别是军事外交方面的压力指数从 2015 年的 6.1 涨至 2023 年的 30.5，上涨了 4 倍。对比近两年的舆情压力分布情况可以看出，交通、医疗卫生、网信、市场监管、教育和公安应急部门的压力指数出现较大降幅，而财税经贸部门的舆情压力绝对量增幅最大，排名也从 2022 年的第四升至第二（见图 3）。从中央到地方经济政策密集出台，试图改善社会舆论心理预期，提振经济发展信心。

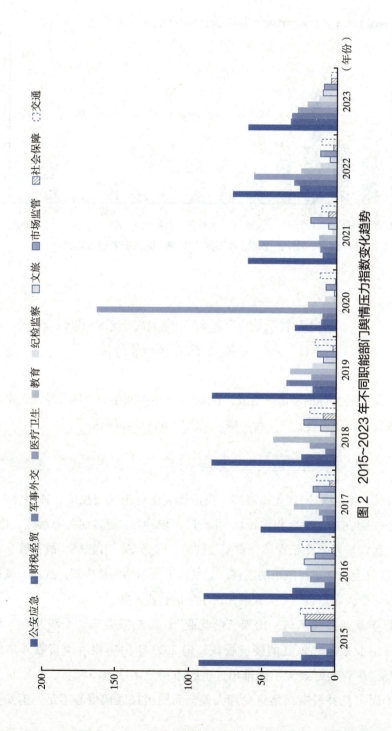

图 2 2015~2023 年不同职能部门舆情压力指数变化趋势

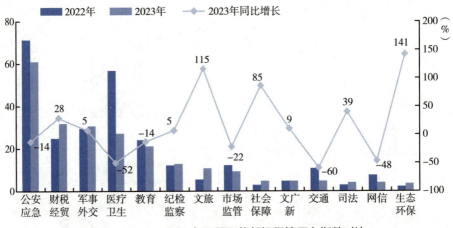

图3　2022~2023年不同职能部门舆情压力指数对比

二　经济民生话题"温差"现象，需要理性解读和提振政府公信力

当下经济复苏面临诸多挑战。在2023年中国网络舆论场，经济民生话题多点散发、高频更替、跨平台传播，呈现以下特点和问题。

（一）经济民生话题关注点转向"稳"，"民意温差"现象需警惕

十多年前互联网创业高峰期，舆论热衷于讨论天使投资、独角兽企业，基调乐观而亢奋；2023年舆论场"降维""俯冲"，更多地关心就业、住房、教育、医疗等基本生活保障，希望稳就业、稳市场、有钱赚、敢花钱。平台对45岁以上骑手不再派单的谣言，北京零工市场马驹桥降薪，武汉调低退休职工医保个人账户金额，会让网民产生共情和代入感。

青年就业持续承压，出现"慢就业"、灵活就业和"全职儿女"等说法。旅游业是率先恢复的经济板块，但2023年国庆旅游消费收入增幅仍然较低。尽管利好政策不断推出，但股市仍然多次创下新低。专家认为市场基本面可能并没有网络意见那么差，问题出在股民信心不足，不安情绪

蔓延。

在经济民生问题上，民众感受与政府统计数据之间存在一定"温差"。不乐观的就业形势叠加疫情影响，中国这样的大国经济体会经历一段较长时间的"底部徘徊"。当下民间投资失速，政府投资和债务、国有资本在经济进程中承担更重要的角色，让经济数据有了改善，但向民生领域的传导很慢，甚至会加剧民营企业与国有企业发展的不平衡。经济运行的特征表现为"宏观趋稳、微观仍差"，特别是低收入家庭和小微企业预期偏弱。

这种"温差"的传导，是全社会性质的。与前些年在意识形态议题上经常出现"左"与"右"、精英与草根的尖锐对峙不同，在经济民生议题上，社会各阶层容易产生共鸣、形成共识，从而缓慢地汇聚成一种社会基础广泛的民意压力，并在某些特殊情形下有可能产生断裂和轰鸣。需要警惕经济民生问题向社会治安和政治安全领域传导。

（二）反资本声量走低，爱护市场经营主体成舆论新主流

改革初期，主流民意鼓励一部分人先富起来，民众渴望脱贫致富、财富自由；如今年轻人更多地看到了民营企业"996 工时"、互联网平台挤压中小企业和个体工商户、"算法"压榨骑手的一面。政府反垄断和防止资本"无序扩张"，与"打工人"吐槽资本之"恶"，形成舆论监督和行政监管的合力，在 2020 年陆家嘴论坛前后达到高峰。以 2023 年全国两会为拐点，舆论场的风向有较大改观，爱护市场经营主体成为网络舆论场新的"政治正确"，宣传网信系统致力于在舆论场维护友善的投资经营环境。数据显示，以"反垄断""资本家""996"等为关键词的文章数量从 2020 年开始迅速上升，到 2022 年达到峰值，2023 年开始迅速下降（见图 4）。

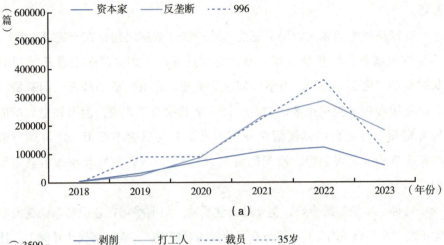

（a）

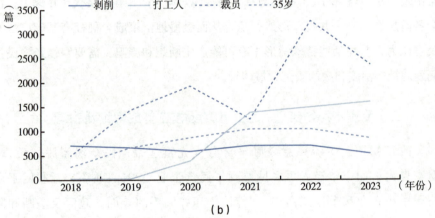

（b）

图4　2018年至2023年8月涉关键词微信公众号文章数量

注：2023年为截至8月的数据。

资料来源：2018年至2023年8月微信公众号。

中央网信办2023年实施"清朗·优化营商网络环境 保护企业合法权益"专项行动，治理以下行为：恶意散布所谓"民营企业卖国论""民营企业离场论"等论调，以断章取义企业家过往言论和片面解读企业财务报表等方式，干扰企业正常经营；跨平台多账号密集发帖恶意攻击企业、企业家。2023年8月，中央网信办印发《网站平台受理处置涉企网络侵权信息举报工作规范》。

（三）警惕"非经济人士"左右涉经济议题

涉经济议题知识性较强，专业门槛高，但网上帖文多为业外人士的一知半解和情绪性表达。经常有"非经济人士"在社交媒体设置议程，缺少当事企业的自辩、新闻媒体的事实核查和平衡报道，以及经济学家的科学评估。一些流量"大V"和民间网站，自居为市场经济中利益受损群体的代言人，善于调动公众情绪，在一部分网民眼里成为维护国家利益和社会公平的"良心专家"，给政府监管和经济政策实施带来压力，引起了企业家对民营经济"退场"和"清算"的怀疑。

（四）在网络舆论场，权威经济信息"有效供给不足"

为改善经济民生舆论生态，需要保障经济信息的真实性披露和充分供给，政府做好政策精准解读，财经、金融、房地产等领域专业人士、媒体、智库做出理性分析，为民众释疑解惑，稳定社会预期，避免自媒体言论跑偏、误导公众。因此，在市场经济问题上的理论创新有待突破，明确回答民营经济、民营资本、民营企业家和全球供应链存在的必要性、必然性和长期性等一系列问题，才能抵消舆论场反市场、反资本的声音，在经济市场化、全球化方面凝聚共识。

舆论倒逼政府社会治理和经济管理更加务实，摆正政府和市场的关系，完善政务诚信履约机制，减少微观干预，纠正收缩性政策，切实改善营商环境，把人留住，把钱留住。切实解决民营企业"躺平"、年轻人就业困难和35岁以上员工面临裁员压力等问题。

（五）流量"大V"和粉丝、MCN的关系变化

研究发现，社交平台"大V"与忠诚粉丝之间，逐渐形成一种盲目追随的互动模式。微博某流量"大V"长期批评民营企业，即使在禁言期间粉丝量仍有增长。

粉丝抽样分析结果显示，[①] 这位"大V"的粉丝以男性为主，2023年男性粉丝占76.8%，女性粉丝占23.2%；97%的转发和跟评用户的粉丝数在1万以下，粉丝量级和影响力较高的账号整体参与性较低；与微博总体用户相比，粉丝所在地区更靠近三、四线城市，四线及以下城市粉丝比例逐年上升。2023年其粉丝一线、二线、三线、四线及以下城市分布率分别为18.2%、19.2%、5.0%和55.3%。粉丝对民营企业和国际事务关注度高，对新闻资讯、军事、美食类议题较为偏爱，对文学艺术、健康、汽车、时尚、摄影、电影、名人明星、教育就业、游戏动漫类议题不太关注。

粉丝数据提示，一些流量"大V"的群众基础侧重基层社会，这部分人的关切值得社会倾听和尊重。经济社会问题，需要多种声音表达，使国家政策更加周全。要通过畅通社会流动通道、社会保障制度托底、劳动者权益保护的法治支撑，化解网络舆论场的紧张氛围，让人心回暖。

流量"大V"和自媒体账号、民办非新闻网站背后的MCN(Multi-Channel Network，多频道网络，网红运作公司)值得关注。它们以企业化方式运作，以人设、"年框"[②]投放、炒作等手法，跨平台制造热门议题，渗透和操弄舆论，与其培养和资助的IP共享流量收入。甚至有人借炒作经济负面信息，从资本市场做空牟利。个体"大V"能量有限，在某种意义上是有一定合理性的存在；但MCN用资本的力量破坏舆论场多元声音的平衡，具备了裹挟民意和政府决策的能量。

三　各地舆情处置不平衡，政府公信力是关键

在突发事件中，需要尊重公众知情权，迅速还原事实真相、正面回应疑虑，推动解决实际问题，求得舆论的理解和支持。自2003年抗击

---

① 对其微博账号2021年至2023年10月转发量Top10和评论量Top10的用户做抽样分析，粉丝样本量：2021年11678个，2022年15826个，2023年4091个。

② 广告主和媒体方签一年的协议，协议中包含年度总投放预算、投放的产品以及对应折扣。

"非典"以来，政务公开制度化、常态化，政府舆情应对意识增强、技巧娴熟，但各地发展依然不平衡，个别部门存在敷衍、滞后等陈旧的舆情处理思维，一定程度上折损了政府公信力，凸显目前基层社会治理的短板。

在舆情应对中公信力被质疑的政府部门，很容易成为弱势角色，从而引发谣言等次生灾害。在江西某县高中生胡某失踪案件中，当地政府相关部门信息发布滞后、没有动态追踪案情及发布权威信息、对网民关切缺少针对性回应等，导致网上杜撰相关虚假信息、炮制虚假视频。直到江西省公安厅牵头组成专案指导工作组，省、市、县三级全面介入后，才逐步扭转舆情被动局面。从舆情应对效果看，社会各阶层对政府回应质量的要求不断提高。仅"快速回应"已不能满足其需求，需要相关部门以专业精神澄清每个细节，同时重视线上疏导和社会综合治理。

《治安管理处罚法》实施 17 年后，迎来首次大修，2023 年在全国人大官网公开征求意见。一些条款放宽了警察执法的程序性要求，如可由一名警察单独执法。特别是对于"有损中华民族精神，伤害中华民族感情"做出处罚，被认为标准模糊。民族精神与民族情感属于精神文化领域，可倡导和引导，但不可通过法律强制要求。网民和一些意见人士担心此次修订或导致警权扩张、对公民权利做出不合理限制。

政府公信力是保障经济复苏发展之基。2023 年以来，利好股市政策持续发布，多个城市实施全面取消限购等楼市新政，将股市、楼市舆情推升至高点。微博话题 #证券交易印花税实施减半征收# 阅读量 1.6 亿次，#认房不认贷# 阅读量超 8000 万次。网民普遍认为股市、楼市政策的调整"力度大""超预期"。但刺激政策的边际效应递减，在短期内给市场带来一定提振后，迅速归于平淡。一种观点认为，"三公制度"（公开、公平、公正）落实还不到位，政府监管的公信力有待提振，以致市场信心不足。打造为公众、投资者所信任的市场环境，是当前活跃经济的关键任务之一。

四 年轻网民迸发活力,"四不"心态需重视

青年群体作为互联网用户的主要群体,2023年迸发出新的力量。在热点舆情事件中,年轻网民心态呈现以下新趋势。

(一)爱国情怀成为年轻网民最重要的心态特征

在关系中国综合国力提升、核心利益维护、国际形象塑造等大事要事上,年轻网民成为舆论声量中最为活跃的人群。2023年热点舆情事件中,以我为主的国际活动,如亚运会、"一带一路"高峰论坛、促沙伊复交、中国—中亚峰会,还有中方对日本核废水排海事件态度强硬,占据了较高的舆论热度,超过了G7广岛峰会。

随着国力强盛,民族自信在新时代下成长起来的中国年轻人心目中全面回归。神舟十六号载人飞船返回舱顺利返航,国产大飞机C919成功商业首航,搭载自主研发麒麟9000s芯片的华为Mate60 Pro手机上线等,相关话题微博阅读量均破亿次,网民感叹连连,称誉"大国利器"。

值得关注的是,一些年轻网民在讨论中容易把中国与西方"对立"起来,出现极端民族主义言论。小米发布了一个全新操作系统"澎湃OS",在网上引发群嘲和批判:"为什么不能用鸿蒙系统呢?""这是给国产操作系统捅刀子""为高通代言"。网上乱贴政治标签、上纲上线的现象,恶化了网络交流气氛。

(二)注重个人自由,积极追求劳动权益保护、教育公平、向上流动等个体权利,成为推动政府务实治理的舆论动力

在新冠疫情防控后期,年轻群体积极表达意见诉求,成为推动社会治理转变的一支重要力量。"00后遭上司辱骂要求道歉获法院支持""怒怼领导清明节强制安排加班"等事件,引发年轻网民共鸣,舆论评价"00后整顿职场",是"一场属于打工人的胜利"。"多地对归国留学生开放定向选调"

引发关注，认为选调标准有待规范，担心"政策有失公平"，加剧"阶层固化"。

（三）用轻松娱乐的方式缓解压力、表达态度的心态较为明显

年轻人表现出面对生活压力突围的心态，或幽默搞笑、追求愉悦，或以"喊麦"等方式展示野心和期待。2023 年万圣节期间，上海年轻人扮演艺人、影视动漫角色以及社会热点相关人物，《解放日报》旗下新媒体将上海万圣节称为一场中外年轻人共同参加的"世界文化大 Party"。年轻人超越意识形态和社会制度差异，展现青春的想象力，张扬个性。一个国家和地区的营商环境，需要价值观来放大经济实力，让这份实力被接受而不是被恐惧和排斥。

（四）部分年轻网民的"四不"心态值得重视

一些年轻人呈现这样一种心态：对国家前途充满希望，对自身前途栖栖遑遑。继"内卷""躺平"之后，"四不青年"逐渐成为网络热门话题。个别年轻人因生存压力大，扬言不恋爱、不结婚、不买房、不生孩子。歌曲《大梦》"触动了年轻人压力和迷茫的软肋"，《罗刹海市》以荒诞的场景讥讽权贵，引起中下阶层的自怜和脆弱的自尊。网络电商主播因在一次直播中对网友的质疑反问："这么多年了工资涨没涨，有没有认真工作？"引起粉丝反弹。今后一段时间内，就业、住房、社会流动等民生问题可能成为舆情的焦点，建议重点关注。

五 中国互联网成为国际认知战前沿阵地

近年来一个有趣的现象，是美国、俄罗斯、德国、伊朗、以色列等国大使馆纷纷在中国社交平台上开设账号。在微博、微信公众号和抖音平台上，图文并茂地介绍各自国家的政治、文化、历史、价值观和双边关系，竞争对中国社会的影响力。尤其是微博，成为"脸书"之外，具有外交、政治意义的国际舆论阵地，提示在国际传播中东方力量正在升起。美国、

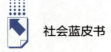

伊朗大使馆甚至在中国微博上隔空互怼，有网民自豪地声称："全世界都在说中国话。"

不过，一些西方国家驻华使领馆社交媒体账号经常不失时机地呼应中国时政和网络舆情热点，试图引导中国舆论场公共舆论，构建心理认同，进而影响中国网民对中国政府和现行体制的态度，这一现象值得关注。

西方国家通过互联网的价值渗透，经常激起中国网民的反弹。在俄乌冲突、巴以冲突、欧洲的中东移民等国际话题中，西方国家大使馆试图绑架中国舆论。中国网民站在第三方客观角度充当观察员和调解员，表现出中国立场的"正能量"。西方大使馆宣讲西方民主自由时，在涉疆涉藏等问题上污蔑中国时，中国网民愤怒提醒历史上西方列强对中国的侵略和文化掠夺。西方大使馆微博反而成为"大型翻车现场"。

社交平台的时事话题和碎片化讨论，是不同国家、不同民族之间的相互"打量"。公共外交需要充分理解他国的文化价值体系，深入开展全方位文明交流互鉴。

六　2024年舆情展望与对策思考

预计2024年舆论场，经济民生问题将继续成为社会各阶层普遍关注的议题。网民热议"长江黄河不会断流"，财经媒体希望重拾党的十八届三中全会致力于"国家治理体系现代化"的顶层设计和改革势头，在网上热传。

（一）网络舆论发源地的拓展

在短视频和微博之外，直播平台由于主持人的网红效应，越来越频繁地引发舆情。小红书等社区分享平台，也经常成为年轻网民流行议题的摇篮。此外，境外信息经常倒灌国内网络社区。随着物联设备的增多，有迹象表明语音识别、人工智能生成内容（AIGC）成为舆情的新入口。科大讯飞学习机参考资料中出现偏离主流价值观的内容，被举报后导致公司市值蒸发。人工智能"黑科技"企业一旦搭建内容平台，必须做好政策和内容风控，接受公众舆论的品评。随着舆论场边界的不断扩大，信息传播门槛降低，更需要发挥新闻媒体特别是党报、国家电视台主流媒体的"定盘星"和"压舱石"作用。

（二）财经领域应着力推进政务公开，对冲网上对政策的误解误读

财经话题的信息失真和意见偏差，直接影响市场信心。工信、市场监管、证券、保险等政府部门，可参照当初公安机关大规模入驻微博、抖音平台的做法，前进到互联网上，增加权威经济类信息供给，形成与市场、舆论的"双向"沟通和呼应。消解经济工作的知识门槛和信息不对称，提振市场信心。新版《反间谍法》实施后，一度在公众场合大规模宣传个别间谍案涉及外资企业及员工，放大了外资企业的紧张情绪。需要进一步澄清监管边界，让外资企业放心地在中国合规经营和发展。

（三）各级政府要本着底线思维和极限思维，制定极端舆情应急预案

今后，针对经济社会治理的舆论压力对国家安全稳定的挑战，有必要做出评估。一旦出现重大突发事件，社交媒体人声鼎沸、群情激荡，涉及政府公信力甚至治理合法性。如烂尾房业主维权、养老金改革维权等，如何遏制极端意见和线下聚焦总部、进京维权等极端行为？特别是民粹思潮具有很强的社会动员能力，为极端个案引发社会动荡埋下隐患。需要促进政府和民众的顺畅沟通与良性互动，构建网上专业声量，释放社会压力。

B.15
中国新型工业化转型过程中
劳动者的现状与展望

乔 健[*]

摘 要: 2023 年,面对从疫情中复苏但需求不足的国内经济和严峻复杂的国际环境,就业基本稳定,青年失业率处于近年高位;劳动者收入增长与经济增长基本同步,部分行业中产阶层开启降薪模式;企业职工基本养老保险全国统筹稳妥推进,社会保险参保质量亟待提升;安全生产事故疫后反弹,劳动者周工时创造 20 年新纪录;劳动争议升幅趋缓,劳动报酬与解除或终止劳动关系是主要争议标的。当前,美欧推行"脱钩断链"产业转移已进入实操阶段,对中国部分产业和劳动者就业产生了一定的影响。工会十八大召开,号召组织动员亿万职工为强国建设、民族复兴团结奋斗。展望 2024 年,中国劳动力市场仍面临需求收缩、供给冲击、预期不确定等多重压力,建议施政重心放在民生之上,大力开展面向新型工业化发展需求的劳动者职业技能培训。

关键词: 新型工业化 青年就业 需求侧改革

2023 年,四个相互关联的国内外动向成为影响中国劳动者现状的外部环境。其一,经济正在从疫情中复苏,但需求不足,房地产业下滑,制造业活动萎缩,市场信心匮乏;其二,地缘政治紧张局势加剧,中美经贸"脱钩"

---

* 乔健,中国劳动关系学院劳动关系与工会研究院教授,主要研究方向为劳动关系、职工状况和工会。

初步形成，全球化正在演化为"半球化"，外贸出口和吸引外资持续回落，部分外资从国内转移他国；其三，三年新冠疫情影响了经济和企业信心，损耗了财政和社保资金，消费不振，民生问题愈加受到社会关注；其四，改革开放以来人口首次出现负增长，人口结构呈现深度老龄化特征，给经济社会发展带来新的压力和挑战。总体上看，中国正处于向以建设制造强国与发展数字经济相结合为特征的新型工业化转型升级的爬坡阶段，经济增速趋缓，产业结构调整深化，国际环境严峻复杂，发展的不确定性增加。

一　向新型工业化转型过程中的劳动者权益保障现状

（一）国家推出一揽子青年就业保障举措，致力缓解青年就业压力

2023 年就业总体上基本稳定，就业形态发生明显变化，失业问题的严重性也在显现，尤其是青年失业率处于近年高位[①]，在一些行业领域出现一定规模的裁员、编制精简现象。国家尤其重视青年就业问题，为此，国务院召开专题会议部署，出台相关文件，明确拓宽就业渠道的一揽子举措。政策措施包括：一是公布一批指南。统筹各地人力资源社会保障部门，运用各种渠道，集中亮出线上线下各类求助途径、各类招聘平台、服务机构名录和政策服务清单。二是开展两类帮扶。针对有服务需要的登记失业青年和 2023 届离校未就业毕业生开展实名服务，将提供 1 次政策宣介、1 次职业指导、3 次岗位推介、1 次技能培训或就业见习机会。针对就业困难毕业生及长期失业青年，组织结对帮扶，制定帮扶计划，优化提供各类就业服务。三是提供政策推送、线上线下专场招聘、开展学徒制培训等三项服务。四是做好提供便捷可及的服务保障、强化公平权益保障及营造积极向上的环境氛围等三重保障。[②]此外，延续实施一次性扩岗补助政策，鼓励企业积极吸纳大学生等青年就业。对招用 2023 届及离校两年内未就业普通高校毕业生、登记失业的 16~24 岁青年，签订劳动合同并为其缴纳失业、工伤、职工养老保险费 1 个月以上的企业，可

---

① 参见国家统计局数据库资料，https://data.stats.gov.cn/easyquery.htm?cn=A01。
② 《人社部 2023 年二季度新闻发布会》，中国网，2023 年 7 月 21 日。

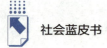
按每招用 1 人不超过 1500 元的标准发放一次性扩岗补助，政策执行至 2023 年 12 月底。2023 年 5 月以来，多所高校扩大了科研助理的招聘规模。过去两年里，已有超过 20 万毕业生进入这个"缓冲地带"，减缓了学生求职的压力。[①]

（二）劳动者收入增长与经济增长基本同步，部分行业中产阶层开启降薪模式

2023 年前三季度，全国居民人均可支配收入 29398 元，同比名义增长 6.3%，而全国居民人均工资性收入名义增长 6.8%。[②]2022 年农民工月均收入 4615 元，比上年增加 183 元，增长 4.1%。[③]据智联招聘关于 38 个核心城市企业的招聘薪酬报告，二季度平均招聘月薪为 10266 元，环比上升 0.9%，同比微降 0.7%。上海薪酬继续居首，沪京深三城薪酬中位数过万元；无锡、苏州、宁波智能制造快速发展，推动城市薪酬上涨。从行业薪酬情况看，互联网行业薪资排名下降，能源、航空航天行业内薪资差距大；生物医药企业加大研发投入，平均月薪 11239 元，同比增加 5%。从职业薪酬情况看，芯片工程师平均月薪 2.6 万元，持续霸榜；主播岗退出薪资 TOP20 榜单；旅游、餐饮、健身、美容等服务消费岗位薪资同比明显上升。[④]相比传统就业职位中最常提供的工资为 6001~8000 元、占比为 24.8%，新型灵活就业职位中最常提供的工资为 10001~15000 元、占比高达 30.3%，新型灵活就业职位的工资水平更高。但亦有报告发现，超过半数的灵活就业者呈现金融脆弱性特征，对应约 1.1 亿劳动力。[⑤]2023 年 4 月，交通部发布降低交通运输新业态平台抽成方案，推动主要网约车平台公司降低平台过高的抽成比例上限。截至 7 月底，各主要网约车平台已公告下调抽成比例，下调幅度普遍在 1%~3%。对此，有司机反

---

① 《进入就业"缓冲区"，超 20 万毕业生成为科研助理》，《北京青年报》2023 年 10 月 6 日。
② 《前三季度国民经济持续恢复向好 高质量发展稳步推进》，国家统计局官网，2023 年 10 月 18 日。
③ 《2022 年农民工监测调查报告》，国家统计局官网，2023 年 4 月 28 日。
④ 《2023 年第二季度〈中国企业招聘薪酬报告〉发布》，《新闻晨报》2023 年 7 月 8 日。
⑤ 《关注 2 亿灵活就业者金融健康，CAFI 这份报告有何启发》，第一财经，2023 年 9 月 24 日。

映，平台不断推出优惠活动，导致收入不升反降。①

在最低工资方面，2023 年以来，已有河北、安徽、贵州、青海、山西、上海、陕西、北京、西藏等地调整最低工资标准。全国共有 15 个省份第一档月最低工资标准在 2000 元及以上，上海以 2690 元继续位居榜首。② 从小时最低工资标准看，北京以 26.4 元的标准为全国最高。

由于市场需求不足，工业企业盈利微薄，高技术产业增速下滑，政府财政资金吃紧，部分行业企事业单位开启降薪模式③，中产阶层受到较大冲击。智联招聘数据显示，第三季度中国主要城市平均薪资同比下降 0.5%，是自 2016 年来首次连续两个季度下跌。④ 针对部分行业的降薪情况，有学者认为，工资性收入是几大收入中相对疲软的，必须高度重视目前各行业所形成的降薪潮。如果让"降薪潮"形成一种潮流，在目前价格水平下滑的状况下，对于预期和消费的修复是非常不利的，不能让这种价格与收入下降的螺旋机制形成。⑤

（三）企业职工基本社会保障待遇稳步提升，职业伤害保障试点得以开启，社会保险参保质量亟待提升

2023 年，全国职工社保待遇按时足额发放，保障水平稳步提高。同步调整企业和机关事业单位退休人员基本养老金，调整比例按照 2022 年退休人员月人均基本养老金的 3.8% 确定，各省份以全国调整比例为高限确定本省份调整比例和水平。1~9 月，各地共为 2088 万低保对象、特困人员、返贫致贫人口、重度残疾人等缴费困难人员代缴城乡居民养老保险费。⑥ 与此同时，截至

---

① 《网约车平台下调抽成比例，有司机称收入不升反降》，《工人日报》2023 年 9 月 8 日。
② 《最低工资标准，多地宣布上调》，澎湃新闻，2023 年 2 月 10 日。
③ 《多地医生降薪：有人绩效奖金减半，发工资前一天才"打招呼"》，《21 世纪经济报道》2023 年 9 月 26 日。
④ 《2023 年第三季度〈中国企业招聘薪酬报告〉出炉，成都平均月薪 9744 元》，《成都商报》2023 年 9 月 27 日。
⑤ 刘元春：《必须重视部分行业企业裁员降薪，避免形成"降薪潮"》，《南方都市报》2023 年 5 月 21 日。
⑥ 《人社部 2023 年三季度新闻发布会》，中国网，2023 年 10 月 26 日。

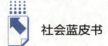

9月，职业伤害保障试点工作在7省7家平台企业的出行、外卖、即时配送、同城货运4个行业开展，有668万人被纳入保障范围，对试点对象总体应保尽保，支付保障待遇4.9亿元。

需要指出的是，目前社会保险参保质量不高。职工养老保险、医疗保险参保率很低，因为灵活就业人员、农民工绝大多数选择的是居民保险，而居民保险待遇甚至低于低保标准，不足以解除参保人员的养老、医疗后顾之忧。新冠疫情以来，由于企业裁员和使用零工，灵活就业群体规模扩大，致使弃保断保人员增多。工伤、失业保险存在同样问题，职业伤害风险最大的农民工或灵活就业人员几乎都处于工伤、失业保险缺失状态。①

（四）安全生产事故疫后反弹，劳动者周劳动工时创新高

2023年以来，安全生产事故的基本特点：一是事故总量下降。截至5月9日，事故起数和死亡人数同比分别下降33.7%、26.1%。二是较大事故数下降，事故起数和死亡人数同比分别下降11.5%、3.4%。三是疫后重特大事故有所反弹。主要是传统的高危行业领域事故较为集中，煤矿发生1起特别重大事故，重大事故中建筑业3起、化工2起，道路运输和工贸各1起。这表明传统高危行业领域仍然是安全整治的重点，且事故直接原因较为集中，河北沧州"3·27"、浙江金华"4·17"两起重大火灾事故，均是违规电焊作业引发的。随着疫后企业全面复工复产，各种不确定性因素明显增多，发生了多起重特大事故，内蒙古阿拉善左旗"2·22"露天煤矿坍塌、北京丰台长峰医院"4·18"火灾均造成重大人员伤亡事故。②

有鉴于此，国务院安委会于2023年4月印发《全国重大事故隐患专项排查整治2023行动总体方案》，组织实施重大事故隐患专项排查整治行动，主要任务是一体推进企业主体责任、部门监管责任和地方党委政府领导责任落

---

① 《中国社会保障报告：现状评估与高质量发展》，CMF中国宏观经济论坛，2022年4月，http://ier.ruc.edu.cn/docs/2022-04/32f6aef7b362405a822c442f5794defd.pdf?eqid=dcfb868b0002116d0000000664571f1f。

② 《应急管理部举行全国重大事故隐患专项排查整治2023行动专题新闻发布会》，中国网，2023年5月10日。

实，突出"重大隐患"、开展排查整治，聚焦煤矿、非煤矿山、危险化学品、交通运输、建筑施工、消防、燃气、渔业船舶、工贸等重点行业领域。

在工作时间方面，据国家统计局数据，2023 年 4 月全国企业就业人员周平均工作时间为 48.8 小时，较 3 月的 48.7 小时增加 0.1 小时，刷新了该指标自统计 20 年来的最高纪录。[①] 劳动者超时工作已成常态，特别是疫情以来，工作时间处于历史高位，超时长、高强度工作更为普遍。从现实情况看，工作时长与经济复苏、就业市场景气度相关度并不高，在一定程度上与失业率正相关。但从近五年来看，无论调查失业率如何波动，工作时间均处于高位。[②] 主要原因是，企业盈利能力或预期下降，更倾向于拉长在岗员工的工作时间，而非扩充员工规模、增加人工投入，如近年一些行业流行"996""007"等超长时间工作模式，也有一些制造业员工或灵活就业者在基础工资过低或计件制下"主动"过劳工作，谋求加班收入。

在心理健康方面，据中国科学院心理研究所调查，抑郁风险检出率最高的是无业 / 失业人员，达 31.0%，远高于其他职业群体；在各年龄组中，18~24 岁年龄组的抑郁风险检出率达 24.1%，显著高于其他年龄组，25~34 岁年龄组的抑郁风险检出率为 12.3%，也显著高于 35 岁及以上各年龄组。[③] 因此，疫情过后，加强对职场员工心理健康服务的可及性和规范性、推动心理体检普遍开展、关注低收入群体与失业 / 无业群体、支持青年职工群体、关注职工工作倦怠现象并加强职业指导及提供心理服务非常必要。

在职业病方面，2022 年全国共报告各类职业病新病例 11108 例，同比下降 27.9%。其中职业性尘肺病及其他呼吸系统疾病 7615 例（其中职业性尘肺病 7577 例，同比下降 35.8%）。2022 年全国因尘肺病死亡 9613 例。[④]

---

① 《每周工作时间有多长？统计：近两月正刷新二十年历史记录》，澎湃新闻，2023 年 5 月 24 日。
② 《每周工作时间有多长？统计：近两月正刷新二十年历史记录》，澎湃新闻，2023 年 5 月 24 日。
③ 《中科院发布心理健康蓝皮书——成年人群自评心理健康状况总体良好》，光明网，2023 年 2 月 27 日。
④ 《2022 年中国卫生健康事业发展统计公报》，国家卫健委官网，2023 年 10 月 12 日。

（五）劳动争议升幅趋缓，劳动报酬与解除或终止劳动关系是主要争议标的

伴随经济走缓和不确定性，企业用工灵活化、"去劳动关系化"的势头正在蔓延。其表现出三个特点。一是从服务业平台到制造业，都引入零工制、日工制。二是开始内卷化，不实行日工制则招不到人，工价压得越来越低，甚至低于最低工资，劳动者权益保障存在不少隐患。三是企业选择灵活用工与企业数量减少和盈利能力下降、劳动力市场过度竞争及数字技术的延伸应用相关。

2022年全国各级劳动人事争议调解组织和仲裁机构共办理劳动人事争议案件316.2万件，同比上升20.2%；涉及劳动者341.3万人，同比上升19.4%。全年办结争议案件303.3万件，同比上升20.4%；结案金额682.2亿元，同比上升18.4%。2023年1~9月，全国劳动争议仲裁受案122.9万件，同比增长11.3%；涉及劳动者人数135.4万人，同比增长10.2%。[1]劳动争议仲裁案件及涉及劳动者人数同比和环比均涨幅回落。从争议类型看，劳动报酬、解除或终止劳动合同、社会保险及确认劳动关系争议四项为引发劳动争议案件的主要原因。从争议主体看，民营企业劳动争议案件占受理案件数量的绝大多数。

由于疫情影响，劳动关系现状更不稳定，尤其民营企业用工亟待规范。它们大多处于产业链下游，利润较低，对廉价劳动力的依赖较大，这使其在用工管理方面存在不少困难和问题。从劳动争议特点看，劳动合同纠纷诉求复合化趋势较为明显。同一案件中往往集合多项主张，既有追索劳动报酬、未签订劳动合同的双倍工资赔偿的请求，又有解除劳动合同、经济补偿或赔偿等其他诉求，多项诉求交织。新业态用工争议案件也不断涌现，从业人员劳动关系模糊，现行劳动法律法规无法完全适用。

为应对劳动争议逐步攀升的复杂局面，人社部办公厅与全国总工会办公

---

[1] 《2023年1~9月人力资源和社会保障主要统计数据》，人力资源和社会保障部官网，2023年11月7日。

厅、全国工商联办公厅、中国企业联合会办公室于 2023 年 10 月联合印发了
《关于开展基层劳动人事争议调解组织建设行动的通知》，要求把非诉讼纠纷
解决机制挺在前面，坚持和发展新时代"枫桥经验"，持续强化基层劳动人事
争议调解组织建设，提升基层劳动人事争议协商调解工作效能，将更多争议
实质化解在基层和萌芽状态，有效促进企业发展和保障劳动者合法权益。

二　美欧推行"脱钩断链"产业转移对中国部分
产业和劳动者就业的影响

2023 年，中国经济复苏面临的最直接挑战是受地缘政治和科技安全战略
影响，中美经贸摩擦持续升温，乃至面临部分供应链"脱钩断链"、产业转移
的趋势，这对中国高科技企业、对外经贸企业和外商投资企业的发展及劳动
者就业质量提升产生不利影响。

美国政府所推动的新的国际贸易政策，是在盟友之间打造供应链，以减
少对中国等地缘政治对手的依赖。欧盟主席冯德莱恩提出，欧洲并非要与中国
"脱钩"，而是"脱险"，即减少核心产业对中国的依赖。从一年来的实际进展
看，美欧推行的产业转移、"脱钩断链"是有选择的，即在高科技前沿领域特
别是芯片、AI、量子计算、生物技术等行业，树立"小院高墙"，对中国进行
封锁限制；在国际贸易和外资企业的发展方面，推动全球产业链重构，鼓励企
业逐步采取"回流"、"友岸外包"及分散化、多元化、"中国 +1"等经营策略。

海关总署数据显示，2023 年 1~9 月，以美元计，中国货物贸易进出口总
值 4.41 万亿美元，同比下降 6.4%。其中，出口 2.52 万亿美元，同比下降 5.7%；
进口 1.89 万亿美元，同比下降 7.5%。同期分国别看，中国对美国出口同比下
降 16.9%，自美国进口同比下降 6.6%，进出口贸易额同比下降 14.5%；中国
对欧盟出口同比下降 10.9%，自欧盟进口同比下降 2.3%，进出口贸易额同比
下降 8%。与此同时，与我国贸易额同比增长的主要是俄罗斯和非洲国家。[①]

---

① 海关进出口数据统计，海关总署官网，2023 年 10 月 13 日。

1~9月，实际使用外资金额9199.7亿元，同比下降8.4%。[①]上述数据反映出，美欧对外贸易"去中国化"加速。其中，除世界经济增长乏力外，地缘政治是重要影响因素。

对外贸易历来是拉动中国经济增长的"三驾马车"之一，也是制造业劳动者就业的重要蓄水池。外贸带动就业1.8亿人，2021年对GDP增长贡献率达到20.9%。[②]其中，对美出口历来排在前列。不过，在不同时代，中国对美输出的主要产品有明显差异。在特朗普政府发起"贸易战"的2018年，中国向美出口的主导产品前十名依次是：平板电脑、手机、互联网设备、计算机零件、玩具、视频游戏控制器及设备、电视机、计算机处理部件、纺织材料胶底鞋、椅子。而1992年中国输美的主导产品分别是：皮靴、石油原油、塑料鞋靴、冷冻虾、运动鞋、编制材料鞋、大型飞机和航空器、皮革衣服、床上用品、丝绸衬衫。其中，除大型飞机和航空器是资本密集型产品，其他全部是劳动密集型消费品和初级产品。对比发现，当前中国出口的主导产品中，劳动密集型产品的品种和数量降低，资本密集型的工业信息产品数量提高，这是中国产业升级换代的结果。[③]

疫情以来，全球供应链加速重塑，美产业转移对中国相关产业的主要影响为，从2019年起，美国对中国产业依赖度逐步降低，疫情以来依赖度进一步走低，表现为进口份额在40%以上的品类大幅减少。2017年，美国自中国进口份额占比在40%以上的细分品类为19个，2018年中美贸易摩擦以来，数量开始显著下滑，2019年下滑至13个，2022年进一步下滑至9个。

有调查显示，2023年美欧贸易"去中国化"对中国部分企业和劳动者就业造成了六个方面的重要影响。

其一，部分企业成本上升、订单下降，经营压力增大。福建福州、山东淄博、河南郑州、宁夏中卫等地企业出口订单下降明显，部分企业经营出现困难。上海嘉定18家涉外企业中，33%订单下降。因出口受限、生产减少，

① 《2023年1~9月全国吸收外资9199.7亿元人民币》，中国经济网，2023年10月21日。
② 《商务部："三驾马车"之一的外贸带动就业1.8亿人》，中国经济网，2022年5月20日。
③ 《中金：百年变局中的在华外资企业》，新浪财经，2022年6月21日。

浙江宁波 2022 年仅 10 家骨干企业就拉低全市规上工业增加值增速 2.1 个百分点。中国纺织服装产品在美欧日市场进口份额加速减少，一季度全国纺织品出口同比下降 12.1%，服装出口同比下降 1.3%。

其二，部分企业向外转移产能，或面临被动转移压力。上海、浙江部分劳动密集型企业、制造业企业已外迁产能，部分企业面临被动转移产能的压力。江苏昆山台资企业聚集，一些企业已将生产线转移到越南、印度，昆山当地物流公司反映，2023 年第一季度货运量与一年前相比下降至少 1/3。浙江温州头部鞋类企业均接到过欧美客商关于 3 年内将不低于 50% 的产能转移至不同国家地区的要求。

其三，关键技术和产品进口受限，供应链稳定性安全性面临挑战。北京某公司的数控系统、滚珠丝杠、轴承等仍主要从欧洲和日本进口。因美欧日对半导体工艺的限制，部分企业只得减产或调整生产计划，新技术和工艺研发受影响明显。由于一些进口原材料、设备被列入"限制清单"，福州 30 余家半导体生产制造企业经营成本增加 10% 以上。

其四，部分劳动者就业面临不稳定风险。外资企业曾在 2013 年达到吸纳就业 4000 万人的峰值，其所贡献的城镇就业人员比重约为 7.7%，并带动了上下游产业约 1 亿人就业。[1] 近年来，伴随着中国结构调整和产业升级，经济发展对外资的依赖程度有所下降，外资企业对于经济发展各方面的贡献度有所回落。2019 年，外资企业吸收的城镇就业约为 2374 万人，占比下降到 5.1%。2020 年 10 月，外商及港澳台投资工业企业平均用工 1440.9 万人。三年疫情期间，共减少约 70 万人。[2]

其五，部分劳动者权益实现存在困难。浙江、山东、四川等地部分企业经营压力增大、营收减少，一些劳动者收入待遇水平下降，且易引发有关劳动纠纷。广东东莞一些电子企业减少用工并削减工资，一些排队等工的劳动者能拿到的时薪只有 13~15 元，低于当地每小时 18.1 元的最低工资标准。

其六，低技能劳动者就业再就业难度加大。山东部分受冲击失业的劳动

---

[1] 《外资企业带动约 4000 万人就业》，《人民日报海外版》2021 年 8 月 24 日。

[2] 根据国家统计局数据计算而来。

者中，拥有一定技能且受教育程度较高的可快速实现再就业，部分劳动者因技能水平和受教育程度较低、学习新技能新知识速度较慢，再就业较为困难。广东云浮 46% 的被调查企业正在进行数字化转型升级，对劳动者技能素质的要求随之提高，企业高素质技术用工存在缺口。

针对上述问题，应综合施策以应对不利影响。一是促进产业创新发展。加大对重点产业、关键领域科研创新的投入力度，支持企业着力攻克"卡脖子"难题，促进传统产业转型升级，推动制造业高端化、智能化、绿色化发展。同时，增强产业链、供应链的竞争力和安全性。二是推进高水平对外开放。持续优化营商环境，吸引更多外资、外企进入中国市场。深耕与共建"一带一路"国家、对华友好国家的经贸合作，努力加入更多高水平国际贸易协定，拓展巩固经贸"朋友圈"。三是促进劳动者就业和权益维护。对受影响较严重的行业加强失业保险稳岗返还、留工补助、留工培训等政策支持，努力稳定工作岗位。大力开展劳动者技能培训和精准高效的就业创业服务，摸排有关行业企业困难风险，及时化解劳动纠纷。

三 职工合法权益保障的展望与对策

总体上看，2023 年劳动者现状与房地产、制造业等传统经济复苏乏力和出口下滑及疫情"疤痕"综合相关，反映了向新型工业化转型升级复杂艰难的进程与国内外环境。展望 2024 年，中国劳动力市场仍面临需求收缩、供给冲击、预期不确定等多重压力，既反映宏观经济结构调整中的总量就业冲击，也凸显长期的结构性就业矛盾；高校毕业生就业持续承压，成为劳动力市场的突出问题；由于经济走缓，灵活就业发展中的量高质低问题愈加凸显，亟待调整；创造和平友好的外部环境、加强产业链韧性对稳定外向型经济及劳动者就业至关重要；企业"去劳动关系化"将持续存在，劳动争议高位运行，构建和谐劳动关系不容乐观。此外，人工智能的技术升级与就业替代、人口深度老龄化与延迟退休如何实施，都需要进一步观察研究。

在政策方面，将施政重心放在民生之上，既是提振居民消费的前提，也是维护劳动者权益之基础。今后财政支出的主要方向，重点应放在纾解民生问题上。根据研究，我国的社保支出按照欧盟或 OECD 国家的统计口径，只占 GDP 的 13% 左右，远低于欧盟或 OECD 国家 20% 以上的水平。[1] 故此，转变政府职能和财政支出结构，改善劳动者及其子女的收入、医疗、养老、失业、住房保障及教育等问题，会大大增强收入分配的合理性，也有助于减轻家庭的支出负担，增强消费需求动能，降低家庭的预防性储蓄率。党的二十大报告要求，到 2035 年的总体目标之一，是居民人均可支配收入再上新台阶，中等收入群体比重明显提高。政府应将此目标量化，通过长期的战略性政策措施加以贯彻落实。另外，健全有利于劳动者技能提升的制度体系，大力开展面向新型工业化发展需求的职业技能培训，是服务新型工业化与维护劳动者权益的治本之道。

值得注意的是，中国工会第十八次全国代表大会于 2023 年 10 月 9~12 日召开。会后，习近平总书记在同中华全国总工会新一届领导班子成员集体谈话时强调，坚持党对工会的全面领导，组织动员亿万职工积极投身强国建设、民族复兴伟业。工会十八大是在中国向新型工业化转型、经济走缓、国内外形势复杂严峻的背景下汇聚劳动者代表召开的一次大会。目前，全国职工总数为 4.02 亿人左右，包含新就业形态劳动者 8400 万人、农民工 2.96 亿人；职工平均年龄 38.3 岁、平均受教育年限 13.8 年。[2] 已建工会单位覆盖职工总数 2.67 亿人，占职工总数的 66.4%。职工队伍总体"老龄化"和局部"年轻化"交织，工作意愿多样化，利益诉求多元化，个体差异与群体聚合并存。此次大会总结了工会十七大以来工会在维护劳动者权益方面的成就和经验。

一是参与保障劳动者的工作权。工会积极参与稳定和促进就业政策的制定和实施，探索为劳动者提供就业服务的新途径，帮助实现充分就业、体面劳动与和谐劳动关系。如建立两个全国性的就业服务网络平台，即工会电子

---

① 《中国社会保障报告：现状评估与高质量发展》，CMF 中国宏观经济论坛，2022 年 4 月，http://ier.ruc.edu.cn/docs/2022-04/32f6aef7b362405a822c442f5794defd.pdf?eqid=dcfb868b0002116d0000000664571f1f。

② 《第九次全国职工队伍状况调查综述》，《工人日报》2023 年 2 月 28 日。

就业和工会就业服务账户。截至 2022 年底，共有 149 万个空缺职位通过这些平台在网上发布。

二是通过各种举措推动劳动者收入提高。工会积极提出建立和完善工资决定机制、工资增长机制、工资保障机制等方面的意见和建议。各级工会努力推动收入分配制度改革，提高职工特别是低收入职工的工资水平，开展"技能"分配研究，为集体协商和技术工人工资增长提供经验和数据。中华全国总工会（以下简称"全总"）指导其地方工会推动制定和调整最低工资标准，以提高低收入工人工资。如北京、上海、江苏、福建等地工会整合现有资源，分别建立了自己的数据库，为更好地参与制定最低工资标准提供科学、详细的统计数据。工会集体协商更加有效。截至 2021 年底，人社部共登记备案了 132 万份集体合同，覆盖 1.2 亿名工人。许多地方工会还努力在合同中加入更多元素，如"技能"及"激励性报酬"等新内容，形成促进技能提升和增加产业工人福利的有效措施。

三是推动保护劳动者安全和健康工作权利。近年来，全总先后提出了《安全生产法》等法律、法规、政策、标准、指南的制定和修改建议。为推进安全生产治理，全总指导各级工会积极配合政府有关部门开展"全国安全生产管理三年提升计划"，参与了《国家职业病防治规划（2021—2025 年）》的研究和制定，并为企业提供预防和控制尘肺病的专业指导。

四是参与完善社会保障制度，加大城市困难职工帮扶解困力度。全总积极参与了一系列社会保险法律、法规和政策的研究、制定与修改。工会系统建档立卡的 549.9 万户城市困难职工家庭如期解困脱困。工会两节送温暖活动筹集资金 218.7 亿元，慰问职工 4250.6 万人次。疫情期间，推出支持受疫情影响严重的行业和小微企业发展等 20 条举措，筹集资金 77.5 亿元，帮扶慰问职工 2289.5 万人次。

五是劳动者依法组织和参加工会的权利得到有效保障。全总根据企业结构、职工构成、劳动关系、用工形式等方面的发展变化，与立法机关合作，推动工会法的修订。修订后的工会法明确规定，不同就业形式的职工，特别是新业态职工和社会组织职工，有权依法组织或参加工会。全总一直支持非公有制企业和社会组织建立工会，采取"重点建、行业建、兜底建"模式，鼓励新业态的劳动者，特别是卡车司机、出租车司机、送餐员、外卖配送员等加入工会。2021年以来，全国已有1037万名新业态劳动者加入工会。

六是积极参与构建和谐劳动关系，切实防范化解劳动领域风险隐患。发挥部委协同工作机制和工会联动工作机制作用，强化劳动关系风险监测、分析、预防和处置，切实把矛盾纠纷解决在基层、化解在萌芽状态。加强企事业单位民主管理制度建设，推进省级厂务公开协调机构建设。完善协调劳动关系三方机制。推动建立完善劳动争议多元化解协作联动机制，联合人社、法院、司法等部门构建"调裁诉援"有效衔接工作体系。

针对非公单位、新就业形态劳动者和农民工、产业工人是三大工会工作薄弱领域，法律制度落实不够，各级总工会、产业工会的系统能力不强等问题，大会对今后五年工会工作的总体要求是：坚持以习近平新时代中国特色社会主义思想为指导，全面贯彻党的二十大精神，深入贯彻习近平总书记关于工人阶级和工会工作的重要论述，紧紧围绕党和国家工作大局，忠诚党的事业、竭诚服务职工，改革创新、奋发进取，保持和增强政治性、先进性、群众性，持续提高引领力、组织力、服务力，充分发挥党联系职工群众的桥梁纽带作用，团结引导亿万职工群众坚定不移听党话、跟党走，为全面建设社会主义现代化国家、全面推进中华民族伟大复兴发挥主力军作用。①

聚焦今后五年工会有关劳动者的维权服务工作，较为重要的有以下几项。

其一，因应高质量发展和新型工业化变革，深化产业工人队伍建设改革。过去五年，工会牵头研究制定产业工人队伍建设改革意见，构建完善产业工人技能形成体系和职业发展制度，将技能大赛融入推动产业工人队伍建设改革的进程中。据统计，"十三五"期间，有1.14亿人次职工参加各级工会开展的技能比赛活动，405.6万人次职工通过技能比赛晋升技术等级。到2021年底，

---

① 王东明：《以习近平新时代中国特色社会主义思想为指导 组织动员亿万职工为强国建设民族复兴团结奋斗——在中国工会第十八次全国代表大会上的报告》，《工人日报》2023年10月10日。

全国已建成劳模和工匠人才创新工作室 8.2 万家，激励了更多青年职工走技能成才之路。全总运用数字技术促进产业工人提升职业技能，建成"技能强国——全国产业工人学习社区"，累计培训职工超 1.5 亿人次。未来深化"产改"，将围绕实施制造强国战略，突出新型工业化、新兴产业、数字经济和技术创新，围绕产业工人素质提升、地位提高、队伍壮大等重点工作，推动落实终身职业技能培训制度，努力培养造就更多大国工匠、高技能人才。以数字技术为例，未来将开展数字技能相关职业技能等级认定，引入数字技术，创新评价方式；发布培训标准和课程方案，开发面向劳动者的数字技能通用素质培训教材；培育一批具有数字技能培养优势的高技能人才培训基地、技能大师工作室，建设数字技能公共实训基地。

其二，做好维权服务工作，维护和发展好劳动者根本利益。把稳就业摆在更加突出的位置，深化工会就业创业服务，加强失业困难群体就业兜底帮扶。推动用人单位开展工资集体协商，健全技术工人薪酬激励机制，促进企业内部分配进一步向一线职工、技术工人倾斜。加强新就业形态劳动者权益保障，通过协商推动平台企业合法规范用工、科学调整算法、完善劳动定额标准，推进职业伤害保障试点工作。推动完善社会保险法规政策体系，促进多层次社会保障有序衔接，扩大覆盖面，提升保障水平。完善工会劳动保护监督机制，加强安全生产和职业健康工作，深化群众性安全生产活动。全面运用数字化技术，推出更多更好更及时的服务职工群众项目。保障女职工特殊权益，促进男女平等和女职工全面发展。加强工会系统援藏援疆工作。推动以职工代表大会为基本形式的企事业单位民主管理制度落地落实。

其三，统筹发展和安全，坚决维护劳动领域政治安全。随着地缘政治局势紧张，中国面临严峻的国内外形势，按照总体国家安全观的要求，大会将坚持维权维稳相统一、建立健全落实"五个坚决"要求长效机制提上重要工作日程。"五个坚决"即要"坚决防止敌对势力借机插手煽动、渗透破坏，坚决防止'独立工会''民间工会'出现，坚决维护职工队伍和工会组织的团结统一，坚决维护企业和社会大局和谐稳定，坚决捍卫中国共产党领导和我国社会主义制度"[①]。建立落实"五个坚决"的长效机制、坚决维护劳动领域政治安全作为工会的重点工作首次见诸 2021 年全总十七届四次执委会报告，此次在工会代表大会上被视为未来五年的重要任务，足见对这项工作的重视程度。大会要求加强工会意识形态工作。落实意识形态工作责任制，按照"统一指挥、各方协同、源头治理、迅速行动"的原则，建立健全劳动领域政治安全工作体系，有效防范化解劳动领域重大风险隐患，加强工会信访问题源头治理、风险预警和应对处置，深化工会社会组织工作，强化政治引领、示范带动、联系服务，及时有效解决职工群众切身利益问题。在构建和谐劳动关系方面，提出探索行业和谐劳动关系创建活动试点，积极参与劳动争议多元化解，探索总结新时代劳动领域"枫桥经验"，推动劳动争议调解组织建设，推进"工会＋法院＋检察院＋人社＋司法"协作联动机制，健全劳动领域矛盾纠纷预防调处化解体系。

参考文献

王东明：《以习近平新时代中国特色社会主义思想为指导 组织动员亿万职工为强国建设民族复兴团结奋斗——在中国工会第十八次全国代表大会上的报告》，《工人日报》2023 年 10 月 10 日。

《前三季度国民经济持续恢复向好 高质量发展稳步推进》，国家统计局官网，2023 年 10 月 18 日。

《人社部 2023 年三季度新闻发布会》，中国网，2023 年 10 月 26 日。

智联招聘：《2023 大学生就业力调研报告》，2023 年 5 月 5 日。

张丹丹：《可能被低估的青年失业率》，财新网，2023 年 7 月 17 日。

《中金：百年变局中的在华外资企业》，新浪财经，2022 年 6 月 21 日。

---

① 王东明：《奋力开创新时代工运事业和工会工作新局面——学习贯彻习近平总书记在同中华全国总工会新一届领导班子成员集体谈话时的重要讲话精神》，《求是》2018 年第 22 期。

B.16
2023 年食品药品安全形势分析

田 明 冯军[*]

摘 要： 食品药品安全是动态变化的过程，随着经济社会发展的不断演变，其治理工作重点亦不断变化。中国食品药品安全工作均遵循风险管理、全程控制、社会共治的理念，其中食品安全工作还强调预防为主，因此食品药品安全形势分析是很有必要的。食品方面，中国食品安全点多、线长、面广，14 亿人口每天消费的粮食约 200 万吨，行业发展不平衡问题突出。药品方面，近年来在安全巩固提升行动、质量安全监管、深化监管改革、中药审批监管创新以及相关监管能力提升五方面狠下功夫，取得一定成效。总体而言，坚守食品药品安全底线，推动食品药品产业高质量发展的任务任重道远。本报告基于食品药品监管部门发布的相关监管数据，对中国食品药品安全现状和存在的问题进行分析，就进一步保障人民群众身体健康和生命安全提出针对性政策建议。

关键词： 食品安全 药品安全 风险治理

党的十八大以来，习近平总书记针对食品药品工作发表了一系列重要论述，将食品药品安全作为重大政治任务，纳入国家战略统筹部署推进，明确保障食品药品安全是技术问题、管理工作，也是道德问题、民心工程。党中央、国务院对食品药品安全的重视程度之高、法治建设之快、政策措施之严、

---

* 田明，国家市场监督管理总局发展研究中心，博士，副研究员，主要研究方向为食品安全监管；冯军，国家市场监督管理总局发展研究中心，副主任，主要研究方向为食品安全监管。

改革力度之大前所未有，全国食品药品安全状况持续稳定向好。进入新发展阶段，中国经济社会变革更加深入，人民对美好生活的期待更加迫切，改革发展任务更加艰巨，对食品药品安全工作提出新的更高要求。

一　中国食品安全发展现状

从微观层面来看，食品安全聚焦食品产品本身，关注其生产、流通过程，由于过程是动态变化的难以完全消除风险，因此，食品安全的重点是保障从生产到餐桌提供最佳品质的产品，力求将可能存在的风险降至最低。从宏观层面来看，食品的安全除了产品本身的安全外，产品原料、原料生长环境、产品营养以及产品可持续性等方面的安全对百姓的生活均产生不同程度的影响，都可纳入食品安全的范畴。党的十八大以来，中国食品安全治理工作取得明显成效，全国没有发生区域性、系统性食品安全问题，保持了稳中加固、稳定向好态势。

（一）食品安全工作体制机制进一步健全

党的十八大以来，中国食品安全工作体制基本稳定，工作合力不断加强。从全国纵向看，国家、省、市、县四级都成立了食品安全委员会及食品安全办公室，统筹协调食品安全工作。从全国横向看，国务院食品安全委员会成员单位增至 24 个，成员单位各司其职，统一权威的食品安全"一盘棋"工作格局加速形成。[1]2022 年，国务院食品安全委员会印发通知，在全国部署实施食品安全分层分级、精准防控、末端发力、终端见效的责任包保工作机制，由地方党政领导干部直接包保食品企业，直接对食品安全状况负责。国家市场监管总局发布《企业落实食品安全主体责任监督管理规定》，旨在强化企业食品安全主体责任，守住食品安全底线，切实保障人民群众"舌尖上的安全"。[2]

---

① 冯军、徐乃莹、田明、孙璐、秦轩:《食品安全工作十年回顾与思考》,《中国市场监管研究》2023 年第 4 期。

② 王铁汉:《切实做好新征程上的食品安全工作》,《学习时报》2023 年 2 月 13 日，第 A1 版。

（二）食品安全工作法规标准体系持续完善

制度方面，2022年印发修订后的《食品生产许可审查通则（2022版）》，发布了《蜂产品生产许可审查细则（2022版）》《婴幼儿配方乳粉生产许可审查细则（2022版）》。为规范特殊医学用途配方食品企业在产品标签和说明书上的标注，并引导医生、临床营养师和消费者科学合理地使用特殊医学用途配方食品，制定并发布《特殊医学用途配方食品标识指南》。该指南旨在提供指导，确保特殊医学用途配方食品的标签和说明书准确规范，以促进其正确使用。

标准方面，截至2022年9月，中国已经发布1455项食品安全国家标准，其中包含了2万余项指标。这些标准涵盖了从农田到餐桌全链条、从生产过程到最终产品各个环节的主要健康危害因素。通过这些标准的实施，最大力度确保包括儿童、老年人在内的全体人群的饮食安全得到保障。与此同时，中国已经建立起包括国家、省、市、县四级在内的食品污染和有害因素监测网络及食源性疾病监测网络。此外，还建立了国家食品安全风险评估体系。目前，食品污染和有害因素监测已经覆盖99%的县区，而食源性疾病监测已经覆盖7万余家各级医疗机构。[1]

（三）食品安全工作监管力度不断强化

市场监管部门聚焦"民意最盼、危害最大、市场监管风险和压力最大"的领域，持续开展民生领域案件查办"铁拳"行动。共查处包括保健食品在内的产品虚假违法广告案件7794件，罚没1.26亿元。福建查处生产非法添加有毒有害物质食品案，涉案金额6000多万元。此外，上海、福建、江苏、浙江、江西、陕西等省份市场监管部门组织精干力量成立了专案组，查办了生产经营掺杂掺假食用植物油系列案，规范了食用油行业秩序。[2]2022年，全国公安机关连续第4年开展"昆仑"专项行动，旨在依法严厉打击食药环和

---

[1] 《我国已发布食品安全国家标准1455项》，https://www.gov.cn/xinwen/2022-08-30/content_5707369.htm，2022年8月30日。

[2] 《市场监管总局召开"2022民生领域案件查办'铁拳'行动"专题新闻发布会》，https://baijiahao.baidu.com/s?id=1730152990671347245&wfr=spider&for=pc，2022年4月15日。

知识产权领域的违法犯罪活动。该行动成功侦破了 8.4 万起食药环和知识产权领域的犯罪案件，抓获 11.6 万名犯罪嫌疑人。相较上年，案件数和抓获嫌疑人数分别上升了 12% 和 17%。[①]

（四）食品安全社会共治格局逐渐形成

为推动食品安全党政同责和"四个最严"要求落地见效，发挥地方政府首创精神，探索食品安全治理制度方法，提升全国食品安全治理水平，国务院食安办和农业农村部持续推进食品安全示范城市创建和农产品质量安全县创建活动。截至 2022 年 11 月，共创建"国家食品安全示范城市"29 个。同时，为发挥新闻媒体和消费者的监督作用，每年开展全国食品安全宣传周活动，推动食品安全有奖举报，2022 年全国食品安全宣传周主场活动上，中国科学技术协会发布《食品安全科普宣传大纲（修订版）》，旨在提高公众利用科学知识指导日常生活的能力，推进食品安全诚信文化建设，营造全社会关注食品安全、参与食品安全保障的良好氛围。

二　中国药品安全发展状况

2022 年，药品监管相关职能部门强化药品生产流通监管，药品质量仍处于较高水平，同时严查违法违规行为，切实保障人民群众用药安全有效。总体来说，药品监管能力不断提升，药品安全整体形势稳中向好。

（一）药品审评审批加速，为人民健康保驾护航

2022 年，国家药审中心鼓励以临床价值为导向的药物创新，审评通过建议批准 21 个创新药，其中 3 个为首创新药（First-in-Class）。及时组织审评工作，科学高效推进新冠疫苗药物应急审评审批工作，批准重组新型冠状病毒蛋白疫苗（CHO 细胞）上市，批准包括散寒化湿颗粒等在内的 4 个新冠病毒治疗药物

---

① 《公安部：2022 年共侦破食药环和知识产权领域犯罪案件 8.4 万起》，https://baijiahao.baidu. com/s?id=1758679786977754940&wfr=spider&for=pc，2023 年 2 月 24 日。

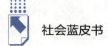

用于治疗新冠病毒感染，应急审评批准 38 件退热止咳类新冠病毒感染对症治疗药物药品注册申请，有力服务保障了国家疫情防控大局。进一步加大药品审评报告公开力度，累计公开新药注册审评报告 1024 份。多措并举鼓励儿童用药研发创新，2022 年儿童用药批准数量 66 个，创历史新高。支持推动中药传承创新发展，10 个中药新药（包含中药提取物）获批上市。持续加大指导原则制修力度，发布指导原则 61 个。在 2022 年世界卫生组织（WHO）疫苗国家监管体系（NRA）评估中，药品注册和上市许可板块获得 WHO 满分 100 分和最高评级 4 级，标志着中国药品审评机构已步入国际先进行列。[1]

（二）法律法规不断完善，为依法监管提供保障

2022 年 4 月 11 日，《药品年度报告管理规定》发布，中国首次实施药品年度报告制度。[2] 2022 年 5 月 27 日，《药品生产质量管理规范—临床试验用药品附录》发布[3]，首次明确我国临床试验用药品的质量管理要求，为进一步规范临床试验用药品制备及时提供了制度上的保障，进一步从质量层面规范了临床药学研发。2022 年 7 月 8 日，《疫苗生产流通管理规定》落地实施[4]，规定针对疫苗生产、流通、使用等每一个环节的任何违规行为，监管部门都从严惩处，进一步加强疫苗全生命周期的监管体系建设。2022 年 12 月 1 日，《药品网络销售监督管理办法》正式施行，明确了药品网络销售管理、平台责任履行、监督检查措施及法律责任等。除此之外，《药品经营质量管理规范附录 6：药品零售配送质量管理》《药品召回管理办法》《化学药品及生物制品说明书通用格式和撰写指南》等文件相继发布，为药品监管提供了有力支持。

---

① 国家药品监督管理局药品审评中心：《2022 年度药品审评报告》，https://www.cde.org.cn/main/news/viewInfoCommon/849b5a642142fc00738aff200077db11，2023 年 9 月 6 日。

② 《国家药监局关于印发〈药品年度报告管理规定〉的通知》（国药监药管〔2022〕16 号），https://www.nmpa.gov.cn/xxgk/fgwj/xzhgfxwj/20220412172455115.html，2022 年 4 月 12 日。

③ 《国家药监局关于发布〈药品生产质量管理规范（2010 年修订）〉临床试验用药品附录的公告》（2022 年第 43 号），https://www.nmpa.gov.cn/xxgk/fgwj/xzhgfxwj/20220527182006196.html，2022 年 5 月 27 日。

④ 《国家药监局关于发布〈疫苗生产流通管理规定〉的公告》（2022 年第 55 号），https://www.nmpa.gov.cn/xxgk/fgwj/xzhgfxwj/20220708185734126.html，2022 年 7 月 8 日。

（三）药品产业强劲增长，逐步迈向高质量发展

截至 2022 年底，全国共有"药品经营许可证"持证企业 643857 家，批发企业 13908 家；零售连锁总部 6650 家，下辖门店 360023 家，零售单体药店 263276 家。[①] 同时，近七年，国家药审中心承办受理药品注册申请数量显著攀升，截至 2022 年 12 月 31 日，审评中心共受理注册申请 12368 件，同比增加 6.09%[②]，药品注册蓬勃发展展示出企业强大的研发实力。

（四）药品抽检结果较好，药品安全形势总体可控[③]

从抽检品种来看，2022 年国家药品抽检共抽取制剂产品与中药饮片品种 134 个，具体分类情况如图 1 所示。

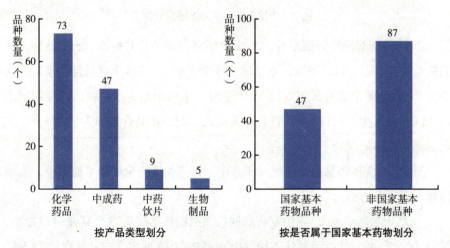

图 1　2022 年药品抽检品种分布情况

① 国家药品监督管理局：《药品监督管理统计年度数据 (2022 年)》，https://www.nmpa.gov.cn/zwgk/tjxx/tjnb/20230419090931121.html，2023 年 4 月 19 日。

② 国家药品监督管理局药品审评中心：《2022 年度药品审评报告》，https://www.cde.org.cn/main/news/viewInfoCommon/849b5a642142fc00738aff200077db11，2023 年 9 月 6 日。

③ 中国食品药品检定研究院：《国家药品抽检年报（2022）》，https://www.nifdc.org.cn/nifdc/bshff/gjchj/gjchjtzgg/20230330172056529775.html，2023 年 3 月 30 日。

从抽检数量来看，制剂产品与中药饮片全年共完成抽样 17060 批次，环节分布及企业、单位覆盖情况如图 2 所示。

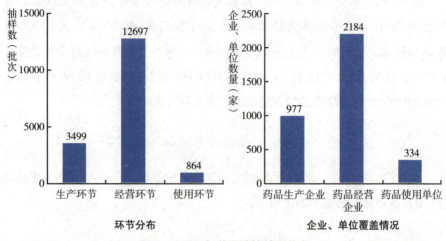

图2　2022 年药品抽检数量分布

从药品制剂抽检数据来看，2022 年国家药品抽检共抽检 125 个品种，涉及抽检制剂产品 15385 批次。抽检的 125 个品种中，108 个样品符合规定，其中化学药品 68 个品种、中成药 35 个品种、生物制品 5 个品种。抽检制剂产品 15385 批次中，15332 批次符合相关规定，制剂产品合规率为 99.7%。中国药品制剂总体质量处于较高水平。

通过 2022 年药品抽检情况可知，中国药品整体安全形势平稳可控，主要体现在以下几方面。

一是化学药品。2022 年国家药品抽检共抽检化学药品 73 个品种 9413 批次，涉及 15 个剂型，其中经营环节抽取批次高达 7010 批次，占总批次的 74.5%，生产、使用和互联网环节（包含在经营环节，下同）各抽样品 1864、518、21 批次。经检验，9413 批次抽检样品中，9398 批次符合规定，合规率为 99.8%，不合规的 15 批次中有 14 批次来自经营环节。

二是中成药。2022 年国家药品抽检共抽检中成药 47 个品种 5805 批次。其中经营环节抽取批次高达 4917 批次，占总批次的 84.7%，生产、使用和互联网环节各抽样品 826、32、30 批次。经检验，5805 批次抽检样品中，5767 批次符合规定，合规率为 99.3%，不符合规定的 38 批次（含 4 批次补充检验检出高于限量值的灰毡毛忍冬皂苷乙）中 34 批次来自经营环节，4 批次来自生产环节。

三是生物制品。2022 年国家药品抽检共抽检生物制品 5 个品种 167 批次，检验合格率为 100%。其中治疗类品种 4 个、预防类品种 1 个，生产、经营、使用环节分别抽取 52、86、29 批次。

四是基本药物。2022 年国家药品抽检共抽检国家基本药物（不含中药饮片）38 个品种 5583 批次，其中经营环节抽取批次高达 3990 批次，占总批次的 71.5%，生产、使用和互联网环节各抽样品 1313、275、5 批次。经检验，5583 批次抽检样品中，5558 批次符合规定，合规率为 99.6%，不符合规定的 25 批次，分别在生产与经营环节检出不符合规定产品 3 批次和 22 批次。

五是进口药品（不含进口中药材）。2022 年，国家药品抽检共抽检 6 个剂型进口药品 308 批次，样品检验合格率为 100%。抽检样品涉及生产、经营和使用三个环节，抽样量分别为 8、263 和 37 批次。

六是中药饮片专项。2022 年国家药品抽检共抽检中药饮片 9 个品种，共计 1675 批次，相关情况如图 3 所示。

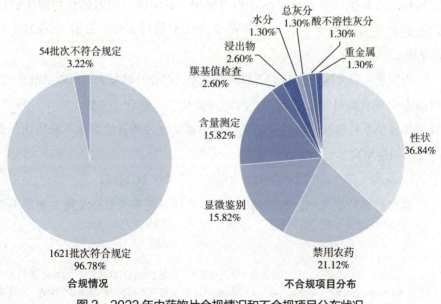

图 3　2022 年中药饮片合规情况和不合规项目分布状况

三　中国食品药品安全领域存在的
风险及挑战

（一）食品安全风险与挑战

2022 年，全国市场监管部门坚持问题导向，根据相关的食品安全国家标准完成 6563388 批次的食品安全监督抽检工作，其中发现 187572 批次不合格样品。监督抽检的不合格率为 2.86%，比 2021 年上升了 0.17 个百分点。从抽样食品品种来看，消费量大的粮食加工品，食用油、油脂及其制品，肉制品，蛋制品，乳制品等 5 大类食品，监督抽检不合格率分别为 0.68%、1.13%、1.06%、0.27%、0.12%，均低于总体抽检 2.86%的不合格率。酒类、蔬菜制品等 28 大类食品抽检不合格率较上年有所降低，但是食用农产品、餐饮食品等 5 大类食品抽检不合格率却有所上升，值得关注。从检出的不合格项目类别看，农药残留超标、微生物污染、有机物污染、超范围超限量使用食品添加剂、重金属等污染、兽药残留超标、质量指标不达标等问题相对突出，其中农药残留超标和微生物污染不合格项目占抽检不合格样品总量的比例超过 50%，分别为 33.31%和20.73%。[①]

中国是人口大国、食品生产和消费大国，产业环境复杂，风险挑战多元。食品安全与食品科学密切相关，同时涉及化学、物理、生物、农学、环境、管理等多个学科领域，随着食品安全科学属性之外的其他属性不断强化，食品安全问题呈现多元化特点。

1. 从源头看，食用农产品和粮食质量安全风险不容忽视

监督抽检数据显示，2020~2022 年，农药兽药残留超标是最主要的不合

---

① 《市场监管总局关于 2022 年市场监管部门食品安全监督抽检情况的通告》（2023 年第 12 号），https://www.samr.gov.cn/spcjs/xxfb/art/2023/art_37cd3b13d9d3426a80f933802d76cd90.html，2023 年5 月 26 日。

格因素，分别占比 35.3%[①]、37.5%[②]、41.2%[③]，呈逐年增加趋势。粮食的消费增长速度仍然超过产量的增长速度，导致粮食的生产和消费长期保持在一个"紧平衡"状态。2022 年，中国粮食生产喜获丰收，再次刷新历史纪录，总产量达到了 13731 亿斤，同比增长 0.5%。尽管如此，中国仍然是全球最大的粮食进口国。2014 年以来，中国的粮食进口量一直保持在 1 亿吨以上的水平。[④] 此外，个别地区粮食重金属超标问题较为严重，治理难度大、周期长。

2. 从生产加工看，非法添加、假冒伪劣等问题尚未根除

调查显示，在群众最为担心的 5 类食品安全问题中，滥用食品添加剂或非法添加化学物质被认为是目前与未来食品安全面临的最大风险，占比高达 77.30%。[⑤] 代用茶、压片糖果等普通食品中非法添加药物，宣称具有减肥、治疗等功能的问题时有发生。劣质食品、过期食品、"山寨"食品、三无食品等依然存在，不同程度危害着消费者的身体健康。

3. 从流通销售看，责任闭环尚未真正形成

部分地区抽检发现的不合格食用农产品中，还存在追溯信息"断链"的情况，无法追溯到产地源头，难以对生产者实施有效监管，导致类似问题"年年检、年年有"。部分地区各主体间进货查验、索证索票制度落实不到位，责任压力传导不足，带来执法困难。此外，针对食品储存运输环节、网络直播带货等新业态监管，部门间职责划分还不清晰。

---

① 《市场监管总局关于 2020 年市场监管部门食品安全监督抽检情况的通告》（2021 年第 20 号），https://www.samr.gov.cn/spcjs/xxfb/art/2021/art_11225bc913f3437fb658c0965ffd1ee9.html，2021 年 5 月 18 日。

② 《市场监管总局关于 2021 年市场监管部门食品安全监督抽检情况的通告》（2022 年第 15 号），https://www.samr.gov.cn/spcjs/xxfb/art/2022/art_3f3e0072589a478a97e337bdaec307d7.html，2022 年 5 月 6 日。

③ 《市场监管总局关于 2022 年市场监管部门食品安全监督抽检情况的通告》（2023 年第 12 号），https://www.samr.gov.cn/spcjs/xxfb/art/2023/art_37cd3b13d9d3426a80f933802d76cd90.html，2023 年 5 月 26 日。

④ 《2022 年全国粮食总产量达 13731 亿斤实现增产丰收》，https://www.gov.cn/xinwen/2022-12/12/content_5731544.htm?eqid=fe22bfa6003c240a00000004647c665f，2022 年 12 月 12 日。

⑤ 《中国公众食品安全评价的网络调查报告》，《中国社会科学报》2023 年 5 月 12 日，第 8 版。

4. 从餐饮服务看，网络订餐问题突出

从经济收入来看，2022年全国外卖餐饮行业市场规模约为9417.4亿元，是2020年的1.42倍，约占整个餐饮收入的22%。从服务主体来看，2022年中国外卖行业相关企业新增注册量65.85万家。从用户规模来看，截至2022年12月，中国网上外卖用户规模达5.21亿人，较2021年12月减少2299万人。随着新冠疫情的结束，人们的经济生活和社会生活不断丰富，网络订餐不断发展，网络订餐的问题也不断显现，例如平台主体责任落实不到位、审核把关不严、餐饮主体证照不全、门店环境脏乱差引发食源性疾病等问题屡有曝光。2022年中国公众食品安全评价的网络调查显示，63.55%的公众对网络外卖餐饮食品评价为一般，认为有很大的改进空间，满意度明显低于其他环节。①

5. 从技术支撑看，还存在短板弱项

食品安全标准体系仍不完善，食品添加剂有2300多个品种②，截至2022年11月只有651个品种有标准。③农药残留限量指标数量为10092项。④各地检验检测水平差距较大，部分地区能力偏弱、项目不全，有的市县需要将样本送检至省会城市，影响监管执法效率。

总体而言，引发中国食品问题的主要因素已经由最初笼统的食品数量安全、质量安全风险转变成环境污染引起的风险、食源性病原微生物及其耐药性风险、粮油食品质量欠佳促生食品营养安全问题、食品欺诈等细化的具体风险。此外，新产业新业态构成了食品安全新风险。⑤

---

① 《中国公众食品安全评价的网络调查报告》，《中国社会科学报》2023年5月12日，第8版。
② 《国家卫生计生委办公厅关于实施〈食品添加剂使用标准〉（GB 2760-2014）问题的复函》（国卫办食品函〔2015〕469号），http://www.nhc.gov.cn/sps/s3593/201505/4c7fce389d554490920c37c30b93b8cc.shtml，2015年5月29日。
③ 《食品安全国家标准目录（截至2022年2月共1419项）》，http://www.nhc.gov.cn/sps/s7891/202202/abb7090ad744405fba8244893839206d.shtml，2022年2月21日。
④ 《我国农药残留限量标准突破1万项 全面覆盖中国批准使用的农药品种和主要植物源性农产品》，http://www.moa.gov.cn/xw/zwdt/202104/t20210401_6365132.htm，2021年4月1日。
⑤ 庞国芳等主编《中国食品安全现状、问题及对策战略研究（第二辑）》，科学出版社，2020。

（二）中国药品安全风险与挑战

2022 年，各药品检验机构按照法定药品标准方法与探索性研究方法检验并重原则，全面考察药品的安全性、有效性和现行标准的可行性，同时探寻潜在风险，发现的问题主要存在于两个方面。

1. 化学药品方面的问题与风险

生产企业存在原辅料和包装材料把关不严格，生产工艺管理与关键质量参数控制不科学，灭菌工艺、原辅料投料量、分装的稳定性需提高等问题，经营企业主要问题集中在药品储存、运输过程管理中，温湿度控制水平需提高等。

2. 中药饮品及中药材方面的问题与风险

个别企业存在擅自改变生产工艺，低限或使用掺伪、替代品投料降低生产成本的情况；部分企业使用伪品、掺伪的中药材及饮片生产中药制剂的问题仍然存在；不同厂家间原料药质量参差不齐，生产出的制剂质量存在差异，需进一步研究比较；此外，部分品种重金属、农药、防腐剂残留量超限影响原料使用，如部分批次菊花禁用农药超标、个别批次金银花重金属超标等。[1]

2022 年，国家药监局核查中心发布的《2022 年度药品检查工作报告》指出，注册检查类发现的问题集中于原始记录不规范、不完善，关键设备未进行确认等；监督检查类发现的主要问题涉及变更管理和偏差管理、确认与验证、数据可靠性管理、无菌保证等。在上市后药品有因检查中有 1 个任务发现严重问题，主要为提取物未按法定标准储存和制剂生产重新加工等问题。[2]

---

[1]　中国食品药品检定研究院:《国家药品抽检年报（2022）》，https://www.nifdc.org.cn//nifdc/bshff/gjchj/gjchjtzgg/20230330172056529775.html，2023 年 3 月 30 日。

[2]　国家药品监督管理局食品药品审核查验中心:《国家药监局核查中心 2022 年度药品检查工作报告》，https://www.cfdi.org.cn/resource/news/15638.html，2023 年 10 月 7 日。

四　食品药品安全相关政策建议

进入新发展阶段，人民群众对美好生活的期待越来越高，不仅要吃得安全，更追求吃得营养、健康、有品质，对食品的高质量供给提出全新要求，需要匹配更高的食品安全水平。与之相适应，食品安全的内涵和外延也随之发生深刻变化，从科学意义上的安全向数量、质量、价格、营养等方面延伸，从政府监管向产业发展、社会治理、高标准市场体系建设等领域拓展，这就要求我们必须以更开阔的视野、更长远的眼光、更系统的思维，来思考和谋划食品安全工作。在药品方面，安全问题也是广受关注的基本民生问题，同样需要多管齐下，不断减少药品安全的风险与挑战。

（一）进一步完善食品安全治理体系，不断提升食品安全水平

一是深入推进食品安全战略实施。习近平总书记在党的十九大报告中指出，"实施食品安全战略，让人民吃得放心"。中共中央、国务院专门印发《关于深化改革加强食品安全工作的意见》（以下简称《意见》），作为实施食品安全战略的纲领性文件。实施食品安全战略是长期性、系统性工程，需要发挥好各级食安委、食安办的作用。为进一步加大督促推动力度，建议由国务院食安委定期对地方党委政府、各有关部门落实《意见》情况进行评估，重点了解在投入保障、力量配备、能力提升、放心工程等方面的进展。

二是着力提升食品安全整体水平。习近平总书记指出，"食品安全既是产出来的，也是管出来的"，"要抓紧建立健全农产品质量和食品安全追溯体系，尽快把全国统一的农产品和食品安全信息追溯平台建起来"。追溯工作是推动全产业链提升质量安全水平的重要抓手。为进一步落实"产管并重"要求，建议尽快建立国家食品安全全程追溯制度，整合各部门现有追溯系统，建设全国统一的食品安全信息追溯平台，将过程控制、检验检测、监督检查等食品安全信息纳入追溯管理，倒逼落实食品安全主体责任和监管责任，加快产业转型升级，加快食品安全工作智慧化进程，全面提升食品质量安全水平。

三是切实加强基层基础建设。习近平总书记强调，要"增强食品安全监管统一性和专业性，切实提高食品安全监管水平和能力"，"加强基层基础工作，建设职业化检查员队伍"。基层工作直接关乎百姓切身感受，是食品安全工作的根本落脚点。为进一步推动工作重心向基层下沉，建议按照《意见》的要求，督促执法力量向一线倾斜，确保县、乡两级监管机构切实把食品安全作为首要职责。尽快建立国家、省、市、县各级食品安全职业化专业化检查员队伍，合理确定队伍规模、各级检查员比例，明确岗位准入和任职条件。组织对地方审批、监管、执法机构设置情况进行调研评估，发挥好改革促进监管、保障安全的积极作用。

四是持续加大科技支撑力度。习近平总书记强调，对食品安全等重大民生问题，要大幅增加公共科技供给。食品安全工作本质上是以标准为基础、以检验为手段，发现问题、消除隐患的风险管理工作，具有典型的科学属性。为更好发挥科技创新的引领带动作用，建议在食品安全重大科技专项基础上，进一步加大对风险监测、危害因素评估、标准制修订、检验检测技术等方面的支持力度，提升食品安全工作的科学化水平。同时，采取积极措施鼓励食品企业加大科研投入，在工艺流程、过程控制、储存保鲜等关键技术上取得突破，提升产品品质，助力产业升级。

五是积极构建社会共治新格局。习近平总书记指出，"食品安全是个社会问题，要充分发挥群众监督、舆论监督的重要作用"，并强调要牢固树立以人民为中心的发展理念，切实保障人民群众"舌尖上的安全"。食品安全关系千家万户，是典型的群众工作，必须充分发动群众、依靠群众、服务群众。为进一步拓展共治渠道，建议在全国范围内登记注册食品安全志愿者队伍，作为食品安全社会共治的主体力量。在国家和省级层面成立食品安全协会，加强食品行业的安全自律。根据食品企业类型、规模，督促企业科学配备食品安全师，提升企业食品安全管理水平，强化主体责任落实。

（二）进一步加强药品监管，不断提高药品安全水平

一是创新法律法规制度和技术体系。建议在制定药品行业高质量发展规

划的前提下，聚焦国际前沿和监管急需，完善法律法规体系，创新技术标准体系，全面强化药品监管领域国家战略科技力量，引导产业高质量发展。

二是提升药品审评质量和工作效率。建议完善审评体系，明确技术标准，建立良好的审评管理规范（GRP），进一步优化核查、检验流程，优化审评与审批衔接机制，建立药品研发生产全生命周期沟通交流机制，药品注册从"末端"加速变为向"前端"延伸的全程加速。

三是加强从业人员和监管人员队伍建设。建议进一步强化企业主体责任意识，明确每一位员工的具体责任，确保责任到人，将药品安全的风险化解在生产环节。同时，建议企业、科研机构以及高校加强研究合作，一方面为监管队伍输送高质量的审评员、检查员；另一方面为企业培养高素质的研发人员，实现药品行业人才数量、质量"双提升"。

B.17
2023 年中国养老产业发展研究报告*

黄种滨 王晶**

摘 要： 本报告基于 2000~2021 年企业工商注册等数据，分析中国养老产业发展历程、结构组成、地域分布与面临挑战。结果发现，在过去20 多年里，中国养老产业的组织数量和注册资金快速增长；养老产业中的企业和民办非企业组织数量增长最快。本报告将中国养老产业划分为 12 个类型进行分析，发现养老照护服务、老年健康促进与社会参与组织数量最多；东部沿海省份养老产业发展最快。当前，中国养老产业仍面临增速放缓、发展不均衡、结构有待优化等问题和挑战。在未来，中国应以完善配套产业政策、统筹地区均衡发展、盘活闲置公共资源、降低注册门槛等方式推动养老产业高质量发展。

关键词： 养老产业 企业工商注册数据 老龄社会

2022 年末，全国总人口相比上一年度减少 85 万人，这标志着中国人口进负增长区间，也折射出中国面临着日益严峻的人口老龄化挑战。截至 2023 年 2 月，全国 60 岁以上老年人口达到 2.8 亿人，占全国总人口的 19.8%；65 岁以上老年人口达到 2.1 亿人，占全国总人口的 14.8%。如何帮助人口规模庞大的老年群体安度晚年，满足不断增长和丰富多样的老年人需求，重构适应当前人口状况与经

---

* 此文系中国社会科学院重大创新项目"共同富裕的阶段性衡量标准"（2023YZD002）的阶段性成果。

** 黄种滨，中国社会科学院社会政策研究中心助理研究员，中国社会科学院社会学研究所助理研究员；王晶，中国社会科学院社会政策中心副研究员，中国社会科学院大学副教授。

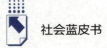

济形势的养老产业结构，成为国家当下亟须解决的重要问题。党的二十大报告提出，"实施积极应对人口老龄化国家战略，发展养老事业和养老产业，优化孤寡老人服务，推动实现全体老年人享有基本养老服务"。在过去的十多年时间里，中国政府陆续出台了一系列相关政策法规，包括《国务院关于加快发展养老服务业的若干意见》（2013）、《关于推进医疗卫生与养老服务相结合的指导意见》（2015）、《国家积极应对人口老龄化中长期规划》（2019）和《国务院关于实施健康中国行动的意见》（2019）等，这些政策旨在通过建立健全社会保障体系、鼓励养老产业健康发展等方式，以积极姿态迎接人口老龄化浪潮。本报告从宏观视角出发，基于社会组织大数据下全国养老产业的全景式分析，审视中国养老产业变迁历程，分析当前养老产业发展所面临的困难与瓶颈。

养老产业不仅覆盖老年人在衣食住行等方面的基本物质需求，也包括他们对美好生活向往的精神追求。国家发展和改革委员会基于《中华人民共和国老年人权益保障法》等相关政策法规，将养老产业界定为"保障和改善老年人生活、健康、安全以及参与社会发展，以实现老有所养、老有所医、老有所为、老有所学、老有所乐、老有所安等为目的，为社会公众提供各种养老及相关产品（货物和服务）的生产活动集合"，同时也结合国民经济发展情况，将养老产业划分为 12 个大类，包括养老机构服务、老年医疗卫生服务、养老照护服务、老年用品及相关产品销售和租赁、养老教育培训和人力资源服务、养老公共管理、老年用品及相关产品制造、养老金融服务、老年健康促进与社会参与、养老科技和智慧养老服务、养老设施建设、其他养老服务。目前，学界针对养老产业的内涵和外延分歧较大，国家发展改革委界定了养老产业的范围，但没有区分不同行业事业和产业属性，实际上在养老产业内部，也存在混合型供给模式。本报告重点分析养老产业的变迁历程，将养老事业理解为最小人群（福利对象）的兜底服务，即由事业单位供给的养老服务；将养老产业理解为经由市场主体向老年人提供生活服务的经济活动，而不论其资金来源渠道是公共部门还是私营部门，即混合支持型和市场购买型养老服务。在分析策略上，本报告将事业单位也纳入进来，这样可以整体看到养老产业内不同组织的变迁历程。

为深入剖析和研究中国养老产业的发展变迁与整体结构，本报告从国家企业信用信息公开系统、全国社会组织信用信息公示平台及机关赋码和事业单位登记管理平台获取了养老企事业单位的相关数据进行分析。具体的处理和分析过程包括如下步骤：首先，构建养老产业相关关键词词库，在关键词词库中根据企事业单位的名称与经营范围进行检索，提取字段中包含相关关键词的数据，最终获取了 344605 条养老产业相关企事业单位的工商注册信息。[①] 其次，基于 12 个养老产业分类构建了识别各产业的关键词列表，将其与企事业单位的名称和经营范围进行二次文本匹配并划分类别。由于企事业单位的经营范围广泛，因此同一家企业可能涉及多个行业领域。再次，依据国家颁布的《法人和其他组织统一社会信用代码编码规则》，对每家企事业单位的单位性质进行识别，划分为个体工商户、企业、民办非企业、社会组织和事业单位五种类型。最后，从获取的文本字段中提取成立日期、注册金额、存续状态、注册地址等信息，用于后续的数据分析。应当说明的是，这些养老产业的数据信息是通过公开渠道获取的，存在一定程度的信息缺失。为进一步验证研究的可靠性，通过将养老机构数据与各地城市统计年鉴交叉比对，发现二者的结果数据基本接近。此外，笔者还就描述性分析结果与民政部相关人员交流，发现本研究所获得的养老机构整体数量信息与现实基本接近。[②]

一　养老产业发展现状

过去 20 多年，全国养老组织数量增长了约 11 倍。图 1 呈现了 2000~2021 年全国养老产业的发展趋势变化。2000 年以来，全国养老组织累计数量从 2.82 万家增加至 2021 年的 33.72 万家，年均增长 13.21%。2012 年开始养老组织进入高速增长期。2013~2020 年，全国养老组织累计数量增长了约 3.43 倍，年均增长率达到 28.20%。2021 年全国养老组织增速放缓，累计数量由 2022 年的 30.33 万家增长至 33.72 万家，增长 11.21%，比 2020 年的增速下降 9.50 个百分点。

---

① 用于检索的关键词包括养老、老年、敬老院、光荣院、福利院、幸福院、荣军、医院、护理院等。
② 民政部门仅掌握养老机构相关数据。

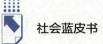

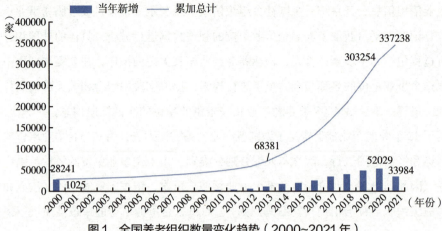

图1　全国养老组织数量变化趋势（2000~2021年）

注：2000年数据为2000年及以前累计值。下同。

20多年间，全国养老产业累计注册资金实现名义增长36.72倍。从图2可以看到，2000~2012年，全国养老产业注册资金呈平稳增长趋势，累计注册资金不足1万亿元，年均名义增长11.60%。2012年以后，全国养老产业注册资金进入了高速增长阶段。2013~2021年，全国养老产业累计注册资金增长9.21倍，年均名义增长37.32%。2020~2021年，全国养老产业累计注册资金名义增长10.56%，增速放缓。2021年当年注册资金约为0.4万亿元，相较于2020年的0.65万亿元，名义下降了38.46%。

企业和民办非企业养老组织数量增长最快（见图3）。2000年以来，全国养老组织类型出现了多元化扩展的趋势，企业与民办非企业养老组织数量增长最多，两类组织分别增长了约78倍与70倍；个体工商户、社会团体养老组织增长数量次之；事业单位养老组织数量变化最小，20年间始终维持在24000家左右。2012年开始，除事业单位外，其余四类养老组织进入了快速增长期。2013~2021年，企业养老组织数量增长了约14.5倍，民办非企业养老组织数量增长了约3.2倍，个体工商户养老组织数量增长了约8.9倍，社会团体养老组织数量增长了约2.4倍，事业单位养老组织数量变化不大。值得注意的是，2021年全国养老组织数量增速减缓，其

图 2　全国养老产业注册资金变化趋势（2000~2021 年）

中，企业养老组织比上年增长 16.5%，个体工商户养老组织比上年增长
12.3%，民办非企业、社会团体、事业单位等类型的养老组织增速更是明显
变缓。

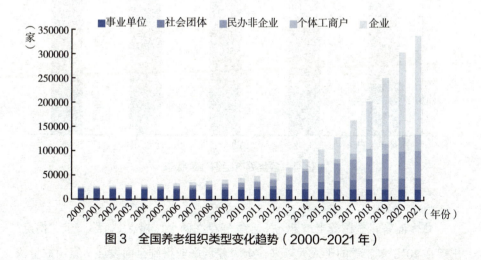

图 3　全国养老组织类型变化趋势（2000~2021 年）

在组织存续方面，个体工商户注销比例最高，事业单位的注销比例最低（见图4）。在中国养老产业中，不同组织类型的存续情况差异较大。首先，事业单位正常存续的比重最高，占同类型总量的94.78%；社会团体、民办非企业、企业正常运行的比重次之，分别占同类型总量的92.30%、92.15%、91.42%；个体工商户正常运行的比重最低，占同类型总量的87.32%。其次，个体工商户的注销占比最高，达12.29%；事业单位的注销占比最低，仅为4.95%；企业、民办非企业、社会团体的注销比重分别为7.68%、6.24%和6.00%。最后，民办非企业和社会团体的撤销比重最高，分别为1.61%和1.70%；事业单位的撤销比重最低，仅为0.28%；个体工商户的撤销比重较低，为0.39%。

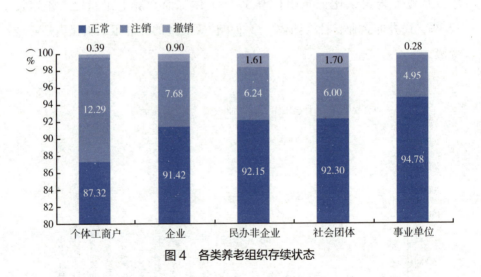

图4　各类养老组织存续状态

总体而言，全国养老产业与事业发展存在两个"拐点"。第一个"拐点"出现在2013年。党的十八大以来，全国养老产业得到全面发展，组织数量快速增长、养老产业市场规模迅速扩张。其中，人口老龄化与政府政策是推动养老产业发展的重要因素。一方面，中国老龄化程度日益加深，老年人口数量增多刺激并扩大了养老产业的需求。各类企事业单位为满足老年人对衣食住行的基本市场需求，不断增加对于养老产业的资金投入，以期未来能够获取利润。另一方面，政府引导推动了养老产业的蓬勃发展。自 2013 年起，中国政府加快建立养老政策体系和服务体系以满足日益增加的老年人需求。国务院在 2013 年发布《关于加快发展养老服务业的若干意见》，提出到 2020 年要全面建成功能完善、规模适度、覆盖城乡的养老服务体系。随后《关于金融支持养老服务业加快发展的指导意见》《关于进一步扩大旅游文化体育健康养老教育培训等领域消费的意见》《智慧健康养老产业发展行动计划（2017—2020 年）》等多份政策文件陆续出台，进一步支撑与拓展了中国养老产业的发展空间。

中国养老产业的发展在 2020 年迎来了第二个拐点。2020~2021 年，中国养老产业组织数量增速放缓、注册资金减少、各类养老组织增速放缓、养老机构注销比重大（尤其是个体工商户），但养老产业仍保持稳定增长。这是因为，2020 年初突发公共卫生危机事件给中国养老机构的发展带来巨大冲击，尤其对民办养老机构影响巨大，与同期相比机构收入减少 20% 左右，运营平均支出增加 20%~30%，诸多机构生存负担重，新成立机构数量减少，许多新成立组织也因此减少注册资金投入或不投入。此外，由于养老组织长期处于封闭状态，人员流失，很多养老组织的现金流中断，机构生存困难，诸多养老机构被迫暂停营业或注销。

二 养老产业的结构、规模与存续

中国养老照护服务、老年健康促进与社会参与类组织比重较大，养老公共管理、老年医疗卫生服务类组织比重较小（见图 5）。首先，养老照护服务、老年健康促进与社会参与类组织数量最多，组织总量均超过 20 万家；其次，老年用品及相关产品销售和租赁、养老科技和智慧养老服务、其他养老服务类组织数量处于中间水平，组织总量分别约为 17 万家、10 万家和 10 万家；再次，养老设施建设、养老教育培训和人力资源服务、养老机构服务、养老金融服务、老年用品及相关产品制造、老年医疗卫生服务类组织数量相对较少，组织总量分别约为 7 万家、6 万家、4.5 万家、4.2 万家、3.6 万家和 3 万家；最后，养老公共管理类组织数量最少，不足 3 万家。

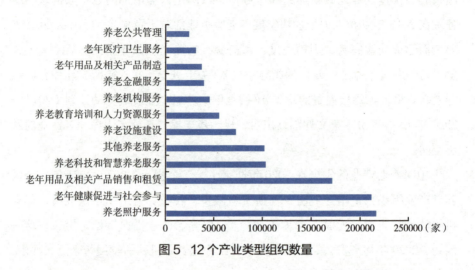

图 5　12 个产业类型组织数量

在 12 个养老产业中，企业占比最高，民办非企业、个体工商户次之，事业单位、社会团体占比最低（见图 6）。企业类养老组织在养老金融服务、老年用品及相关产品制造、养老设施建设、养老科技和智慧养老服务等行业中占比较高，其他行业中企业比重相对较低。具体来说，此类养老组织在养老金融服务行业中约占 99%，在老年用品及相关产品制造行业约占 96%，在养老设施建设行业约占 96%，在养老科技和智慧养老服务行业约占 92%，在老年用品及相关产品销售和租赁类等行业约占 89%，在养老照护服务、养老教育培训和人力资源服务、老年健康促进与社会参与、其他养老服务、老年医疗卫生服务等行业占 62%~83%。在养老机构服务、养老公共管理行业中占比都较小，在养老机构服务行业中占比不足 30%。民办非企业类养老组织在养老机构服务、养老教育培训和人力资源服务及养老照护服务行业占比最高。具体地说，此类养老组织在养老机构服务行业约占 34%，在养老教育培训和人力资源服务行业约占 17%，在养老照护服务行业约占 16%，在老年医疗卫生服务、老年健康促进与社会参与行业的占比均不超过 12%，在其他行业的占比均不超过 5%。事业单位类养老组织在养老机构服务行业中占比最高，达到 27%；在其余行业中事业单位类养老组织的占比都比较低，多在 5% 以下。最后，在养老公共管理行业，社会团体占比最高，约为 96%。

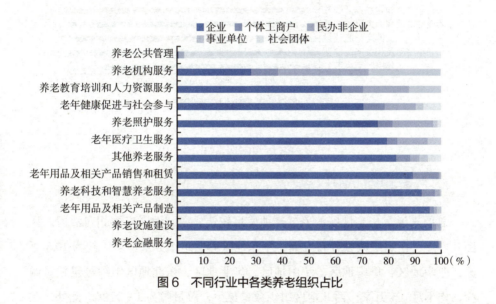

图 6　不同行业中各类养老组织占比

老年医疗卫生服务行业养老组织正常运营的比重最高，养老金融服务、养老机构服务行业养老组织注销比重最高（见图 7）。在正常运营的养老组织中，养老教育培训和人力资源服务、养老科技和智慧养老服务、养老设施建设、老年用品及相关产品制造、老年医疗卫生服务等行业养老组织正常运营的比重较高，约占同行业总量的 94%，其他行业养老组织正常运营的比重均保持在 90%~93%。在注销的养老组织中，养老金融服务、养老机构服务行业养老组织的注销比重最高，占同行业总量的 8% 左右，其他行业养老组织注销的比重保持在 5%~7.5%。在撤销的养老组织中，养老公共管理行业养老组织的撤销比重最高，约占同行业总量的 2%，其他行业养老组织的撤销比重均低于 2%。

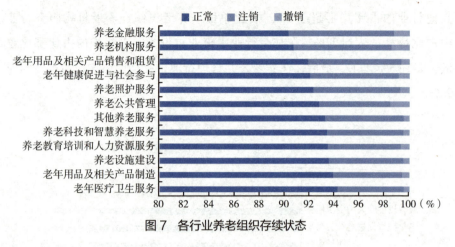

图7　各行业养老组织存续状态

三　养老产业的空间分布

（一）养老组织总体分布

总的来说，华东地区的养老产业发展较快，西北地区发展相对滞后。从图8可知，在组织数量分布方面，华东地区养老组织数量最多，约为10.5万家；西南地区、华南地区、华中地区、华北地区、东北地区组织数量相对偏少，均不足4.5万家；西北地区组织数量最少，总量约为1.9万家。此外，在每万人组织数量方面，地区差异也比较大。华东地区、东北地区每万人组织数量较大，华中地区、西北地区每万人组织数量较少。可能的原因是，华东地区经济发展水平较高，组织分布更为密集，因而每万人组织数量较多；东北地区尽管经济基础薄弱，但组织数量相对较大，且人口外流，因而每万人组织数量也相对较多；华中地区经济发展水平相对较低，尽管组织数量较多，但人口也多，因而每万人组织数量相对较少；西北地区经济基础薄弱，组织数量最少，因而每万人组织数量相对也较少。

华东地区养老产业注册资金量最高，西北地区注册资金量最低。从图9来看，华东地区注册资金量最高，约为1.6万亿元，华南地区、西南地区、华中地区、华北地区、东北地区注册资金量分别约为1.15万亿元、0.9万亿元、0.8万亿元、0.75万亿元、0.55万亿元；西北地区注册资金量最低，约为0.18万

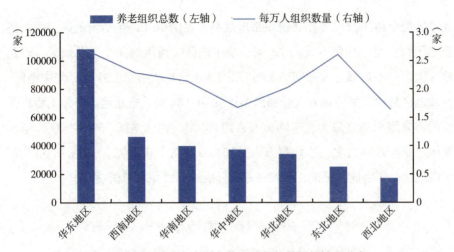

图 8　中国养老组织总数与每万人组织数量的地区分布

亿元。从企业平均注册资金来看，华南地区最高，约为 3000 万元；西北地区最低，约为 1000 万元。

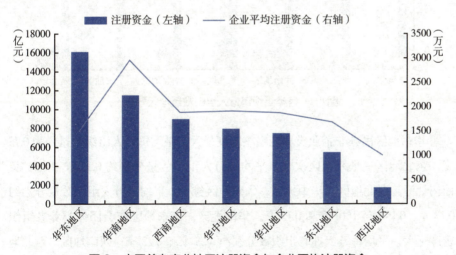

图 9　中国养老产业地区注册资金与企业平均注册资金

（二）养老组织类型空间分布

如果把一个地区每万人拥有的养老组织数量视为该地区人口的养老组织密度，那么总体来说，华南地区的企业和社会团体类养老组织密度最高，东北地区的个体工商户类养老组织密度最高（见图 10）。在华南地区，企业类养老组织密度平均每万人约 1.6 家；华东地区、西南地区、东北地区、华北地区次之，平均每万人分别约 1.45 家、1.4 家、1.38 家和 1.37 家；华中地区、西北地区最少，平均每万人分别约 1.18 家和 0.85 家。东北地区个体工商户性质的养老组织密度最大，平均每万人约 0.4 家；西北地区、西南地区、华北地区、华东地区次之，平均每万人分别约 0.38 家、0.35 家、0.2 家和 0.17 家；华中地区、华南地区最少，平均每万人分别约 0.12 家和 0.03 家。

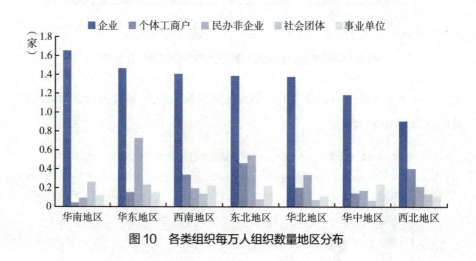

图 10　各类组织每万人组织数量地区分布

华东地区民办非企业类养老组织密度最大，平均每万人组织数量约为 0.75 家；东北地区、华北地区次之，平均每万人组织数量分别约 0.57 家和 0.32 家；西南地区、西北地区、华中地区、华南地区最少，平均每万人组织数量分别约 0.18 家、0.19 家、0.16 家和 0.13 家。华南地区、华东地区社会团体类养老组织密度最大，平均每万人拥有组织数分别约 0.25 家和 0.22 家；西南地区、西北地区次之，平均每万人拥有组织数分别约 0.17 家和 0.16 家；东北地区、华北地区、华中地区最少，平均每万人拥有组织数分别约 0.12 家、0.12 家和 0.11 家。东北地区、西南地区、华中地区事业单位类养老组织密度最大，平均每万人组织数量分别约 0.19 家、0.18 家和 0.18 家；华南地区、华东地区、华北地区、西北地区最少，平均每万人组织数量分别约 0.15 家、0.16 家、0.13 家和 0.13 家。

（三）12个类型养老组织空间分布

总的来说，华东地区、华南地区各类型养老组织的分布密度比较大，而西北地区则比较小（见表1）。以养老照护服务类为例，华东地区每万人平均拥有此类组织2.18家，东北地区2.16家，西南地区1.75家，华南地区1.44家，华北地区1.67家，华中地区1.33家，西北地区1.06家。华东地区平均每万人拥有养老照护服务类组织数量是西北地区的2.06倍。究其原因，华东地区是中国经济最为发达的地区之一，拥有较为完善的基础设施、发达的制造业和服务业，以及较高水平的教育和医疗资源，这些因素都可能促进该地区的养老产业发展，从而使得每万人拥有此类养老组织数量较多。东北地区、西南地区、华北地区、华中地区等区域经济发展处于中间水平，基础设施建设及各类产业发展能力、资源禀赋等偏弱，因而养老产业发展不及华东地区。西北地区基于地理位置、历史原因、资源禀赋等多方面因素，经济发展相对滞后，各项产业的发展也相对滞后，这使得西北地区每万人养老组织数量较少。

表1　12个类型行业平均每万人养老组织数量

单位：家

	东北地区	华东地区	西南地区	华南地区	华北地区	华中地区	西北地区
养老照护服务	2.16	2.18	1.75	1.44	1.67	1.33	1.06
老年健康促进与社会参与	1.27	1.66	1.49	1.65	1.22	0.99	1.09
老年用品及相关产品销售和租赁	0.98	1.23	1.26	1.36	1.15	0.87	0.76
养老机构服务	0.67	0.32	0.22	0.18	0.31	0.28	0.16
其他养老服务	0.63	0.75	0.84	0.83	0.69	0.43	0.41
养老科技和智慧养老服务	0.56	0.74	0.80	1.02	0.65	0.45	0.42
养老设施建设	0.40	0.58	0.45	0.63	0.47	0.34	0.35
养老教育培训和人力资源服务	0.33	0.38	0.48	0.51	0.30	0.25	0.22
老年用品及相关产品制造	0.26	0.26	0.22	0.37	0.19	0.20	0.17
老年医疗卫生服务	0.22	0.22	0.18	0.31	0.14	0.16	0.17
养老金融服务	0.19	0.20	0.11	0.97	0.09	0.10	0.08
养老公共管理	0.07	0.23	0.14	0.25	0.07	0.06	0.13

四 中国养老产业发展存在的问题

（一）养老产业发展增速放缓

2021 年以来，中国养老产业发展总体呈缓慢增长趋势。主要表现为养老组织数量、产业平均资本投入增速放缓。可能的原因有三个。一是市场需求不足。随着人口老龄化程度加深，老年人的数量和比例都在增加，而老年人的购买力和消费需求增长相对较慢，无法支撑养老产业的快速发展。如新冠疫情期间，尽管疫情的不确定性及防疫措施加剧了老年人的健康风险，但多数老年人对养老服务和产品的需求仍相对较低，并选择暂时不使用服务，这也制约了养老产业的发展。二是养老产业投资成本高。养老产业的拓展需要足够的养老机构提供服务，这就需要大量的资金投入，包括建设养老机构、购买医疗设备、培训医护人员等。由于经济不稳定，养老产业投资成本较高、回报周期较长，投资者对养老产业的资金投入比重相对较低。三是政策支持不足。虽然政府已经出台一系列支持养老产业发展的政策，但是政策的执行力度和效果并不理想，并且政府对养老产业的财政支持相对较少，因而养老产业发展动力不足，组织数量及资金投入增速减缓。

（二）养老产业区域发展不均衡

养老产业在中国的发展存在布局不均衡的问题，主要表现为地区发展差异大、区域政策差异明显。一方面，养老产业地区发展差异大。中国不同地区的养老产业发展水平存在显著差异，一些地区的养老产业已经形成较为完善的产业链和产业集群，一些地区则还处于起步阶段，缺乏专业的养老服务机构和设施，无法满足老年人的养老需求。譬如中国东部地区及省会城市养老产业发展水平较高，养老机构分布较为密集、养老产业资金投入比重较高；而中西部地区养老产业发展水平相对较低，每万人拥有的养老机构较少，且集中在省会城市，养老产业资金投入比重较低。另一方面，区域养老政策差异大。政府政策和法规对养老产业的布局产生重大影响，不同地区的养老产业政策存在差异。部分地区出台了支持养老产业发展的政策，为养老产业的发展提供了政策支持和保障；而一些地区则缺乏相应的政策支持，无法有效推动养老产业的发展。譬如中国的东部地区及省会城市提供了更多的政策激励措施，包括税收优惠、土地供应和融资支持等，吸引养老服务组织扎根创业，因而养老产业发展较好。而在中西部地区以及非省会城市，政府政策支持力度较小，养老产业发展缺乏经济基础及制度支持，因而发展缓慢。

（三）多元主体共治仍有待加强

中国养老产业发展中社会团体、个体工商户等多元主体的参与程度不足。养老产业的可持续发展需要协调和规范，需要政府、企业和社会组织合作，确保提供的服务质量高、成本合理，同时保护消费者的权益。虽然养老产业多元主体共治在实践中取得了一定成效，但仍然存在问题。第一，政府在解决兜底保障问题的基础上，鼓励市场参与来解决养老产业发展问题和满足多样化需求，但是相关政策的支持力度有待进一步加大。譬如，疫情期间，个体工商户、企业、民办非企业、社会团体等均存在不同程度的注销比例。这在一定程度上反映了相关养老服务主体的总体抗风险能力较低，相关养老政策支持体系不够健全等问题。第二，各服务主体的市场竞争能力与组织活力差异较大，参与社会治理的程度有明显差异。在部分地区，养老服务产业发展主要依托政府及其下属事业单位，这导致当地养老产业发展规模受限于当地政府财政收入。市场主体积极性未被充分调动，导致当地养老服务供给单一和服务不可持续。

（四）部分产业仍需支持与鼓励

中国养老行业还存在服务内容单一、产业链不健全等问题。一方面，养老服务内容呈现单一化、同质性的总体特征。中国养老产业以养老照护服务、老年健康促进与社会参与类组织为主，其他如养老公共管理、老年医疗卫生服务类组织发展相对滞后。这导致养老产业结构相对单一、缺乏多元化的服务模式和产业形态，没有形成完善的产业链和产业集群。此外，在

服务内容方面，主要集中在日间护理、生活照料等方面，缺乏对老年人康复护理、文化娱乐等方面的关注和服务，同时针对老年人个性化需求的服务相对较少，服务内容较为单一。另一方面，养老服务的产业链和供应链仍有待健全与完善。养老产业覆盖面广，涉及多个领域，不仅能直接促进养老服务、老年用具、老年文化等相关产业的发展，而且对上下游如建筑、机械、家电等行业有显著的带动作用。不过，当前中国养老产业还处于初级发展阶段，各地区的养老服务产业体系还不完善。譬如，中国西北和西南地区，养老科技、养老基础设施建设等仍有待补全和完善。此外，当前养老产业各部门较为独立，联动性不强，上下游企业间更是未能形成带动效应。

五　发展养老产业的政策思考

（一）优化税收财政政策，激发市场有效需求

中国养老产业发展增速放缓，其背后原因是养老产业市场主体发育仍不健全。多数企业和民办非企业难以维持基本的收支平衡和日常运营，阻碍了社会资本对于养老产业的投资。政府应继续完善税收、财政和金融政策，降低养老组织经营成本。通过减免养老组织的所得税、增值税等税费，或者按照一定比例返还税款，降低民营企业的进入门槛与经营成本，鼓励更多的社会资本投入养老产业。根据养老服务的类型、服务对象的数量等因素，给予养老组织一定的资金补贴，帮助其扩大服务规模和提高服务质量。此外，加强金融支持与提高贷款额度，支持鼓励养老产业有序发展。通过加强对居家养老服务企业和养老服务产品供应链上下游企业的信贷支持，鼓励金融机构针对养老服务企业开展质押融资以及小额贷款保险，支持融资担保公司提供融资担保服务，提高中小养老服务企业的融资能力。

此外，还需提升老年人的消费水平与购买能力，激发老年服务市场的有效需求。这就要求政府采取多种举措提升老年居民收入和消费能力，促进"银发经济"和养老产业的发展。一方面，增加老年群体的社会保险总体收

人，适当提升养老金、退休金水平。目前，城乡居民养老保险提供的养老金每月仅百元左右，部分老人还需子女支持以维持基本生活，遑论去购买或消费老年产品。适当提升其社保收入，在一定程度上可以提升老年群体的消费能力，推动老年市场逐步形成。另一方面，定向发放产品消费券，降低老年人消费门槛。市场上专供老年人的产品价格仍然较高，老年群体生活较为节俭，较少在市场上购买性价比低的老年产品。各地政府可根据实际情况，通过补贴食品餐饮、照顾护理等行业企业，降低老年人购买门槛，刺激老年人的消费需求。

（二）统筹地区均衡发展，分类逐步建立普惠养老体系

养老服务产业的发展需要注重各区域均衡发展，通过合理配置养老服务资源，促进养老服务产业协同发展。建议政府统筹规划，制定相应的政策，鼓励和支持各类主体参与普惠性养老事业的发展，促进区域养老事业与产业协调发展。然而养老产业发展的基础有赖于所在区域的经济社会状况，各级政府应当因地制宜地选择渐进式的变革路径。针对经济相对发达的地区，政府应推动改革创新和新旧动能转换。东部地区或省会城市已经具备较强大的经济基础和创新能力，可以进一步推动养老产业服务模式创新和新旧动能转换，加快产业升级和转型，提升养老服务的质量和效益。经济较发达地区可以加强与其他地区的合作，实现资源共享、优势互补，推动区域一体化发展，提高整个区域的综合竞争力。

针对欠发达地区的养老产业发展，可以采取加大扶持力度、加强基础设施建设和发展特色养老产业等举措。经济欠发达地区产业发展较为缓慢，重点困难群体更加庞大，因而应当通过更加优惠的政策安排，鼓励和支持欠发达地区加快发展，同时加强对这些地区的资金支持和技术援助，帮助其提高自身发展能力。经济欠发达地区基础设施薄弱，需要加大基础设施建设力度，特别是交通、通信、水利等基础设施，提高地区的发展条件和竞争力。经济欠发达地区可以结合自身的资源优势和市场需求，推动特色养老产业的发展，打造具有区域特色的产业品牌，提高地区的产业竞争力和附加值。如政府可

以建立农村养老服务站，将失去劳动能力的老年人纳入家庭养老覆盖范围，低偿或部分无偿地为居家养老人员提供基本生活保障服务，为养老产业发展拓展空间。

（三）鼓励多元主体共同参与养老产业发展

鼓励多元主体共同参与养老产业发展是促进养老服务体系建设的有效途径。健全完善激励和监督机制，构建养老产业领域多元主体协同治理机制。一是积极构建养老服务合作平台，建立政府、市场和社会多元主体联动机制。政府应发挥主导作用，搭建养老服务合作平台，促进政府、市场和社会多元主体之间的合作与交流。通过出台相关政策、建立联席制度等方式，为多元主体参与养老产业提供政策支持和制度保障。二是营造良好的营商环境，建立养老服务公平市场。政府应建立健全公平竞争机制，为各类市场主体提供平等的竞争环境，保障民营养老服务机构与公立养老服务机构处于公平竞争的市场环境中，建立养老服务信息公开制度，及时向社会公布相关政策、法规和标准等信息，提升市场的透明度和公平性。定期发布养老服务机构的运营情况、服务质量等信息。引导养老服务行业协会和其他社会组织加强行业自律和标准化建设，制定行业标准和规范，提高市场的规范化和有序化程度。

（四）出台配套政策鼓励产业多元发展

多样化的产业结构和服务内容是推动养老产业多元发展的基础；各类养老组织形成联动效应是提高养老服务质量和效率、优化资源配置、推动养老产业健康发展的必然要求。政府应优化产业结构布局，推动养老服务多元化发展。政府应制定产业发展规划，明确产业发展的目标和方向。采取设立专项资金、提供补贴等方式，为养老服务企业和机构提供资金支持，推动产业发展及转型升级。出台配套措施，丰富和拓展养老服务供给。通过政策支持引导社会资本进入养老服务领域，推动养老服务的专业化、精细化和差异化发展，提供更加丰富、多元化、个性化的养老服务产品。如提供日常生活照料、医疗保健、康复护理、精神慰藉、文化娱乐等服务，满足老年人多样化的养老需求，提高养老服务的质量。

促进养老产业与其他相关产业的融合与协同发展。政府出台配套措施有利于推动养老产业向更高层次、更宽领域拓展，提高养老服务的效率。搭建养老产业与相关产业的合作平台，促进企业之间的交流与合作，推动技术创新、合作模式创新以及产品和服务创新。鼓励和支持养老产业与相关产业进行跨行业对话与交流，提高从业人员的专业素质和服务能力，促进人才在不同产业之间流动。制定针对养老产业与其他相关产业融合发展的政策支持措施，如财政补贴、税收优惠等，以鼓励养老组织开展跨产业合作和创新。优化产业布局，促进各类产业协同联动。政府可以促进养老产业与其他相关产业的融合发展，形成更加完善的养老服务产业链。譬如，鼓励养老产业与医疗保健、康复护理、旅游等产业的融合发展，这不仅有利于满足老年人的多样化需求，提高养老服务的质量和效率，还可以将养老产业与地方经济发展体系相融合，为地方经济发展作出贡献。

参考文献

董克用、王振振、张栋：《中国人口老龄化与养老体系建设》，《经济社会体制比较》2020 年第 1 期。

廖喜生、李扬萩、李彦章：《基于产业链整合理论的智慧养老产业优化路径研究》，《中国软科学》2019 年第 4 期。

杨立雄、余舟：《养老服务产业：概念界定与理论构建》，《湖湘论坛》2019 年第 1 期。

郑志刚、陆杰华：《中国语境下老龄事业和老龄产业相关概念的关系界定》，《老龄科学研究》2017 年第 1 期。

付诚、韩佳均：《我国养老服务产业化发展的现实困境与改进策略》，《经济纵横》2015 年第 12 期。

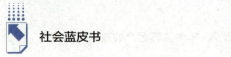

刘昌平、殷宝明:《发展养老产业 助推老龄经济》,《学习与实践》2011 年第 5 期。

田香兰:《养老事业与养老产业的比较研究——以日本养老事业与养老产业为例》,《天津大学学报》(社会科学版) 2010 年第 1 期。

2023 年中国乡村振兴推进报告

吴惠芳[*]

摘　要： 2023 年是全面贯彻落实党的二十大精神的开局之年，乡村振兴工作大踏步前进。乡村振兴政策体系不断完善，政策结构不断优化。在产业发展方面，粮食安全得到保证，产业融合发展趋势增强，脱贫地区农民持续增收，农业生产领域的科技创新能力不断提高；在乡村建设方面，生态宜居的美丽乡村建设持续推进，乡村基础设施不断完善，基本公共服务水平有效提升，农村开始向数字化转型；在乡村治理方面，基层党组织发挥了战斗堡垒的作用，信息技术成为完善农村社会治理的重要方式，乡村治理的有效性得到提升。但是，乡村振兴工作还面临人才难留、照搬经验、内生动力较弱和农业绿色发展不充分的问题，建议从加大人才政策支持力度、鼓励乡村多样化发展、引导农民思想转变与提高科学技术创新水平等方面加以解决。

关键词： 乡村振兴　产业繁荣　乡村建设　社会治理

2023 年是全面贯彻落实党的二十大精神的开局之年，也是加快建设农业强国的起步之年。乡村振兴战略实施六年来，各级党组织、乡村振兴部门以习近平新时代中国特色社会主义思想为指引，深入贯彻落实习近平总书记对"三农"工作的重要论述，构建新发展格局、推动农业农村高质量发展。六年

---

* 吴惠芳，中国农业大学人文与发展学院教授。

来，党和国家不断加强对"三农"工作的领导，坚持农业农村优先发展、城乡融合发展的理念，扎实推进乡村发展、乡村建设、乡村治理等重点任务，加快宜居宜业和美乡村建设。在农业产业结构优化、农民增收、乡村基础设施建设、乡村治理水平提升等方面取得了一系列可喜成效，开创了乡村振兴的新局面。

一 政策制度不断完善，做好乡村振兴的顶层设计

《中共中央 国务院关于全面推进乡村振兴加快农业农村现代化的意见》中指出，"把全面推进乡村振兴作为实现中华民族伟大复兴的一项重大任务，举全党全社会之力加快农业农村现代化，让广大农民过上更加美好的生活"。为了实现这一目标，在过去的一年中，党和政府做好顶层设计，出台了一系列政策法规来保障和改善民生，力求提升人民生活质量、改善群众福祉，在乡村振兴战略推进过程中发挥了重要作用。

（一）乡村振兴政策体系不断完善

2022 年 10 月至 2023 年 10 月，中共中央、国务院及各部门至少出台了 67 项与乡村振兴战略相关的政策、法规与通知。已出台的政策法规具有两方面的特点。第一，政策主题丰富、结构完善，既有全局性、总领性的统筹规划，如《乡村振兴责任制实施办法》等，也有具体的、细致的指导意见，如《关于加快推动农村应急广播主动发布终端建设的通知》等；第二，多部门联合发文占比较高，共有 37 项政策法规由两个及以上部门联合出台，表明乡村振兴工作是一项系统性工程，需要多部门通力合作、共谋共促。

（二）资金投入力度持续加大，金融服务水平提升

《乡村振兴战略规划（2018—2022 年)》印发后，金融机构服务乡村振兴的积极性逐渐提升，涉农贷款余额同比增速持续保持上行趋势，农业保险普及率不断提升。

2023 年 10 月，中国经济信息社和中国农业银行联合发布了《金融服务乡村振兴指数报告（2023）》，围绕政策助推、基础支撑、产品服务和服务效果问题，阐述了金融在乡村振兴领域的服务成效。2014~2022年，五类乡村振兴债券融资工具累计发行 3610.66 亿元、支持了 209 家发行主体，为乡村振兴提供了资金动力。2023 年 4 月中国农业银行发布的《2022 年绿色金融发展报告》显示，截至 2022 年末，县域绿色信贷业务余额超 1 万亿元，占全部绿色信贷业务余额的 40% 以上；县域贷款余额 7.33 万亿元，较上年末增长 1.11 万亿元。粮食重点领域贷款余额 2359亿元，增速达到 22.5%。其中，种业相关领域贷款余额 282 亿元，增速为 81.7%。[①] 中国人民银行也发布了截至 2023 年第三季度末的涉农贷款情况（见图 1），2023 年第三季度本外币涉农贷款余额 55.8 万亿元，同比增长 15.1%。2023 年三季度末，农村（县及以下）贷款余额 46.6 万亿元，同比增长 15.4%；前三季度增加 5.66 万亿元，同比多增 1.28 万亿元。农业贷款余额 5.8 万亿元，同比增长 14.6%；前三季度增加 7112 亿元，同比多增 2077 亿元。

此外，国家高度重视农业保险，各级政府大力支持农业保险高质量发展，我国已成为世界第一大农业保险市场。最新数据显示，2022 年我国农业保险保费收入达 1219 亿元，同比增长约 25%。2023 年上半年，农业保险实现保费收入 1000 亿元，同比增长 22.85%。[②]

（三）人才队伍建设水平持续提升

2021 年 2 月，中共中央办公厅、国务院办公厅印发《关于加快推进乡村人才振兴的意见》（以下简称《意见》），将乡村人才振兴的工作重点聚焦于农业生产经营、农村二三产业发展、乡村公共服务、乡村治理和农业农村科

---

① 《2022 年绿色金融发展报告》，中国农业银行网站，2023 年 4 月 3 日，https://www.abchina.com/cn/AboutABC/Green_finance/GF_report/202304/t20230403_2257425.htm。

② 《2022 年保费突破千亿元 农业保险产品与服务模式创新正酣》，中国经济网，2023 年 2 月 4 日，http://finance.ce.cn/insurance1/scrollnews/202302/04/t20230204_38375762.shtml。

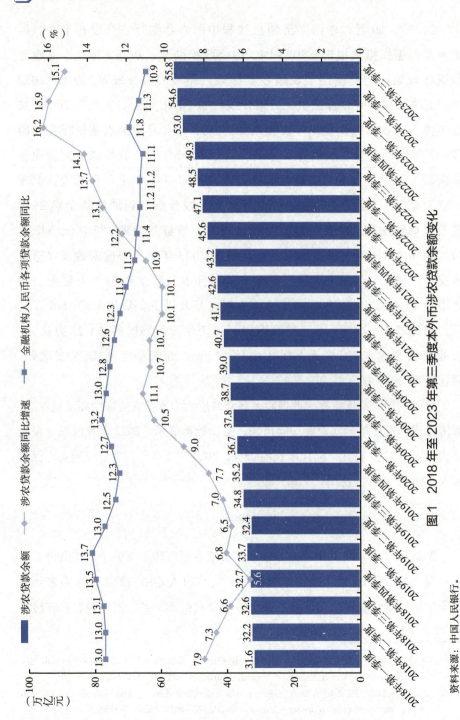

图 1　2018 年至 2023 年第三季度本外币涉农贷款余额变化

资料来源：中国人民银行。

技这五类缺口型人才培养，为"三农"人才培养工作明确了基本方向。同时，《意见》还强调要充分发挥高校等主体在"三农"人才培养中的作用，提出完善高等教育人才培养体系，加快发展面向农村的职业教育。《意见》进一步提出完善乡村人才培养制度，强调推动职业院校涉农专业和特色工艺班建设，以定向培养方式精准对接基层单位和用工企业；支持高校与各级政府有关部门加强人才培养合作，鼓励"订单式"培养"三农"人才。在乡村人才振兴有关政策支持下，有关高校积极主动作为，承担起服务"三农"人才培养的重任。例如，北京师范大学着眼于服务中西部欠发达地区尤其是脱贫县乡村的教师队伍建设，以实施"强师工程"为牵引，推动落实"优师计划""起航计划"等教育人才培养计划，为中西部欠发达地区教育质量提升培育中坚力量。

二 乡村产业持续繁荣

乡村振兴的重中之重是产业振兴，只有保证农民有业可为、有充足的就业机会，农民才能有获得感、幸福感、满足感。过去的一年，乡村振兴产业发展方面取得了一定成效，表现为粮食产量持续增收、主要农产品供应稳定、农业机械化绿色化数字化水平提高、一二三产融合发展程度不断提升、脱贫地区农民稳定增收。2022 年全国规模以上农产品加工企业营业收入超过 19 万亿元，农产品加工业产值与农业总产值之比达到 2.52∶1。休闲农业营业收入超过 7000 亿元，农产品网络零售额超过 5300 亿元。[①]

（一）主粮稳定增收，重要农产品供给稳定

近三年在疫情、乌克兰危机的影响下，在国际粮食市场价格大幅上涨、

[①] 《农业农村部：2022 年全国规模以上农产品加工企业营业收入超过 19 万亿元》，中国新闻网，2023 年 10 月 23 日，https://www.chinanews.com.cn/cj/2023/10-23/10098912.shtml。

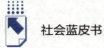

高位波动的背景下，国内粮价保持了基本稳定。2022 年全年粮食再获丰收，粮食供给保障能力稳步提升（见图 2）。粮食产量连续 9 年保持在 1.3 万亿斤以上。油菜籽面积、产量实现"双增"，花生、油葵等其他油料作物也呈稳产态势（见图 3）。"菜篮子"产品供应充足，市场运行总体平稳。前三季度，猪肉产量 4301 万吨，同比增长 3.6%；牛羊禽肉产量 2673 万吨，增长 4.4%；禽蛋产量 2552 万吨，增长 2.1%；牛奶产量 2904 万吨，增长 7.2%；国内水产品产量 4733.6 万吨，增长 4.8%。蔬菜水果供给增加，仅 10 月上旬全国蔬菜在田面积 1 亿多亩，同比增加 140 多万亩。蔬菜产量从 2018 年的 70346.72 万吨增长到 2022 年的 79997.22 万吨。农村电商发展加快，大数据监测显示，"6·18"期间农村地区网上零售额的增速快于全部网上零售额的增速。①

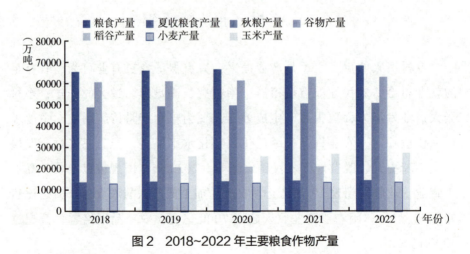

图 2　2018~2022 年主要粮食作物产量

资料来源：国家统计局。

---

① 《国家统计局新闻发言人就 2023 年上半年国民经济运行情况答记者问》，国家统计局官网，2023 年 7 月 17 日。

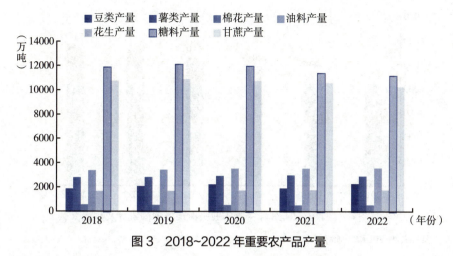

图3　2018~2022 年重要农产品产量

资料来源：国家统计局。

（二）农业机械化、绿色化、数字化水平稳步提升

2023 年，中共中央、国务院出台《关于做好 2023 年全面推进乡村振兴重点工作的意见》，指出要加快先进农机研发推广，加紧研发大型智能农机装备、丘陵山区适用小型机械和园艺机械，支持北斗智能监测终端及辅助驾驶系统集成应用。

我国农业机械市场规模不断扩大，农机保有量不断增长。2023 年，我国农业机械市场规模有望达到 5857 亿元（见图4），近五年平均年增长率达到 8.4%，农业机械的智能化、自动化、多功能水平获得大幅提升。进入新时代十年来，我国农业机械装备实现跨越式发展，能生产 4000 多种农机产品，满足国内 90% 的市场需求。北斗导航大马力拖拉机、乘坐式插秧机、自走式玉米联合收获机等高性能新农机广泛应用，数字技术与现代农机深度融合，农业生产更精准、更高效，其中植保无人驾驶航空器总量超过 13 万台。农业机械的应用不仅在传统的播种、灌溉、农药喷洒、施肥方面继续发挥出色，在病虫害监测、土壤质量监测、植被生长状况监测等方面也有突出表现。

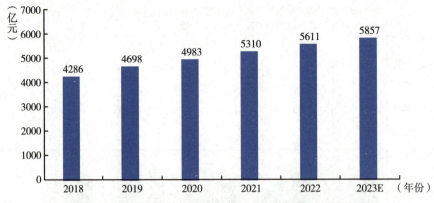

图4 2018~2023年中国农业机械市场规模统计及预测

资料来源：中国农业农村部。

2023年，《中国农业绿色发展报告（2022）》发布，报告显示，2021年全国农业绿色发展指数为77.53，较上一年提高0.62，比2015年提高2.34。全国高标准农田建设数量超过1亿亩，并对505处大中型灌区进行了现代化改造，新增恢复和改善灌溉面积达3370万亩，有效提高了粮食和重要农产品的综合生产能力。截至2021年底，全国农用化肥施用量（折纯量）为5191万吨，连续6年下降；农药使用量（折百量）为24.83万吨，其中微毒、低毒和中毒农药用量占比超过99%；全国三大粮食作物统防统治覆盖率达42.4%，主要农作物绿色防控覆盖率达46%，农药包装废弃物回收率达58.6%；全国农作物秸秆综合利用率达88.1%，比2020年提高0.5个百分点，畜禽粪污综合利用率超过76%，农膜回收率稳定在80%以上。①

全国农业绿色产品供给能力稳步提升。截至2022年底，全国绿色食品、有机农产品有效用标单位总数27246家，产品总数60254个，同比分别增长10%、8.3%；建成绿色食品原料标准化生产基地748个，总面积超过1.68亿亩，带动近2030万农户发展，建成有机农产品基地102个、绿色食品（有机农业）

① 中国农业绿色发展研究会、中国农业科学院农业资源与农业区划研究所编著《中国农业绿色发展报告（2022）》，中国农业出版社，2023。

一二三产融合发展园区 41 个。名特优新农产品数量快速增长，2022 年登录全国名特优新农产品 1012 个，累计登录产品 3234 个；纳入名录管理的生产经营主体 2971 家，累计 9083 家。[①]

（三）脱贫地区特色产业稳定增收

收入是衡量居民生活水平最核心、最基础的指标。在过去的三年里，各地区各部门认真贯彻落实中央决策部署，扎实推进各项工作，取得了显著成效。中央财政衔接推进乡村振兴补助资金用于产业发展比重已达到 60%。就业帮扶任务超额完成。全国脱贫劳动力（含防止返贫监测对象）务工规模 3297 万人，超过年度目标任务 277.8 万人。东西部协作和社会帮扶深入开展。据调查，截至 2021 年底，全国脱贫人口纯收入 12550 元，同比增长 16.9%，脱贫地区农村居民人均可支配收入 14051 元，同比增长 11.6%，高于全国农村居民人均可支配收入 10% 的增速。[②]

收入增加的背后是脱贫地区乡村产业的繁荣发展。四川省聚焦重点区域、重点人群、重点领域，扎实推进巩固拓展脱贫攻坚成果同乡村振兴有效衔接。2022 年，全省脱贫户家庭人均纯收入为 12361 元，增长 14%，比全省农村居民人均可支配收入增速高出 8 个百分点。例如四川阿坝藏族羌族自治州小金县，依托本地苹果种植历史建立共享农庄，深度融合农旅产业，打造农村生产生活生态"三生互动"、一二三产业"三产融合"、农业文化旅游"三位一体"的"小金苹果共享农庄"新型产业模式，带动周边群众致富。截至 2023 年 7 月，已带动群众实现劳务收入 28 万元，村集体和农户保底收益 140 万元，已经初步形成"保底收益＋利润分红＋劳务收入"的利益联结机制。[③]

---

① 中国农业绿色发展研究会、中国农业科学院农业资源与农业区划研究所编著《中国农业绿色发展报告（2022）》，中国农业出版社，2023。

② 《国务院新闻办就 2023 年前三季度农业农村经济运行情况举行发布会》，国务院新闻办，2023 年 10 月 23 日，https://www.gov.cn/lianbo/fabu/202310/content_6911096.htm。

③ 《央媒看四川丨四川加快脱贫地区发展 确保脱贫群众收入稳定增长》，四川观察，2023 年 7 月 12 日，https://baijiahao.baidu.com/s?id=1771186702864459717&wfr=spider&for=pc。

（四）一二三产融合发展趋势增强

乡村振兴的重要目标之一是实现农业农村现代化，三产融合是实现该目标的关键。党的十九届五中全会通过的《中共中央关于制定国民经济和社会发展第十四个五年规划和二〇三五年远景目标的建议》强调，"推动农村一二三产融合发展，丰富乡村经济业态，拓展农民增收空间"，以此助力"优先发展农业农村，全面推进乡村振兴"。在推进一二三产融合方面，多地不断进行创新实践，走出了适合当地特点的产业融合道路。

例如，广西壮族自治区田东县国家农村产业融合发展（芒果）示范园，形成了集规模示范种植、果品加工销售和生态休闲观光、特色农业旅游等多种功能于一体的农业园区，打造了体验式农业观光休闲综合体项目。园区以芒果种植、加工、销售及旅游开发为主的产业链条已经初步形成，带动全县30万亩芒果种植逐步走上标准化、规模化和科技化的发展轨道。在加工方面，与香港巨人园、深圳从玉集团等农产品加工企业合作，延伸芒果加工产业链、提升价值链。在服务业方面，承办芒果国际性展会、学术论坛、展品推介会，开展"芒果嘉年华"活动。坚持园区建设、企业发展、农民得利的原则，强化农民利益联结机制，引导入园企业实行"公司（合作社）+基地+农户"、"保底+分红"、"土地流转+返聘务工"、土地入股、经营权拍卖等模式，使农民实现土地流转金、薪金、股金、房屋租金、养老保险金"五金"收入。

三 生态宜居的美丽乡村建设持续推进

党的二十大报告提出，统筹乡村基础设施和公共服务布局，建设宜居宜业和美乡村。宜居，就是指农村的基础设施、人居环境、公共服务、社会保障水平逐渐与城市相匹配。宜业，指产业设施完善，农民的创业就业环境良好。在过去的一年里，农村居民收入水平持续提升，农村人居环境整治行动取得了一定成效，乡村基本公共服务水平得到有效提升。

（一）农村人居环境整治行动稳定推进

党的十九大以来，党中央、国务院部署实施《农村人居环境整治三年行动方案》，取得了显著成效。截至 2020 年底，三年行动方案目标任务全面完成，农村人居环境得到明显改善，农村长期存在的脏乱差局面得到扭转，村庄环境基本实现干净整洁有序，农民群众环境卫生观念发生可喜变化、生活质量普遍提高，为全面建成小康社会提供了有力支撑。为接续推进新发展阶段农村人居环境整治提升，中央农村工作领导小组办公室、国家发展改革委、农业农村部、国家乡村振兴局会同生态环境部等有关部门编制了《农村人居环境整治提升五年行动方案（2021—2025年）》，指导各地编制乡村建设任务清单，完善县级乡村建设项目库，改善基础设施条件、提升公共服务水平。安徽省南陵县近年来大力推进厕所革命，卫生厕所普及率达到 97%，农村人居环境得到有效改善。该县创新打造"11422"长效管护新模式，将户厕管护列入"十四五"期间农村厕所革命重点内容。主要做法包括明确责任、确保质量、强化日常监督、严格后续管理，确保厕所改造符合乡村建设标准，让群众满意。例如，在确保质量方面，该县 2020 年开始统筹省、市、县三级资金，将厕所改造补助资金从 1700 元／户增加到 2022 年的 2900 元／户，采用并推广砖砌式＋便携式可调节盖板，保证日常使用的安全方便。在验收时，邀请村干部参与见证，农户签字确认，做到共建共治共享。在后续管理方面，开展"11422"模式，即围绕 1 个户厕管护总目标、设立 1 个中心服务总站、设东西南北 4 个分站、建立维护和清掏 2 支队伍、形成镇村 2 级监管的后续管理模式。

（二）乡村基础设施不断完善

乡村振兴战略实施过程中一项重要的内容是加强农村公共基础设施建设，实现村庄之间、村城之间的统筹协调发展。完善农村公共基础设施是提升农村居民幸福感、获得感的重要方式，农民群众是这项工程

的参与者和受益者，因此也应是其成效的评判者。在过去的一年中，我国农村基础设施建设在交通、水利、电网、物流配送等方面取得了一定成绩。

1. 农村道路实现基本畅通

交通在脱贫攻坚过程中发挥了基础性的支撑作用，同时也是实现乡村振兴的重要内容。为此，中共中央制定了一系列五年规划、三年行动计划、实施方案、年度计划，完善农村交通网络。2012~2020年，推动全国新建、改建农村公路约235.7万公里，总里程达到438万公里。[①] 截至2022年底，全国高速铁路总里程超过4万公里，农村公路总里程从2011年底的356.5万公里增加到2022年底的453.14万公里，解决了1040个乡镇、10.5万个建制村通硬化路难题，新增5万余个建制村通客车。[②]

有调查数据显示，截至2021年，所调查的行政村和自然村道路硬化比例分别达到了98.0%和95.1%，西部地区这两项指标分别达到83.0%和74.0%，中部地区这两项指标均达到了100.0%，中部和东部地区具备条件的建制村全部实现通客运车。

2. 生产生活用水得到全面保障

2022年，农村水利水电行业全面落实习近平总书记"十六字"治水思路和治水工作重要论述，坚决执行党中央、国务院决策部署，落实水利高质量发展要求，聚焦稳经济保民生，紧盯抗旱保饮水保灌溉。2022年，全国农村水利累计下达投资410.77亿元（其中中央投资230.69亿元，地方投资180.08亿元）（见表1）。中央投资按照资金来源分，中央预算内投资130亿元，水利发展资金100.69亿元。[③]

---

① 交通运输部科学研究院：《中国可持续交通发展报告》，2021年12月14日。
② 《寻找最美自驾精品线路 "行在乡村 游在路上"主题活动昭通启动》，中华人民共和国交通运输部网站，2023年11月1日，https://www.mot.gov.cn/jiaotongyaowen/202310/t20231031_3938896.html。
③ 水利部农村水利水电司：《2022年农村水利水电工作年度报告》，2023年2月。

表 1　2022 年农村水利投资计划下达情况

单位：亿元

序号	项目	中央投资		地方投资	合计
		中央预算内投资	水利发展资金		
1	新建大型灌区	59.98		106.91	166.89
2	大型灌区续建配套与现代化改造	70.02		24.81	94.83
3	中型灌区续建配套与节水改造		70.00	34.18	104.18
4	农村供水工程维修养护		30.69	14.18	44.87
	总计	130.00	100.69	180.08	410.77

农村供水保障水平稳步提升，全年累计排查并推动解决 393 万农村人口供水不稳定问题，提升了 8791 万农村人口供水保障水平（见图 5），维修养护农村供水工程 11.5 万处，完成 2286 处规模化供水工程、13.3 万千米村级以上管网的建设改造，全国农村自来水普及率达到 87%，规模化供水工程覆盖农村人口比例达到 56%。[①]

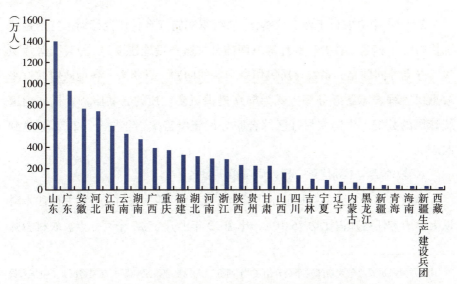

图 5　2022 年全国提升农村供水保障水平受益人口情况

资料来源：国家统计局。

[①]　水利部农村水利水电司：《2022 年农村水利水电工作年度报告》，2023 年 2 月。

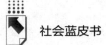

3. 农村物流配送体系逐步健全

物流配送体系是连接城市和农村之间生产、消费的重要纽带。2022 年，国务院办公厅印发的《"十四五"现代物流发展规划》中指出，要健全县、乡、村三级物流配送体系，保证工业产业下乡和农产品进城渠道畅通，促进农村居民生产、生活、消费提升。近年来，商务部联合多部门大力推进农村物流配送体系建设，建立电子商务进村示范点，累计支持 1489 个县建立县级电商公共服务中心和物流配送中心超过 2600 个，村级电商物流服务站点 15.3 万个，推动各地加快完善农村现代商贸流通体系。借助农村公路运输体系的完善，截至 2022 年底，我国位于农村地区的快递服务营业点达到了 7.6 万处，邮政在农村地区的配送投递路线突破 10 万条，总里程达到了 414.7 万公里。[1]

另外，2023 年 1~9 月，农村宽带接入用户为 18648 万户，比上年末净增 1016 万户，比上年同期增长 10%。[2]

（三）基本公共服务持续推进

2023 年中央农村工作会议提出，"组织实施好乡村建设行动，特别是要加快防疫、养老、教育、医疗等方面的公共服务设施建设"。教育、医疗卫生、养老等问题是关系农村居民切身利益的问题，近年来，各地政府通过采取惠民工程、志愿服务等方式为群众提供更多优质的公共服务。根据国家统计局的数据，中国农村社区综合服务设施覆盖率逐年提升，2022 年达到 84.6%。

1. 教师结构不断优化，教育质量稳步提高

从教育部收集到的数据显示，截至 2022 年，我国农村义务教育阶段本科以上学历专任教师占比达 76.01%，比 2012 年上升 35.29 个百分点。农村教师

① 《国家发展改革委新闻发布会介绍〈"十四五"现代物流发展规划〉有关情况》，中华人民共和国国家发展和改革委员会网站，2022 年 12 月 29 日，https://www.ndrc.gov.cn/xwdt/wszb/xdwlfzgh/wzsl/202212/t20221229_1344535.html。

② 《2023 年 1~9 月通信业主要指标完成情况（二）》，中华人民共和国工业和信息化部网站，2023 年 10 月 20 日，https://www.miit.gov.cn/gxsj/tjfx/txy/art/2023/art_90d411f7bf7a41f68bd68977074eb998.html。

整体学历和能力水平持续提升，教师结构不断优化，教育质量稳步提高。农村义务教育阶段学校教师特设岗位计划实施以来，累计有 109.5 万名高校毕业生赴中西部农村学校任教，其中本科以上学历占比达 84.8%。同时，从东部地区、城市学校选派优秀校长和教师帮扶中西部农村学校，有效缓解了欠发达地区优秀教师不足等问题。①

2. 农村医疗卫生事业稳步推进

截至 2021 年，农村每千人卫生技术员提高到 6.27 人，执业（助理）医师、注册护士的数量也逐年增加，乡村医疗资源及医疗服务水平稳步提升。截至 2022 年底，全国 48.9 万个行政村共设 58.8 万个卫生室，工作人员 136.7 万人。其中，执业（助理）医师和持乡村医生证的人员 114.1 万人，注册护士 20.4 万人，卫生员 1.8 万人。村卫生室建设持续优化。2023 年，基本公共卫生服务人均补助标准从 2009 年的 15 元增加到 89 元，村卫生室基本药物制度资金从 2019 年的 21.1 亿元增加到 34.3 亿元，财政对村医的保障力度进一步加大。②

3. 养老保险参与人数不断增加，农村低收入者补助水平提升

截至 2022 年底，中国城乡居民社会养老保险参与人数为 54952 万人，呈现逐年增加的趋势。在社会救助方面，截至 2022 年底，全国共有城市低保对象 423.8 万户 682.4 万人，农村低保对象 1896.7 万户 3349.6 万人（见图 6）。全国农村低保平均保障标准每人每月 582.1 元，比上年增长 9.8%，全年支出农村低保资金 1463.6 亿元。③

---

① 《农村义务教育本科以上学历专任教师达 76.01%》，《人民日报》2023 年 4 月 10 日，http://gx.people.com.cn/n2/2023/0410/c229247-40370257.html。
② 《关于政协第十四届全国委员会第一次会议第 01376 号（医疗卫生类 110 号）提案答复的函》，中华人民共和国国家卫生健康委员会网站，2023 年 10 月 8 日，http://www.nhc.gov.cn/wjw/tia/202310/01795dfaa5494c40937918b7eeb3b401.shtml。
③ 《2022 年民政事业发展统计公报》，中华人民共和国民政部网站，2023 年 10 月 13 日，https://www.mca.gov.cn/n156/n2679/c1662004999979995221/attr/306352.pdf。

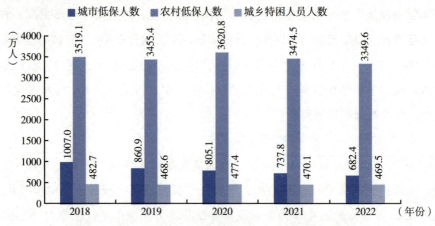

图6 2018~2022 年城乡低保对象、城乡特困人员情况

资料来源：国家统计局。

（四）农村数字化转型持续深化

在互联网的加持下，我国的数字化转型逐步深化，呈现三个特征：第一，互联网基础设施建设水平提升；第二，数字技术与农业生产不断融合，在农业生产领域应用愈加广泛；第三，农村电商繁荣发展，城乡之间的消费循环被打通。截至 2022 年 6 月，我国城镇地区互联网普及率为 82.9%；农村地区互联网普及率为 58.8%（见图 7）。① 农村网民数量比上年增加 1039 万，达到 2.93 亿，占中国网民总体数量的 27.9%。

截至 2021 年底，农村广播节目综合人口覆盖率为 99.26%，农村地区有线广播电视实际用户数为 6719 万户，农村有线广播电视实际用户数占农村家庭总户数的比重为 33.11%。②

---

① 《我国网民规模达 10.51 亿 互联网普及率 74.4%》，中国新闻网，2022 年 8 月 31 日，https://baijiahao.baidu.com/s?id=1742639659561343410&wfr=spider&for=pc。

② 《2021 年广电行业公报：有线电视实际用户下降 1.45%，收入下降 2.96%》，广电网，2022 年 4 月 25 日，http://www.dvbcn.com/p/131348.html。

图7 2017 年 12 月至 2022 年 6 月中国城乡地区互联网普及率

资料来源：前瞻产业研究院。

四 乡村社会治理水平不断提升

党的十九大报告强调，要"加强农村基层基础工作，健全自治、法治、德治相结合的乡村治理体系"。2023 年中央一号文件对完善乡村治理体系提出了进一步要求，根本目的在于提高乡村治理水平、维护农村社会稳定、促进农业农村发展、保障乡村振兴战略的实施质量。在过去一个阶段，我国在乡村治理方面取得了一定成效，主要表现有三：一是基层党组织在乡村治理体系中发挥了重要作用；二是乡村治理方式不断创新和治理能力得到提升；三是乡村治理更具有科学性和规范性。

（一）基层党组织在乡村治理中发挥了重要作用

随着乡村振兴战略的提出，党的全面领导在农村治理中的地位和作用得到了明确提升。2023 年中央一号文件对于如何加强党对农村工作的全面领导做了重点部署，不断健全党领导农村工作的组织体系、制度体系、工作机制。在过去的一年里，各地通过多种举措贯彻落实习近平总书记关于乡村振兴的重要指示，按照《乡村振兴责任制实施办法》的要求，压实省、市、县、乡

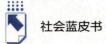

各级责任，坚持五级书记抓乡村振兴，将以抓党建促进乡村振兴作为市、县、乡党委书记述职评议考核的重要内容之一。党的全面领导的强化不仅是为了当前乡村振兴的推进，更是为了构建现代化乡村治理体系、推动乡村社会治理水平不断提升。

基层党组织作为党组织在社会基层组织中的战斗堡垒，也是联系群众的重要纽带，更是乡村振兴相关理论、路线、方针政策的直接执行者，在实践中如何开展工作直接影响到党组织在基层的凝聚力、影响力和战斗力。河北省遵化市经过多年探索，走出了"党建引领＋富民产业＋生态旅游"的发展模式。沙石峪村党支部提出了发展红色教育、红色旅游、绿色生态的"两红一绿"发展理念，将发展重点聚焦到农业增收上，带领全村群众利用特有的自然条件推行葡萄规模化种植，积极开发乡村旅游，培育农家乐和精品民宿，帮助农民增收1100多万元。山里各庄村党支部则将打造一个作风优良、干部优秀、服务优质的"三优"乡村振兴战斗堡垒作为首要任务，通过不断完善乡村基础设施、开展农村环境整治行动，将原本"脏乱差"的村庄打造为群众生活的美丽宜居乡村。同时，提出"村企共建、产业富民"的思路，将农产品加工、乡村旅游产业与种植业相结合，整合土地、自然、人力资源优势，建设庄园综合体、文化体验街区、现代农业观光采摘综合体，举办各种音乐节、冰雪节活动以吸引游客，村民实现了收入提升、环境优美、居有所业。

（二）农村社会治理方式不断创新

在乡村振兴的大背景下，农村社会治理方式正在经历深刻的变革和创新。为了适应社会经济发展、人口流动、环境变化等多重挑战，治理方式的创新成为推进乡村振兴战略的重要一环，当前乡村振兴过程中呈现治理主体多元化和治理手段不断创新的特征。

首先是治理主体更加多元。浦东新区惠南镇远东村将优化人居环境作为推进乡村振兴的载体，通过"网格化"管理模式，与"三规""三会"相互配合，发挥村民在乡村振兴中的主体作用，多主体联合共同打造美丽村庄。村"两委"班子对村庄分片区实行"网格化"管理，由网格长带领网格员对本片区进行村容村貌维护，由村"两委"进行定期考核，把"村里事"变成"家务事"。同时，村"两委"班子建立了《民主协商制度》《村民自治章程及实施细则》《民主监督委员会工作制度》"三规"，并结合村庄中的听证、协调、评议"三会"，建立多主体参与的民主协商议事制度，形成了党总支部、村民委员会、村民小组、村民多主体共同参与的治理格局。建立了党建服务站、村民事项受理服务站、文化服务站、联勤联动站、为老服务站"五站"，减少村民办事时多跑路、多周转的困难。

其次是治理手段不断创新，视频监控、大数据、AI 等技术在农村治理中得到了更广泛的应用。2022 年以来，重庆市酉阳县平地坝村整合资源，将数字化技术与乡村治理相结合，搭建了以数字为关键生产要素的综合信息展示平台，开启了将数字化技术应用于乡村治理的探索实践。平台包含乡村情况总览、产业兴旺、生态宜居、乡风文明、治理有效、共同富裕 6 项内容，通过平台不仅能够实时了解农户动态、为农户提供种植建议，还能以信息化手段精准推送集镇相关信息、开展返贫动态监测等工作。2023 年，东莞电信为 57 个村委会交付 AI 数字乡村视频监控和防诈骗彩铃，将 AI 技术应用到防范电信诈骗的平安乡村构建行动中，并通过对视频监控、AI 智能识别、智能广播等数字技术的利用提升村庄交通、垃圾分类、社区安全监管等公共服务能力，以科技赋能乡村振兴，提升了乡村治理的数字化、智慧化程度。

（三）乡村治理的科学性和规范性不断增强

党的二十大报告指出："要健全党统一领导、全面覆盖、权威高效的监督体系，完善权力监督制约机制，以党内监督为主导，促进各类监督贯通协调，让权力在阳光下运行。"对于乡村治理场域中的小微权力，同样需要实行常态化监督，这是乡村治理现代化的题中应有之义。

近年来，新疆维吾尔自治区博湖县坚持对域内乡村进行巡查，抓好从严治党的"最后一公里"，夯实基层治理根基。第一，建立了立体的"巡查+"监督格局。发挥综合监督平台的作用，与纪检监察、组织、财政、民政、宣传、审计等多个部门协同配合，实现链接"左右"、打通"内外"、融通"上下"的"巡查 +"效应，解决了监督不足、协同不够的问题。例如，针对村级股份经济合作社存在的财务不规范、服务带动村民积极性不高、资产处置监督不严格等问题，以"巡查 + 农经协作"的形式组织专业力量查找解决问题，发挥了力量整合与系统监督的优势。第二，乡村联动，下借上势。配合自治州党委以"巡乡带村""交叉巡查"等方式开展上下联动式巡查，做到疑点共商、账目同审，重点排查惠民利民政策落实、基层治理体系构建、治理能力现代化建设等方面的问题。第三，开展专项精准巡查。集中力量对全县 2 个贫困村开展扶贫领域专项巡查，重点排查扶贫对象识别不精准、扶贫政策落实不到位、村干部服务能力欠缺、贪污扶贫物资、项目实施偏离正确方向等群众反映强烈的问题，共推动解决相关问题 45 个。[①]

五　乡村振兴工作面临的挑战及建议

通过几年的努力，我国的乡村振兴事业取得了一定成就，但是也应该看到其中存在的问题，包括人才"留乡"不稳定、照搬经验不知变通、农民参与乡村振兴积极性不足、绿色农业发展不充分等。建议从加大对"留乡"人才的支持力度、注重村庄发展的多样性、引导农民改变观念、提升农业科技水平等方面加以改进。

（一）乡村振兴工作面临的挑战

1. 乡村人才"留乡"稳定性较低

党的二十大报告指出，加快建设农业强国，扎实推动乡村产业、人才、文化、生态、组织振兴。但是乡村普遍存在人才整体素质不高、留人难的问题。清华大学团队在《关于推动人才返乡回乡下乡政策的研究报告》中指出，我国人才返乡回乡下乡总体意愿较高，但稳定性不高。人才返乡就业创业现阶段面临多重障碍：乡村基础设施配套不完善，教育、医疗、卫生等基本公

---

① 《创新方式方法 完善巡察监督格局提升"乡村一体巡"质效》，中国新闻网，2023 年 8 月 9 日，https://baijiahao.baidu.com/s?id=1773712155915232612&wfr=spider&for=pc。

共服务相较于城市存在一定差距；就业机会不匹配、资金不足、招工难、销售渠道有限等因素阻碍返乡人员实现就业创业；部分返乡回乡下乡人员对乡村社会生活、关系网络了解不充分，对乡村生活认知错位，存在"融入难"问题。因此，部分返乡回乡下乡人员离开乡村重新进入城市生活，造成人才返乡后再次流失。

2. 部分村庄"照搬"成功经验，实践中缺乏变通

乡村振兴战略实施以来，全国各地许多乡村实现了"农民富、农业强、农村美"，在实践中探索出一条属于自己的振兴之路，也总结出一大批优秀经验，部分村庄甚至成为全国各地各级政府组织研学参观的"明星乡村"。当这些经验被运用到不同地区的乡村振兴工作中时，往往遭遇"水土不服"——叠加优秀经验的新政策与既行政策之间存在张力，在整体素质不一的干部队伍手中，出现执行过程变形、执行结果偏离预期的情况，导致了新问题的出现。"照搬"成功经验，不根据本地区实际情况进行变通，不仅不能实际提高农民收入、改善农民生活，还有可能导致更多发展问题。

3. 农民对乡村振兴的认识不足，乡村振兴内生动力依然较弱

农民是乡村振兴战略实施的主体。在多数农民的认知中，乡村振兴属于政府工作内容，政府应该是主体和建设者。有农民表示，"乡村振兴是政府和干部的事情，不是我们这些农民能干得了的，要看政府愿意投入多少"。对于农民来说，乡村振兴包含的内容十分丰富但宣传传播有限，他们对此缺乏准确的认知，自然不会主动参与建设行动。另外，在前期乡村振兴工作的推进过程中，政府包揽了大量工作，例如水电网等基础设施建设、产业政策扶持、社会保障完善等，农民始终是被动接受的一方，参与其中的积极性较少被调动，缺乏内生发展动力。

4. 农业农村实现绿色发展仍然任重道远

首先，农业生产中面源污染严重。许多农民在粮食生产环节仍旧采用传统的管理方式，过量使用化肥、农药等会造成生态恶化的化学品，导致严重的农业面源污染。其次，粗糙的垃圾处理方式造成空气和地下水污染。村庄中产生的废水、污水、固体废弃物等垃圾不能得到及时清理，造成环境污染；

部分村庄的垃圾采用掩埋的方式进行处理,造成地下水污染。最后,生态补偿机制需要完善。处于生态保护区或限制开发区的村庄付出了较多的发展机会成本,得到的生态经济补偿不足。

(二)推进乡村振兴的建议

1. 从多个层面加大对"留乡"人才的支持力度

首先,在中央层面,提升政策的精准性,出台针对乡村中"留乡"人员更细化的政策,打破返乡创业人员遇到的制度瓶颈。例如,针对返乡创业人员,保证满足其创业用地需求;针对回乡人员,搭建回报乡村的桥梁和平台,帮助其实现自身价值;针对下乡人员,营造良好的营商环境,推进农村市场改革,减少企业进入乡村的协商成本。其次,在地方层面,加大地方政策的统筹力度。建立统一领导小组,协调、汇总多个部门的人才激励政策,提高部门之间的协调配合程度。提升地方乡村人才振兴的政策执行能力。因地制宜制定本地区农业人才队伍建设发展规划,建立干部培训机制,提升政策执行能力,加大乡村振兴人才考核力度,确保中央层面的政策能够在基层得到准确落实。

2. 注重村庄发展的多样性,提高实践中的灵活性

乡村振兴最重要的任务是补齐农业农村现代化过程中的短板,因此要立足村庄实际,找准每个村庄的发展症结。如产业结构单一、人才流失严重、党组织领导能力不足等问题是村庄现代化过程中比较容易出现的问题,在对标找差距的过程中注意分辨能够通过努力自主解决的问题和需要重新纳入考量的问题,发挥村庄特色,结合村庄发展情况探索符合自身实际的乡村振兴道路。在学习其他村庄成功经验时要注意分辨"可复制"经验和"可转化"经验之间的区别,提高在实践中运用优秀经验的灵活性。

3. 引导农民改变观念,提高农民参与性

首先,加大对政策内容的宣传力度,加深农民对乡村振兴战略的认识。利用短视频、公众号、新闻广播等多种宣传方式提升农民对政策内容的熟悉程度,对其中关系农民切身利益的政策内容进行重点宣传,增强农民对乡村

振兴战略的心理认同感。其次，发挥村民议事会、乡贤组织、退休人员等团体联系村民的作用，引导村民改变乡村振兴与我无关的旧有观念，提高村民参与村庄重大事务的积极性。

4. 提高农业技术创新水平，提升垃圾处理能力

农业技术创新是当前减少农业面源污染的重要手段之一。现代农业创新产生的重要影响之一便是可以利用科学手段减少化肥、化学农药的使用量。例如引进生物农药、有机肥料以减少化学农药、化肥的使用；采用科学管理、精准施肥的方式减少肥料的浪费和污染。政府可以通过举办培训班、田间地头讲解等多种形式向农民宣传环保知识，讲解农药、化肥过量使用对农作物、土壤、水源的影响。针对农村出现的越来越多的生活垃圾，政府一是可以通过集中收运、统一处理的方式进行妥善处理，减少生活垃圾对乡村环境的污染；二是可以通过财政、税收等政策引导农民采取环保措施，促进绿色农业发展。

附　录
中国社会发展统计概览（2023）

李建栋[*]

一　经济发展

2022 年全年国内生产总值 (GDP) 为 121.0 万亿元，[①] 较 2021 年的 114.9 万亿元，名义增长 5.3%。按不变价格计算，增长 3.0%。这是继 2020 年、2021 年连续突破 100 万亿元、110 万亿元之后，再次跃上新台阶。中国继续保持世界第二大经济体的地位。人均 GDP 达到 8.6 万元，较 2021 年的 8.1 万元，增长 6.2%。按不变价格计算，增长 3.0%。2022 年是中国遭遇新冠疫情的第三年，中国政治制度的优越性在疫情防控中得到了证明。党的二十大在 2022 年召开，指明新时代十年的伟大变革，在党史、新中国史、改革开放史、社会主义发展史、中华民族发展史上具有里程碑意义。党的二十大也明确了"从现在起，中国共产党的中心任务就是团结带领全国各族人民全面建成社会主义现代化强国、实现第二个百年奋斗目标，以中国式现代化全面推进中华民族伟大复兴"。

对国内生产总值进行产业分解，第一产业增加值、第二产业增加值、第三产业增加值分别为 8.8 万亿元、48.3 万亿元和 63.9 万亿元，占国内生产总

---

[*]　李建栋，中央财经大学文化与传媒学院助理教授。

[①]　按照中国国内生产总值（GDP）数据修订制度和国际通行做法，本文 GDP、人均 GDP 数据等皆为修订后的数字，以《中国统计年鉴 2023》为准。

值的比重分别为 7.3%、39.9% 和 52.8%。按不变价格计算，三个产业的增长率分别为 4.1%、3.8% 和 2.3%。对生产总值增速的贡献，第一产业、第二产业和第三产业分别拉动 0.2%、1.5% 和 1.3%（见图 1）。

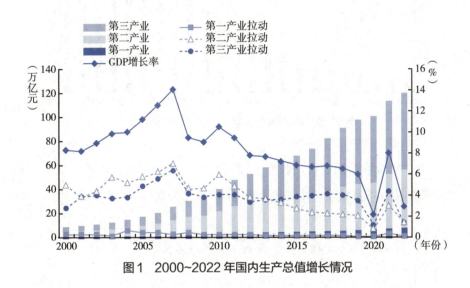

图1　2000~2022 年国内生产总值增长情况

对国内生产总值进行支出法分析，全年最终消费支出、资本形成总额、货物和服务净出口三项数值分别为 64.4 万亿元、52.6 万亿元、4.0 万亿元，比重分别为 53.2%、43.5% 和 3.3%，分别拉动国内生产总值增长 1.0%、1.5% 和 0.5%。

社会消费品零售总额是指企业（单位）通过交易售给个人、社会集团非生产、非经营用的实物商品金额，以及提供餐饮服务所取得的收入金额。2022年社会消费品零售总额为 44.0 万亿元，较上年下降 0.2%（见图 2）。网络经济的发展继续保持稳步增长。2022 年全国网上零售额达到 13.8 万亿元，按可比口径计算，比上年增长 4.0%。其中实物商品网上零售额为 11.9 万亿元，按可比口径计算，比上年增长 6.2%。

图2　2000~2022年社会消费品零售总额情况

2022年全社会固定资产投资54.2万亿元，比上年增长4.9%。其中房地产开发投资12.8万亿元，比上年下降10.0%（见图3）。

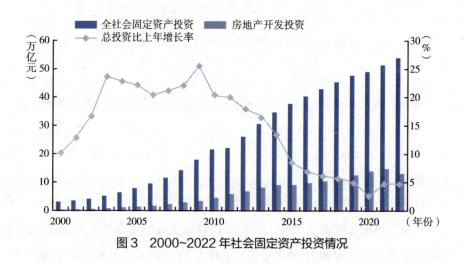

图3　2000~2022年社会固定资产投资情况

按照行业区分，固定资产投资较大的四个行业是制造业，房地产业，水利、环境和公共设施管理业，交通运输、仓储和邮政业（见图4）。与上年相比，固定资产投资增长速度较大的行业包括：公共管理、社会保障和社会组织（42.1%），卫生和社会工作（26.1%），居民服务、修理和其他服务业（21.8%），信息传输、软件和信息技术服务业（21.8%）、科学研究和技术服务业（21.0%）。固定资产投资减少的行业只有房地产业，降幅为8.4%。

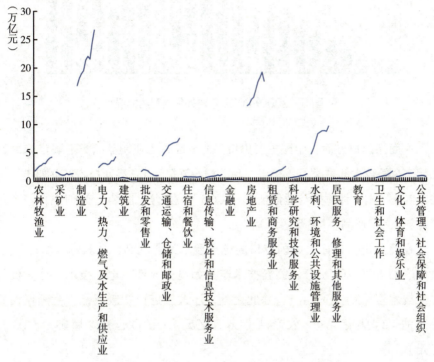

图4 2014~2022年分行业社会固定资产投资情况

2022年全年货物进出口总额41.8万亿元，比上年增长7.9%。其中，出口23.7万亿元，增长10.8%；进口18.1万亿元，增长4.3%（见图5）。货物贸易顺差5.6万亿元，比上年增加1.6万亿元。

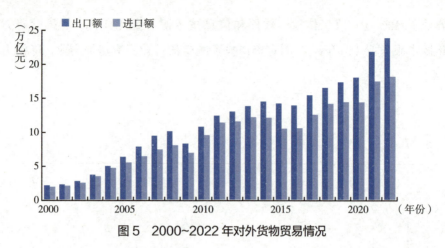

图 5　2000~2022 年对外货物贸易情况

在商品出口方面，中国主要出口工业制品，工业制品门类下顺差 11.8 万亿元。金额较大的种类有：机电产品（13.6 万亿元），高新技术产品如电子元件、电子技术、计算机与通信技术等（6.3 万亿元），服装及衣着附件（1.2 万亿元），文化产品（1.1 万亿元）。

在商品进口方面，中国进口的也主要是工业制品。金额较大的种类有：机电产品（6.9 万亿元），高新技术产品如电子元件、电子技术、计算机与通信技术等（5.1 万亿元）。除此之外，还大量进口初级产品，金额较大的有原油（2.4 万亿元）、农产品（1.6 万亿元）、矿砂包括金属矿砂（1.5 万亿元）。

服务进出口包括运输，旅行，建筑，保险服务，金融服务，电信、计算机和信息服务，知识产权使用费，个人文化和娱乐服务，维护和维修服务，加工服务，其他商业服务，政府服务等。2022 年服务进出口总额 6.0 万亿元（约合 8891 亿美元），比上年增长 8.3%。其中，服务出口 2.9 万亿元（约合 4240 亿美元），增长 7.6%；服务进口 3.1 万亿元（约合 4650 亿美元），增长 8.9%（见图 6）。服务进出口逆差 2757 亿元（约合 409 亿美元）。中国进口的服务类别主要有运输（1688 亿美元），旅行（1176 亿美元），知识产权使用费（444 亿美元），电信、计算机和信息服务（380 亿美元），保险服务（208 亿美元）。

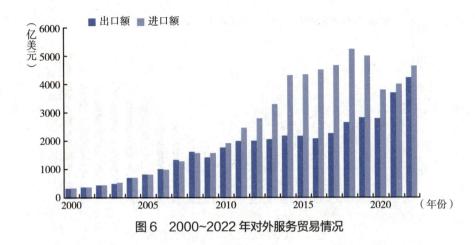

图 6　2000~2022 年对外服务贸易情况

2022 年末国家外汇储备 31277 亿美元，比上年末减少 1225 亿美元。黄金储备为 6264 万盎司，比 2021 年增加了 200 万盎司，为历史最高点。黄金储备增加显然是为了应付复杂多变的国际环境。2022 年全年人民币平均汇率为 1 美元兑 6.7261 元人民币，人民币相对于美元比 2021 年贬值 4.2%。

图 7　2000~2022 年外汇储备与黄金储备

2022 年末广义货币供应量（M_2）余额 266.4 万亿元，比上年末增长 11.8%（见图 8）；狭义货币供应量（M_1）余额 67.2 万亿元，增长 3.7%；流通中货币（M_0）余额 10.5 万亿元，增长 15.3%。

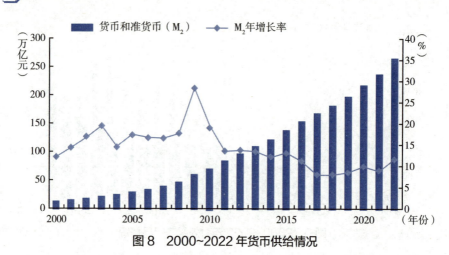

图8　2000~2022年货币供给情况

　　为了推动利率市场化，中国人民银行最早于2013年开始推广贷款市场报价利率（LPR）。LPR是银行向其最优质客户提供的贷款利率，由中国人民银行制定并公布。与传统的基准利率相比，LPR更为市场化，更加灵活和具有针对性。LPR反映了整个金融市场的利率水平。2022年末1年期贷款市场报价利率(LPR)为3.65%，5年期以上（含5年）贷款市场报价利率(LPR)为4.30%。

　　社会融资规模增量指一定时期内实体经济从金融体系获得的资金总额。主要包括：人民币贷款、外币贷款（折合人民币）、委托贷款、信托贷款、未贴现银行承兑汇票、企业债券、非金融企业境内股票融资等。

　　2022年社会融资规模增量32.0万亿元，按可比口径计算，比上年增加0.6万亿元。其中人民币贷款增量20.9万亿元，企业债券融资增量2.1万亿元，非金融企业境内股票融资增量1.2万亿元。2022年末社会融资规模存量344.2万亿元，按可比口径计算，比上年末增长9.6%。图9中，"其他"包括外币贷款、委托贷款、信托贷款、未贴现银行承兑汇票、政府债券。

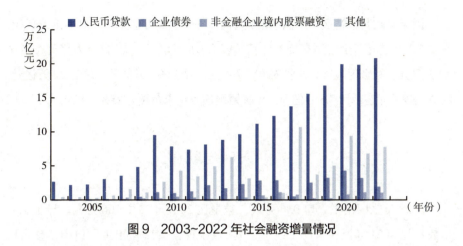

图 9　2003~2022 年社会融资增量情况

在国家财政方面，2022 年一般公共预算收入为 20.4 万亿元，比上年增长 0.6%，其中中央财政收入 9.5 万亿元，地方财政收入 10.9 万亿元。2022 年一般公共预算支出为 26.1 万亿元，比上年增长 6.1%。其中中央部分为 3.6 万亿元，地方部分为 22.5 万亿元。2022 年一般公共预算赤字规模为 5.7 万亿元（见图 10）。

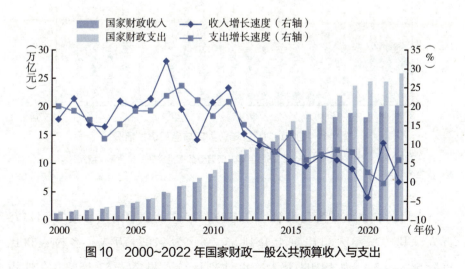

图 10　2000~2022 年国家财政一般公共预算收入与支出

国家财政其他情况：全国政府性基金，收入 7.8 万亿元，支出 11.1 万亿元，赤字 3.3 万亿元；全国国有资本经营，收入 0.5 万亿元，支出 0.3 万亿元，盈余 0.2 万亿元；社会保险基金，收入 10.3 万亿元，支出 9.1 万亿元，盈余 1.2 万亿元。四个钱袋子赤字合计 7.6 万亿元。中央财政债务年末余额为 25.8 万亿元。

二 人口与就业

2022 年全国出生人口 956 万人，数量比 2021 年减少 106 万人。导致总人口数量比 2021 年减少 85 万人，人口拐点出现。2022 年出生人口中二孩占比为 38.9%，三孩及以上占比为 15.0%。人口出生率为 6.77‰，人口自然增长率为 -0.60‰（见图 11）。

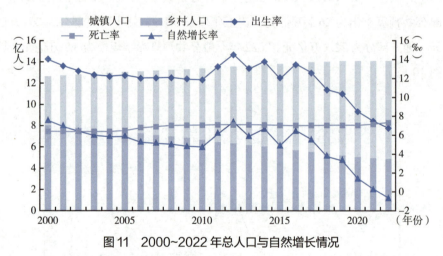

图 11 2000~2022 年总人口与自然增长情况

注：2000 年、2010 年、2020 年数据为当年人口普查数据推算数，其余年份数据为年度人口抽样调查推算数据。

人口的城乡结构变化沿袭过去态势，2022 年底总人口数量为 141175 万人，其中城镇人口比重上升到 65.2%，为 92071 万人；乡村人口比重降至 34.8%，为 49104 万人。以性别区分，男性占 51.15%，女性占 48.85%。

人口老龄化变得更加严重。少儿人口数量较上年减少 770 万人，15~64 岁劳动年龄人口数量减少 237 万人，65 岁及以上老年人口数量增加 922 万人。人口抚养比相应也发生改变，2022 年总抚养比继续上升，为 46.6%，少儿抚养比降低至 24.8%，老年抚养比提高到 21.8%（见图 12）。

图 12　2000~2022 年人口年龄结构和抚养比

2022 年劳动力 76863 万人，年末全国就业人员 73351 万人，比 2021 年下降 1301 万人，反映就业形势比以往严峻。全国就业人员从产业结构来看，第一产业就业人员占 24.1%，第二产业就业人员占 28.8%，第三产业就业人员占 47.1%（见图 13）。从城乡二分角度看，城镇就业人员占 62.6%，乡村就业人员占 37.4%。

2022 年中国就业形势比较严峻。2022 年城镇登记失业人数 1203 万人，比 2021 年增加 163 万人。国家自 2011 年开始实施调查失业率，公布了 2018 年及以后的数据。调查失业率的计算，用的是失业人口除以就业人口加失业人口之和，通常比登记失业率高 1 个百分点左右。2022 年末全国城镇调查失业率平均值为 5.5%。全国 16~24 岁人口城镇调查失业率为 16.7%，青年人就业压力突出。同时，高技能人才短缺，"求职难"和"招工难"并存，促进就业供需总量平衡仍需加力。

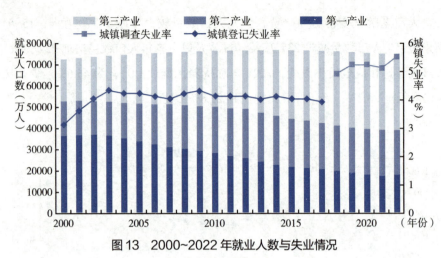

图13   2000~2022年就业人数与失业情况

三   城乡居民生活

城乡居民收入保持增长，全国居民人均可支配收入 36883 元，比上年增长 5.0%，扣除价格因素，实际增长 2.9%。

按常住地分，城镇居民人均可支配收入 49282 元，比上年增长 3.9%，扣除价格因素，实际增长 1.9%。农村居民人均纯收入 20132 元，比上年增长 6.3%，扣除价格因素，实际增长 4.2%（见图 14）。城乡居民人均可支配收入比值为 2.45，比上年缩小 0.05。

如果不以城镇、农村为分类标准，而考察全国居民按收入五等份分组的人均可支配收入，则可发现低收入组人均可支配收入 8601 元，中间偏下收入组人均可支配收入 19302 元，中间收入组人均可支配收入 30598 元，中间偏上收入组人均可支配收入 47397 元，高收入组人均可支配收入 90116 元（见图 15）。收入阶层差距保持着原来的态势。

在 2022 年居民收入中，工资性收入、经营净收入、财产净收入、转移净收入四项所占比例分别为 55.8%、16.7%、8.7%、18.7%（见图 16）。

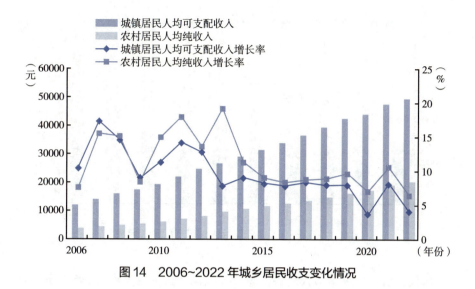

图14　2006~2022年城乡居民收支变化情况

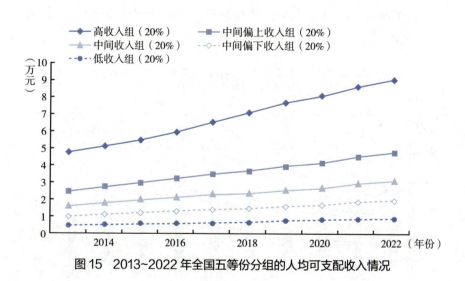

图15　2013~2022年全国五等份分组的人均可支配收入情况

图16 2013~2022年居民人均可支配收入情况

居民消费支出也呈增长趋势，2022年人均居民消费支出为24538元，比上年增长1.8%，扣除价格因素，实际降低0.2%。其中，食品烟酒类支出占比最高，占比为30.5%，其次是居住类占24.0%，再次为交通通信，所占比例为13.0%（见图17）。

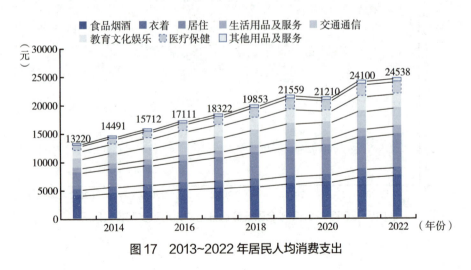

图17 2013~2022年居民人均消费支出

四 科技、教育、卫生、文化与社会保障

2022年，全国共投入研究与试验发展（R&D）经费30782亿元，比上年增

长 10.1%。其中全国基础研究经费为 2023 亿元。研究与试验发展（R&D）经费投入强度（占国内生产总值的比重）为 2.54%（见图 18）。科研研究人员有 55.9 万人。

图 18　2010~2022 年研究与试验发展 (R&D) 投入情况

教师人数稳步增加。2022 年中国拥有普通高等学校专任教师 196.3 万人，中等职业教育专任教师 71.8 万人，普通高中专任教师 213.3 万人，普通初中专任教师 402.5 万人，普通小学专任教师 662.9 万人，学前教育专任教师 324.4 万人（见图 19），特殊教育专任教师 7.3 万人。

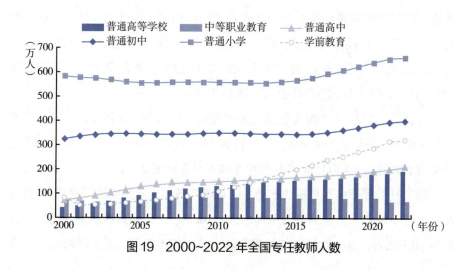

图 19　2000~2022 年全国专任教师人数

卫生总费用稳步增加。2022年全国卫生总费用约8.5万亿元。其中，政府卫生支出2.4万亿元（占28.2%），社会卫生支出3.8万亿元（占44.7%），个人现金卫生支出2.3万亿元（占27.1%）。卫生总费用占GDP的比重为7.1%（见图20）。人均卫生总费用6044元。

图20　2000~2022年卫生总费用支出情况

文化及相关产业增加值是指一个国家所有常驻单位一定时期内进行文化及相关产业生产活动而创造的新增价值。2022年文化及相关产业发展总体平稳，生产经营规模持续扩大，新业态带动作用进一步增强，资产总量、利润总额、投资规模保持增长。统计显示，2022年中国文化产业实现营业收入16.6万亿元，比上年增加1698亿元，增长1.0%。文化产业实现利润总额12707亿元，比上年增加341亿元，增长2.8%。

经核算，2021年全国文化及相关产业增加值为52385亿元，占国内生产总值（GDP）的比重为4.56%。依据利润2.8%的增速估计，2022年全国文化产业增加值约为5.4万亿元，占GDP的4.45%（见图21）。

随着社会保障体系建设的推进，劳动者的各项保险制度逐步建立和完善，覆盖人群不断扩大，保障能力不断增强。2022年，全国参加基本养老保险人数为10.5亿人，其中城镇参加养老保险人数50355万人，城乡居民社会养老

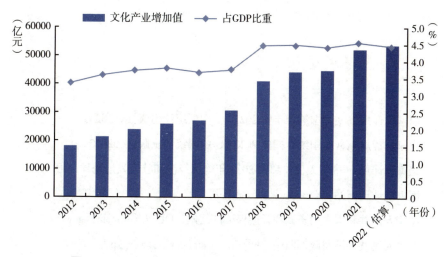

图 21 2012~2022 年中国文化产业增加值及占 GDP 比重

保险参保人数 54952 万人；参加基本医疗保险人数为 134592 万人；参加失业
保险人数为 23806 万人；参加工伤保险人数为 29116 万人；参加生育保险人
数为 24621 万人（见图 22）。

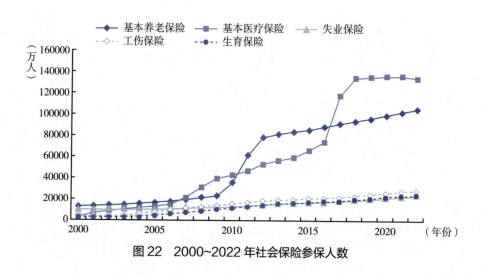

图 22 2000~2022 年社会保险参保人数

参考文献

国家统计局编《中国统计年鉴 2023》，中国统计出版社，2023。

国家统计局编《中国统计摘要 2023》，中国统计出版社，2023。

国家统计局:《中华人民共和国 2023 年国民经济和社会发展统计公报》。

国家统计局网站，http://www.stats.gov.cn。

中华人民共和国人力资源和社会保障部网站，http://www.mohrss.gov.cn/。

中华人民共和国财政部网站，http://www.mof.gov.cn/zyyjsgkpt/。

Abstract

This is the 2024 Annual Report (the Blue Book of China's Society) from the Research Group on "The Analysis and Forecast of China's Social Development", issued by Chinese Academy of Social Sciences (CASS). Researchers and scholars from various research institutions, universities and government departments report on statistical data released by the government or social science surveys. This project is organized by the Institute of Sociology at Chinese Academy of Social Sciences.

2023 is a crucial year for implementing the 14th Five Year Plan for National Economic and Social Development. In the last several years, in the face of the complicated international situation and challenges and difficulties in promoting reform and development, China has won the campaign against poverty, overcome difficulties of the COVID, and accomplished victory in building a strong socialist country at the current stage. 2023 is the key year to start a new journey of Chinese path to modernization. During the last year, China has strived full efforts to implement various measures to stabilize the economy, promote high-quality employment, and safeguard people's livelihoods. The overall recovery trend of the national economy has continued, and the momentum of economic and social development has remained stable, with significant improvement in people's well-being..

This report points out that in 2023, under the strong leadership of the CPC Central Committee, the national economic and social situation has withstood the

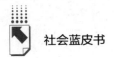

complex and severe domestic and international challenges, and has made unexpected progress in economic development, new types of employment promotion, the improvement of income growth and consumption level, equal access to high quality education, social security reform, cultural construction, ecological civilization construction, and other aspects. The national economy is gradually recovering, and the industrial structure has been optimized. New types of employment have become the highlight of current labor market, with a rapid increase in the total number and percentage of people in new types of occupation. The income and consumption structure of urban and rural residents continue to improve, and the income gap between urban and rural areas is further narrowing. The quality of people's livelihood has been improved, and the equalization of public services has been steadily promoted. Further integration of the social governance capabilities of diverse sources has made significant progress, and combating cybercrime has made great achievement. The ecological civilization system is constantly improving, and the green and environmental-friendly economy is taking shape.

This report also emphasizes that in 2023, China enters a critical period of Chinese path to modernization. On the one side, the world is at the crossroads of globalization and de-globalization. On the other side, the domestic socio-economic and population structure has undergone profound changes. In the post pandemic era, the economy is still in a gradual recovery trend, and employment still faces many uncertain factors. In addition, China has entered an era of negative population growth, and the population related advantage is gradually disappearing. In the changes of the international and domestic environment, China's social development is facing many challenges.

In 2024 and years in the future, China's social economy will continue to maintain the momentum of steady development, but will also face many uncertainties and risks. Coordinated development and overall security will be the top priority of Chinese path to modernization. In 2024, in accordance with the essential requirements of Chinese path to modernization, we will comprehensively implement the spirit of the 20th

National Congress of the Communist Party of China in order to improve people's well-being and enhance people's quality of life. To achieve those goals, government should implement more active employment policies, increase employment opportunities, and ensure employment stability. Also it is important to make greater efforts to improve the income distribution structure of residents and promote common prosperity for all people. Meanwhile, government should strengthen the system of social security to promote people's livelihood, and improve the social safety net as a bottom line. At the same time, it is crucial to continuously optimize social policies for childbirth and elderly care, and promote long-term balanced population development. Regarding social governance, government should focus on grassroots level social governance and deepen the modernization of social governance construction. And it is urgent to promote the integrated development of urban and rural areas at county level to fully achieve rural revitalization.

Based on the topics above, this book, on the one side, builds the foundation of discussion on reliable survey data and statistics; and on the other side, offers insightful opinions on various topics. There are four parts of this book. The general report and 18 individual reports provide discussion on the comprehensive analysis of China's social and economic development in 2023 with forecast of future development. The general report analyzes the great achievements of social and economic development in 2023, discusses the major challenges and problems of China's economic and social development, and points out some significant problems and risks ahead. The second part includes 6 reports on various issues, which examine problems such as the employment situation, residents' income and consumption, education reform, social security, public medical and health system, and public security. The third part includes 7 survey reports, which provide data and comprehensive analysis on the current process of modernization in Chinese society and the social mentality of the people. This part also analyzes the current situation of various social groups such as active volunteers, workers in new types of employment, and college students. Furthermore,

this part also presents analysis on current cultural development in China, as well as the satisfaction of people with cultural development, low-carbon consumption condition, and consumer rights protection. The fourth part of this book has 5 reports on special topics, which include the internet-based public opinion, the status of workers in China's new industrialization process, food and drug safety, current situation and policy of old-age care service industry, and the development of rural revitalization. In general, each chapter of this book gives both insightful research and detailed policy recommendation.

Contents

I General Report

Abstract: 2023 is a crucial year for the implementation of the 14th Five Year Plan for National Economic and Social Development. In 2023, China's economy steadily recovered, the income of urban and rural residents increased significantly, the scale of domestic consumption continued to expand, the condition of people's well-being was promoted greatly, regulations and policies to promote the ecological civilization were continuously improved, and substantial progress was made in the construction of a new civilization form. In the post pandemic era, China also faces many problems and challenges as well. The international situation is becoming increasingly complex, and the domestic economic growth rate has slowed down at the same time. The labor market is facing significant pressure to create new jobs, and the income disparities between regions are still large. Meanwhile, the population structure demonstrates a trend of a society with fewer children and more elderly people. And the administrative burden of grassroots governance is still beyond its capacity, and there still exists significant risk of social safety. In 2024, in accordance with the essential requirements

社会蓝皮书

of the Chinese path to modernization, we should closely focus on promoting high-quality economic development, improving people's well-being, and maintaining social security and stability.

Keywords: Chinese Path to Modernization; High-quality Development; Social Changes; People's Livelihood and Well-being

II   Reports on Social Development

B.2   The 2023 Report on Income and Consumption of Urban and Rural Residents

Cui Yan / 021

Abstract: In 2023, under the strong leadership of Xi Jinping, China's economic and social development continues to recover. The income of urban and rural residents continues to steadily increase, and the income growth rate of rural residents continues to be higher than that of urban residents. However, the internal income gap remains significant. The rapid development of new consumption has led to an increase in the willingness of urban and rural residents to consume. At the same time, new consumption mode is rapidly developing, and service consumption is steadily increasing. Especially, residents' demand for catering and tourism is expanding very fast, and the demand for automobile consumption continues to be strong. To further increase residents' income and consumption level, it is necessary to further improve the national income distribution structure, and continues to increase the proportion of the household sector in national income distribution structure. At the same time, relevant policy should focus on protecting and increasing labor remuneration, and increase the proportion of labor remuneration and wage in national revenue distribution.

Keywords: Income of Urban and Rural Residents; New Consumption; Service-oriented Consumption; Distribution of National Income

B.3   The 2023 Report on Employment Situation and Future Prospect

Chen Yun, Cao Jia and Chu Shanshan / 043

Abstract: In 2023, China's employment situation is facing complex macroeconomic and social environment. Many positive factors are driving the continuous improvement of the labor market, and there are also many factors that impact the stability of the labor market in a negative way, resulting in profound and long-term changes in the labor market. The Central Committee of the Communist Party of China and the State Council have continuously implemented a series of policies to stabilize the economy, promote the level of employment, and maintain commodity prices. Also policies are introduced to maintain overall stability of the employment situation to meet the challenges of macro level uncertainty. The labor market has gradually entered a period of sustained recovery, and major employment indicators have gradually improved. The rate of unemployment has briefly risen for a short period but steadily declined afterward, and the labor market maintains overall stability. At the same time, the engine for the recovery of the labor market is still weak, and the growth of labor demand is slowing down. Some enterprises are facing increased pressure to stabilize their jobs, while the structural unemployment risks still exist. At the meantime, there are still some difficulties in stabilizing and expanding the scale of employment. In the face of future opportunities and challenges, it is necessary to put employment stability to a strategic level, and further strengthen the employment priority strategy in order to coordinate various policy measures, adapt to the changing situation, assist in structural transformation, expand development momentum, prevent potential risks, and promote high-quality and full employment.

Keywords: Employment Situation; Employment Priority; Labor Market; High-quality and Full Employment

B.4　Report on the Development of China's Social Security System in 2023

Ding Wenwen, Sun Xiaochen / 057

Abstract: In 2023, with the overall recovery of the economy and the domestic market demand, China's social security reform has steadily advanced, and the social security system has made great progress. The protection level of old-age pension security, medical security, unemployment security, and work-related injury security has reached a new level. In the future, China's social security system should further expand the coverage of social insurance and promote the high-quality development of social security. Relevant policy should further integrate the social security system to achieve social equity, and establish a sound system for preserving and increasing the value of social security funds. Also it is important to improve the self balancing mechanism and regulatory system of social security funds, and achieve the sustainable development of social security funds. Meanwhile, under the background of aging society and population structure transformation, it is crucial to improve the level of security for the elderly population, optimize the policy system for supporting childbirth, and promote balanced population development.

Keywords: Social Security; Old Age Pension Security; Medical Security; Unemployment Security; Work-related Injury Security

B.5　Report on China's Education Reform and Development in 2023

Li Chunling, Li Tao / 075

Abstract: In 2023, China's education has made significant progress in high-quality and balanced development. Also the education reform is moving forward in order to strengthen national level education system. The resource of preschool education is further increased, and the high-quality and balanced development of compulsory education is further improved. And the special education system is strengthened. Meanwhile, the level of coverage of high school is further increased, the scale of higher education is further expanded, and the structure of private education is further optimized. China currently ranks 23rd in the global education quality index, rising 26 places from the rank of 2012, making it the country with the fastest progress in education development. However, in the process of advancing the education reform, China's education development also faces multiple challenges and there are multiple urgent problems which need to be solved. The employment problem of college graduated students is one of the social focuses in 2023. How to adapt to the new stage of economic development and cultivate professional talents that match the needs of the labor market in education is an urgent problem that needs to be solved in the current development of education in China.

Keywords: Building a Strong Education Country; Education Development; Education Reform

B.6 Analysis and Report on China's Public Safety Situation in 2023

Liu Wei / 095

Abstract: 2023 is the first year to comprehensively implement the 20th National Congress of the Communist Party of China. It is the key year for the 14th Five Year Plan, and it is also the first year for China to officially implement Category B disease regulation for the COVID infection. On the road to Chinese path to modernization, the overall situation of social safety has remained stable. Political security has always been in the top priority, and the anti-terrorism situation has continued to improve. The overall social security environment has continued to be upgraded. The momentum of internet related crime has been curbed, and the public security have maintained high-quality development. At the same time, there is an increasing number of uncertain and

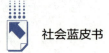

unpredictable factors affecting social security, and political security faces many risks and challenges. Furthermore, all kinds of social conflicts and disputes pose significant threat to public safety, and the situation of internet related crime remains complex. Also, risks in the economic and financial fields cannot be ignored. In the face of risks and challenges, we need to adhere to the practice of maintaining political security as the top priority. Multi-dimensional efforts should be implemented to safeguard political security. It is important to study the "Feng Qiao Experience" to innovate public safety governance in the new era, and strengthen the comprehensive and coordinated governance structure in cyberspace regulation. At the same time, it is crucial to optimize the governance structure to prevent major risks in the economic and financial fields, and promote the integration of development and security in order to ensure the advancement of Chinese path to modernization.

Keywords: Public Safety; Risk and Challenge; Development and Security; Chinese Path to Modernization

B.7 Report on the Development of China's Medical and Health Service System in 2023

Yuan Beibei / 110

Abstract: China's public health system, medical service system, and the grassroots health service system that combines the two functions are all in a positive development state. The number of institutions remains stable with increasing number of personnel. At the same time, the qualification structure is optimized gradually. The absolute amount of financial investment in professional public health institutions and grassroots medical institutions continues to increase. With the support of investment in infrastructure, facilities and personnel, the number of outpatient and inpatient services shows a trend of overall growth. Although there was a temporary decline due to the COVID, the scale of hospital service and treatments has recovered to the normal level. The number of basic public health services has been increasing year by year, and chronic disease management services have entered a new stage of high quality development. In order to further improve the overall performance of China's medical and health service system, and effectively respond to the challenges of future public health emergencies and the burden of chronic diseases, the Chinese medical and health system has begun to focus on promoting the construction of a medical treatment and prevention coordination mechanism, and establishing system to integrate medical treatment and prevention system in health services. In 2023, in order to achieve sustainable development of the medical and health system, anti-corruption campaign in the pharmaceutical field was carried out on the basis of the establishment of an effective anti-corruption governance system in medical service and insurance systems. This has a significant role in promoting the establishment of a long-term effective anti-corruption system.

Keywords: Public Health; Medical Services; Grassroots Health; the Integration of Medical Treatment and Disease Prevention; Anti-corruption in the Medical Field

Ⅲ Reports on Social Survey

Abstract: The modernization of the social field is an important part of Chinese path to modernization. This report is based on the data from Chinese Social Survey (CSS) by the Chinese Academy of Social Sciences, as well as statistical data from the National Bureau of Statistics and government departments. It analyzes the current modernization process and problems faced in China's social sector from the aspects of

social structure, social undertakings, public participation, and social value recognition. The results show that China's current social structure is constantly optimizing, with different trends in population structure, urban-rural structure, and class structure. The overall condition of social development is improving greatly, and social security, education, healthcare, public services, and internet infrastructure are demonstrating a positive development trend. The channels for public participation are extensive and diverse, and most participants are the younger generation. The overall level of national identity recognition, social trust, social tolerance, and sense of social fairness is relatively high with internal diversity and differences.

Keywords: China's Modernization; Social Structure; Social Undertakings; Public Participation; Social Value Recognition

B.9　The 2023 Survey Report on the Current Situation of Active Volunteers in China

Zou Yuchun, Liang Yinlan / 163

Abstract: This report uses data from the 2023 Chinese Social Survey to analyze the current situation of active volunteers and volunteer services in China. The study found that: ① the scale of active volunteers in China has gradually increased since 2019, accounting for more than 30% of the total amount. However, the length and frequency of participation, as well as the economic contribution, have declined compared to the period in 2021; ② Party members, post-2000s generation, groups with higher family income and higher education level are more likely to become active volunteers, and active volunteers have a more positive social mentality; ③ Although the level of network construction in volunteer services has improved, the standardization and specialization of volunteer services are still at a relatively low level; ④ Various volunteer service fields continue to develop, but the regional and industry differences are further expanding. Finally, this report summarizes the development trends and existing problems of active volunteers and volunteer services in China, and proposes corresponding policy recommendation and suggestions.

Keywords: Active Volunteers; Volunteer Service; Social Participation; Social Mentality

B.10   Survey Report on the New Types of Employment in China

Tian Zhipeng, Li Xiaojing / 182

Abstract: With the rapid development of China's digital economy and sharing economy, new forms of employment are becoming an important channel for creating more high-quality job opportunities. This article defines the new employment form as workers employed by internet platform organizations, and analyzes the data of Chinese Social Survey in 2023. It is clear that compared with traditional employees, the new employment form presents characteristics such as younger workers with higher education and balanced gender structure. Also, people in new forms of employment demonstrate the trend of expanding mobility. Current new types of workers in China have diverse labor relationships and flexible social insurance, and obtain higher labor skill returns through platform based employment models. Taking into account of the pilot programs for occupational security and insurance policy for new types of workers in multiple regions across the country, combined with the latest employment situation of new types of workers, this article proposes policy recommendations to promote high-quality development of new employment forms from five aspects, which include the institutional and policy reform, responsibility allocation, coverage of insurance, payment mechanism, and public opinion promotion.

Keywords: New Forms of Employment; New Forms of Workers; Employment Quality; Rights Protection

社会蓝皮书

B.11 A Survey Report on the Social Attitudes of Chinese College Students

Liu Baozhong, Zang Xiaosen / 201

Abstract: The social attitude of college students reflects their subjective feelings, cognitive evaluations, and behavioral tendencies towards external environment and social issues. It is a barometer of social value judgment and determines the value orientation of the entire society in the future. This report mainly uses the 2023 survey data of the PSCUS to analyze the basic situation and main characteristics of social attitudes among college students. Research results demonstrated that contemporary college students exhibit a positive and healthy overall political value orientation, generally possessing a strong sense of national identity and institutional identity. Overall, college students have a high level of social satisfaction, with a significant improvement in their satisfaction with the government, especially in the field of the government's anti-corruption efforts. The social trust and sense of social fairness among college students are lower than the average level of the general public. College students have a higher level of political trust, and the issues of unemployment and wealth gap are considered by college students to be the most serious social problems at present. College students maintain a high level of enthusiasm and attention towards public affairs, and have a positive willingness to participate in politics and a sense of political responsibility. College students exhibit a relatively positive attitude of openness and inclusiveness towards the outside world, and have a higher acceptance towards foreigners. In response to the characteristics of social attitudes among college students, the Department of Education, universities, and relevant media should work together to actively guide the college student community to form a positive social attitude and healthy values.

Keywords: College Students; Social Attitude; Value Orientation

Abstract: The year of 2023 marks the third year of China's proposal of the carbon peaking and carbon neutrality goals. In the last three years, China has actively and steadily promoted the carbon peaking and carbon neutrality goals, strongly promoted the energy revolution, advocated green lifestyles, and promoted the comprehensive green transformation of economic and social development. This report is based on the latest national survey data, and analyzes the characteristics and development trends of green and low-carbon consumption among residents. The survey shows that residents have high level of green and low-carbon consumption literacy in terms of knowledge, attitude, values, and identification. And the result shows the pattern that the higher the social and economic status of the respondents, the higher the low-carbon consumption literacy they have. Urban residents with higher education and income often accept and welcome green and low-carbon consumption. This survey also focuses on the issue of food waste and community level participation in green and low-carbon consumption. Nearly half of the respondents agree that food waste is quite serious when they go out to restaurant, especially in the scenarios of official receptions and wedding banquets. Further analysis reveals that supply side factors are the main reason for food waste in tourism and vacation scenarios, while cultural factors are the main reason for food waste in official receptions. The report suggests that efforts should be made to improve the products and services on the supply side. It is also crucial to create favorable conditions for the implementation of green and low-carbon ideology. At the same time, efforts should also be made to build a social and cultural environment for the promotion of green and low-carbon lifestyle. It is also essential for policies to attach importance to corporate social innovation and the dissemination of green and low-carbon value concepts in the field of social

383

governance, which is indispensable to create a green and low-carbon culture, and promote a green and low-carbon lifestyle.

Keywords: Green and Low-carbon; Lifestyle; Consumption Literacy; Food Waste; Low-carbon Culture

B.13   Analysis Report on Consumer Complaints and Rights Protection of Chinese Residents

—Based on the Complaints Files Received by China Consumers Association in the First Three Quarters of 2023

Tang Zhe / 244

Abstract: Consumer complaints, consumers public opinions and other data are important sources for understanding consumption trends, consumers' confidence, and social attitude, which are also important for promoting social governance and strengthening scientific and democratic decision-making. Closely monitoring various consumption patterns and trends, and understanding changes in consumer interests and demands, can help us streamline key processes in consumption rights protection, and promote people's level of satisfaction and sense of safety. This article is based on the analysis of complaints received by China Consumers Association in the first three quarters of 2023. It sorts out and analyzes the status of complaints about goods and services consumption in recent years, as well as the trend of consumption changes. This study elaborates on the current consumption trend, consumer rights protection situation, and existing problems. This paper also proposes policy recommendation and suggestions as follows: Firstly, government should base on the new situation and requirements, and continuously improve the consumer rights protection system and mechanism. Secondly, government should accurately grasp the new tasks of restoring and expanding consumption, and further boost consumer confidence. The third is to highlight smart supervision and credit supervision, and strengthen the construction of credit systems in both the online and offline consumption fields. Fourthly, government will effectively improve the consumption environment and promote collaborative governance in protecting consumer rights and interests. The fifth is to strengthen consumer education, and cultivate sustainable consumption ideology.

Keywords: Consumers; Complaints Statistics; Rights Protection; Collaborative Governance

IV Reports on Special Subjects

Abstract: After three years of the epidemic, public opinion pressure towards public health system has sharply decreased, and issues regarding economy and people's livelihood have again gained great attention in public opinion field. During the economic recovery period, netizens are more concerned with topics such as basic living security such as employment, housing, and education. We need to pay attention to the phenomenon of "temperature differences in public opinion" and "non-economic experts" who have great influence on economic topic related discussion. Only through practical public policies, it is possible to improve the psychological expectations of social public opinion, enhance government credibility, and boost confidence in economic development. Young netizens are active online participants with great vitality, who become the driving force for promoting pragmatic governance. At the same time, the pressure in the public opinion fields regarding military action and diplomacy has increased significantly. With the process that Chinese government continues to promote high-level opening-up policy to the outside world, there are also expectations in the domestic public opinion field for the stability and improvement of

China US relations. The Chinese internet has become the forefront of international communication, which functions as promoting cultural exchange and mutual learning.

Keywords: Public Opinin; Online Business Environment; Non-economic Experts

B.15 The Current Situation and Prospects of Laborers in the Transformation Stage of China's New Industrialization

Qiao Jian / 278

Abstract: In 2023, the domestic economy has recovered from the epidemic but the demand side is still at a low level. At the same time, the international environment is complex and full of uncertainty. The employment condition is basically stable, and the unemployment rate among youth is at a high level in recent years. The income growth of workers is basically at the same rate with the rate of economic growth, and the middle class in some industries is witnessing salary reduction. The basic pension insurance for enterprise employees is being steadily promoted nationwide, and the quality of social insurance participation urgently needs to be improved. Safety accidents rebounded after the epidemic, and the phenomenon of long working hours is setting a new 20-year record. The increase rate in labor disputes is slowing down, and labor remuneration dispute and termination of labor relations are the main types of labor disputes. At present, the implementation of "decoupling and supply chain breaking" and industrial transfer initiated by the United States and Europe has entered the operational stage, which has significant impact on some industries and a large number of workers in China. The 18th National Congress of the All-China Federation of Trade Unions was held, calling on the mobilization of billions of workers to work together for the construction of a strong country and the rejuvenation of the nation. Looking ahead to 2024, China's labor market still faces multiple pressures such as the downsizing demand, supply shocks, and uncertain expectations. It is recommended that the focus of governance be on people's livelihoods and strengthen vocational skills training for workers to meet the needs of new industrialization development.

Keywords: New Industrialization; Youth Employment; Demand Side Reform

Abstract: Food and drug safety protection is a dynamic process, and with the continuous evolution of economic and social development, the focus of its governance has also changed greatly. The food and drug safety protection in China follows the ideology of risk management, full process control, and social coordinated governance. Among them, food safety emphasizes prevention as the main working focus, so it is necessary to analyze the situation of food and drug safety in advance. In terms of food safety protection, the related tasks have many dimensions and different aspects with wide coverage. The 1.4 billion population consumes about 2 million tons of grain per day, highlighting the problem of imbalanced industry development. In terms of pharmaceuticals, in recent years, efforts have been made to consolidate and improve safety, regulate both quality and safety, deepen the regulatory reform, innovate traditional Chinese medicine approval process and supervision, and improve related regulatory capabilities, which have achieved significant results. Overall, adhering to the bottom line of food and drug safety and promoting the high-quality development of the food and drug industry is an important and difficult task. This article is based on relevant regulatory data released by the food and drug regulatory authorities, analyzes the current situation and existing problems of food and drug safety in China, and proposes targeted policy recommendations to further ensure the health and safety of the people.

Keywords: Food Safety; Drug Safety; Risk Governance

社会蓝皮书

Abstract: This report is based on business registration from 2000 to 2021 to analyze the development history, structural composition, regional distribution, and challenges faced by China's elderly care industry. It was found that in the last 20 years, the number of organizations and registered capital in China's elderly care industry have grown rapidly. The number of enterprises and private non-enterprise organizations in the elderly care industry is growing with fastest rate. This article divides China's elderly care industry into twelve types, and finds that the elderly care service industry and elderly health promotion and social participation organizations have the highest number. The elderly care industry is developing with the fastest rate in the eastern coastal provinces. Currently, China's elderly care industry still faces problems and challenges such as low growth rate, uneven development, imbalanced structure, and the need for industry support. In the future, China should promote the high-quality development of the elderly care industry by improving related policies, coordinating regional balanced development, mobilizing public resources, and lowering registration thresholds.

Keywords: Elderly Care Industry; Business Registration Data; Aged Society

Abstract: The year of 2023 is the beginning year of fully implementing the 20th National Congress of the Communist Party of China, and the work of rural revitalization has made great progress. The policy system for rural revitalization is constantly improving, and the policy structure is steadily optimizing. In terms of industrial development, food security is guaranteed, the trend of industrial integration development is strengthened, the income of farmers in poverty areas continue to increase, and the capacity of technology innovation in the agricultural production field is significantly strengthened. In terms of rural villages construction, the construction of ecologically livable and beautiful countryside continues to advance, conditions of rural infrastructure continue to improve, basic public services are effectively promoted, and rural areas are beginning to transform towards the road of digitization. In terms of rural governance, grassroots party organizations have played a key role as battle fortresses, and information technology has become an important way to improve rural social governance, enhancing the effectiveness of rural governance. However, the process of rural revitalization still faces problems such as difficulty in retaining talents, lack of diversified development mode, unsustainable capacity of high quality development, and insufficient green development. It is important to improve policy support for talents, encourage diversity in mode of rural development, facilitate modern culture and ideology among farmers, and improve scientific and technological innovation.

Keywords: Rural Revitalization; Industrial Prosperity; Rural Construction; Social Governance

Appendix

皮 书

智库成果出版与传播平台

✤ 皮书定义 ✤

皮书是对中国与世界发展状况和热点问题进行年度监测，以专业的角度、专家的视野和实证研究方法，针对某一领域或区域现状与发展态势展开分析和预测，具备前沿性、原创性、实证性、连续性、时效性等特点的公开出版物，由一系列权威研究报告组成。

✤ 皮书作者 ✤

皮书系列报告作者以国内外一流研究机构、知名高校等重点智库的研究人员为主，多为相关领域一流专家学者，他们的观点代表了当下学界对中国与世界的现实和未来最高水平的解读与分析。

✤ 皮书荣誉 ✤

皮书作为中国社会科学院基础理论研究与应用对策研究融合发展的代表性成果，不仅是哲学社会科学工作者服务中国特色社会主义现代化建设的重要成果，更是助力中国特色新型智库建设、构建中国特色哲学社会科学"三大体系"的重要平台。皮书系列先后被列入"十二五""十三五""十四五"时期国家重点出版物出版专项规划项目；自2013年起，重点皮书被列入中国社会科学院国家哲学社会科学创新工程项目。

权威报告·连续出版·独家资源

皮书数据库
ANNUAL REPORT(YEARBOOK)
DATABASE

分析解读当下中国发展变迁的高端智库平台

所获荣誉

- 2022年，入选技术赋能"新闻+"推荐案例
- 2020年，入选全国新闻出版深度融合发展创新案例
- 2019年，入选国家新闻出版署数字出版精品遴选推荐计划
- 2016年，入选"十三五"国家重点电子出版物出版规划骨干工程
- 2013年，荣获"中国出版政府奖·网络出版物奖"提名奖

皮书数据库

"社科数托邦"
微信公众号

成为用户

　　登录网址www.pishu.com.cn访问皮书数据库网站或下载皮书数据库APP，通过手机号码验证或邮箱验证即可成为皮书数据库用户。

用户福利

- 已注册用户购书后可免费获赠100元皮书数据库充值卡。刮开充值卡涂层获取充值密码，登录并进入"会员中心"—"在线充值"—"充值卡充值"，充值成功即可购买和查看数据库内容。
- 用户福利最终解释权归社会科学文献出版社所有。

数据库服务热线：010-59367265
数据库服务QQ：2475522410
数据库服务邮箱：database@ssap.cn
图书销售热线：010-59367070/7028
图书服务QQ：1265056568
图书服务邮箱：duzhe@ssap.cn

社会科学文献出版社　皮书系列
SOCIAL SCIENCES ACADEMIC PRESS (CHINA)
卡号：253751173453
密码：

S 基本子库
UB DATABASE

中国社会发展数据库（下设 12 个专题子库）

紧扣人口、政治、外交、法律、教育、医疗卫生、资源环境等 12 个社会发展领域的前沿和热点，全面整合专业著作、智库报告、学术资讯、调研数据等类型资源，帮助用户追踪中国社会发展动态、研究社会发展战略与政策、了解社会热点问题、分析社会发展趋势。

中国经济发展数据库（下设 12 专题子库）

内容涵盖宏观经济、产业经济、工业经济、农业经济、财政金融、房地产经济、城市经济、商业贸易等 12 个重点经济领域，为把握经济运行态势、洞察经济发展规律、研判经济发展趋势、进行经济调控决策提供参考和依据。

中国行业发展数据库（下设 17 个专题子库）

以中国国民经济行业分类为依据，覆盖金融业、旅游业、交通运输业、能源矿产业、制造业等 100 多个行业，跟踪分析国民经济相关行业市场运行状况和政策导向，汇集行业发展前沿资讯，为投资、从业及各种经济决策提供理论支撑和实践指导。

中国区域发展数据库（下设 4 个专题子库）

对中国特定区域内的经济、社会、文化等领域现状与发展情况进行深度分析和预测，涉及省级行政区、城市群、城市、农村等不同维度，研究层级至县及县以下行政区，为学者研究地方经济社会宏观态势、经验模式、发展案例提供支撑，为地方政府决策提供参考。

中国文化传媒数据库（下设 18 个专题子库）

内容覆盖文化产业、新闻传播、电影娱乐、文学艺术、群众文化、图书情报等 18 个重点研究领域，聚焦文化传媒领域发展前沿、热点话题、行业实践，服务用户的教学科研、文化投资、企业规划等需要。

世界经济与国际关系数据库（下设 6 个专题子库）

整合世界经济、国际政治、世界文化与科技、全球性问题、国际组织与国际法、区域研究 6 大领域研究成果，对世界经济形势、国际形势进行连续性深度分析，对年度热点问题进行专题解读，为研判全球发展趋势提供事实和数据支持。

法律声明